Qualitätsungewißheit bei Gütern mit Vertrauenseigenschaften

Hohenheimer Volkswirtschaftliche Schriften

Herausgegeben von
Prof. Dr. Rolf Caesar, Prof. Dr. Harald Hagemann,
Prof. Dr. Klaus Herdzina, Prof. Dr. Renate Ohr, Prof. Dr. Walter Piesch,
Prof. Dr. Ingo Schmidt, Prof. Dr. Ulrich Schwalbe, Prof. Dr. Peter Spahn,
Prof. Dr. Gerhard Wagenhals,
Prof. Dr. Helmut Walter

Band 40

PETER LANG
Frankfurt am Main · Berlin · Bern · Bruxelles · New York · Oxford · Wien

Dietrich Benner

Qualitätsungewißheit bei Gütern mit Vertrauenseigenschaften

Entwicklung und Anwendung eines entscheidungstheoretisch fundierten Analyserahmens

PETER LANG
Frankfurt am Main · Berlin · Bern · Bruxelles · New York · Oxford · Wien

Die Deutsche Bibliothek - CIP-Einheitsaufnahme

Benner, Dietrich:

Qualitätsungewißheit bei Gütern mit Vertrauenseigenschaften : Entwicklung und Anwendung eines entscheidungstheoretisch fundierten Analyserahmens / Dietrich Benner. - Frankfurt am Main ; Berlin ; Bern ; Bruxelles ; New York ; Oxford ; Wien : Lang, 2002
(Hohenheimer Volkswirtschaftliche Schriften ; Bd. 40)
Zugl.: Hohenheim, Univ., Diss., 2000
ISBN 3-631-38971-X

D 100
ISSN 0721-3085
ISBN 3-631-38971-X

www.peterlang.de

in memoriam | *trovogu*

Vorwort

Während der Entstehungszeit der vorliegenden Arbeit hatte ich stets vor Augen, im Vorwort alle die Dinge und Undinge auszusprechen, ohne die das wissenschaftliche Arbeiten nicht zu der Erfahrung geworden wäre, die sie für mich ist. Als dann die Zeit gekommen war, das Vorwort zu verfassen, stellte sich allerdings ein nicht mehr für möglich gehaltener Zustand der Seelenruhe ein, in dem die positiven Erlebnisse den durchlittenen Undingen den ihnen zustehenden Platz zuwiesen, und alles zusammen im Nebel des Verklärens, Vergessens oder Verzeihens verblaßte.

So soll an dieser Stelle nur der uneingeschränkte Dank ausgesprochen werden, der denjenigen zusteht, die mich kraft ihrer Pflichten, ihres Wollens und ihres Könnens bei meinem Vorhaben unterstützt haben.

Die vorliegende Arbeit wurde im September 2000 von der Fakultät für Wirtschafts- und Sozialwissenschaften der Universität Hohenheim als Dissertation angenommen. Sie enstand im Rahmen des von der Deutschen Forschungsgemeinschaft geförderten Forschungsprojektes „*Märkte für Vertrauensgüter - Eine Anwendung der Spiel- und Entscheidungstheorie unter Unsicherheit*". Für die damit verbundene finanzielle Unterstützung möchte ich mich bedanken.

Herrn Prof. Tilman Becker möchte ich für die Ermöglichung und Betreuung des Vorhabens danken. Seine Art der wissenschaftlichen Betreuung zeichnete sich stets durch Offenheit gegenüber neuen Ideen und ein Maximum an gewährter Freiheit aus. Mein besonderer Dank gilt Frau Prof. Barbara Seel für die Übernahme des Zweitgutachtens. Ihre Bereitschaft, sich auf die in der Arbeit entwickelten Gedanken einzulassen und kritisch zu kommentieren, haben sehr zum Gelingen der Arbeit beigetragen. Herrn Prof. Ulrich Schwalbe und Herrn Prof. Walter Habenicht danke ich für die Abnahme der Rigorosumsprüfungen.

Meinen Kollegen und Kolleginnen an der Universität Hohenheim möchte ich für das anregende und in vieler Hinsicht sehr familiäre Arbeitsklima danken, das zu einem nicht unerheblichen Teil zum Gelingen des Vorhabens beigetragen hat.

Meiner Frau widme ich Abbildung 3.1 auf Seite 146.

Hohenheim, im November 2000 — Dietrich Benner

Inhaltsverzeichnis

Abbildungsverzeichnis

Tabellenverzeichnis

Symbolverzeichnis

$\mathcal{A}$	System von Teilmengen von Ω
$\mathcal{H}$	Partition
$\mathcal{J}$	Menge der Informationsmengen
$\mathcal{J}_i$	Menge der Informationsmengen für Spieler $i \in I$
$\mathcal{P}$	Potenzmenge
$\mathcal{T}$	Topologie
$\bar{h}^e$	proportionale Änderung von $h^e(w)$
$\bar{l}$	Minimalanstrengung
$\bar{Q}^N$	proportionale Änderung von Q_N
$\hat{e}$	Ausbildungsniveau
$\hat{F}_P, \hat{F}_N$	Menge der zulässigen Verträge bei einem nicht beobachtbaren Output
$\hat{q}$	maximal angebotene Qualität
$\hat{q}^*_{vI}$	maximales Qualitätsniveau unter vollständiger Information
$\hat{w}$	Lohnforderung
$\overline{E}$	Erwartungsnutzen ohne Konsumerfahrung
$\overline{E}_H$	Erwartungsnutzen bei Konsumerfahrung der Qualität H
$\overline{E}_L$	Erwartungsnutzen bei Konsumerfahrung der Qualität L
$\bar{t}$	tatsächliche Durchschnittsqualität
$\underline{E}$	Erwartungsnutzen ohne Diagnose und Reparatur
$\underline{u}$	Reservationsnutzen
A	Menge der Aktionen a
$A(J)$	Menge der Aktionen für eine Informationsmenge $J \in \mathcal{J}$
a_H, a_V	Geschmacksparameter
b	Verhaltensstrategiekombination
B	Vereinigungsmenge der Mengen $B(J)$
$B(J)$	Menge der Wahrscheinlichkeitsverteilungen über die Elemente der Menge $A(J)$
$b_i^J(a)$	Wahrscheinlichkeit, mit der Spieler i in J gemäß b_i die Aktion a wählt

b_i	Verhaltensstrategie für Spieler i
C	bereitgestellte Menge einer Vertrauenseigenschaft
$c(\nu, E)$	Unsicherheitsaversion von ν bzgl. E
C^e	wahrgenommenes C
e_i	Informationszusatzstrategie
E_ψ	Erwarteter Nutzen beim Konsum eines Gutes
E_{pz}	bedingter Erwartungsnutzen bei Beobachtung von p und z
F	Menge der Alternativen
f, g	Elemente von F
F_P, F_N	Menge der zuverlässigen Verträge
F_t	Typabhängiger Strategieraum
G	Gewinn
GK	Grenzkosten
h	effektive Durchschnitts- und Grenzproduktivität in der Bereitstellung von G
$h^e(w)$	wahrgenommenes h
I	Menge der Spieler
$i(n)$	Spieler, der am Knoten $n \in N$ eine Aktion ergreifen muß
J	Informationsmenge
K	Kosten
K^p	private Kosten der Produktion
K^s	Tupel der Produktionstechnologien bzw. festgelegten sozialen Kosten
K_D	durchschnittliche Diagnosekosten
K_R	durchschnittliche Reparaturkosten
KR	Konsumentenrente
l	Arbeitseinsatz
L, M, H	Qualitätsstufen
M_i	Menge der gemischten Strategien m_i für Spieler i
N	Menge der Entscheidungsknoten
n_E	Endknoten
N_i	Menge der Entscheidungsknoten für Spieler $i \in I$
n_q	Anzahl der Käufer bei einem Anbieter der Qualität q
n_τ	Anteil der Konsumenten, die zum Zeitpunkt τ kaufen
o	Output
OK	Funktion der aggregierten Opportunitätskosten
p	Preis
P	additives Wahrscheinlichkeitsmaß
p^{eZ}	wahrgenommener Güterpreis

p^I	impliziter Güterpreis
p_D	geforderter Preis für Diagnose
p_R	geforderter Preis für Reparatur
PR	Produzentenrente
q	Qualität
Q	Gütermenge
q^e	eingeschätzte Qualität
q_L^H	Wahrscheinlichkeitseinschätzung fälschlicherweise auf niedrige Qualität zu stoßen
q_R^H	bedingte Reparaturwahrscheinlichkeit eines Gutes von hoher Qualität
q_H^L	Wahrscheinlichkeitseinschätzung fälschlicherweise auf hohe Qualität zu stoßen
q_R^L	bedingte Reparaturwahrscheinlichkeit eines Gutes von niedriger Qualität
q^γ	Qualitätseinschätzung unter Ambiguität
Q_A	angebotene Gütermenge
q_A, q_B	Wahrscheinlichkeit für Typ A bzw. B
$q_b(n_E \| n)$	Wahrscheinlichkeit, bei Erreichen von $n \in N$ den Knoten $n_E \in \mathcal{T}(N)$ zu erreichen
q_D	Wahrscheinlichkeit für Diagnose
q_H, q_L	Typwahrscheinlichkeiten
Q_i	nachgefragte Menge bei Anbieter i
Q_N	nachgefragte Gütermenge
q_R	unbedingte Reparaturwahrscheinlichkeit eines Gutes
q_H^T	Wahrscheinlichkeitseinschätzung, daß ein Konsument einem tatsächlichen Anbieter hoher Qualität über mindestens t Marktperioden treu bleibt
q_L^T	Wahrscheinlichkeitseinschätzung, daß ein Konsument einem tatsächlichen Anbieter niedriger Qualität über mindestens t Marktperioden treu bleibt
q_{p_D}	Wahrscheinlichkeit für Diagnosepreisforderung p_D
q_{p_R}	Wahrscheinlichkeit für Reparaturpreisforderung p_R
r	Auszahlungsfunktion
$R_i(b\|n)$	Erwartete Auszahlung für Spieler i bei Erreichen des Knoten $n \in N$
$r_i(s,t)$	Typbedingte Auszahlungsfunktion für Spieler i
$R_i(s_i, \nu_i$	Erwartete Auszahlung für Spieler i erwartete Auszahlung bei nicht-additiven Einschätzungen ν_i
r_i^k	Auszahlungsfunktion, die die k-höchste Auszahlung für Spieler i angibt
S	Menge der Strategiekombination aller Spieler
S^k	Menge der Strategien, die mindestens zur k-höchsten Auszahlung führen

S_i	Menge der reinen Strategien s_i für Spieler i
S_V	Menge von möglichen Signalen s_V eines Mechanismus
$supp$	Träger einer Wahrscheinlichkeitsverteilung
t	Spielertyp bzw. Qualitätstyp
T	Menge der möglichen Typkombinationen aller Spieler
T_i	Menge der möglichen Typen für Spieler i
U	Erlösfunktion
V	Mechanismus
V_D	direkter Mechanismus
v_q	Verlassensrate
w	Werbeaufwand
W	Wohlfahrtsfunktion
X	Menge der Konsequenzen
X	Menge der Konsequenzen
y	Allokation, die mit einem Mechanismus V herbeigeführt werden soll
Y	Einkommen
y, y_{s_V}	Allokation, die ein Mechanismus herbeiführt
z	Image des Anbieters
Z	zeitlicher Umfang für Reparatur und Diagnose
z_q	erwartete Gesamtanzahl von Käufern bei einem Anbieter der Qualität q
ZB	Funktion der aggregierten Zahlungsbereitschaften
$\mathcal{T}(N)$	Menge der Endknoten
$\hat{\mathfrak{r}}$	Abbildung der besten gemischten Strategien
$\mathfrak{R}^\nu$	Reaktionsabbildung bei nicht-additiven Einschätzungen
$\mathfrak{r}$	Reaktionsabbildung
$\mathfrak{R}$	Abbildung der besten reinen Antwortstrategien
F	Menge der Aktionen
q_W	wohlfahrtsmaximierende Qualitätsniveau

$\alpha(n)$	Aktion, die an Knoten $n \in N$ ergriffen werden kann
χ	Entscheidungsfunktion in einem Mechanismus V
δ	Reputationsparameter
$\epsilon_{h^e w}$	Werbeelastizität der wahrgenommenen Produktivität
$\epsilon_{Q_N p}$	Preiselastizität der Nachfrage
$\epsilon_{Q_N w}$	Werbeelastizität der Nachfrage
η	Wahlparameter für Inanspruchnahme des Dienstes
γ	Vertrauensparameter

Γ	Beschreibung eines Spiels in extensiver Form
Γ'	Transformiertes Spiel mit vollständiger aber unvollkommener Information
$\gamma(\nu)$	Grad des Vertrauens der Kapazität ν
γ_0	Vertrauensniveau, ab dem Qualitätsmaßnahmen zu einer höheren Wohlfahrt führen als Vertrauensmaßnahmen
κ	Proportionalitätsfaktor
$\lambda(\nu)$	Unsicherheitsaversion der Kapazität ν
μ	Wahrscheinlichkeitseinschätzung über das Verhalten der Spieler
μ^A	Anfangsverteilung auf der Menge der Typen T
μ_i^A	Anfangsverteilung auf der Menge der Typen T_i für Spieler i
ν	nicht-additive Wahrscheinlichkeit (Kapazität)
Ω	Zustandsmenge
ϕ	Permutation auf der Menge Ω
π	additive Wahrscheinlichkeitsverteilung
π^i	Verteilungsstrategie für Spieler i
ψ	Wahrscheinlichkeit eines Gutes einen Nutzen zu stiften
ρ	Wahrscheinlichkeitseinschätzung über die Anbietertypen
$\sigma(n)$	Vorgängerknoten zu Knoten $n \in N$
$\succeq$	Präferenzrelation
$\succeq_A$	Präferenzrelation
τ	Zeit
θ	Transferzahlung, die von einem Mechanismus festgelegt wird
$\sim$	Indifferenzrelation

Einführung

Informationsprobleme beim Güterkauf

Auf vielen Märkten sind Nachfrager nicht in der Lage, die Qualität der angebotenen Güter und Dienstleistungen ausreichend zu beurteilen, da sie diejenigen Eigenschaften, die zur Beurteilung von zentraler Bedeutung sind, nicht zu jedem Zeitpunkt uneingeschränkt überprüfen können. Die relevante Information bleibt in der Regel zunächst dem Anbieter vorbehalten. Dann aber ist der Nachfrager nur unvollständig über die Eigenschaften informiert, was zu Unsicherheit bei der Kaufentscheidung führt.

Die Relevanz, die der Zeitpunkt einer möglichen Überprüfung von Gütereigenschaften für eine Beurteilung des Gutes insgesamt hat, wird bei Entscheidungssituationen bezüglich Lebensmitteln deutlich. So bereitet bei der Beurteilung der Qualität eines Steaks die Ermittlung von Farbe und Marmorierung *vor* dem eigentlichen Kaufzeitpunkt gewöhnlich keine Schwierigkeiten. Aber bereits Eigenschaften wie Geschmack oder Bratverhalten können prinzipiell erst *nach* dem Kauf, im Verbrauch festgestellt und beurteilt werden. Und schließlich entziehen sich bei der Beurteilung der Qualität solche Eigenschaften wie die Belastung mit Hormonen, die Herkunft des Fleischs oder allgemeine ethische bzw. ökologische Aspekte der Fleischproduktion und -verarbeitung durchweg sowohl *vor* als auch *nach* dem Kauf der *unmittelbaren* Kenntnis der Nachfrager.

Mit dem angeführten Beispiel wird deutlich, daß sich in Abhängigkeit von dem Zeitpunkt, zu dem den Nachfragern die Eigenschaften offenbar werden, spezifische Informations- und Unsicherheitsprobleme ergeben, die wiederum Auswirkungen auf das Verhalten der Marktteilnehmer und das Marktgeschehen insgesamt haben. Nutzen die Anbieter bspw. ihre Informationsvorsprünge zur Täuschung der Nachfrager aus, kann dies bis zum völligen Versagen des Marktmechanismus bei der Bereitstellung der angebotenen Güter führen. Die Herstellung der Funktionsfähigkeit von Märkten kann dann zur Überwindung der Unsicherheit einerseits zusätzliche Informationsaktivitäten der Marktteilnehmer erfordern, d.h. die Nachfrager müssen Informationen in geeigneten Informationsprozessen ermitteln bzw. Anbieter müssen Informationen in geeigneter Form bereitstellen. Oder, falls diese, marktendogenen Prozesse nicht ausreichen, kann andererseits ein ordnungspolitischer Handlungsbedarf entstehen.

Ein Informationsproblem, das sich prinzipiell aus ungleich verteilte Information ergibt, ist allerdings nur dann gegeben, wenn Gütereigenschaften vor einer Kaufentscheidung nicht beobachtbar sind und damit grundsätzlich nicht beurteilt werden können. Hier stellt sich die Frage, welche und wieviel Informationen zur Überwindung der Unsicherheit notwendig ist und wie solche Informationen zwischen Nachfrager und Anbieter übermittelt werden können.

Das Informationsproblem, das sich ergibt, wenn Eigenschaften auch *nach* dem Kauf nicht überprüft werden können, enthält jedoch eine über das reine Informationsproblem hinausgehende, zusätzliche Dimension. Da sich der Nachfrager als Nachweis über das Vorhandensein einer solchen Eigenschaft nur auf die Informationen und Zusicherungen des Anbieters oder einer anderen, dritten Instanz stützen kann, erlangt das *Vertrauen* in die zur Verfügung gestellte Information einen besonders hohen Stellenwert. Dieses Vertrauen in die Richtigkeit der Information muß die Möglichkeit der eigenen Überprüfung ersetzen. Es ermöglicht die Überwindung der Unsicherheit zwischen den Marktteilnehmern und führt zur Bewältigung des Informationsproblems, indem der Nachfrager, der bereit ist, der jeweiligen Information Vertrauen zu schenken, eine einseitige Vorleistung erbringt.

Insbesondere vor dem Hintergrund eines gestiegenen Umwelt-, Gesundheits- und Ernährungsbewußtseins gewinnt die zuletzt geschilderte Problematik zusätzlich an Bedeutung. Die mit dem Kauf eines Gutes verbundenen, ökologischen oder ethischen Zielsetzungen sensibilisieren die Nachfrager bei ihrer Kaufentscheidung für solche Eigenschaften, auf deren Vorhandensein sie nur vertrauen können. In welchem Zusammenhang solche Situationen auftreten können, wird bereits an einigen, aktuellen Schlagworten deutlich: So führt der mit der Sorge um eine intakte Umwelt verbundene Wunsch, kein Holz aus tropischen Regenwäldern kaufen zu wollen, zu einem Informationsmangel, der kaum *selbst* unmittelbar zu bewältigen ist. Auch das Gesundheitsbewußtsein, das eine Sensibilisierung für die Verwendung von Wachstumshormonen und Antibiotika in der Nutztierhaltung oder den Einsatz von Gentechnik bei der Lebensmittelproduktion zur Folge hat, führt zu einem Bedürfnis nach Informationen, die Nachfrager nicht selbst ermitteln können. Schließlich entziehen sich auch allgemeine ethische Maßstäbe, nach denen bspw. die Ausbeutung von Kinderarbeit nicht mehr in Kauf genommen wird, einer unmittelbaren Überprüfung durch die Nachfrager.

Konkret und eindrücklich läßt sich die Vertrauensproblematik anhand des sehr empfindlichen Themas der Lebensmittelskandale darstellen. Waren es in der Vergangenheit die Meldungen über die mit Diethylenglykol (DEG) gepanschten Weine („Frostschutzmittel-Skandal"), über die Herstellung von Nudeln aus angebrüteten Eiern oder verdorbenem Flüssigei oder über die Rückstände von Perchlorethylen (PER) in Olivenöl,[1] sind es in jüngster Vergangenheit vor allem die Reaktionen auf die bei britischen Rindern entdeckte Seuche BSE (Bovine Spongiforme Enzephalopathie, „Rinderwahnsinn"), die die Relevanz offenbaren, die nicht-verifizierbaren Eigenschaften sowohl

[1] vgl. MEYER-HULLMANN [1999], *S. 89f*

von Anbieter- als auch von Nachfragerseite beigemessen wird. So wird Herkunft in letzterem Fall zu einem wichtigen Kriterium für Sicherheit und Qualität von Fleisch.[2] Da aber der Nachfrager selbst keine Information über die Herkunft in Erfahrung bringen kann, muß er diesbezüglichen Angaben vertrauen, und es stellt sich die Frage, welche Auswirkungen dies für das Angebot von und die Nachfrage nach Rindfleisch hat. In diesem Zusammenhang stellte der Ausschuß des Europäischen Parlaments für Landwirtschaft und ländliche Entwicklung eine massive Störung des Vertrauens der Konsumenten in Rindfleisch fest, die in einem starken Rückgang der Nachfrage nach Rindfleisch resultierte.[3] Der Ausschuß hob hierbei insbesondere die herausragende Bedeutung hervor, die die Information über Herkunft bei der Beurteilung der Qualität und Sicherheit von Rindfleisch haben kann. Um das Vertrauen der Konsumenten wiederzugewinnen, wurde der von der EU-Kommission vorgeschlagenen Maßnahme zugestimmt, den Nachweis der Herkunft von Rindfleisch und Rindfleischerzeugnissen durch eine entsprechende Etikettierungsverordnung zu verbessern. Als erklärtes Ziel sollten dadurch dem Verbraucher ausreichende Informationen über die Herkunft an die Hand gegeben werden, damit er die Qualität bzw. Sicherheit von Rindfleisch beurteilen kann. Ähnlich sah sich auch die Centrale Marketinggesellschaft der deutschen Agrarwirtschaft (CMA) aufgefordert, der rückläufigen Nachfrage nach Rindfleisch entgegenzuwirken.[4] Auch die CMA versprach sich durch eine Etikettierung von Rindfleisch und eine verstärkte Werbung, in der auf die Unbedenklichkeit von Rindfleisch deutschen Ursprungs hingewiesen wird, das Vertrauen der Verbraucher in die Qualität und Sicherheit von Rindfleisch wiederherstellen zu können.

Bei derartigen Informationsmaßnahmen bleibt allerdings ein wichtiger Zusammenhang zwischen Information und Vertrauen unbeachtet. Die von den Initiatoren erhoffte Wirkung der ergriffenen Maßnahmen basiert auf der Annahme, daß die beobachteten Glaubwürdigkeits- und Vertrauensdefizite ihre Ursache ausschließlich in mangelnder Information über die Herkunft haben und allein durch die Behebung dieses Informationsdefizits beseitigt werden können: Das Vertrauen, so der implizit unterstellte Wirkungszusammenhang, stellt sich dann wieder ein, wenn den Nachfragern ausreichend Informationen zur Verfügung gestellt werden. Außer acht gelassen wird, daß Verbraucher insbesondere die Glaubwürdigkeit von Informationen, die sie nicht selbst verifizieren können, mit dem Vertrauen in die Informationsquelle verknüpfen[5] und davon abhängig machen, wer - bspw. private oder staatliche Instanzen - die Informationen zur Verfügung stellt. Die Glaubwürdigkeit *von* und das Vertrauen *in* Information stellen somit Eigenschaften von Information dar, die ihr von den Nachfragern zu- oder abgesprochen werden können, und nicht notwendigerweise über die Information selbst hergestellt werden können. Ob die alleinige Bereitstellung von Information zu dem gewünschten Ziel führt, bleibt daher fraglich.

[2] vgl. GLITSCH [2000], *S. 143f*
[3] vgl. PAPAYANNAKIS [1997], *S. 15*
[4] vgl. ZIEBELL [1998]
[5] vgl. GLITSCH [2000], *S. 149*

Insgesamt müssen daher die Auswirkungen unvollständiger Information auf das Marktgeschehen stets im Zusammenhang mit dem Problem der Verifikationsmöglichkeit von Information und des damit verbundenen Vertrauensaspekts betrachtet werden. Dem Mangel an mikroökonomischen Beschreibungs- und Erklärungsansätzen, die diesen Vertrauensaspekt berücksichtigen, entspringt die Motivation für diese Arbeit:[6] Im Mittelpunkt der vorliegende Arbeit steht die Entwicklung eines modell-theoretischen Analyserahmens, der diesen Aspekt ausdrücklich in seinen Betrachtungshorizont integriert.

Zielsetzung und Gang der Arbeit

Die modell-theoretische Analyse der beschriebenen Informations- und Vertrauensprobleme ist innerhalb des traditionellen neoklassischen Forschungsparadigmas nicht möglich. Die neoklassische Mikroökonomie geht einerseits von homogenen Güter aus, die den Preis zum alleinigen Wettbewerbsparameter machen. Qualitativ unterscheidbare Güter werden als Güter verschiedener Art behandelt.[7] Andererseits stehen hier sämtliche benötigten Informationen, die die Entscheidung für oder gegen ein Gut berühren, allen Marktteilnehmern zum Zeitpunkt der Transaktion kostenlos zur Verfügung, so daß Informations- und Unsicherheitsprobleme bei der Kaufentscheidung nicht entstehen können.[8] Erst mit der *Informationsökonomie* hat sich in den in den letzten dreißig Jahren ein Forschungsgebiet entwickelt, in dem Aspekte der Informationsverteilung zwischen den Marktteilnehmern und daraus resultierende Probleme der Unsicherheit bei ökonomischen Entscheidungen in den Betrachtungshorizont der neoklassischen Wirtschaftsforschung rücken.[9]

Auf der Basis des informationsökonomischen Ansatzes führt die Entwicklung eines modell-theoretischen Analyserahmens der Informations- und Vertrauensproblematik zu den zwei aufeinander aufbauenden Zielsetzungen der vorliegenden Arbeit:

- Das erste Ziel ist die Analyse und systematische Darstellung derjenigen informationsökonomischen Modelle, die sich mit der beschriebenen Problematik ungleicher Informationsverteilung zwischen Marktteilnehmern befassen und analysieren. Insbesondere solche Modelle, die sich - *direkt* oder *indirekt* - auf die beschriebene Vertrauensproblematik beziehen, nehmen in der informationsökonomischen Literatur nur einen geringen Raum ein. Die besondere Informationsproblematik und die Möglichkeiten ihrer Überwindung sollen daher anhand dieser Modelle und ihrer Aussagen analysiert und systematisiert werden. Den Schwerpunkt bildet hierbei die Fragestellung, *ob* und *wie* der Vertrauensaspekt des Informationsproblems

[6] vgl. BECKER [1997]. Die dort aufgeworfenen Fragen der Formalisierung des Vertrauensaspekts werden mit der vorliegenden Arbeit aufgegriffen.

[7] vgl. TIETZEL UND WEBER [1991], *S. 110*

[8] Für eine Überblick über die Grundsätze neoklassischer Wirtschaftsforschung vgl. SCHUMACHER [1994], *S. 5f*

[9] Die Informationsökonomie gehört zu den neoklassischen Markttheorien unter Unsicherheit (vgl. HOPF [1983b], *S. 18*). Für die Kriterien der Zugehörigkeit zur neoklassischen Tradition vgl. SCHUMACHER [1994], *S. 6ff*

in den Modellen formalisiert wird. Auf dieser Grundlage können die prinzipiellen Möglichkeiten herausgearbeitet werden, die es für *marktendogene* bzw. *ordnungspolitische* Aktivitäten bei der Überwindung des spezifischen Informationsproblems gibt.

- Mit der zweiten Zielsetzung wird eine explizite informationsökonomische Operationalisierung des Vertrauenskonzepts angestrebt, die eine formale Darstellung und Analyse der grundlegenden Aspekte der beschriebenen Informations- und Vertrauensproblematik ermöglicht. Eine solche Operationalisierung fehlt bislang in der informationsökonomischen Literatur. Mit der Einführung einer Kategorisierung der dabei zugrundeliegenden Informationssituationen auf der Basis der Entscheidungstheorie soll daher ein Schritt in diese Richtung geleistet werden.

Die beiden formulierten Zielsetzungen machen für die vorliegende Arbeit folgende Vorgehensweise erforderlich.

In **Kapitel 1** wird der informationsökonomische Begriffs- und Modellrahmen für die weitergehende Analyse der aufgezeigten Problemstellung bereitgestellt. Ausgehend von den bei einem Güterkauf möglichen Informations*situationen*, die auf der Grundlage der Such-, Erfahrungs- und Vertrauenseigenschaften von Gütern kategorisiert werden und damit unterschiedliche Gütertypen (Such-, Erfahrungs- und Vertrauensgüter) definieren, werden zum einen die eingangs identifizierten Informations*probleme* bei einem Güterkauf klassifiziert. Die Klassifikation soll insbesondere verdeutlichen, daß innerhalb des verwendeten informationsökonomischen Begriffsrahmens ein Defizit bei der Analyse des beschriebenen Vertrauensproblems besteht. Zum anderen werden die in der Informationsökonomie diskutierten Informationsaktivitäten zur Bewältigung von Informationsasymmetrien herausgearbeitet, die sich in marktendogene Aktivitäten und staatliche bzw. ordnungspolitische Maßnahmen unterteilen lassen.

Unter Maßgabe des im ersten Kapitel bereitgestellten Begriffsrahmens wird in **Kapitel 2** untersucht, inwieweit anhand bestehender modell-theoretischer Ansätze die Probleme unvollständiger Information auf Märkten für Such-, Erfahrungs- bzw. Vertrauensgüter analysiert werden können. Für Such- und Erfahrungsgüter haben sich in der theoriegeleiteten Diskussion der Auswirkungen bzw. Überwindung von Informationsproblemen verschiedene Ansätze etabliert. Suchkostenansätze für Suchgüter und der Signaling-Ansatz in seiner spieltheoretischen Formulierung für Erfahrungsgüter spielen hierbei eine herausragende Rolle. Für Vertrauensgüter gibt es in der Literatur einen solchen einheitlichen Ansatz nicht. Je nach Ausgestaltung des Konzepts des Vertrauensgutes sollen daher unterschiedliche Ansätze daraufhin untersucht werden, welche Aspekte der eingangs beschriebenen Vertrauensproblematik erfaßt werden. Die zentrale Frage ist dabei, inwiefern der auf jeden Fall beinhaltete Vertrauensaspekt, wie er sich aus der Nicht-Verifizierbarkeit von Informationen ergibt, in den Modellen berücksichtigt wird.

Die informationsökonomische Begriffsbildung und die gegebenen Modelle zur Analyse der Vertrauensproblematik dienen als Ausgangspunkt für **Kapitel 3**. Auf der Basis der Entscheidungstheorie soll hier eine Kategorisierung der mit den informationsökonomischen Gütertypen verbundenen Informationssituation entwickelt und eingeführt werden, auf deren Basis eine explizite Operationalisierung des Vertrauenskonzepts möglich ist. Hierbei soll vor allem untersucht werden, ob die besondere Informations- und Unsicherheitssituation bei Vertrauensgütern durch das Unsicherheitskonzept der entscheidungstheoretischen Standardtheorie, der Subjektiven Erwartungsnutzentheorie gemäß der Axiomatisierung von SAVAGE [1954], repräsentiert wird, oder ob Vertrauensgüter eher mit alternativen Unsicherheitskonzepten identifiziert werden müssen. Ein solches Konzept liegt insbesondere mit dem Konzept der *Ambiguität* vor, für das mit der von GILBOA [1987] und SCHMEIDLER [1989] eingeführten Choquet-Erwartungsnutzentheorie (CEU) ebenfalls eine axiomatische Fundierung existiert.

Die entwickelte Operationalisierung bietet dann die Grundlage für die formale Erfassung des zu analysierenden Vertrauensaspekts. In **Kapitel 4** werden spezifische Auswirkungen der Vertrauensproblematik auf das Marktgeschehen herausgearbeitet. Zum einen sollen anhand der extremsten Konsequenz des Informations-und Vertrauensproblems, dem Marktversagen, die für die Funktionsweise von Märkten relevanten Dimensionen der Vertrauensproblematik offengelegt werden. Zum anderen soll die Frage beleuchtet werden, inwiefern die Überwindung des Informations- und Vertrauensproblems möglich ist.

1 Informationsprobleme beim Güterkauf: Informationsökonomische Grundlagen

Das folgende Kapitel stellt auf der Grundlage der *Informationsökonomie* einen Begriffsrahmen bereit, innerhalb dessen die Situationen unvollständiger Information und Unsicherheit bei der Nachfrage und dem Angebot von Gütern systematisiert und analysiert werden können. In Abschnitt 1.1 wird die der Informationsökonomie zugrundeliegende Bedeutung von Unsicherheit herausgearbeitet und in Abschnitt 1.2 eine Kategorisierung der Informationssituationen eingeführt, die diese Art von Unsicherheit beim Güterkauf bestimmen. Auf dieser Grundlage werden in Abschnitt 1.3 die sich daraus ergebenden spezifischen Informationsprobleme begrifflich erfaßt und gegeneinander abgegrenzt. In Abschnitt 1.4 werden die Grundprinzipien möglicher Aktivitäten zur Lösung der Informationsprobleme dargestellt und in Abschnitt 1.5 die Grundprinzipien ihrer Formalisierung analysiert. In Abschnitt 1.6 werden die Ergebnisse des Kapitels in einem Fazit zusammengefaßt.

1.1 Unvollständige Information und Unsicherheit bei Transaktionen

Im neoklassischen Standardmodell eines Marktes unter vollständiger Konkurrenz sind die wirtschaftlichen Akteure vollständig, rechtzeitig und kostenlos über die relevanten Daten einer Transaktion informiert.[1] Betrachtet man jedoch die Situation auf realen Märkten, wird das Grundproblem der Koordination wirtschaftlicher Aktivitäten offensichtlich: Nicht jeder Marktteilnehmer besitzt alle für ihn entscheidungsrelevanten Informationen.[2] Entscheidungen können daher immer nur unter einem gewissen Grad an Unsicherheit getroffen werden.

Die Unsicherheiten, die ökonomische Entscheidungen der Marktteilnehmer prägen, werden dabei nach HIRSHLEIFER UND RILEY [1979] in *Technologieunsicherheit* (exogene Unsicherheit) und *Marktunsicherheit* (endogene Unsicherheit) unterteilt.[3]

---

[1] vgl. FRITSCH ET AL. [1999], *S. 32ff*

[2] Schon HAYEK [1945] weist auf das Problem der Koordination wirtschaftlicher Aktivitäten hin, wenn er es als „problem of the utilization of knowledge not given to anyone in its totality" (HAYEK [1945], *S. 520*) charakterisiert.

[3] vgl. HIRSHLEIFER UND RILEY [1979], *S. 1376f*, vgl. auch HIRSHLEIFER [1973], *S. 32*

Technologieunsicherheit ergibt sich aus unvollständiger Information über Umweltfaktoren, die außerhalb des Einflußbereichs der Marktteilnehmer liegen. Sie ist eine *exogen* bestimmte Größe, die in der Regel für alle Marktteilnehmer gleich ausfällt. Die Unsicherheit bezieht sich dabei auf die Ausstattung eines Individuums mit Ressourcen, die zur Verfügung stehenden Technologien oder auf die Entwicklung der rechtlichen Rahmenbedingungen des ökonomischen Systems, in welchem sich der Transaktionsprozeß vollzieht,[4] und ist damit insgesamt meist auf zukünftige exogene Ereignisse bezogen.[5] Ein typisches Beispiel ist die Unsicherheit eines Landwirts über die Entwicklung des Wetters, die Einfluß auf sein Produktionsergebnis nimmt.

Marktunsicherheit resultiert hingegen aus unvollständiger Information einzelner Marktteilnehmer bezüglich relevanter Marktbedingungen, unter denen die übrigen Marktteilnehmer bereit sind, eine Transaktion einzugehen.[6] Im Gegensatz zur Technologieunsicherheit sind sich die einzelnen Marktteilnehmer nicht unsicher über die eigene Ausstattung an Ressourcen unter verschiedenen Umweltzuständen, sondern es besteht vielmehr eine Unsicherheit über die transaktionsrelevanten Merkmale der übrigen Marktteilnehmer.[7] So müssen bspw. nicht alle Marktteilnehmer gleich gut über die Preise oder Qualitäten der auf dem Markt angebotenen Güter informiert sein. Marktunsicherheit bezieht sich im Gegensatz zu Technologieunsicherheit auf die Gegenwart[8] und ergibt sich aus einer prinzipiellen *asymmetrischen* Informationsverteilung.[9] Der Begriff der *Informationsasymmetrie* bezieht sich dabei allgemein auf solche Informationsstrukturen, in denen ein Transaktionspartner über Wissen bezüglich transaktionsrelevanter Merkmale verfügt, das den anderen Partnern zunächst verborgen bleibt, und somit besser als die anderen Partner informiert ist. Dieses Wissen stellt dann *private Information* des besser informierten Marktteilnehmers dar. Marktunsicherheit ist eine *endogene* Größe, deren Ausmaß allein vom Verhalten der Marktteilnehmer bestimmt wird,[10] so daß auch der Informationsstand der einzelnen Marktteilnehmer endogen über das Verhalten der Marktteilnehmer untereinander bestimmt wird.[11]

Technologie- und Marktunsicherheit sind nicht voneinander unabhängig und beeinflussen sich gegenseitig.[12] Die Unsicherheiten aber, die sich für die Marktteilnehmer aus unvollständiger Information über Transaktions- bzw. Austauschobjekte ergeben, sind in der Regel endogen durch die Art des Objekts und dessen Eigenschaften bestimmt und fallen in die Kategorie der Marktunsi-

[4]vgl. Hirshleifer und Riley [1979], *S. 1376*
[5]vgl. Graf von Schulenburg [1993], *S. 515*
[6]vgl. Hirshleifer [1973], *S. 35*
[7]„Each individual is supposed to be fully certain about his own endowment and productive opportunities; what he is unsure about are the supply-demand offers of other economic agents" (Hirshleifer und Riley [1979], *S. 1376*).
[8]vgl. Graf von Schulenburg [1993], *S. 515*
[9]vgl. Hirshleifer [1973], *S. 37*
[10]vgl. Hirshleifer und Riley [1979], *S. 1376*; vgl. auch Hopf [1983b], *S. 21*
[11]vgl. Hopf [1983a], *S. 313*
[12]vgl. Hüser [1993], *S. 269*

cherheit. Gemäß der in dieser Arbeit verfolgten Zielsetzung bildet im weiteren Verlauf daher die Marktunsicherheit den Ausgangspunkt bei der Analyse von Unsicherheit.

Ansätze zur Analyse von Marktunsicherheit werden innerhalb des Forschungsgebiets der *Informationsökonomie* zusammengefaßt.[13] Die Informationsökonomie stellt insofern eine Weiterentwicklung der traditionellen Mikroökonomie unter Sicherheit für den Fall der Marktunsicherheit dar,[14] als daß nun nicht mehr von Information ausgegangen wird, die zwischen den Marktteilnehmern gleichverteilt ist. Der zentrale Ausgangspunkt ist vielmehr die Annahme einer ungleichen, d.h. insbesondere asymmetrischen Informationsverteilung.[15] Die Informationsökonomie diskutiert sowohl die Auswirkungen von Marktunsicherheit auf individuelle Entscheidungsprobleme als auch Gleichgewichtsfragen auf Märkten, die durch Marktunsicherheit gekennzeichnet sind.[16] Dabei wird stets davon ausgegangen, daß die Marktteilnehmer ihre Informationssituation aktiv verändern können.[17] Im Vordergrund der Analyse des individuellen Entscheidungsverhaltens steht der Einfluß der unvollkommenen Information[18] auf die Informationsaktivitäten, die für die Transaktionspartner zu einer Verbesserung der Informationssituation und damit zu einer Verringerung der Unsicherheit führen.[19] Darauf aufbauend ist die Analyse der Konsequenzen verschiedener Informationsbedingungen für das Funktionieren von ökonomischen Systemen (Märkten) möglich.

Asymmetrisch verteilte Information bzw. die sich daraus ergebende Marktunsicherheit muß nicht zwangsläufig zu Informationsproblemen führen (vgl. Abbildung 1.1 auf der nächsten Seite). So kann bspw. jeder offen und ehrlich agieren und den anderen Marktteilnehmern die jeweils benötigte Information bereitstellen.[20] Zu Problemen kommt es erst, wenn Informationsvorsprünge systematisch ausgenutzt werden, d.h. falls sich Marktteilnehmer opportunistisch verhalten. *Opportunismus* bedeutet hierbei „die Verfolgung des Eigeninteresses unter Zuhilfenahme von List"[21] und bezieht sich allgemein auf „die unvollständige oder verzerrte Weitergabe von Information, insbesondere auf vorsätzliche Versuche irrezuführen, zu verzerren, verbergen, verschleiern oder sonstwie zu verwirren".[22] Die Unsicherheit, die sich in Situationen ergibt, in denen der besser informierte Marktteilnehmer einen Informationsvorsprung opportunistisch ausnutzen kann, wird als

[13] vgl. HOPF [1983a], *S. 313*; s.a. BÖSSMANN [1996]. Einen Überblick über die Entwicklung informationsökonomischer Modellansätze gibt LEVINE UND LIPPMAN [1995a]. Technologieunsicherheit wird dagegen in der *Unsicherheitsökonomie* betrachtet (vgl. HIRSHLEIFER UND RILEY [1979], *S. 1377ff*; HOPF [1983b], *S. 22ff*).

[14] vgl. HOPF [1983b], *S. 19*

[15] vgl. SCHUMACHER [1994], *S. 6f*

[16] vgl. HOPF [1983a], *S. 313*

[17] Durch diese dynamische Betrachtungsweise unterscheidet sich die Informationsökonomie von der *Unsicherheitsökonomie*, die davon ausgeht, daß Entscheider sich mit ihrer Informationssituation abfinden und mit ihren momentanen Überzeugungen versuchen, die optimale Entscheidung zu treffen (vgl. HIRSHLEIFER UND RILEY [1992], *S. 2*).

[18] Unvollkommene und unvollständige Information werden in der Informationsökonomie synonym verwendet (vgl. dazu auch die Begriffsbestimmung in der Spieltheorie (vgl. Abschnitt 1.5.1, S. 37)). Für die Begriffsbestimmung innerhalb der Informationsökonomie vgl. auch SCHUMACHER [1994], *S. 64ff*

[19] vgl. HIRSHLEIFER UND RILEY [1992], *S. 2*

[20] vgl. WILLIAMSON [1990], *S. 55*

[21] WILLIAMSON [1990], *S. 54*

[22] WILLIAMSON [1990], *S. 54*

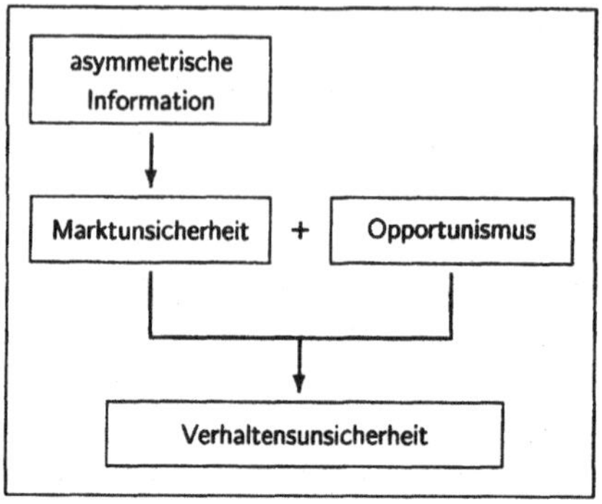

Abbildung 1.1: *Unsicherheit in der Informationsökonomie*
Quelle: eigene Darstellung

Verhaltensunsicherheit bezeichnet.[23] Zwar wissen Wirtschaftssubjekte im einzelnen nicht, ob ihr Transaktionspartner die Möglichkeit zu opportunistischem Verhalten ausnutzt, doch müssen sie stets mit diesem Verhalten rechnen. Allein die Möglichkeit des Opportunismus führt demnach zu Verhaltensunsicherheit der Transaktionspartner.

Welche Formen die Verhaltensunsicherheit im Zusammenhang mit dem hier im Vordergrund stehenden Güterkauf annehmen kann, ist Gegenstand des folgenden Abschnitts.

1.2 Gütertyp und Informationssituation beim Güterkauf

Bislang war bei der begrifflichen Systematisierung der unvollständigen Information und Unsicherheit ganz allgemein von Transaktionen zwischen Marktteilnehmern die Rede. Besteht die Transaktion im Güterkauf, stehen gemäß des Produkt-Charakteristik Ansatzes von LANCASTER die interessierenden Gütereigenschaften im Vordergrund.[24] Verhaltensunsicherheit liegt in diesem Fall vor, wenn Anbieter private Informationen über die Eigenschaften ihrer angebotenen Güter haben und Nachfrager nicht in Lage sind, die einzelnen Eigenschaften bzw. die Qualität der auf dem Markt angebotenen Güter ausreichend zu beurteilen. Unter solchen Umständen sind die Nachfrager stets unsicher, inwieweit sich Anbieter opportunistisch verhalten und ihre private Information zu ihrem eigenen Vorteil ausnutzen.

[23] vgl. WILLIAMSON [1990], *S. 66*; vgl. auch SPREMANN [1990], *S. 564f*

[24] Der Produkt-Charakteristik Ansatz geht davon aus, „that it is the properties or the characteristics of the goods from which utility is derived" (LANCASTER [1966b], *S. 133*), d.h. nicht die Güter an sich werden nachgefragt, sondern Güter werden nur wegen ihrer Eigenschaften nachgefragt (vgl. LANCASTER [1966b], LANCASTER [1966a], LANCASTER [1971]). Exemplarisch wird immer wieder Bezug auf Qualität als die herausragende Eigenschaft genommen. In dem hier im Vordergrund stehenden informationsökonomischen Zusammenhang wird der Begriff im Sinne von objektiver Beschaffenheit benutzt, deren Verbesserung von den Nachfragern erwünscht ist und mit höheren Kosten verbunden ist (vgl. WEISENFELD-SCHENK [1997], *S. 24f*). Für alternative Qualitätskonzepte vgl. GARVIN [1984].

Die Ausprägung der Verhaltensunsicherheit hängt von dem Ausmaß der vorhandenen Informationsasymmetrie ab. Je nachdem, zu welchem Zeitpunkt (*vor* vs. *nach* der Transaktion) die Eigenschaften der im Transaktionsprozeß erbrachten Leistungen von dem schlechter informierten Marktteilnehmer beobachtet[25] und auch beurteilt werden können,[26] ergeben sich für die Marktteilnehmer unterschiedliche Möglichkeiten, ihren Informationsvorsprung opportunistisch auszunutzen.[27]

Eine Kategorisierung, die Informationssituationen des hier betrachteten Güterkaufs anhand der bestehenden Beurteilungsmöglichkeiten einteilt, wird im nachfolgenden Abschnitt 1.2.1 mit der informationsökonomischen Typologie von Gütereigenschaften in Such-, Erfahrungs- und Vertrauenseigenschaften eingeführt. Eine Diskussion der empirischen Gültigkeit und Relevanz dieser Typologie erfolgt in dem darauffolgenden Abschnitt 1.2.2.

1.2.1 Such-, Erfahrungs- und Vertrauenseigenschaften von Gütern

Für den möglichen Zeitpunkt einer Beurteilung der Gütereigenschaften kommt es prinzipiell darauf an, ob die Leistung, die mit den Eigenschaften verbunden ist, bereits zum Transaktionszeitpunkt erstellt ist oder erst danach erstellt werden kann. In diesem Zusammenhang gewinnt die Verfügbarkeit der Güter zum Transaktionszeitpunkt an Bedeutung, und es wird zwischen *Kontraktgütern* und *Austauschgütern* unterschieden.[28]

Kontraktgüter können erst nach dem Kaufzeitpunkt erstellt werden. Sie stellen somit zum Zeitpunkt der eigentlichen Transaktion nur ein Leistungsversprechen dar.[29] Der Anbieter kann auch noch nach Abschluß eines Vertrags Einfluß auf die Ausgestaltung des Vertrags nehmen, wie es insbesondere bei Dienstleistungen der Fall ist.[30] Austauschgüter dagegen sind zum Zeitpunkt des Kaufs bereits vollständig erstellt. Nach Vertragsabschluß können beide Transaktionspartner keinen Einfluß mehr auf die Ausgestaltung der Eigenschaften nehmen. Darunter fallen standardisierte Konsumgüter, die für den anonymen Markt produziert werden, wie bspw. Lebensmittel.[31]

Im allgemeinen lassen sich Austauschobjekte allerdings nur schwer einer der beiden Kategorien zuordnen, da Kontrakt- und Austauschgüter nur die Pole eines Kontinuums darstellen, auf dem sich Güter lediglich idealtypisch anordnen lassen.[32] Zur Kategorisierung der Unsicherheiten über die Eigenschaften eines Gutes wird daher von der Art des Gutes abstrahiert und davon ausgegangen,

[25] Eine Kategorisierung der Situationen asymmetrischer Information, die den Zeitpunkt des Bekanntwerdens der Information berücksichtigt, findet sich bei SPREMANN [1990].

[26] vgl. ADLER [1996], *S. 63*; vgl. auch Abschnitt 1.2.2

[27] Je nach Situation asymmetrischer Information ergeben sich unterschiedliche Spielarten des Opportunismus (vgl. KAAS [1995], *S. 26*).

[28] Für eine Einteilung von Transaktionen in „*contracts*" und „*exchanges*" vgl. ALCHIAN UND WOODWARD [1988], *S. 66*; vgl. auch KAAS [1994], *S. 249*

[29] vgl. SCHADE UND SCHOTT [1993], *S. 17*

[30] Eine informationsökonomische Typologie von Dienstleistungen findet sich bei WORATSCHEK [1996].

[31] vgl. KAAS [1994], *S. 249*

[32] vgl. ADLER [1996], *S. 68*

daß ein Gut als ein Bündel von Leistungseigenschaften[33] sowohl Eigenschaften eines Kontraktgutes als auch Eigenschaften eines Austauschgutes aufweisen kann.

Die Beurteilungsmöglichkeiten, die es bei einem solchen Eigenschaftsbündel gibt, können dann in zweifacher Hinsicht unterschieden werden:[34] Zum einen ergibt sich eine Unterscheidung anhand des möglichen Beurteilungs*zeitpunkts* der Eigenschaften und zum anderen anhand der zu diesem Zeitpunkt *tatsächlich* gegebenen Beurteilbarkeit der Eigenschaften. Diese beiden Kriterien führen zu einer Eigenschaftstypologie, die Gütereigenschaften anhand der mit ihnen verbundenen Beurteilungsmöglichkeiten kategorisiert.

Für diese Typologie werden zunächst die zwei Eigenschaftskategorien *„search qualities"* (Sucheigenschaften) und *„experience qualities"* (Erfahrungseigenschaften) definiert.[35] Eine dritte Kategorie sind die *„credence qualities"* (Vertrauenseigenschaften).[36] Die drei Eigenschaftskategorien sind dabei wie in Tabelle 1.1 zu unterscheiden.

	Beurteilbarkeit	
	ex ante	*ex post*
Sucheigenschaften	ja	ja
Erfahrungseigenschaften	nein	ja
Vertrauenseigenschaften	nein	nein

Tabelle 1.1: *Die informationsökonomische Eigenschaftstypologie*
Quelle: nach NELSON *[1970]*, NELSON *[1974] und* DARBY UND KARNI *[1973]*

- *Sucheigenschaften* sind dadurch charakterisiert, daß der Nachfrager diese Eigenschaften bereits *vor* der Transaktion (*ex ante*) inspizieren und ihre Ausprägung zu diesem Zeitpunkt auch mit Sicherheit beurteilen kann.[37] Solche Eigenschaften können daher auch als Inspektionseigenschaften bezeichnet werden.[38] Typische Repräsentanten solcher Eigenschaften sind Farbe, Form oder auch der Preis eines Gutes. Güter, die überwiegend Sucheigenschaften aufweisen, werden als Suchgüter (*search goods*) bezeichnet.[39]

[33] vgl. ADLER [1996], *S. 68*

[34] vgl. LYNCH UND SCHULER [1991], *S. 414*

[35] Die Einteilung in diese beiden Kategorien geht auf NELSON [1970] und NELSON [1974] zurück.

[36] Diese Kategorie ist von DARBY UND KARNI [1973] eingeführt worden.

[37] Diese Definition ist aus dem ursprünglich eingeführten Begriff des Suchgutes abgeleitet (vgl. NELSON [1970]). Suchgüter sind danach Güter, über die sich der Nachfrager bei vorhandenen Kosten der direkten Informationsbeschaffung durch eigene Informationssuche informiert (vgl. NELSON [1970], *S. 312*). Suchgüter im hier verwendeten Sinne sind die notwendige Voraussetzung für die entsprechende Möglichkeit der Informationssuche.

[38] vgl. HIRSHLEIFER [1973], *S. 37*

[39] vgl. NELSON [1974], *S. 738*. Zur Problematik einer solchen Charakterisierung von Gütern vgl. den nachfolgenden Abschnitt 1.2.2

- Die Ausprägungen von *Erfahrungseigenschaften* lassen sich im Gegensatz zu Sucheigenschaften erst *nach* der Transaktion (*ex post*) im Gebrauch mit Sicherheit beurteilen.[40] Dies läßt sich einerseits auf die Eigenschaft selbst zurückführen, wie bspw. bei dem Geschmack oder den Kocheigenschaften von Nahrungsmitteln. Andererseits kann eine Beurteilung vor dem Kauf nur zu prohibitiv hohen Kosten möglich sein,[41] da eine solche Beurteilung bei kurzlebigen Konsumgütern mit der Zerstörung des Gutes verbunden wäre und damit zum Kauf verpflichten würde, wie bspw. bei Konservendosen.[42] Güter, die überwiegend Erfahrungseigenschaften aufweisen, werden als Erfahrungsgüter (*experience goods*) bezeichnet.[43]

- Neben den Such- und Erfahrungseigenschaften gibt es auch Eigenschaften, die weder *vor* der Transaktion durch Inspektion noch *nach* der Transaktion im Gebrauch beurteilt werden können, wie bspw. die Herkunft von Lebensmitteln oder deren (bspw. umweltfreundliche) Produktionsweise. Solche Eigenschaften werden als *Vertrauenseigenschaften* bezeichnet.[44] Bei solchen Eigenschaften fehlt dem Nachfrager mangels Wissens oder notwendiger Fertigkeiten entweder einfach die Möglichkeit, die tatsächliche Ausprägung der Eigenschaft zu beurteilen, oder die Informationsbeschaffung ist auch nach dem Kauf mit prohibitiv hohen Kosten verbunden.[45] Während Erfahrungseigenschaften durch hohe Kosten der Informationsbeschaffung vor dem Kauf und niedrige Kosten der Informationsbeschaffung nach dem Kauf charakterisiert werden können, sind derartige Kosten bei Vertrauenseigenschaften sowohl *vor* dem Kauf als auch *nach* dem Kauf hoch. Güter, die überwiegend Vertrauenseigenschaften haben, werden als Vertrauensgüter (*credence goods*) bezeichnet.[46,47]

[40] Auch diese Definition ist aus der ursprünglich eingeführten Kategorie der Erfahrungsgüter abgeleitet (vgl. NELSON [1970]). Danach sind Erfahrungsgüter solche Güter, für die die Informationssuche aus Kostengründen ungeeignet ist und daher im Gebrauch kostengünstiger bewertet werden können. Erfahrungsgüter im hier verwendeten Sinne bestimmen diese Art der Informationsbeschaffung. Die ursprüngliche Einteilung von Eigenschaften in Such- und Erfahrungseigenschaften bezieht sich also auf den von den Informationskosten abhängigen Informationsprozeß statt auf die diesen Prozeß bestimmenden Gütereigenschaften.

[41] vgl. KROUSE [1990], *S. 510*

[42] vgl. NELSON [1970], *S. 320*

[43] vgl. NELSON [1974], *S. 738*; vgl. auch den nachfolgenden Abschnitt 1.2.2

[44] DARBY UND KARNI [1973] beziehen sich explizit auf die Unterteilung von NELSON [1970] und definieren: „Credence qualities are those which, although worthwile, cannot be evaluated in normal use" (DARBY UND KARNI [1973], *S. 68f*). Sie diskutieren ihre eingeführte Kategorie am Beispiel sogenannter Expertendienstleistungen (vgl. S. 14f).

[45] Auch DARBY UND KARNI [1973] beziehen sich auf die Kosten einer Beurteilung. Sie unterscheiden „search qualities which are known before purchase, experience qualities which are known costlessly only after purchase, and credence qualities which are expensive to judge even after purchase" (DARBY UND KARNI [1973], *S. 69*). Vgl. auch KROUSE [1990], *S. 510*. FISCHER ET AL. [1993] bezeichnen Güter, bei denen die Beurteilung an den Kosten scheitert, als Quasi-Vertrauensgüter, da eine Beurteilung prinzipiell nicht unmöglich ist (FISCHER ET AL. [1993], *S. 447*).

[46] vgl. DARBY UND KARNI [1973], die ein Vertrauensgut als „laden with" Vertrauenseigenschaften einführen (vgl. DARBY UND KARNI [1973], *S. 81f*); vgl. auch den nachfolgenden Abschnitt 1.2.2

[47] In der Einteilung des Grades der Informationsasymmetrie von TIETZEL UND WEBER [1991] unterscheiden die Autoren Vertrauensgüter von *„Potemkin-Gütern"* und *„Placebos"*. Während mit der Kategorie der Vertrauensgüter keine Aussagen hinsichtlich der Richtigkeit einer Einschätzung über die Eigenschaften verbunden sind, befindet sich ein Transaktionspartner bei Placebos über alle Eigenschaften grundsätzlich im Irrtum, während bei Potemkin-Gütern dies nur bei einigen Eigenschaften der Fall ist (vgl. TIETZEL UND WEBER [1991], *S. 116f*).

Die im Rahmen dieser Arbeit problematisierte Informationssituation, in der sowohl *vor* als auch *nach* einem Güterkauf die Möglichkeit fehlt, die Eigenschaften des Gutes beurteilen zu können, tritt gemäß der informationsökonomischen Eigenschaftstypologie bei Gütern mit Vertrauenseigenschaften auf. Im folgenden werden Vertrauenseigenschaften daher differenzierter betrachtet.

Je nach Zustandekommen können vier verschiedene Typen von Vertrauenseigenschaften unterschieden werden: *gebündelte, versteckte, standardisierte* und *stochastische* Vertrauenseigenschaften (vgl. Tabelle 1.2).[48]

Vertrauenseigenschaft	Zustandekommen
a) gebündelt	Expertendienstleistungen
b) versteckt	Produktionsprozeß
c) standardisiert	Beurteilungsprozeß
d) stochastisch	Auswahlprozeß

Tabelle 1.2: *Typen von Vertrauenseigenschaften und ihr Zustandekommen*
Quelle: eigene Darstellung in Anlehnung an ANDERSEN UND PHILIPSEN *[1998]*

a) *Gebündelte* Vertrauenseigenschaften charakterisieren Dienstleistungen, bei denen ein Anbieter nicht nur einen Service anbietet, sondern auch als Experte den Umfang des Service bestimmt („*expert services*").[49] Darunter fallen Dienstleistungen, über die beim Nachfrager nur Laienwissen vorhanden ist, wie bspw. die Dienste, die Ärzte, Rechtsanwälte oder Automechaniker anbieten. Hierbei kann der Nachfrager als Laie weder die Angemessenheit des empfohlenen Serviceumfangs noch den tatsächlich durchgeführten Service beurteilen.

b) Sind Eigenschaften ohne Einfluß auf die objektive Beschaffenheit des Gutes, so daß selbst der Gebrauch des Gutes prinzipiell keine Kenntnis darüber verschafft, handelt es sich um *versteckte* Vertrauenseigenschaften. Solche Eigenschaften beziehen sich hauptsächlich auf den *Produktionsprozeß* eines Gutes, der dem Nachfrager in der Regel verborgen bleibt.[50] Eine solche Vertrauenseigenschaft ist bspw. die Herkunft von Lebensmitteln oder die Art und Weise der Tierhaltung.[51] Generell weisen solche Güter versteckte Vertrauenseigenschaften auf, mit denen explizite Aussagen über ihren Produktionsprozeß verbunden sind, also bspw. auch alle nach ökologischen Richtlinien produzierten Güter.[52,53] Versteckte Vertrauenseigenschaften beziehen sich immer auf ein einzelnes Exemplar eines Gutes, für das die

48 vgl. ANDERSEN UND PHILIPSEN [1998], *S. 5f.* Für eine alternative, sich an den speziellen Eigenschaften von Lebensmitteln orientierende Einteilung vgl. BECKER [1999], *S. 6.*

49 vgl. DARBY UND KARNI [1973]; vgl. auch EMONS [1996], EMONS [1997], WOLINSKY [1995]

50 vgl. auch ANDERSEN [1994], *S. 14f*

51 vgl. ANDERSEN UND PHILIPSEN [1998], *S. 6*

52 vgl. HÜSER UND MÜHLENKAMP [1992], *S. 150*

53 Die Umkehrung dieser gerichteten Beziehung zwischen Produktionsprozeß und Gut ergibt sich in der ökonomischen Analyse der Kirche. Hier liegt der Produktionsprozeß, d.h. die religiöse Praxis, offen, doch ist das damit erstrebte "Gut", wie bspw. das "Ewige Leben", in seiner Ausprägung nicht verifizierbar (vgl. HULL UND BOLD [1989], IANNACCONE [1992]).

Eigenschaft entweder vorhanden oder nicht vorhanden ist.[54] In diesem Fall gewinnen Informationen seitens der Anbieter an Bedeutung und müssen die eigene Erfahrung ersetzen.[55]

c) *Standardisierte* Vertrauenseigenschaften ergeben sich aus der Komplexität der Beurteilung eines Gutes. Da ein Gut aus einer Vielzahl von Eigenschaften besteht, können trotz einfacher Beurteilungsmöglichkeit der einzelnen Eigenschaften aus Kosten-, Zeit- oder Kapazitätsgründen entweder nicht alle Eigenschaften berücksichtigt werden, oder die Eigenschaften sind nicht ständig im Bewußtsein der Nachfrager präsent. Eine Möglichkeit der Beurteilung ist in einem solchen Fall daher die Zusammenfassung der wichtigsten Gruppen von Eigenschaften zu einer einzigen Meta-Eigenschaft, wie bspw. die allgemeine Eigenschaft, daß das Produkt den Bedürfnissen entspricht.[56] Dazu wird für jede der einzelnen Eigenschaften ein Minimalstandard definiert, den es zu erfüllen gilt. Die *konjunktive* Verknüpfung der einzelnen Minimalstandards ergibt dann einen Meta-Standard, der der Meta-Eigenschaft entspricht. Obwohl die konjunktive Verknüpfung bedeutet, daß alle Einzelstandards für die Erfüllung des Meta-Standards eingehalten werden müssen, ist eine so definierte Meta-Eigenschaft eine Vertrauenseigenschaft, da bei ihre Beurteilung aus den erwähnten Zeit- bzw. Kapazitätsgründen nicht alle darin enthaltenen Einzelstandards auf Einhaltung überprüft werden können und somit insgesamt auf deren Einhaltung vertraut werden muß. So kann ein Konsument kaum überprüfen, ob ein Stück Fleisch bezüglich aller ernährungsphysiologischen, ethischen oder hygienischen Standards zufriedenstellend ist.[57]

d) *Stochastische* Vertrauenseigenschaften ergeben sich aus dem Umstand, daß ein einzelnes Gut mit Erfahrungseigenschaften immer aus einer Grundgesamtheit ausgewählt wird, in der die betreffende Eigenschaft stochastisch verteilt ist. Eine solche Grundgesamtheit bilden bspw. alle Güter, die unter demselben Markennamen angeboten werden. Zwar sind stochastische Vertrauenseigenschaften für das einzelne Gut eine Erfahrungseigenschaft. Doch wegen der stochastischen Verteilung in der zugrundeliegenden Grundgesamtheit führt die Beurteilungsmöglichkeit am einzelnen Exemplar insgesamt nur zu einer bedingten Aussagemöglichkeit über die Eigenschaft bezogen auf die Grundgesamtheit. Insbesondere wenn die Eigenschaft bereits Vertrauenscharakter besitzt, kann der Nachfrager überhaupt keine Aussage über die stochastische Vertrauenseigenschaft der Grundgesamtheit treffen. Denn schon bei der Vertrauenseigenschaft des einzelnen Gutes sind die Wahrscheinlichkeiten, daß die Eigenschaft bestimmte Ausprägungen besitzt, nur unzureichend bekannt.[58]

---

[54] vgl. ANDERSEN [1994], *S. 15*
[55] vgl. BOWBRICK [1992], *S. 52*
[56] vgl. ANDERSEN UND PHILIPSEN [1998], *S. 6*
[57] vgl. ANDERSEN UND PHILIPSEN [1998], *S. 6*
[58] vgl. CASWELL UND MOJDUSZKA [1996], *S. 1250*

1.2.2 Die empirische Gültigkeit der informationsökonomischen Typologie

Auf der Grundlage der im letzten Abschnitt 1.2.1 eingeführten informationsökonomischen Typologie wird auf unterschiedliche Eigenschafts- bzw. Gütertypen geschlossen. Die sinnvolle Anwendung der Typologie und ihre praktische Bedeutung auch außerhalb der Informationsökonomie hängt davon ab, inwiefern deren Gültigkeit empirisch verifizierbar ist. In einigen wirtschaftswissenschaftlichen Teilbereichen wird sogar so weit gegangen, die „theoretische Sinnhaftigkeit"[59] von der empirischen Verifikation abhängig zu machen.[60]

Im folgenden wird daher analysiert, inwieweit empirische Ergebnisse für eine Validierung der Typologie herangezogen werden können. Zwei Aspekte rücken bei einer solchen Analyse in den Vordergrund. Zum einen ist es für die Gültigkeit der Typologie erforderlich, nach dem ontologischen Status (objektiv vs. subjektiv) der Typologie zu fragen. Darauf aufbauend kann zum anderen die Frage geklärt werden, inwieweit die Zuordnung von Gütern zu einem der Gütertypen, die auf der Grundlage der verschiedenen Eigenschaftstypen definiert sind, überhaupt möglich ist.

Objektive vs. subjektive Gültigkeit

Entscheident bei einer empirischen Validierung der Typologie ist die Operationalisierung der Typologie. In der Literatur werden dazu verschiedene Ansätze verfolgt. Für die übersichtliche Darstellung dieser Ansätze ist es im Rahmen dieser Arbeit zweckmäßig, die Ansätze danach zu unterscheiden, ob die Diskriminierung in die einzelnen Eigenschafts- bzw. Gütertypen auf der Basis *objektiver* Kriterien oder auf der Basis *subjektiver* Kriterien erfolgt.

Subjektiv bedeutet in diesem Sinne, daß die Einteilung von Gütern in die verschiedenen Eigenschaftskategorien ausschließlich auf der Grundlage der Wahrnehmung der Nachfrager vorgenommen werden kann, und die Einteilung damit nur in derselben existiert.

So diskriminieren ARNTHORSSON ET AL. [1991] Such- und Erfahrungsgüter auf der Basis des sogenannten DPQI-Indexes (DPQI: *„difficulty of pre-purchase quality inspection"*).[61] Dieser ist ein Maß für die Schwierigkeit, vor dem Kauf die Qualität des betrachteten Gutes ermitteln oder verifizieren zu können. Die Autoren gehen davon aus, daß der DPQI-Index von dem einzelnen Konsumenten und der individuellen Situation, in der er sich befindet, abhängt. Ein individuelles Merkmal der Konsumenten ist dabei bspw. die Vertrautheit mit dem Gut.[62] Individuelle Situationen können unter anderem dadurch bestimmt sein, daß der Konsument unter Zeitdruck steht.[63] Eine ähnliche Operationalisierung wie ARNTHORSSON ET AL. [1991] wählen LYNCH UND SCHULER [1991]. Sie diskriminieren Such- und Erfahrungsgüter anhand einer fünfwertigen Rating-Skala, auf

[59] KAAS UND BUSCH [1996], *S. 243*
[60] Dies gilt besonders für das institutionenökonomisch geprägte Marketing (vgl. bspw. KAAS [1994]).
[61] vgl. ARNTHORSSON ET AL. [1991], *S. 217*
[62] vgl. ARNTHORSSON ET AL. [1991], *S. 218*
[63] vgl. ARNTHORSSON ET AL. [1991], *S. 218*

der Konsumenten ihre Einschätzung angeben, für wie wahrscheinlich sie es halten, die Qualität der Güter vor bzw. nach dem Kauf beurteilen zu können.[64]

Auch WEIBER UND ADLER [1995a] argumentieren für den subjektiven Charakter der Typologie. Sie weisen darauf hin, daß die Einordnung in eine der drei Kategorien aus Sicht der Nachfrager zu sehen ist und generell immer von deren Beurteilungsverhalten abhängt.[65] Das Beurteilungsverhalten wird einerseits durch das individuelle Urteilsvermögen und andererseits durch das individuelle Anspruchsniveau bestimmt, das ein Nachfrager mit dem durch die Kategorien gegebenen Informationsstand verbindet. Sucheigenschaften definieren demnach ein Anspruchsniveau, bei dem ein Nachfrager die Informationssuche insgesamt als zufriedenstellend ansieht und den Beurteilungsprozeß mit dem Kauf abschließt.[66] Erfahrungseigenschaften definieren dagegen ein Anspruchsniveau, bei dem der Nachfrager eine Beurteilung erst nach dem Kauf im Gebrauch durchführt.[67] Vertrauenseigenschaften schließlich definieren ein Anspruchsniveau, bei dem der Nachfrager von einer eigenen Leistungsbeurteilung absieht und auf die Erfüllung seiner Erwartungen vertraut.[68] Auf der Basis dieser subjektiven Einflüsse stellen die Autoren nicht die Typologie, sondern die aus ihnen resultierenden Kaufprozesse in das Zentrum ihrer Betrachtungen. Je nachdem, welcher Eigenschaftstyp dominiert, sprechen sie von Such-, Erfahrungs- oder Vertrauenskäufen.[69]

Im Gegensatz zu subjektiven Kriterien sind objektive Einteilungskriterien solche Gütereigenschaften, die untrennbar und offensichtlich mit dem Gut verbunden sind. Eine Einteilung existiert in diesem Fall somit unabhängig von der Wahrnehmung durch die Nachfrager.

Als objektives Kriterium der Einteilung in Such- und Erfahrungsgüter bei Gebrauchsgütern sieht NELSON [1970] die Höhe der Reparaturausgaben für das betreffende Gut. Da die Höhe zukünftig anfallender Reparaturkosten für Erfahrungsgüter vor dem Kauf schlechter beurteilt werden kann als bei Suchgütern, ist bei Erfahrungsgütern das Verhältnis zwischen den Umsätzen aus den Aufwendungen für Reparaturen und den eigentlichen Verkaufsumsätzen hoch.[70] Mit steigenden Reparaturaufwendungen steigt die Anzahl der vorhandenen Erfahrungseigenschaften, die das Gut eben zu einem Erfahrungsgut machen.[71] Ein Verbrauchsgut ist ein Erfahrungsgut, falls es schon bei einem einmaligen Probegebrauch zerstört wird,[72] so daß die Informationsgewinnung in der Regel zum Kauf verpflichtet und ein möglicher Suchprozeß damit abgeschlossen ist.[73] Mit dieser Einteilung gehören lediglich Kleidung und damit verwandte Güter in die Kategorie der Suchgüter.

[64] vgl. LYNCH UND SCHULER [1991], *S. 414f*
[65] vgl. WEIBER UND ADLER [1995a], *S. 59*
[66] vgl. WEIBER UND ADLER [1995a], *S. 59*
[67] vgl. WEIBER UND ADLER [1995a], *S. 59*. Dies kann aus Gründen des Know-How, der Zeit oder der Kosten geschehen.
[68] vgl. WEIBER UND ADLER [1995a], *S. 59*. Der Verzicht auf die eigene Leistungsbeurteilung geht mit dem Heranziehen von Fremd- oder Ersatzinformationen einher.
[69] vgl. WEIBER UND ADLER [1995a], WEIBER UND ADLER [1995b]
[70] vgl. NELSON [1970], *S. 318*
[71] vgl. NELSON [1970], *S. 318*
[72] NELSON [1970] spricht von „*sampling*", d.h. der Gebrauch zu Probe- oder Testzwecken (vgl. NELSON [1970], *S. 320*).
[73] vgl. NELSON [1970], *S. 320*

Die Möglichkeit der objektiven Diskriminierung in Such- und Erfahrungsgüter sieht auch LABAND [1991]. Ausgangspunkt seiner Überlegungen sind konkrete Annahmen zum Informationsverhalten von Nachfrager und Anbieter. Da Nachfrager bei einem Suchgut vor dem Kauf auch Informationen über das Gut nachfragen, werden Anbieter entsprechende Informationen bereitstellen.[74] Informationen über ein Erfahrungsgut hingegen werden erst im Gebrauch gewonnen, so daß die Anbieter vor dem Kauf entsprechend weniger Informationen bereitstellen. Der Nutzen einer Informationsbeschaffung vor dem Kauf ist um so höher, je höher die Kosten eines enttäuschenden Kaufs sind. Ein Kauf ist enttäuschend, wenn die Erwartungen an das Gut höher sind, als die tatsächliche Beschaffenheit des Gutes.[75] Die Höhe der Kosten eines enttäuschenden Kaufs bestimmt somit einerseits den Nutzen der Informationsbeschaffung vor dem Kauf. Je höher diese Kosten sind, um so mehr werden Konsumenten vor dem Kauf Informationen nachfragen und nicht durch den Kauf selbst an diese Information gelangen wollen. Andererseits ersetzen diese Kosten auch die Einteilung in Such- oder Erfahrungsgüter.[76] Die Kosten eines enttäuschenden Kaufs sind mit dem Preis des Gutes gegeben,[77] so daß die Zweiteilung in Erfahrungs- und Suchgüter schließlich durch die objektive und stetige Diskriminierung anhand des Preises ersetzt werden kann.[78] Erfahrungsgüter zeichnen sich danach durch einen niedrigen, Suchgüter durch einen hohen Preis aus.[79]

Eine vermittelnde Position zwischen objektiv und subjektiv gegebenen Einteilungskriterien nehmen KAAS UND BUSCH [1996] ein. Sie betonen einerseits, daß die Informationslage unabhängig von individuellen Fähigkeiten und Befindlichkeiten objektiv gegeben ist,[80] so daß es Eigenschaften gibt, die im objektiven Sinne Such- oder Erfahrungseigenschaften sind, wie bspw. das Design eines Produktes eine Sucheigenschaft und die Qualität einer Dienstleistung eine Erfahrungseigenschaft ist.[81] Andererseits betonen sie die individuellen Unterschiede in der Wahrnehmung, wegen der die Eindeutigkeit der Kategorisierung auch von dem produktbezogenen Expertentum unter den Konsumenten abhängt.[82]

Studien zur empirischen Gültigkeit der informationsökonomischen Typologie

Die erörterten Ansätze zur Gültigkeit der Typologie sind von den Autoren in empirischen Studien überprüft worden, die im folgenden dargestellt werden. Die Ergebnisse der Studien lassen so auch einen Schluß auf die empirische Gültigkeit der informationsökonomischen Gütertypologie insgesamt zu.

---

[74] vgl. auch NELSON [1970]
[75] vgl. LABAND [1991], *S. 499*
[76] vgl. auch die Rolle der Kosten für die einzelnen Gütertypen (Abschnitt 1.3, S. 22, S. 13 und S. 13).
[77] vgl. LABAND [1991], *S. 498*
[78] vgl. LABAND [1991], *S. 498*
[79] vgl. LABAND [1991], *S. 498*
[80] vgl. KAAS UND BUSCH [1996], *S. 244*
[81] vgl. KAAS UND BUSCH [1996], *S. 244*
[82] vgl. KAAS UND BUSCH [1996], *S. 245*

- ARNTHORSSON ET AL. [1991] ermittelten in ihrer Studie für zehn verschiedene Gebrauchs- bzw. Verbrauchsgüter den DPQI-Index. Die beteiligten Konsumenten sollten dabei angeben, mit welcher Sicherheit sie vor einem Kauf die Qualität eines Produktes beurteilen können.[83] Für jedes Produkt und jeden Konsumenten konnte somit der DPQI-Index berechnet werden. Die Validität der Ergebnisse wurde durch den Vergleich mit entsprechenden Expertenurteilen über die Beurteilungsmöglichkeiten geprüft. Die Hypothese, daß ein Zusammenhang zwischen den Individualurteilen und den Expertenurteilen und somit Konvergenz in den Konsumentenurteilen besteht, konnte nicht verworfen werden.[84] Eine Einteilung von Produkten auf der Grundlage des DPQI-Indexes ist also möglich. Konkret bestätigte die Studie darüber hinaus die Ergebnisse von NELSON [1970], daß Gebrauchsgüter einen niedrigeren DPQI-Index als Verbrauchsgüter haben und damit im Sinne von NELSON [1970] auch mehr Sucheigenschaften haben. Den Einfluß subjektiver Faktoren auf die Einteilung bestätigt die Studie allerdings nur für die Hälfte der zu beurteilenden Produkte. Bei fünf von zehn Produkten kann die Hypothese, daß der DPQI-Index bei Konsumenten, die mit dem Produkt vertraut sind, niedriger ist, nicht verworfen werden.[85]

- In der Studie von LYNCH UND SCHULER [1991] wurde für Produkte und Dienstleistungen die Möglichkeit der Einordnung in die informationsökonomische Typologie untersucht. Dabei mußten Probanden für verschiedene Güter auf einer fünfstufigen Rating-Skala von Wahrscheinlichkeitswerten angeben, wie wahrscheinlich sie das Gut vor bzw. nach einem kauf beurteilen können. Anhand der mittleren Rating-Werte für jeden Zeitpunkt ordneten sie jedem Leistungsbündel eine der drei Kategorien zu. Produkte, die im Durchschnitt sowohl vor als auch nach dem Kauf beurteilt werden können, wurden als Suchgüter eingeordnet. Konnten die Probanden die Qualität im Durchschnitt nur nach dem Kauf beurteilen, wurde das Produkt bzw. die Dienstleistung als Erfahrungsgut eingeordnet. Konnten die Probanden weder vor noch nach dem Kauf die Qualität beurteilen, so wurde das Leistungsbündel als Vertrauensgut eingeordnet. Die so vorgenommene Einteilung der verschiedenen Produkte und Dienstleistungen ist konsistent mit den Aussagen der Informationsökonomie.[86]

- Detailliertere Auskunft als die vorstehenden Studien gibt die Untersuchung von KAAS UND BUSCH [1996]. Um eine genauere Diskriminierung der drei Eigenschaftskategorien zu erhalten, berücksichtigten die Autoren nicht nur die Beurteilungsmöglichkeit vor und direkt nach einem Kauf, sondern auch die Beurteilungsmöglichkeit einige Zeit nach dem Kauf.[87] Zu vorgegebenen Eigenschaften, die von den Autoren einer der drei Kategorien zugeordnet

[83] vgl. ARNTHORSSON ET AL. [1991], *S. 219*
[84] vgl. ARNTHORSSON ET AL. [1991], *S. 220f*
[85] vgl. ARNTHORSSON ET AL. [1991], *S. 222*
[86] vgl. LYNCH UND SCHULER [1991], *S. 415f*
[87] vgl. KAAS UND BUSCH [1996], *S. 246*

wurden,[88] sollten die Probanden auf einer Rating-Skala angeben, wie gut es ihnen möglich ist, die Eigenschaften vor, direkt nach bzw. einige Zeit nach dem Kauf zu beurteilen. Die Ergebnisse bestätigen zum einen die von der Theorie vorgegebenen Unterschiede zwischen den einzelnen Kategorien, so daß die Autoren zu dem Schluß gelangen, daß die Kategorien eher objektiv existieren.[89] Zum anderen zeigen die Ergebnisse, daß auch die zeitliche Veränderung der Beurteilungsmöglichkeit von der Eigenschaftskategorie abhängt.[90]

- Zu entsprechenden Ergebnissen gelangen auch WEIBER UND ADLER [1995b]. Sie ermittelten die globale Beurteilungsmöglichkeit von Gütern vor und nach dem Kauf. Auf einer Rating-Skala gaben Versuchsteilnehmer an, wie gut sie die für sie relevanten Qualitätseigenschaften vor bzw. nach dem Kauf objektiv einschätzen können. Eine Cluster-Analyse der Werte ergab eine Trennung der Produkte in die drei betrachteten Kategorien.[91] Allerdings stellen die Autoren fest, daß diese Globalbetrachtung nicht der subjektiven Betrachtungsweise von Kaufprozessen entspricht, da den Produkten grundsätzlich nicht anzusehen ist, in welchem Kaufprozeß sie erworben werden.[92] Die Möglichkeit, daß Güter in der Wahrnehmung sowohl Such-, Erfahrungs- als auch Vertrauenskäufe darstellen können, zeigen sie in der Positionierung von Gütern in dem von ihnen so genannten informationsökonomischen Dreieck.[93] Die Eckpunkte dieses Dreiecks entsprechen den jeweiligen idealtypischen Ausprägungen der drei Kategorien. Innerhalb des Dreiecks entspricht jede Position einer Kombination dieser drei Kategorien. Demnach werden bspw. Schuhe von den meisten Nachfragern als Suchkauf positioniert,[94] wohingegen die Bewertung eines Maklers keine eindeutige Positionierung zuläßt.[95] Obwohl die Globaleinschätzung in diesem Fall eine Zuordnung zu den Vertrauenskäufen ergibt, zeigt die Analyse anhand des informationsökonomischen Dreiecks, daß eine eindeutige und objektive Einordnung in eine der drei Kategorien nicht möglich ist.[96]

- In der empirischen Überprüfung seiner Überlegungen untersucht LABAND [1991], ob der Güterpreis für den Umfang der vom Anbieter bereitgestellten Information dieselbe Erklärungskraft hat wie die Einteilung in Such- bzw. Erfahrungsgüter gemäß NELSON [1970]. Die Anbieterinformation wurde dabei Zeitungsanzeigen entnommen und in einem linearen

[88] Eine Validierung der Zuordnung bestätigte deren interpersonelle Gültigkeit (vgl. KAAS UND BUSCH [1996], *S. 249*).

[89] vgl. KAAS UND BUSCH [1996], *S. 247*. In ihrer Studie präsentierten KAAS UND BUSCH [1996] allerdings Produktgruppen (Automobil, Deo-Spray), für die die Zuordnung in die Kategorie Erfahrungsgut oder Vertrauensgut nicht eindeutig war (vgl. KAAS UND BUSCH [1996], *S. 247*).

[90] vgl. KAAS UND BUSCH [1996], *S. 247*. Im einzelnen konnten nicht alle formulierten Hypothesen bestätigt werden, doch sehen die Autoren als Grund deren zu eng gefaßten Formulierungen (vgl. KAAS UND BUSCH [1996], *S. 248*).

[91] Die Autoren sprechen gemäß ihrer Betrachtungsweise von Such-, Erfahrungs- und Vertrauens*käufen* (vgl. auch S. 17).

[92] vgl. WEIBER UND ADLER [1995b], *S. 108*

[93] vgl. auch WEIBER UND ADLER [1995a]

[94] Die Positionierungen konzentrieren sich in der Nähe derjenigen Ecke, die die Suchkäufe repräsentiert.

[95] Die Positionierungen verteilen sich über das gesamte informationsökonomische Dreieck.

[96] vgl. WEIBER UND ADLER [1995b], *S. 115*

Regressionsmodell als zu erklärende Variable definiert.[97] Die Schätzung des Modells mit der Einteilung in Such- und Erfahrungsgütern als alleinige erklärende Variable ergab Vorhersagen, die mit den Ergebnissen von NELSON [1970] übereinstimmen. Darüber hinaus zeigt die Schätzung des Modells mit dem Preis als erklärende Variable auch die Erklärungskraft des Güterpreises als Maß für den Umfang der Anbieterinformation. Damit wird die Hypothese unterstützt, daß der Güterpreis die Kosten eines enttäuschenden Kaufs repräsentiert.[98]

Für die oben aufgeworfene Frage der Gültigkeit der Typologie zeigen die Ergebnisse der dargelegten Studien, daß der ontologische Status der informationsökonomischen Eigenschaftskategorien insgesamt nur eine untergeordnete Rolle einnimmt. Denn selbst bei einer objektiven Existenz der einzelnen Eigenschaftskategorien tritt stets die subjektive Wahrnehmung der Nachfrager als vermittelnde Instanz auf, die eine *einheitliche* Wahrnehmung eines bestimmten Eigenschaftstyps durch alle Nachfrager nicht zwingend garantiert. Die Ergebnisse zeigen aber auch, daß die Eigenschaftskategorien bei der Beurteilung von Gütern im Bewußtsein der Nachfrager präsent sind und von ihrer Konzeption her an den Nachfragereinschätzungen des Beurteilungs- und Informationsproblems bei einem Güterkauf ansetzen. Die eingeführte Unterscheidung von Gütereigenschaften bietet daher einen angemessenen Rahmen zur Analyse der Informationssituation der Nachfrager.

Mit der Schwierigkeit der einheitlichen Wahrnehmung des Eigenschaftstyps ist auch die oben in Frage gestellte Zuordnung von Gütern zu einem der dadurch definierten Gütertypen im konkreten *Einzelfall* nicht eindeutig. Um allerdings die zentralen Aspekte der Informationsprobleme beim Güterkauf allgemein erfassen zu können, ist die mit den Gütertypen mögliche Abstraktion vom Einzelfall notwendig. Für die eingeführten Gütertypen ist daher von Eigenschaften auszugehen, die für die Kaufentscheidung *maßgeblich* sind und den Entscheidungsprozeß insgesamt *dominieren.*[99] Zur Analyse der Informationsprobleme beim Güterkauf ist es dann zweckmäßig, von solchen Gütern als Gegenstand der Transaktion auszugehen, deren Eigenschaften jeweils ausschließlich nur *einem* der Eigenschaftstypen zugeordnet werden können.[100]

Aus Gründen der terminologischen Klarheit wird daher im Rahmen dieser Arbeit auch weiterhin von Such,- Erfahrungs- und Vertrauensgütern ausgegangen, wobei diese als *idealtypische* Repräsentanten von Gütern mit Such-, Erfahrungs- bzw. Vertrauenseigenschaften verstanden werden.

[97] vgl. LABAND [1991], *S. 502f.* Als mögliche Information wurde dabei die Gewährung einer Garantie, die Anzahl der Geschäftsjahre und die Möglichkeit des Finanzkaufs herangezogen.

[98] vgl. LABAND [1991], *S. 504*

[99] vgl. HAUSER [1979], *S. 751*; ANDERSEN UND PHILIPSEN [1998], *S. 7*

[100] vgl. TIROLE [1995], *S. 232*

1.3 Die spezifischen Informationsprobleme beim Güterkauf: Informationssuche, Qualitätsunsicherheit und Qualitätsungewißheit

Die aufgezeigte Typologie hat sich mit ihrem Prinzip, Eigenschaften bzw. Güter nach ihren Beurteilungsmöglichkeiten und deren Zeitpunkt einzuteilen, bei der Analyse von Situationen unvollständiger Information im Marketing bzw. in der Theorie des Konsumentenverhaltens[101] und in der Industrieökonomie[102] etabliert. Die drei Eigenschafts- bzw. Gütertypen repräsentieren dabei stets unterschiedliche Situationen der Informationsasymmetrie, die für opportunistisches Verhalten entsprechend ausgenutzt werden können. Entsprechend führt unvollständige Information im Transaktionsprozeß zu unterschiedlichen Informationsproblemen, die im folgenden begrifflich erfaßt und gegeneinander abgegrenzt werden.

- **Informationssuche**
  Suchgüter bieten gemäß ihrer Definition zunächst keinen Raum für opportunistisches Verhalten: Da die Marktteilnehmer jederzeit die Eigenschaften beurteilen können, besteht zum eigentlichen Kaufzeitpunkt prinzipiell Sicherheit über die Eigenschaften. Damit entsprechen Suchgüter am ehesten der Annahmen der Homogenität und vollkommenen Information, die Güter in der neoklassischen Mikroökonomie erfüllen.[103] Obwohl aber Nachfrager bei Suchgütern ihr Informationsdefizit durch bloße Inspektion beheben können, existiert allerdings auch hier ein Informationsproblem. Die Informationsbeschaffung in Form der Suche nach dem Gut mit der gewünschten Eigenschaft ist im allgemeinen mit positiven Suchkosten verbunden. Vor der Transaktion können somit nicht alle möglichen Alternativen untersucht werden, und der Nachfrager muß die Suche vorzeitig abbrechen und eine Entscheidung auf der Grundlage einer begrenzten Stichprobe bzw. unter unvollständiger Information treffen. Bei Suchgütern ergibt sich demgemäß das *Problem der optimalen Suche*, wie es in Abschnitt 2.1 näher dargelegt wird. Die Notwendigkeit der Informationssuche eröffnet dabei insbesondere auch für Anbieter von Suchgütern gewisse Spielräume für opportunistisches Verhalten.[104] Diese Spielräume sind aber in der Regel eingeschränkt, da zum einen die Überprüfbarkeit vor dem Kauf unmittelbar ein solches Verhalten aufdecken würde und zum anderen die Informationssuche von der Erfahrung der Nachfrager bestimmt wird. Letzteres bedeutet, daß für Anbieter, deren opportunistisches Verhalten einmal aufgedeckt wurde, die Chance sinkt, in zukünftigen Suchprozessen von den Nachfragern berücksichtigt zu werden.

[101] vgl. hierzu insbesondere KAAS [1994], KAAS [1995], TOLLE [1994], WEIBER UND ADLER [1995a]
[102] vgl. hierzu bspw. die Lehrbücher von CARLTON UND PERLOFF [1994], TIROLE [1995]
[103] vgl. FRITSCH ET AL. [1999], *S. 267*
[104] vgl. HAUSER [1979], *S. 749*

- **Qualitätsunsicherheit**

  Auf Märkten für Erfahrungsgüter ergeben sich im Gegensatz zu Suchgütern sowohl für Nachfrager als auch Anbieter weiterreichende Informationsprobleme. Da Erfahrungsgüter vor einem Kauf nicht beurteilt werden können, müssen sich Nachfrager bei einer Entscheidung grundsätzlich an ihren bisher gemachten Erfahrungen orientieren. Die Unsicherheit, die sich aus dieser Informationssituation ergibt, wird in der Informationsökonomie im Zusammenhang mit dem Problem der *Qualitätsunsicherheit* diskutiert.[105] Für die Nachfrager bedeutet Qualitätsunsicherheit, daß sie auf der Grundlage ihrer bereits gemachten Erfahrungen die für die aktuelle Kaufentscheidung relevanten Informationen ermitteln müssen, um die optimale Wahl treffen zu können. Für die Anbieter verringert die zugrundeliegende Informationsasymmetrie den Anreiz, den Markt mit der gewünschten Eigenschaft zu versorgen. Indem sich die Anbieter opportunistisch verhalten und die Informationssituation zu ihren Gunsten ausnutzen, können sie die Nachfrager über die tatsächlich angebotene Beschaffenheit des Gutes hinwegtäuschen. So können Anbieter aus der Qualitätsverschlechterung eines Erfahrungsgutes, die erst nach einem Kauf offenbar wird, erhebliche kurzfristige Gewinne erzielen.[106] Liegt es dagegen im Interesse der Anbieter, die gewünschte oder einmal angebotene Qualität weiterhin anzubieten, müssen sie entsprechende Aktivitäten zur Bereitstellung von solchen Informationen ergreifen, die sie von opportunistischen Anbietern abhebt.

  Davon ausgehend, daß Märkte für Erfahrungsgüter unter Qualitätsunsicherheit ohne entsprechende Informationsaktivitäten grundsätzlich von Marktversagen bedroht sind, wird daher in Abschnitt 2.2 analysiert, wie der Marktprozeß dem Problem unvollständiger Information entgegenwirken kann, bzw. inwieweit es Lösungen für die durch Informationsasymmetrie hervorgerufenen Probleme gibt.

- **Qualitätsungewißheit**

  Für Vertrauensgüter ist der Grad der Informationsasymmetrie am ausgeprägtesten, da selbst der Konsum der Güter keine Gewißheit über sie definierenden Vertrauenseigenschaften vermittelt. Das mit Vertrauensgütern verbundene Problem besteht zum einen wie bei den Erfahrungsgütern darin, überhaupt die relevante Information in Erfahrung zu bringen. Als Informationsquelle kann grundsätzlich der Anbieter des Gutes selbst in Erscheinung treten, doch gewinnen insbesondere dritte Instanzen an Bedeutung, denen der Zugang zu den Information möglich ist und diese auch anbieten. Allerdings besteht zum anderen neben dem eigentlichen Informationsproblem, das es zu bewältigen gilt, ein spezifisches *Vertrauens-*

[105] Die grundlegende Problematisierung im Zusammenhang mit Erfahrungsgütern geht zurück auf AKERLOF [1970]; s.a. VON UNGERN-STERNBERG UND VON WEIZSÄCKER [1981], GRAF VON SCHULENBURG [1993], *S. 521*. Eine explizite Einführung des Begriffs Qualitätsunsicherheit im Zusammenhang mit Formen der Informationsasymmetrie findet sich bei SPREMANN [1990], *S. 566*.

[106] Blendet man diese Möglichkeit opportunistischen Verhaltens aus der Betrachtung aus und geht von einer konstanten Qualität aus, unterscheiden sich Such- und Erfahrungsgüter nur durch die Art der Informationsgewinnung (vgl. HAUSER [1979], *S. 749*).

problem, das sich aus der Zuverlässigkeit der Information für die Beurteilung des Vertrauensgutes ergibt. Da die Richtigkeit der Informationen nicht selbst beurteilt werden kann, muß das Vertrauen darauf, daß die Information ehrlich und nach bestem Wissen übermittelt wird, die eigene Überprüfung ersetzen.[107] In der informationsökonomischen Literatur, die sich ausdrücklich auf die Analyse von Vertrauensgütern bezieht,[108] steht vornehmlich der Informationsaspekt im Vordergrund, ohne daß das Vertrauen in die erhaltene Information explizit problematisiert wird. Die Information, die Nachfrager nicht selbst direkt ermitteln können, wird dabei über zusätzliche Informationsquellen bereitgestellt,[109] und ersetzt damit vollständig die eigene Beurteilung, oder die Nachfrager können die Information indirekt selbst ableiten.[110] Dementsprechend wird die sich aus der Kombination aus Informations- *und* Vertrauensproblem ergebende Art von Informationssituation bei Vertrauensgütern begrifflich nicht erfaßt.[111] Im Rahmen der Arbeit wird diese Situation als das Problem der *Qualitätsungewißheit* charakterisiert.[112] Qualitätsungewißheit kennzeichnet demnach solche Informationssituationen, in denen Nachfrager die für sie relevanten Informationen nicht selbst beurteilen können und sie daher auf deren Richtigkeit vertrauen müssen.

Das im Rahmen dieser Arbeit problematisierte Informations- und Vertrauensproblem stellt sich somit als das Problem der Qualitätsungewißheit bei Gütern mit Vertrauenseigenschaften dar. Inwieweit die sich daraus ergebende, spezielle Informationssituation die Funktionsfähigkeit des Marktes beeinträchtigt, wird in Abschnitt 2.3 anhand informationsökonomischer Modellansätze untersucht. Die Ergebnisse dieser Analyse bilden anschließend den Ansatzpunkt für die Anwendung der im Rahmen der vorliegenden Arbeit zu entwickelnden Operationalisierung des Konzepts des Vertrauensgutes (vgl. Kapitel 3 und Kapitel 4).

In den beiden folgenden Abschnitten 1.4 und 1.5 werden die Prinzipien aufgezeigt, gemäß der innerhalb der Informationsökonomie mögliche Aktivitäten zur Bewältigung gütertypspezifischer Informationsprobleme analysiert werden können.

---

[107] vgl. HAUSER [1979], *S. 751*

[108] vgl. KROUSE [1990], *S. 534ff*, SCHMUTZLER [1992], EMONS [1996], FEDDERSEN UND GILLIGAN [1996], EMONS [1997]

[109] So kommen FEDDERSEN UND GILLIGAN [1996] lediglich zu dem Schluß, daß „[F]or consumers concerned with ... [credence goods], an alternative source of information is required." (FEDDERSEN UND GILLIGAN [1996], *S. 2*)

[110] vgl. EMONS [1996]

[111] In der Einteilung von Situationen asymmetrischer Information durch SPREMANN [1990] gilt die Situation, die einem Aspekt der Informationssituation bei Vertrauensgütern entspricht (Merkmale stehen fest und werden ex post nicht bekannt), sogar als „weniger bedeutend" (SPREMANN [1990], *S. 566*) und wird nicht betrachtet.

[112] An dieser Stelle sei auf die Motivation dieser Begriffsbildung durch die entscheidungstheoretische Betrachtungsweise der entsprechenden Informationssituation hingewiesen (vgl. Kapitel 3, Bemerkung 3.1.1, S. 145).

1.4 Aktivitäten zur Bewältigung von Informationsproblemen

Im neoklassischen Modell der vollkommenen Konkurrenz werden sämtliche Aktivitäten der einzelnen Wirtschaftssubjekte über die Preise der gehandelten Güter koordiniert. Die Preise enthalten die transaktionsrelevanten Informationen und stehen allen Marktteilnehmern kostenlos zur Verfügung.[113] Der dadurch gegebene Koordinationsmechanismus führt im Modell zu Effizienzeigenschaften, die in den zwei Fundamentaltheoremen der Wohlfahrtsökonomie zum Ausdruck kommen:[114] Jedes Konkurrenzgleichgewicht ist pareto-effizient und jede pareto-effiziente Allokation ist als ein Konkurrenzmarktgleichgewicht implementierbar, das sich aus einer bestimmten Anfangsausstattung ergibt. Gemäß dieser Ergebnisse können staatliche Eingriffe auf die Umverteilung der anfänglichen Ressourcenausstattungen unter den Marktteilnehmer beschränkt bleiben, so daß über den Marktmechanismus insgesamt eine pareto-optimale Verteilung der Ressourcen erreicht wird.

Auf unvollkommenen Märkten mit asymmetrischer Informationsverteilung können Preise allein die ihnen im Modell unter vollständiger Information zugesprochene Informationsfunktion nicht übernehmen. Einzelne Marktteilnehmer können über private Information verfügen und somit besser informiert sein als die übrigen Marktteilnehmer. Der Markt ist in diesem Sinne nicht mehr *informationseffizient*, insofern der schlechter informierte Marktteilnehmer sich an alternativen Informationsmöglichkeiten orientieren muß.[115] Einerseits müssen in solchen Fällen zusätzliche Marktaktivitäten die Beseitigung der sich daraus ergebenden Unsicherheit der schlechter informierten Marktteilnehmer ermöglichen: Das Marktgeschehen wird durch Prozesse zur Überwindung der Informationsasymmetrie beeinflußt.[116] Schränkt allerdings andererseits unvollständige Information die Marktfähigkeit der Güter in einem solchen Maße ein, daß die gewünschte Allokation über den Markt nicht erreicht werden kann, kann sich daraus ein ordnungspolitischer Handlungsbedarf ableiten, der über die Bereitstellung von Anfangsausstattungen hinausgehen kann.

In diesem Abschnitt werden die Grundprinzipien möglicher Aktivitäten zur Lösung der gütertypspezifischen Informationsprobleme herausgearbeitet. Die folgende Darstellung unterscheidet dabei *marktendogene* Aktivitäten, die innerhalb des Marktes auf Anbieter- oder Nachfragerseite ihren Ursprung haben und in informationsökonomischen Zusammenhang diskutiert werden (vgl. Abschnitt 1.4.1), von *exogenen*, d.h. hier ordnungs- bzw. wirtschaftspolitischen Aktivitäten des Staates (vgl. Abschnitt 1.4.2).

[113] vgl. MILGROM UND ROBERTS [1992], *S. 55ff*
[114] vgl. bspw. MAS-COLELL ET AL. [1995], *S. 325ff*
[115] vgl. SPREMANN [1990], *S. 575*
[116] vgl. HOPF [1983b], *S. 51*; KAAS [1990], *S. 358*

1.4.1 Marktendogene Informationsaktivitäten

Prinzipiell bietet der Markt sowohl Anbietern als auch Nachfragern eine Reihe von marktendogenen Lösungen des Problems der asymmetrischen Informationsverteilung. Je nachdem, welche Seite bei einem Informationstransfer die Initiative ergreift, werden in dem hier betrachteten informationsökonomischen Zusammenhang zwei Möglichkeiten zur Überwindung der Informationsasymmetrie unterschieden:[117] „*Screening*" und „*Signaling*".[118]

Screening

Der Begriff des *Screening* wurde von STIGLITZ [1974] in die informationsökonomische Diskussion eingeführt und bezieht sich auf diejenigen Aktivitäten zur Überwindung der Informationsasymmetrie, die die schlechter informierte Seite unternimmt. Screening beschreibt den Prozeß „of discrimination, of distinguishing among 'things' which, in the absence of screening, would, for economic purposes, be treated as the same, even though it may be known that they differ in perhaps some important ways"[119].

Die Durchführung des Screening beruht auf zwei unterschiedlichen Mechanismen, wie sie im folgenden zum einen mit dem „*screening by examination*" und zum anderen mit dem „*screening by self-selection*" erläutert werden.[120]

Zum einen kann die schlechter informierte Seite aktiv nach Informationen suchen. Durch direkte Untersuchung versucht sie in an Informationen zu gelangen, die eine Unterscheidung des Objektes ermöglichen. Dementsprechend wird diese Vorgehensweise als „*screening by examination*" bezeichnet.[121] Als Unterscheidungskriterium dient dabei jedes Merkmal, bezüglich dessen sich die einzelnen Objekte voneinander unterscheiden können. Ein solcher Screening-Mechanismus kann bspw. in der Anwendung eines Eiersortierers bestehen, der Eier nach Größe sortiert, oder er kann im Heranziehen eines Notensystems bestehen, das Individuen bezüglich bestimmter Fähigkeiten einstuft.[122] Im Zusammenhang mit einem Güterkauf ist für die Anwendung des *screening by examination* der unmittelbare und jederzeit möglich Zugang zu dem Unterscheidungsmerkmal wesentlich, so daß diese Art der Informationsbeschaffung auf Suchgüter beschränkt bleibt.

Zum anderen kann der schlechter informierte Marktteilnehmer durch Beobachtung des Verhaltens des besser informierten Marktteilnehmers direkt oder indirekt auf die ihm verborgenen Informationen schließen. Das Verhalten wird dabei durch die Vorgabe einer strukturierten Menge

---

[117] Zu den marktendogenen Aktivitäten zählt prinzipiell auch die Bereitstellung von Information privater Anbieter auf *Informationsmärkten* (vgl. KRUSE UND BERGER [1996], *S. 413*), doch fällt dies nicht in den Betrachtungshorizont der Informationsökonomie.

[118] vgl. MILGROM UND ROBERTS [1992], *S. 154*. Zusätzlich können auch die Marktteilnehmer, zwischen denen ein Informationstransfer stattfindet, in die Unterscheidung einbezogen werden (vgl. KAAS [1990], *S. 359*).

[119] STIGLITZ [1974], *S. 28*

[120] vgl. STIGLITZ [1974], *S. 29ff*

[121] vgl. STIGLITZ [1974], *S. 29*

[122] vgl. STIGLITZ [1974], *S. 29*

von Handlungsalternativen bewußt herbeigeführt.[123] Mit der Auswahl aus den angebotenen Handlungsalternativen zeigt die besser informierte Seite ein Verhalten, das der schlechter informierten Seite den Schluß auf die relevante Information und somit eine Unterscheidung ermöglicht. Screening-Mechanismen in diesem Sinne sind bspw. von Versicherungsunternehmen angebotene Versicherungspolicen, die von der Risikoneigung der potentiellen Kunden abhängen. Je nach gewählter Police ist es dem Unternehmen dann möglich, auf die Risikoneigung des Kunden zu schließen. Da in solchen Fällen der besser informierten Seite Anreize gesetzt werden, sich selbst zu offenbaren bzw. einzuordnen, wird diese Art des Screening als *„self-selection"* (Selbstauswahl) bezeichnet.[124] Damit sowohl für den schlechter informierten Marktteilnehmer ein Anreiz besteht, die Selbstauswahl anzubieten, als auch für den besser informierten Marktteilnehmer ein Anreiz zur (wahrheitsgemäßen) Selbstauswahl besteht, muß die gewonnene Information dem schlechter informierten Marktteilnehmer prinzipiell auch ohne Selbstauswahl zugänglich oder in ihren Konsequenzen überprüfbar sein. Selbstauswahl bleibt daher auf Such- und Erfahrungsgüter beschränkt.

Signaling

Der Begriff des *Signaling* geht in der informationsökonomischen Literatur auf das klassische Signaling-Modell von SPENCE [1973] zurück.[125] Mit dem Begriff des Signaling werden im allgemeinen diejenigen Aktivitäten der besser informierten Seite bezeichnet, die mit einem Informationstransfer von der besser informierten Seite zur schlechter informierten Seite verbunden sind.

Das Konzept des Signaling unterscheidet sich von dem Konzept des Screening nur durch den Standpunkt der Betrachtung.[126] Jede Art von Signaling basiert auf den Anreizen, die auch bei dem Prinzip des Screening durch Selbstauswahl vorhanden sind und die Offenbarung der Information erstrebenswert machen.[127]

Grundsätzlich setzt die besser informierte Seite beim Signaling Marktsignale ein, um damit den Zustand der asymmetrischen Informationsverteilung zu beheben.[128] In ihrer allgemeinsten Form bezeichnen Marktsignale „activities or attributes of individuals in a market which, by design or accident, alter the belief of, or convey information to, other individuals in the market"[129]. Innerhalb dieser Aktivitäten wird zwischen den eigentlichen Signalen und den Indizes unterschieden.[130] Ein Signal ist ein beobachtbares Merkmal, das der *bewußten* Kontrolle des Senders unterliegt. Es dient der schlechter informierten Seite als Indikator für den Inhalt der privaten Information. Im

[123] STIGLITZ [1974] spricht hier von einer „'structured' set of choices" (STIGLITZ [1974], *S. 31*).
[124] vgl. STIGLITZ [1974], *S. 30*
[125] SPENCE [1973] entwickelt sein Konzept am Beispiel des Arbeitsmarktes, auf dem sich ein Arbeitsplatzsuchender bei einem Unternehmen um eine Arbeitsstelle bewirbt und diesem seine Fähigkeiten durch seinen Ausbildungsstand und eine Gehaltsforderung signalisiert (vgl. auch SPENCE [1974]; s.a. Anhang A).
[126] vgl. SPENCE [1976], *S. 592*
[127] vgl. SPENCE [1976], *S. 592*
[128] vgl. SPENCE [1976], *S. 591f*
[129] SPENCE [1974], *S. 1*
[130] vgl. SPENCE [1974], *S. 10*

Gegensatz zum Signal ist ein Index ein beobachtbares Merkmal, das *nicht* geändert werden kann. Die schlechter informierte Seite kann zwar auch einen Index als Indikator benutzen, doch fehlt hier der besser informierten Seite die Möglichkeit der kontrollierten Einflußnahme.

Sollen Signale zur Behebung des Informationsproblems beitragen, müssen sie eine glaubwürdige Verpflichtung[131] des Senders auf den Inhalt der übermittelten Information sein.[132] Die Wirkungsweise und Effektivität des Signaling hängt dabei von zwei zusätzlichen Faktoren ab.

Zum einen muß für die Wirksamkeit des Signaling zwischen dem übermittelten Signal und der nicht beobachtbaren Eigenschaft überhaupt ein Zusammenhang bestehen. Zwei Typen von Signal- oder Screening-Mechanismen erfüllen diese Voraussetzung: die Übermittlung von *„exogenously costly signals"* und die Gestaltung von *„contingent contracts"*.[133] Bei beiden Mechanismen beruht der Zusammenhang zwischen Signal und Eigenschaft auf den Kosten der Signalübermittlung. Die Kosten der Signalübermittlung müssen so an die private Information gebunden sein, daß ein Täuschungsversuch, der die schlechter informierte Seite über den wahren Inhalt der privaten Information hinwegtäuscht und für diese eine Nutzeneinbuße darstellt, mit höheren Kosten verbunden ist, als die wahrheitsgemäße Übermittlung der Signale.

Bildet die Qualität eines angebotenen Gutes den Inhalt der Information, müssen für einen Anbieter niedriger Qualität die Signale, die hohe Qualität signalisieren und eine hohe Preisforderung rechtfertigen würden, mit höheren Kosten verbunden sein, als für Anbieter hoher Qualität:[134] Kosten und Qualität müssen negativ korreliert sein.[135]

Der Unterschied zwischen beiden Mechanismen liegt im Zustandekommen einer solchen Korrelation. Bei den Signalaktivitäten durch Übermittlung eines *exogenously costly signals* existiert die Korrelation unabhängig vom Verhalten der schlechter informierten Seite, d.h. die Korrelation ist exogen zum Marktverhalten.[136] Die Gestaltung eines *contingent contract* hingegen ist durch die Fähigkeit der schlechter informierten Seite bedingt, den Inhalt der privaten Information aufzudecken. Die Korrelation zwischen Signal und privater Information wird somit durch das Verhalten der schlechter informierten Seite bedingt.[137] Für den Fall, daß die übermittelte Information nicht der tatsächlichen Information entspricht, beschreibt ein solcher Vertrag die Konsequenzen, die die besser informierte Seite zu tragen hat. Dies können bspw. monetäre Strafen sein, die die besser informierte Seite zu zahlen hat, falls der schlechter informierte Marktteilnehmer entdeckt, daß die zugesicherte Eigenschaft nicht vorhanden ist.[138] Damit verfällt der Vorteil der falschen Übermitt-

---

131 WILLIAMSON [1983] spricht von *„credible commitment"* (vgl. auch KAAS [1995], *S. 29*).

132 „... potential signals must have the capacity to 'bond' performance." (IPPOLITO [1990], *S. 42*)

133 vgl. SPENCE [1976], *S. 593ff*

134 Die Nutzeneinbuße für den Nachfrager würde sich im Fall einer Täuschung über die wahre Qualität aus dem zu unrecht bezahlten hohen Preis für ein Gut niedriger Qualität ergeben.

135 vgl. SPENCE [1976], *S. 592*

136 vgl. SPENCE [1976], *S. 593*

137 vgl. SPENCE [1976], *S. 595*

138 vgl. SPENCE [1976], *S. 594*

lung von Information.[139] Ein *contingent contract* hat einerseits wie ein *exogenously costly signal* die Funktion der Informationsübermittlung und andererseits transferiert er auch Risiko von einem Marktteilnehmer zum anderen.[140] Das Risiko des schlechter informierten Marktteilnehmers, die zugesicherte Eigenschaft nicht zu erhalten, wird durch die Androhung einer Strafe in das Risiko des besser informierten Marktteilnehmers transferiert, diese Strafe zahlen zu müssen. Im Sinne des Screening gehört ein solcher Vertrag zu einem Mechanismus, der die Offenbarung der besser informierten Seite durch Selbstauswahl herbeiführt (vgl. Abschnitt 1.4.1, S. 26). Der Vertrag setzt dem besser informierten Marktteilnehmer Anreize, seine private Information zu offenbaren.

Der zweiter Faktor der Wirkungsweise von Signalen bezieht sich zum anderen auf die tatsächliche Kenntnis der schlechter informierten Seite über den vorhandenen Zusammenhang zwischen Signal und privater Information. Um überhaupt eine Entscheidung treffen zu können, muß der schlechter informierte Marktteilnehmer zunächst wissen, welche möglichen Konsequenzen die private Information für ihn haben kann und unter welchen Umständen diese auftreten. Das Signaling-Konzept geht davon aus, daß die Marktteilnehmer aufgrund ihrer bisherigen Erfahrungen im Markt eine Vorstellung von den möglichen Konsequenzen entwickelt haben.[141] Auf dieser Grundlage ist es ihnen möglich, Wahrscheinlichkeitseinschätzungen über das tatsächliche Auftreten dieser Konsequenzen abzuleiten.[142] Entscheidend ist, daß Marktteilnehmer nicht ununterscheidbar sind.[143] Gerade anhand ihrer beobachtbaren Merkmale (Signale oder Indizes) können sie unterschieden werden. Auch hier ermöglicht die bisherige Markterfahrung der schlechter informierten Seite, Einschätzungen über das Auftreten eines Zusammenhangs zwischen einer bestimmten Konsequenz und eines bestimmten Merkmals abzuleiten. Diese Einschätzungen werden durch die *bedingten* Wahrscheinlichkeiten für das Eintreten einer Konsequenz, gegeben, daß ein bestimmtes Merkmal beobachtbar ist, repräsentiert.[144]

Insbesondere der zuletzt dargelegte Aspekt verdeutlicht, daß Signaling in dieser Form nur bei Erfahrungsgütern sinnvoll eingesetzt werden kann, da nur hier entsprechende Erfahrungsmöglichkeiten gegeben sind.

Der klassische Signaling-Ansatz berücksichtigt allerdings nicht, daß es durchaus Signale gibt, bei denen nicht von einer negativen Korrelation zwischen Signal und privater Information ausgegangen werden kann. So ist bspw. Werbung als Signal grundsätzlich für alle Anbieter zu denselben Kosten möglich.[145] In diesem Fall ist der Informationscharakter eines Signals, d.h. der Werbung, nur dann gewährleistet, wenn der Nutzen für das Aussenden des Signals positiv mit der privaten Information

[139] vgl. das „*bonding*"-Konzept von IPPOLITO [1990], *S. 42*; s. a. Fußnote 132 auf Seite 28
[140] vgl. SPENCE [1976], *S. 594f*
[141] vgl. SPENCE [1974], *S. 8*
[142] vgl. SPENCE [1974], *S. 8*
[143] vgl. SPENCE [1974], *S. 8*
[144] vgl. SPENCE [1974], *S. 8*
[145] vgl. KIHLSTROM UND RIORDAN [1984], *S. 428*

korreliert. Soll Werbung hohe Qualität signalisieren, muß der Gewinn aus der Werbung für einen Anbieter hoher Qualität größer sein als für einen Anbieter niedriger Qualität.[146] Ein Nutzen solcher Signale ergibt sich für Anbieter vor allem aus der Realisierung zukünftiger Gewinne aufgrund von Wiederholungskäufen.[147] Liegen die zukünftigen Gewinne aus der Bereitstellung der gewünschten Eigenschaft über den Gewinnen aus einer einmaligen Qualitätsverschlechterung, besteht für Anbieter ein Anreiz, diese Eigenschaft über einen längeren Zeitraum hinweg auch bereitzustellen.[148] Es kommen sogenannte Reputationseffekte zum Tragen, die den Nachfrager vor nicht gewünschter Qualität bzw. Qualitätsverschlechterung schützen.[149] In diesem Sinne bilden freiwillige Investitionen, die wie die Investitionen in einen Markennamen bei einem Marktaustritt versunkene Kosten darstellen, einen solchen Anreiz, auf dem Markt weiterhin die gewünschte Qualität anzubieten, und tragen so zum Aufbau von Reputation bei.[150]

Die Wirksamkeit des Reputationsmechanismus setzt voraus, daß Nachfrager auf Anbieter, die die Informationsasymmetrie zu ihren Gunsten ausgenutzt haben, mit einer zukünftigen Weigerung, dort zu kaufen, reagieren.[151] Nur wenn klar ist, wie Nachfrager auf ein Fehlverhalten reagieren, können die Anbieter ein solches Verhalten überhaupt in Betracht ziehen.[152] Darüber hinaus muß berücksichtigt werden, daß sich der Erwerb von Reputation nur lohnt, wenn der erzielte Preis über den Grenzkosten der Produktion liegt,[153] da die Anbieter sonst dem Verlust eines Kunden indifferent gegenüberstehen.[154]

1.4.2 Ordnungspolitische Informationsaktivitäten

Wie die obige Darstellung gezeigt hat, sind die Voraussetzungen für den Einsatz marktendogener Informationsaktivitäten nicht bei allen Gütertypen gegeben. Wenn marktendogene Aktivitäten zur Beseitigung asymmetrischer Information nicht eingesetzt werden können, kann sich daraus ein staatlicher Handlungsbedarf ableiten. Dem Staat stehen dabei grundsätzlich zwei Eingriffsmöglichkeiten zur Beseitigung des Informationsproblems zur Verfügung:[155] Einerseits kann sich der Staat solcher Instrumente bedienen, die sich ausdrücklich auf die aktive Bereitstellung

---

[146] vgl. KIHLSTROM UND RIORDAN [1984], *S. 428*

[147] NELSON [1974] hat bei Werbung als Signal erstmals auf den Zusammenhang mit Wiederholungskäufen hingewiesen (vgl. auch den unten folgenden Abschnitt 2.2.2).

[148] vgl. VON UNGERN-STERNBERG UND VON WEIZSÄCKER [1981], *S. 613*

[149] vgl. KLEIN UND LEFFLER [1981]. Die Anwendbarkeit dieses Konzepts ist mit dem Konzept der Erfahrungseigenschaften verbunden, da der Effekt nur dann wirkt, wenn die Nachfrager die Möglichkeit haben, betrügende Anbieter zu erkennen (vgl. STIGLITZ [1989], *S. 825*).

[150] vgl. KLEIN UND LEFFLER [1981], *S. 622*; s.a. Abschnitt 2.3.1

[151] vgl. STIGLITZ [1989], *S. 824f.* Das ist nur rational, wenn von einem einmaligen Fehlverhalten auf ein stetes Fehlverhalten in der Zukunft geschlossen wird. Ein Nachfrager könnte auch antizipieren, daß Anbieter ihr Fehlverhalten einstellen, um neue Kunden zu gewinnen (vgl. STIGLITZ [1989], *S. 824*).

[152] vgl. STIGLITZ [1989], *S. 824f*

[153] vgl. STIGLITZ [1989], *S. 824*; KLEIN UND LEFFLER [1981], *S. 618f*

[154] vgl. STIGLITZ [1989], *S. 824*; s.a. Abschnitt 2.2.2

[155] vgl. KRUSE UND BERGER [1996], *S. 401*

der benötigten Information beziehen. Andererseits kann der Staat über Regulierungsmaßnahmen indirekt Einfluß auf die bereitgestellten Güter nehmen und so Informationsasymmetrien schon im Vorfeld einer Transaktion beseitigen.

Die Möglichkeiten der aktiven Informationspolitik beinhalten insbesondere die Einführung von Informationspflichten für die Anbieter sowie die Bereitstellung von Information seitens des Staates,[156] wie sie sich gemäß der folgenden Erläuterung ergeben.

- *Einführung von Informationspflichten*
  Zur Überwindung der Informationsasymmetrie kann der Staat die Anbieter von Gütern, bei denen Informationsprobleme zu Lasten der Nachfrager drohen, verpflichten, umfassende Informationen über relevante Eigenschaften bereitzustellen. Unter diese Informationspflicht fallen bspw. bei Medikamenten die Kennzeichnung von Inhaltsstoffen, die Aufklärung über die Nebenwirkungen oder auch die Angabe von Verfallsdaten.[157]

- *Bereitstellung von Information*
  Stellt der Anbieter keine Informationen zur Verfügung, kann der Staat selbst als Informationsquelle auftreten und die zum Abbau von Informationsmängeln benötigte Information direkt bereitstellen oder indirekt deren Bereitstellung unterstützen. Direkt kann der Staat mittels öffentlicher Institutionen aktiv werden und entsprechende Informationen zur Aufklärung der Nachfrager zur Verfügung stellen. So können bspw. Institutionen wie das Bundesgesundheitsamt, das Umweltbundesamt oder die Gewerbeaufsichtsämter einerseits Warnhinweise bezüglich aktueller Gefahren veröffentlichen und andererseits durch Verordnungen die sich im Umlauf befindlichen Güter kategorisieren und so über die Eigenschaften informieren.[158] Indirekt kann der Staat durch Unterstützung unabhängiger Dritter Informationen erzeugen und verbreiten lassen. So übernimmt in der Bundesrepublik Deutschland die Stiftung Warentest als staatlich initiierte und finanzierte Stiftung des privaten Rechts diese Rolle und veröffentlicht Testberichte über Güter verschiedenster Art. Auch die Verbraucherzentralen, die insbesondere die Vermittlung aktueller Information betreiben, fallen in den Bereich der indirekten staatlichen Informationsmaßnahmen. Die Bereitstellung von Information muß allerdings nicht auf staatliche Quellen beschränkt bleiben. Über die staatliche Informationspolitik hinaus können auch private Beratungsgesellschaften oder private Testzeitschriften als Informationsintermediäre in ähnlicher Weise externe Informationen bereitstellen.[159]

Unter die Instrumente der Regulierungspolitik sind Standardisierung sowie Garantie- und Haftungsregelungen zu zählen,[160] die im folgenden näher erläutert werden.

---

[156] vgl. auch FRITSCH ET AL. [1999], *S. 294f*
[157] vgl. FRITSCH ET AL. [1999], *S. 295*
[158] vgl. VAHRENKAMP [1991], *S. 35*
[159] vgl. VAHRENKAMP [1991], *S. 34*
[160] vgl. FRITSCH ET AL. [1999], *S. 295f*

- *Standards*
Der Erlaß von Mindeststandards zielt darauf ab, ausschließlich Güter auf dem Markt zuzulassen, die bestimmte Mindestanforderungen, bspw. an die Qualität, erfüllen. Standards beseitigen das Problem der asymmetrischen Information insofern, als die Nachfrager vor dem Unterschreiten einer Mindestqualität und damit etwa vor gefährlichen oder mangelhaften Gütern geschützt werden.[161] In diesem Sinne bilden Standards Qualitätsmaßnahmen, die dem Schutz der Verbraucher dienen und explizite Information über Sicherheit und Qualität ersetzen können.[162] Die Regulierung des Marktzutritts über Qualitätsstandards kann sich sowohl direkt auf das Gut selbst beziehen (*direkte Qualitätsregulierung*) als auch indirekt auf die Anbieter bzw. Produzenten des Gutes (*indirekte Qualitätsregulierung*).[163] Die direkte Qualitätsregulierung gibt Standards bspw. in Form von Lebensmittelvorschriften oder durch das Arzneimittelgesetz vor. Sie bieten sich in erster Linie dann an, wenn die Nachfrager das Gut nicht überprüfen können und eine Täuschung der Nachfrager leicht möglich ist, also insbesondere bei Gütern mit Vertrauenseigenschaften.[164] Die indirekte Qualitätsregulierung ist insbesondere dort anzutreffen, wo das eigentliche Gut selbst nicht reguliert werden kann, da es erst nach der Transaktion erzeugt wird,[165] es sich also um ein Kontraktgut handelt (vgl. Abschnitt 1.2.1, S. 11). Bei Dienstleistungen wird so verhindert, daß Anbieter ohne einen entsprechenden Qualifikationsnachweis auf dem Markt zugelassen werden. Beispiele hierfür sind die handwerkliche Meisterprüfung und die für die Ausübung verschiedener Freier Berufe benötigte akademische Mindestqualifikation (bspw. Arzt oder Rechtsanwalt).[166]

- *Garantie- und Haftungsregelungen*
Der Staat kann Anbieter grundsätzlich dazu verpflichten, bei mangelhaften Gütern gegenüber den Nachfragern für Reparatur oder Ersatz Sorge zu tragen. Das Problem asymmetrischer Information wird dadurch zwar nicht beseitigt, verliert aber für den Nachfrager an Bedeutung. Allerdings führt die Schwierigkeit bei der Beurteilung, ob der Mangel des Produktes auf unsachgemäßen Gebrauch durch den Nachfrager oder auf vom Anbieter zu verantwortende, grundsätzliche Mängel des Gutes zurückzuführen ist, zu einem *Moralischen Risiko* (vgl. auch Abschnitt 2.2.2, S. 77ff). Darüber hinaus nimmt der Staat über die Verpflichtung zur Gewährung von Mindestgarantien einen direkten Einfluß auf die Qualität der angebotenen Güter: Anbieter von Gütern niedriger Qualität werden über die Garantiefolgekosten zum Ausscheiden aus dem Markt oder zur Anhebung der Qualität gezwungen.[167]

---

161 vgl. FRITSCH ET AL. [1999], *S. 296*
162 vgl. KUHLMANN [1990], *S. 267*; s.a. UHL [1971]
163 vgl. KRUSE UND BERGER [1996], *S. 67*
164 vgl. HAUSER [1979], *S. 758*
165 vgl. KRUSE UND BERGER [1996], *S. 445*
166 vgl. FRITSCH ET AL. [1999], *S. 296*; KRUSE UND BERGER [1996], *S. 445*
167 vgl. FRITSCH ET AL. [1999], *S. 296*

Haftungsregelungen beziehen sich auf die von mangelhaften Produkten verursachten Schäden. Im bundesdeutschen Produkthaftungsgesetz ist dabei von Gefährdungshaftung die Rede,[168] d.h. es spielt für die Verantwortung des Anbieters keine Rolle, ob er die Mängel des Produkts verschuldet hat oder nicht. In jedem Fall wird der Anbieter zum Ersatz der entstandenen Schäden herangezogen. Auch über diese Haftungsregelungen nimmt der Staat Einfluß auf die Qualität der angebotenen Produkte. Wegen der möglichen Haftung für entstandene Schäden muß der Anbieter die sich möglicherweise ergebenden Kosten der Schadensregelung berücksichtigen und hat somit einen Anreiz, auf die Mängel von Gütern zu achten und diese zu beseitigen.

Die dargelegten ordnungspolitischen Maßnahmen machen deutlich, unter welchen Bedingungen eine aktive Informationspolitik des Staates überhaupt wirksam ist. Das Informationsdefizit des Nachfragers kann nur dann verringert werden, wenn der Staat im Gegensatz zum Nachfrager die benötigte Information ermitteln kann und dem Nachfrager zur Verfügung stellt. Unterstellt man, daß diese Informationsermittlung auch für Vertrauensgüter möglich ist, geht damit allerdings das Problem des glaubwürdigen Informationstransfers lediglich vom Anbieter auf den Staat über. Da jetzt der Staat die vom Nachfrager nicht verifizierbare Information bereitstellt, bleibt das spezifische Vertrauensproblem grundsätzlich bestehen. Zwar umgeht die Regulierungspolitik über Standards diese Probleme der aktiven Informationsbereitstellung, kann bei Vertrauensgütern das Vertrauensproblem aber ebenfalls nicht vollständig beseitigen. Denn hier können die Nachfrager das Einhalten der Standards selbst nicht überprüfen und müssen daher in die Zusicherung der Einhaltung vertrauen. Garantie- und Haftungsregelungen tragen zur Lösung des Informationsproblems nur bezüglich solcher Eigenschaften bei, die in ihren Auswirkungen von den Nachfragern beobachtet werden können. Nur bei solchen Eigenschaften ist die Beurteilung möglich, ob ein Garantiefall eingetreten ist oder nicht. Ist eine solche Beurteilung nicht möglich, kann die Garantieleistung nicht eingefordert werden. Insgesamt bleibt also auch die Wirksamkeit ordnungspolitischer Maßnahmen analog zu den marktendogenen Informationsaktivitäten eng an diejenigen Erfahrungsmöglichkeiten geknüpft, die vor allem für Such- oder Erfahrungsgüter erfüllt sind.

[168] vgl. dazu FRITSCH ET AL. [1999], *S. 296*

1.5 Die spieltheoretische Formalisierung marktendogener Informationsaktivitäten

Für die theoretische Analyse der Wirkungsweise der marktendogenen Informationsaktivitäten aus Abschnitt 1.4.1 ist ein adäquater formaler Rahmen notwendig. Im Rahmen dieser Arbeit wird ein solcher Rahmen mit der spieltheoretischen Erfassung dieser Aktivitäten bereitgestellt. Die Konzepte des Signaling und des Screening werden innerhalb der Spieltheorie als spezielle Versionen von *Spielen mit unvollständiger Information* formalisiert (vgl. Abschnitt 1.5.1). Während einerseits *Signalspiele* das Konzept des Signaling erfassen (vgl. Abschnitt 1.5.2) und einer allgemeinen Analyse der zugrundeliegenden Prinzipien zugänglich machen, wird andererseits das Konzept des Screening innerhalb der Theorie des *„mechanism design"* formalisierbar (vgl. Abschnitt 1.5.3).

1.5.1 Spiele mit unvollständiger Information

Im Prozeß, der zu einer Entscheidung für oder gegen ein Gut führt, bedeutet unvollständige Information, daß die entscheidungsrelevanten Informationen über Gütereigenschaften private Information des Anbieters darstellen und vor einem Kauf dem Nachfrager unbekannt sind. Aus einer Entscheidung des Nachfragers ziehen je nach Ausprägung dieser Eigenschaften sowohl der Anbieter als auch der Nachfrager einen unterschiedlichen Nutzen.

In der Spieltheorie bezieht sich der Begriff der unvollständigen Information auf das Wissen der Spieler über die Regeln des Spiels. Die Regeln legen die Struktur des Spiels fest und charakterisieren die Elemente, die zu einer vollständigen Beschreibung der Spielsituation notwendig sind.

Die umfassendste Darstellungsmöglichkeit für Spiele ist die extensive Form der Darstellung.[169] Sie legt fest[170]

1. wer an dem Spiel beteiligt ist,
2. (a) wann jeder Spieler eine Entscheidung treffen muß,
   (b) welche Entscheidungsmöglichkeiten jeder Spieler hat,
   (c) was die Spieler bei ihrer Entscheidung wissen und
3. wie hoch die Auszahlungen für jeden Spieler sind, die sich aus den Entscheidungen der Spieler ergeben.

---

[169] Neben der *extensiven* Darstellung ist auch die *strategische* Darstellung eines Spiels gebräuchlich (vgl. EICHBERGER [1993], *S. 27ff*). Viele Spiele zeichnen sich durch eine dynamische Struktur aus. Spieler wählen ihre Handlungen nicht gleichzeitig, sondern die Wahl einzelner Aktionen erfolgt in einer bestimmten Abfolge. Während die strategische Form davon vollständig abstrahiert, ermöglicht die Repräsentation eines Spiels in extensiver Form die Berücksichtigung dieses Umstandes (vgl. FUDENBERG UND TIROLE [1992]).

[170] vgl. GIBBONS [1992], *S. 117f*

Bemerkung 1.5.1 *Formal ist ein Spiel in extensiver Form vollständig durch die Beschreibung* $\Gamma = (I, (N, \sigma), (A, \alpha), (N_i)_{i \in I}, \mathcal{J}, (A(J))_{J \in \mathcal{J}}, r)$ *gegeben:*[171]

1. *Die Menge I der Spieler*

2. *Der Spielbaum* (N, σ)*, d.h.*

   (a) *die Menge N der Knoten („Entscheidungssituationen") und*

   (b) *die Folge ihres Eintretens, die durch die Funktion* $\sigma : N \to N$ *gegeben ist. Die Funktion* σ *ordnet jedem Knoten* $n \in N$ *seinen Vorgänger zu. Mit dem Anfangsknoten* $n_0 \in N$ *gilt* $\sigma(n_0) = n_0$ *und* $\sigma^k(n) := \underbrace{\sigma(\sigma(\ldots\sigma(n)\ldots))}_{k-mal} = n_0$ *für ein* $k \in \mathbb{N}$.

3. *Die Menge A der Aktionen, die von einem Knoten zum nächsten führen, und eine Funktion* $\alpha : N \setminus \{n_0\} \to A$*, die angibt, wie die Aktionen von dem Knoten* $\sigma(n)$ *zu dem Knoten n führen.*

4. *Die Spielerpartition* $(N_i)_{i \in I}$*, die für jeden Spieler* $i \in I$ *diejenigen Knoten angibt, an denen er eine Aktion wählen muß.*

5. *Die Mengen* $\mathcal{J}_i$ *der Informationsmengen J für Spieler* $i \in I$*, d.h. derjenigen Knoten, die jeder Spieler unterscheiden kann.*

6. *Für jede Informationsmenge* $J \in \mathcal{J}$ *die Menge* $A(J)$ *der Wahlmöglichkeiten*

7. *Die Auszahlungsfunktion* $r : \mathcal{T}(N) \to \mathbb{R}^{|I|}$*, die die Auszahlung für jeden Spieler am Ende des Spiels angibt (*$\mathcal{T}(N) := \{n \in N | \sigma^{-1}(n) = \emptyset\}$*, Menge der Endknoten).*

Die Vorhersage des Verhaltens der Spieler in einem Spiel, d.h. die Lösung eines Spiels, bezieht sich auf die Angabe von Strategien, *die einen Plan darstellen, der für alle Situationen das Verhalten der Spieler beschreibt.*[172] *Ein allgemeines Strategiekonzept repräsentieren die* Verhaltensstrategien. *Sie verallgemeinern sowohl das Konzept der* reinen *Strategien, die für jede Informationsmenge deterministisch festlegen, welche Aktion gespielt wird, als auch das Konzept der* gemischten *Strategien, die eine Wahrscheinlichkeitsverteilung auf der Menge der reinen Strategien vorgibt. Eine reine Strategie für Spieler* $i \in I$ *ist eine Funktion* $s_i : \mathcal{J}_i \to A$ *mit* $s_i(J) \in A(J)$*. Eine gemischte Strategie* m_i *ist eine Wahrscheinlichkeitsverteilung auf der Menge* S_i *der reinen Strategien. Für abzählbares* S_i *kann eine gemischte Strategie als Wahrscheinlichkeitstupel dargestellt werden, d.h. es gilt* $m_i \in M_i := \{(m_i(s_i^1), \ldots, m_i(s_i^{|S_i|})) \in [0,1]^{|S_i|} : \sum_{k=1}^{|S_i|} m_i(s_i^k) = 1\}$*. Für den Träger* $supp[m_i]$ *einer so gegeben Wahrscheinlichkeitsverteilung gilt* $supp[m_i] = \{s_i \in S_i | m_i(s_i) > 0\}$.

[171] vgl. EICHBERGER [1993], S. 15

[172] vgl. EICHBERGER [1993], S. 17ff

Verhaltensstrategien beruhen dagegen auf der Annahme, daß die Spieler für jede Informationsmenge, an der sie eine Aktion ergreifen müssen, bezüglich der dort verfügbaren Aktionen randomisieren.[173] *Bezeichnet $B(J)$ die Menge aller Wahrscheinlichkeitsverteilungen über die Elemente der Menge $A(J)$, und sei $B = \cup_{J \in \mathcal{J}} B(J)$, dann ist eine Verhaltensstrategie eines Spielers $i \in I$ eine Funktion $b_i : \mathcal{J}_i \to B$ mit $b_i^J \in B(J)$ für jedes $J \in \mathcal{J}_i$. Für $a \in A_i$ gibt $b_i^J(a)$ die Wahrscheinlichkeit an, mit der Spieler i bei Erreichen der Informationsmenge J die Aktion a wählt.*[174] *Durch $b = (b_1, \ldots, b_{|I|})$ ist eine Verhaltensstrategiekombination gegeben, die für jeden Spieler eine Verhaltensstrategie festlegt. Eine Verhaltensstrategiekombination induziert auf der Menge $\mathcal{T}(N)$ der Endknoten des Spiels eine Wahrscheinlichkeitsverteilung. Für $n_E \in \mathcal{T}(N)$ und $n \in N$ gibt $q_b(n_E|n)$ die Wahrscheinlichkeit an, den Endknoten n_E zu erreichen, falls die Strategiekombination b gespielt wird und schon der beliebige Knoten n des Spiels erreicht wurde. Die erwartete Auszahlung $R_i(b|n)$ des Spielers i ergibt sich damit zu*

$$R_i(b|n) := \sum_{n_E \in \mathcal{T}(N)} r_i(n_E) \cdot q_b(n_E|n) \tag{1.1}$$

Ein Spiel mit unvollständiger Information liegt vor, falls mindestens ein Element der Beschreibung des Spiels kein *Gemeinsames Wissen* unter den Spielern ist. Eine Information ist Gemeinsames Wissen („*common knowledge*"), falls alle Spieler in Besitz dieser Information sind, die Spieler wissen, daß alle Spieler diese Information haben, die Spieler wissen, daß alle wissen, daß alle Spieler die Information haben und so weiter, ad infinitum.[175] Dies bedeutet insgesamt, daß im Fall unvollständiger Information mindestens ein Spieler über private Information verfügt, die den anderen Spielern verborgen bleibt. Insbesondere ist das der Fall, wenn kein Gemeinsames Wissen über die Auszahlungen der Mitspieler besteht.

Für das in der Spieltheorie angewandte Lösungskonzept des Nash-Gleichgewichts ergibt sich aus unvollständiger Information ein grundlegendes Problem.[176] Im Sinne dieses Konzepts ist es bei unvollständiger Information über die Auszahlungen nicht möglich, Erwartungen über das Spiel der Mitspieler zu bilden, um diejenigen Strategien zu bestimmen, die ein Gleichgewicht bilden.[177]

Der Ansatz für eine Lösung des beschriebenen Problems liegt in der Transformation eines solchen Spiels in ein Spiel mit vollständiger Information, für welches das Nash-Gleichgewichtskonzept

[173] Eine weitere Verallgemeinerung stellen die Verteilungsstrategien dar (vgl. MILGROM UND WEBER [1985]). Sie werden in Abschnitt 3.4.2 eingeführt (vgl. Definition 3.4.12, S. 186).

[174] Eine reine Strategie, die für jede Informationsmenge eines Spielers eine eindeutige Aktion vorgibt, ist der Spezialfall einer Verhaltensstrategie. Für jede Informationsmenge wird die ergriffene Aktion mit der Wahrscheinlichkeit 1 und alle anderen Aktionen mit der Wahrscheinlichkeit 0 belegt.

[175] Für die Bedeutung dieses Konzeptes innerhalb der Spieltheorie vgl. GEANAKOPLOS [1992], GEANAKOPLOS [1994]

[176] Da die Beschreibung in extensiver Form den dynamischen Charakter hervorhebt, ist hier die Verfeinerung des Nash-Gleichgewichts in Form des teilspielperfekten Nash-Gleichgewichts zu betrachten, die den dynamischen Charakter des Spiels bei der Elimination unglaubwürdiger Gleichgewichte berücksichtigt (vgl. GIBBONS [1992], *S. 55ff*).

[177] vgl. EICHBERGER [1993], *S. 123*

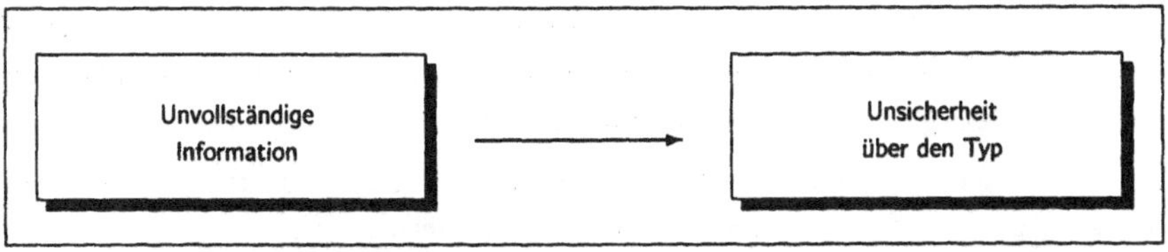

Abbildung 1.2: *Die Transformation eines Spiels mit unvollständiger Information in ein Spiel mit vollständiger aber unvollkommener Information*
Quelle: eigene Darstellung

wieder anwendbar ist.[178] Grundlegend dabei ist zunächst, daß jede Art der unvollständigen Information durch geeignete Modellierung auf unvollständige Information über die Auszahlungen der Mitspieler reduziert werden kann.[179] Darauf aufbauend ergibt sich das Grundprinzip dieses Ansatzes, das aus der Transformation eines Spiels mit unvollständiger Information in ein Spiel mit vollständiger aber unvollkommener Information besteht[180] und in Abbildung 1.2 dargestellt ist.

Das zentrale Konzept dieser Transformation ist mit dem Begriff des Spielertyps gegeben. Der *Typ* eines Spielers bezeichnet mögliche Charakteristika, die dieser Spieler aus Sicht der übrigen Mitspieler aufweisen kann.[181] Die einzelnen Typen eines Spielers unterscheiden sich durch unterschiedliche Auszahlungen voneinander, und ein Spieler wird stets nur in Gestalt eines seiner möglichen Typen aktiv.[182] Ein Spieler weiß nur, von welchem Typ er selbst ist, so daß über die Einführung von Spielertypen die unvollständige Information über die Auszahlungsfunktionen der Mitspieler in die Unsicherheit über mögliche Typen der Mitspieler transformiert wird.

Die möglichen Typen aller Spieler und deren Auszahlungsfunktion gehören zu den Regeln des neuen Spiels, die Gemeinsames Wissen aller Spieler sind. Es handelt sich daher um ein Spiel mit *vollständiger* Information.

Die Unsicherheit über den Typ wird durch einen initialen Zufallszug repräsentiert: Zu Beginn des Spiels wird der Typ eines Spielers von dem zusätzlich eingeführten, imaginären Spieler „Natur" gemäß einer Anfangsverteilung von Wahrscheinlichkeiten festgelegt. Ein Spieler kann nur denjenigen Zug des Spielers „Natur" beobachten, der seinen eigenen Typ festlegt. Die Züge der Natur, die die Typen der anderen Spieler festlegen, kann er nicht beobachten, so daß Unsicherheit über

[178] Die üblicherweise angewandte Methode, dies zu erreichen, wurde von JOHN C. HARSANYI in einer Artikelserie eingeführt (vgl. HARSANYI [1967], HARSANYI [1968a], HARSANYI [1968b]).

[179] vgl. HARSANYI [1967]. Daraus ergibt sich die in der Spieltheorie häufiger anzutreffende, weniger allgemeine Definition eines Spiels mit unvollständiger Information nur über die Information bezüglich der Auszahlungen (vgl. bspw. GIBBONS [1992]).

[180] Ein Spiel, bei dem jeder Spieler zu jedem Zeitpunkt weiß, welche Entscheidungen die Mitspieler getroffen haben, ist ein Spiel mit *perfekter* Information. In der extensiven Spielform heißt das, daß alle Informationsmengen einelementig sind. Entsprechend ist ein Spiel mit *unvollkommener bzw. imperfekter* Information ein Spiel, in dem mindestens ein Spieler zu mindestens einem Zeitpunkt nicht die vorausgegangenen Entscheidungen seiner Mitspieler beobachtet hat, d.h. mindestens ein Spieler hat eine Informationsmenge mit mehr als einem Element.

[181] vgl. RIECK [1993], *S. 105*

[182] BINMORE [1992] spricht hier in der Terminologie des Theaters anschaulich von einer *Rolle* eines jeden Spielers, die von unterschiedlichen *Darstellern* ausgefüllt werden kann (vgl. BINMORE [1992], *S. 503*).

die Typen der Mitspieler bestehen bleibt. Durch die Einführung der Spielertypen ist also auch ein Spiel mit unvollkommener Information gegeben und die Transformation führt insgesamt zu einem Spiel mit vollständiger aber unvollkommener Information.

Geben die Regeln des Spiels die simultane Festlegung der Strategien vor, ist einem Spieler nach dem Anfangszug der Natur zum Zeitpunkt der eigenen Strategiewahl nur der eigene Typ bekannt. Die Wahl der eigenen Strategie hängt vom Typ der Mitspieler ab. Über den Typ der Mitspieler müssen Einschätzungen, d.h. subjektive Wahrscheinlichkeitseinschätzungen, gebildet werden. Unter der Voraussetzung des Gemeinsamen Wissens über die Anfangsverteilung der Typen geschieht dies, indem diese Anfangswahrscheinlichkeiten, bedingt durch das Wissen vom eigenen Typ, revidiert werden. Mit Kenntnis dieser Einschätzungen wählt dann jeder Spieler eine mit seinem eigenen Typ konsistente Strategie. Das bedeutet, daß sich die Wahl einer Strategie, die insgesamt vor dem ersten Zug der Natur stattfindet, nicht auf eine einzelne Strategie bezieht, sondern auf die Wahl einer Strategiefunktion, die die Strategie für jeden möglichen Typ bestimmt. Auf diese Wahl kann das Konzept des Nash-Gleichgewichts angewandt werden, und es ergibt sich das Konzept des Bayes-Nash-Gleichgewichts (vgl. Bemerkung 1.5.2). Mit diesem Konzept ist eine Lösung gegeben, in der jeder Spieler die beste Antwort auf die Strategiefunktion der Mitspieler wählt.

Bemerkung 1.5.2 *Ist T_i für jeden Spieler i die Menge der möglichen Typen,*[183] *und μ^A eine Wahrscheinlichkeitsverteilung auf der Menge $T := T_1 \times \ldots \times T_I$, d.h. die Anfangsverteilung der Typen,*[184] *so wird ein Spiel Γ mit unvollständiger Information bezüglich der Auszahlungen der Spieler durch ein Spiel $\Gamma' = (I, (S_i)_{i \in I}, (r_i(s,t))_{i \in I}, (T_i)_{i \in I}, \mu^A)$ mit vollständiger aber unvollkommener Information repräsentiert. Die Auszahlungen sind sowohl vom Typ als auch von der Wahl der Strategie abhängig, so daß für jedes $i \in I$ die Auszahlungsfunktion $r_i(s,t)$ die Auszahlung angibt, falls die Typkombination $t \in T$ und die Strategiekombination $s \in S := S_1 \times \ldots \times S_I$ gespielt wird. Sei $s_i : T_i \to S_i$ die Entscheidungsfunktion, die die Strategie $s_i(t_i) \in S_i$ angibt, falls der Spieler i vom Typ $t_i \in T_i$ ist. Mit $s_{-i}(t_{-i})$ sei das Tupel der Strategien $(s_1(t_1), \ldots, s_{i-1}(t_{i-1}), s_{i+1}(t_{i+1}), \ldots, s_{|I|}(t_{|I|}))$ der Mitspieler von Spieler i bezeichnet. Die bedingte Wahrscheinlichkeit, daß, gegeben der eigene Typ t_i, die Mitspieler von der Typkombination $t_{-i} := (t_1, \ldots, t_{i-1}, t_{i+1}, \ldots, t_{|I|})$ sind, sei durch die revidierte Anfangswahrscheinlichkeit $\mu_i^A(t_{-i}|t_i)$ gegeben. Für jede Typkombination, die von der Natur gewählt werden kann, existiert somit ein Tupel von revidierten Wahrscheinlichkeiten $(\mu_1^A(t_{-1}|t_1), \ldots, \mu_{|I|}^A(t_{-|I|}|t_{|I|}))$. Mit den so eingeführten Bezeichnungen läßt sich das Nash-Gleichgewichtskonzept gemäß folgender Definition 1.5.1 formalisieren.*[185]

[183]Im folgenden seien die Typmengen T_i stets endlich und diskret.

[184]Dadurch werden auf den einzelnen Typmengen $T_1, \ldots, T_I$ für jeden Spieler i die Randverteilungen $\mu_i^A : T_i \to [0,1]$ mit $\mu_i^A(\overline{T}_i) = \mu^A(T_0 \times \ldots \times T_{i-1} \times \overline{T}_i \times T_{i+1} \times \ldots \times T_I)\ \forall \overline{T}_i \subseteq T_i$ induziert.

[185]vgl. EICHBERGER [1993], *S. 132*

Definition 1.5.1 (Bayes-Nash-Gleichgewicht) *Ein Tupel von Entscheidungsfunktionen* $(s_1^*(\cdot), \ldots, s_{|I|}^*(\cdot))$ *heißt ein* Bayes-Nash-Gleichgewicht, *falls für alle Spieler* $i \in I$, *für alle* $t_i \in T_i$ *und für alle* $s_i \in S_i$ *gilt:*

$$\begin{aligned}\sum_{t_{-i} \in T_{-i}} r_i(s_i^*(t_i), s_{-i}^*(t_{-i}), t_i, t_{-i}) \cdot \mu_i^A(t_{-i}|t_i) \\ \geq \textstyle\sum_{t_{-i} \in T_{-i}} r_i(s_i, s_{-i}^*(t_{-i}), t_i, t_{-i}) \cdot \mu_i^A(t_{-i}|t_i)\end{aligned} \tag{1.2}$$

Treffen die Spieler ihre Entscheidungen nicht simultan, sondern in einer durch die Regeln festgelegten Abfolge, existieren in Spielen mit unvollkommener Information Informationsmengen, die mehr als einen Knoten enthalten können. Da vorangegangene Entscheidungen der Mitspieler nicht beobachtet werden können, enthält eine solche Informationsmenge alle Knoten, die erreicht werden können. Für die Spieler besteht dann Unsicherheit darüber, an welchem Knoten der Informationsmenge sie sich momentan befinden. Die Wahl der optimalen Strategie, die zur Ermittlung des Nash-Gleichgewichts notwendig ist, hängt aber gerade von dem Knoten ab, an dem ein Spieler seine Entscheidung treffen muß. Ohne diese Information muß der Spieler Einschätzungen darüber bilden, an welchem Knoten er sich im Verlauf des Spiels befindet. Diese Einschätzungen bestehen für jede Informationsmenge aus den Wahrscheinlichkeiten, mit denen er sich an einem solchen Knoten befindet (vgl. Bemerkung 1.5.3). Sie können aus den Strategien abgeleitet werden, die die Wahrscheinlichkeiten bestimmen, mit denen die einzelnen Aktionen gewählt werden. Damit ist der Spieler in der Lage, für jede Strategie die (bedingte) erwartete Auszahlung zu ermitteln und so seine optimale Strategie für diese Informationsmenge zu bestimmen.

Bemerkung 1.5.3 *Ein System von Einschätzungen besteht aus einer Wahrscheinlichkeitsverteilung für jede Informationsmenge, d.h. eine Abbildung* $\mu : N \to [0,1]$ *mit* $\sum_{n \in J} \mu(n) = 1$ *für alle Informationsmengen* $J \in \mathcal{J}$.[186]

Zur Ermittlung des Gleichgewichts kann ein Spieler die Wahrscheinlichkeitseinschätzungen nicht beliebig bilden, sondern muß sie an bestimmte Konsistenzforderungen knüpfen. Die Wahrscheinlichkeiten müssen auf jeden Fall konsistent mit dem Verhalten im Gleichgewicht sein, d.h. die Einschätzungen, an einem bestimmten Knoten zu sein, müssen durch diejenigen Wahrscheinlichkeiten bestimmt sein, mit denen ein Spieler gemäß seines Verhaltens an diesen Knoten gelangt. Umgekehrt müssen die Gleichgewichtsstrategien unter Berücksichtigung der gegebenen Einschätzungen optimal sein. Im Konzept des perfekten Bayes-Nash-Gleichgewicht wird dies berücksichtigt, das in Definition 1.5.2 auf der nächsten Seite formalisiert wird.[187]

[186] Diese Einschätzungen sind Gemeinsames Wissen (vgl. EICHBERGER [1993], *S. 167*).
[187] vgl. EICHBERGER [1993], *S. 167*

Definition 1.5.2 (Perfektes Bayes-Nash-Gleichgewicht in Verhaltensstrategien) *Eine Verhaltensstrategiekombination b^* und ein System von Wahrscheinlichkeitseinschätzungen μ bilden ein perfektes Bayes-Nash-Gleichgewicht, wenn für alle $J \in \mathcal{J}$ und alle $i \in I$ gilt*[188]

$$\sum_{n \in J} \mu(n) \cdot R_i(b_i^*, b_{-i}^*|n) \geq \sum_{n \in J} \mu(n) \cdot R_i(b_i, b_{-i}^*|n) \quad \forall b_i \in B_i \tag{1.3a}$$

und die Wahrscheinlichkeiten im Gleichgewicht gemäß der Regel von Bayes bestimmt werden, d.h. mit dem Spieler $i(n)$, der am Knoten $n \in N$ eine Aktion ergreifen muß, gilt

$$\mu(n) = \frac{\mu(\sigma(n)) \cdot b^*_{i(\sigma(n))}(\alpha(n))}{\sum_{n' \in J} \mu(\sigma(n')) \cdot b^*_{i(\sigma(n'))}(\alpha(n'))} \tag{1.3b}$$

$$\text{für} \quad \sum_{n' \in J} \mu(\sigma(n')) \cdot b^*_{i(\sigma(n'))}(\alpha(n')) \neq 0$$

Bemerkung 1.5.4 *Die für Spieler 1 möglichen Spielertypen bilden Elemente einer Informationsmenge, deren Eintrittswahrscheinlichkeit durch die Anfangsverteilung μ^A gegeben sind.*

Bemerkung 1.5.5 *Für Informationsmengen, die im Gleichgewicht mit Wahrscheinlichkeit 0 erreicht werden, kann zur Bestimmung der Wahrscheinlichkeitseinschätzung die Revidierungsformel (1.3b) nicht herangezogen werden. In diesem Fall schränkt Definition 1.5.2 die Einschätzungen nicht ein, und den Knoten in solchen Informationsmengen kann jede beliebige Einschätzung zugeordnet werden, die (1.3a) erfüllt.*

1.5.2 Signalspiele

Eine spezielle Version von Spielen mit unvollständiger Information stellen Signalspiele dar. Mit ihnen kann allgemein die Kommunikation zwischen unterschiedlich informierten Spielern formalisiert werden, bei der die besser informierte Seite einen Informationstransfer initiiert. Dies läßt insbesondere auch die Formalisierung des Signaling-Ansatzes im Sinne von Abschnitt 1.4.1 zu.

Den Ausgangspunkt eines Signalspiels bilden zwei Spieler, Sender und Empfänger, von denen im Gegensatz zu einem allgemeinen Spiel mit unvollständiger Information nur ein Spieler, der Sender, in Besitz privater Information ist. Beide Spieler haben jeweils nur zu einem Zeitpunkt die Gelegenheit, eine Aktion zu wählen.[189] Der Sender beginnt und wählt auf der Grundlage seiner privaten Information eine Aktion. Der Empfänger beobachtet diese und wählt selbst eine Aktion. Da die Auszahlungen am Ende des Spiels von der privaten Information des ersten Spielers abhängen,

[188] Für $i \in I$ gilt die abkürzende Notation: $b = (b_i, b_{-i})$ mit $b_{-i} = (b_1, \ldots, b_{i-1}, b_{i+1}, \ldots, b_{|I|})$

[189] Die Aktionen entsprechen daher den reinen Strategien.

benutzt der Empfänger die beobachtete Aktion des Senders als Hinweis auf die ihm verborgen gebliebene private Information des Senders. Je nach Verhalten des Senders können die Aktionen somit als Signal zur Offenbarung seiner privaten Information dienen oder nicht.

Bei der Analyse von Signalspielen sind die Bedingungen von Interesse, die zu einem Verhalten des Senders führen, das dem Empfänger ermöglicht, Kenntnis über die private Information des Senders zu erhalten. In diesem Fall findet ein Informationstransfer zwischen Sender und Empfänger statt.

Bemerkung 1.5.6 *In der Formulierung als Spiel mit unvollkommener Information, ist der Verlauf eines Signalspiels durch folgende Beschreibung gegeben:*[190]

1. *Die Natur ordnet dem ersten Spieler gemäß einer Wahrscheinlichkeitsverteilung μ^A einen Typ $t \in T_1$ zu.*

2. *Der erste Spieler beobachtet seinen Typ t und wählt eine Aktion $a_1 \in A_1$.*
   Die Anzahl der Informationsmengen für Spieler 1 entspricht der Anzahl der Typen. Jede Informationsmenge enthält als einziges Element einen Typ. Eine Verhaltensstrategie ist damit gegeben durch $b_1 = (b_1(t))_{t \in T_1}$ mit $b_1(t) = (b_t(a_1))_{a_1 \in A_1}$ und $b_t(a_1) \in \{0, 1\}$.[191]

3. *Der zweite Spieler wählt eine Aktion $a_2 \in A_2$.*
   Die Anzahl der Informationsmengen für Spieler 2 entspricht der Anzahl der Aktionen, die Spieler 1 zur Verfügung stehen. Jeder Aktion des ersten Spielers entspricht eine Informationsmenge von Spieler 2, und jede Informationsmenge enthält so viele Elemente wie es Typen für Spieler 1 gibt. Eine Verhaltensstrategie ist damit gegeben durch $b_2 = (b_2(a_1))_{a_1 \in A_1}$ mit $b_2(a_1) = (b_{a_1}(a_2))_{a_2 \in A_2}$ und $b_{a_1}(a_2) \in \{0, 1\}$.

4. *Bevor der zweite Spieler seine Aktion wählt, wird er die Wahrscheinlichkeitseinschätzung über die Typen des ersten Spielers aktualisieren und die so gewonnene Wahrscheinlichkeitsverteilung $\mu(t|a_1)$ seiner endgültigen Entscheidung zugrunde legen. Wo dies möglich ist, ergeben sich gemäß der Definition 1.5.2 des perfekten Bayes-Nash-Gleichgewichts im Gleichgewicht die aktualisierten Wahrscheinlichkeiten gemäß (1.3b) aus der Regel von Bayes.*

5. *Die Auszahlungen werden bestimmt. Die Auszahlung an Spieler i ist durch die Auszahlungsfunktion $r_i : A_1 \times A_2 \times T_1 \to \mathbb{R}$ gegeben. $r_i(a_1, a_2; t)$ ist die Auszahlung an Spieler i, falls Spieler 1 die Aktion $a_1 \in A_1$, Spieler 2 die Aktion $a_2 \in A_2$ wählt und Spieler 1 vom Typ $t \in T_1$ ist.*

[190] Es werden nur reine Strategien betrachtet (vgl. bspw. EICHBERGER [1993], *S. 185f*, GIBBONS [1992], *S. 183*).

[191] Da nur reine Strategien betrachtet werden, ist die Wahrscheinlichkeit für die Wahl einer Aktion entweder 0 oder 1 (vgl. auch Fußnote 174, S. 36).

Wegen der besonderen Struktur eines Signalspiels vereinfacht sich die Definition 1.5.2 des perfekten Bayes-Nash-Gleichgewichts zu folgender Definition 1.5.3.[192]

Definition 1.5.3 *In einem Signalspiel bilden eine Verhaltensstrategiekombination* $b^* = (b_1^*, b_2^*)$ *und eine Wahrscheinlichkeitseinschätzung* μ *ein perfektes Bayes-Nash-Gleichgewicht, falls für alle* $t \in T_1$ *gilt*

$$R_1(b_1^*, b_2^*|t) \geq R_1(b_1, b_2^*|t) \tag{1.4a}$$

und für alle $a_1 \in A_1$

$$\sum_{t \in T_1} \mu(t|a_1) \cdot R_2(b_1^*, b_2^*|t) \geq \sum_{t \in T_1} \mu(t|a_1) \cdot R_2(b_1^*, b_2|t) \tag{1.4b}$$

und (vgl. auch Bemerkung 1.5.5)

$$\mu(t|a_1) = \frac{\mu^A(t) \cdot b_t^*(a_1)}{\sum_{t' \in T_1} \mu^A(t') \cdot b_{t'}^*(a_1)} \tag{1.4c}$$

$$\text{für} \quad \sum_{t' \in T_1} \mu(t') \cdot b_{t'}^*(a_1) \neq 0 \tag{1.4d}$$

Bezüglich eines möglichen Informationsgehalts der übermittelten Signale werden zwei Arten von Gleichgewichten eines Signalspiels unterschieden.[193] Je nachdem, ob mit der Wahl der Aktion Informationen über den Typ des ersten Spielers übermittelt werden oder nicht, handelt es sich um ein *trennendes* oder ein *poolendes* Gleichgewicht.

In einem *trennenden* Gleichgewicht trennt der erste Spieler bezüglich seiner Typen, und jeder Typ wählt eine andere Aktion. Der zweite Spieler kann daher anhand der gewählten Aktion den Typ erkennen. Das Signal übermittelt diejenigen Informationen, die für die Unterscheidung der einzelnen Typen ausreichen. Die revidierten Glaubenseinschätzungen des zweiten Spielers über den Typ des ersten Spielers lassen bei Beobachtung der gespielten Aktion den eindeutigen Schluß auf den entsprechenden Typ zu (vgl. Bemerkung 1.5.7, Gleichung (1.7)).

In einem *poolenden* Gleichgewicht macht der erste Spieler keine Unterschiede bezüglich seiner Typen, und jeder Typ wählt dieselbe Aktion. Der zweite Spieler kann die Typen anhand des Signals nicht unterscheiden. Mit dem Signal werden keine Informationen über den Typ übermittelt. Die revidierten Glaubenseinschätzungen des zweiten Spielers entsprechen den Anfangswahrscheinlichkeiten und enthalten keine zusätzliche Information (vgl. Bemerkung 1.5.7, Gleichung (1.10)).

[192] Entscheidend ist die Entsprechung der Informationsmengen mit den Typen bzw. Aktionen (vgl. Bemerkung 1.5.6; vgl. auch Bemerkung 1.5.4, S. 40)

[193] vgl. EICHBERGER [1993], *S. 187*

Bemerkung 1.5.7 *Solange für die Strategien die Bedingung (1.4d) erfüllt ist, können die Glaubenseinschätzungen im Gleichgewicht gemäß der Regel von Bayes (vgl. Gleichung (1.4c)) durch Revidierung entlang des Gleichgewichtspfads bestimmt werden. Für eine Aktion* $a_1 \in A_1$ *gilt*

$$\mu(t|a_1) \quad = \quad \frac{b_t(a_1) \cdot \mu^A(t)}{\sum_{t' \in T_1} b_{t'}(a_1) \cdot \mu^A(t')} \tag{1.5}$$

In einem trennenden Gleichgewicht gilt $b_1(t) \neq b_1(t')$ *für alle* $t \neq t'$ $(t, t' \in T_1)$*. Mit einem Typ* t*, für den gilt* $b_t(a_1) = 1$*, folgt*[194]

$$\sum_{t' \in T_1} b_{t'}(a_1) \cdot \mu^A(t') \quad = \quad b_t(a_1) \cdot \mu^A(t) \tag{1.6}$$

Für die im Gleichgewicht gespielten Aktionen $a_1 \in A_1$ *gilt dann gemäß (1.5) insgesamt*

$$\mu(t|a_1) \quad = \quad \frac{b_t(a_1) \cdot \mu^A(t)}{b_t(a_1) \cdot \mu^A(t)} \quad = \quad 1 \tag{1.7}$$

Mit (1.4a) und (1.4b) liegt damit ein trennendes Gleichgewicht dann vor, wenn $\forall t \in T_1$

$$R_1(b_1^*, b_2^*|t) \quad \geq \quad R_1(b_1, b_2^*|t) \quad \forall b_1 \in B_1 \tag{1.8a}$$

$$R_2(b_1^*, b_2^*|t) \quad \geq \quad R_2(b_1^*, b_2|t) \quad \forall b_2 \in B_2 \tag{1.8b}$$

In einem poolenden Gleichgewicht gilt $b_1(t) = b_1(t')$ *für alle* $t, t' \in T_1$*. Aus* $b_{t'}(a_1) = 1$ *für alle* $t' \in T_1$ *folgt hier*

$$\sum_{t' \in T_1} b_{t'}(a_1) \cdot \mu^A(t') \quad = \quad \sum_{t' \in T_1} \mu^A(t') \quad = \quad 1 \tag{1.9}$$

Gemäß (1.5) sind dann die revidierten Wahrscheinlichkeitseinschätzungen gleich den Anfangseinschätzungen, d.h. es gilt

$$\mu(t|a_1) \quad = \quad \mu^A(t) \tag{1.10}$$

Ein poolendes Gleichgewicht liegt dann vor, wenn

$$R_1(b_1^*, b_2^*|t) \quad \geq \quad R_1(b_1, b_2^*|t) \quad \forall b_1 \in B_1 \text{ und } \forall t \in T_1 \tag{1.11a}$$

$$\sum_{t \in T_1} \mu(t) \cdot R_2(b_1^*, b_2^*|t) \quad \geq \quad \sum_{t \in T_1} \mu(t) \cdot R_2(b_1^*, b_2|t) \quad \forall b_2 \in B_2 \tag{1.11b}$$

[194] d.h. nur Typ t spielt die Strategie a_1 und daher $b_{t'}(a_1) = 0$ für $\forall t' \in T_1$ mit $t' \neq t$

1.5.3 Screening-Mechanismen

Die Gestaltung von Screening-Mechanismen, mit denen die schlechter informierte Seite der besser informierten Seite im Sinne des *self-selection* Anreize zur Offenbarung der privaten Information setzt (vgl. Abschnitt 1.4.1, S. 26),[195] ist ein Problem des *„mechanism design"*.[196]

Ein Mechanismus setzt den institutionellen Rahmen zur Koordination wirtschaftlicher Aktivitäten, innerhalb dessen die Akteure handeln und ihre Zielsetzungen realisieren können.[197] Der Begriff des Mechanismus nimmt insbesondere Bezug auf die Festlegung ökonomischer Entscheidungen in Abhängigkeit von der Information, die den Akteuren zur Verfügung steht.[198] Als ökonomische Institution kann sich ein Mechanismus sowohl aus den Eigeninteressen der Akteure selbst organisieren oder auch der bewußten Planung der beteiligten Akteure unterworfen sein.[199] Das Problem der bewußten Gestaltung eines Mechanismus besteht darin, eine bestimmte, als optimal eingeschätzte Allokation vorhandener Ressourcen herbeizuführen.[200] Bei asymmetrischer Information muß ein Mechanismus insbesondere den institutionellen Rahmen bereitstellen, der zur Offenbarung der privaten Information führt. Beispielsweise kann bei der Gestaltung eines Mechanismus zur optimalen Allokation eines öffentlichen Gutes die bereitstellende, staatliche Seite nicht davon ausgehen, daß die Akteure (Bürger) ihre nicht-beobachtbare Wertschätzung für dieses Gut wahrheitsgemäß angeben, wenn die finanzielle Leistung für dieses Gut unabhängig von der individuellen Wertschätzung ist.[201] Anreizbedingungen erhalten in diesem Fall einen ebenso hohen Stellenwert wie Restriktionen, die durch Knappheit der Ressourcen auferlegt werden.[202]

Der spieltheoretische Ansatz des *mechanism design* sieht das Problem der Gestaltung eines Mechanismus als die Implementierung eines Spiels für die Akteure, das unter Berücksichtigung relevanter Randbedingungen die vorgegebenen Ergebnisse, d.h. die Allokation, gewährleisten soll.[203] Entsprechend der Informationsstruktur in Signalspielen stehen sich im Zwei-Personen-Fall zwei Spieler gegenüber, wobei hier der zweite Spieler private Information über seinen Typ besitzt, die dem ersten Spieler verborgen bleibt.[204]

---

[195] Das Informationsproblem des *screening by examination* besteht ausschließlich in der Suche nach Information, die in der Regel mit Kosten verbunden ist. Die Information an sich stellt keine private Information dar (s. a. Abschnitt 2.1).

[196] vgl. MYERSON [1989], FUDENBERG UND TIROLE [1992], *S. 243ff*, s. a. SALANI [1997], *S. 11ff*

[197] Mechanismus und ökonomische Institution sind also Synonyme (vgl. EMONS [1994], *S. 482*). Eine solche institutionenökonomische Interpretation (vgl. RICHTER [1990], *S. 572*) führt dazu, daß jegliche Arten von Institutionen wie Verträge oder Steuersysteme zur Bereitstellung öffentlicher Güter unter den Begriff Mechanismus fallen.

[198] vgl. MYERSON [1989], *S. 191*

[199] vgl. RICHTER [1990], *S. 572*

[200] vgl. SALANI [1997], *S. 13.*

[201] vgl. BAIRD ET AL. [1995], *202f*, s.a. EMONS [1994]

[202] vgl. MYERSON [1989], *S. 191*

[203] vgl. LEVINE UND LIPPMAN [1995a], *S. xxvi.* Die Randbedingungen beinhalten Aspekte der Kapitalausstattung, der Präferenzen und der Informationssituation.

[204] Allgemein ist *mechanism design* ein Prinzipal-Agenten Problem mit einem Prinzipal ohne private Information und einer Anzahl von Agenten, die alle über private Information verfügen (vgl. FUDENBERG UND TIROLE [1992], *S. 253f*). Dies beinhaltet auch die Analyse kollektiver Entscheidungsprozesse, in denen der Prinzipal eine gemeinsame Entscheidung der Agenten implementieren möchte (vgl. MYERSON [1979], MYERSON [1989], *S. 193f*).

Entgegen den Aktivitäten in einem Signalspiel ergreift hier allerdings zunächst der schlechter informierte Spieler die Initiative und gestaltet einen Mechanismus, der zur Offenbarung der privaten Information führen soll. Aus der Sichtweise des schlechter informierten Spielers repräsentiert dieses Spiel die strukturierten Handlungsalternativen im Sinne des *screening by self-selection* (vgl. Abschnitt 1.4.1, S. 26).

Die Implementierung eines Mechanismus vollzieht sich insgesamt in drei Schritten:[205]

1. Die schlechter informierte Seite gestaltet einen Mechanismus, der in Abhängigkeit von den Entscheidungen der besser informierten Seite zu unterschiedlichen Ergebnissen führt.
2. Die besser informierte Seite entscheidet sich für oder gegen das Akzeptieren des Mechanismus.
3. Die besser informierte Seite spielt gegebenenfalls das durch den Mechanismus festgelegte Spiel.

In der formalen Darstellung besteht die private Information von Spieler 2 aus dem Wissen über seinen Typ $t \in T$. Als einzige Information kennt Spieler 1 die Wahrscheinlichkeitsverteilung $\mu^A : T \rightarrow [0,1]$, gemäß der die Typen verteilt sind.[206] Mit der Wahl des Mechanismus will der erste Spieler eine Allokation $y = \{\chi, \theta\}$ herbeiführen. Eine Allokation besteht zum einen aus einer Entscheidungsfunktion $\chi : T \rightarrow I\!R^n$, die jedem möglichen Typ von Spieler 2 ein Ergebnis zuordnet, und zum anderen aus einer Transferzahlung $\theta \in I\!R$, die Spieler 1 an Spieler 2 zu zahlen hat.[207] Der Nutzen, den die Spieler aus einer Allokation y erzielen, ist durch die Funktion $u_j(y,t)$ gegeben. Für Spieler 1 nimmt mit wachsendem θ der Nutzen u_1 ab, während für Spieler 2 der Nutzen u_2 mit wachsendem θ steigt. Für eine vom Typ abhängige Allokation $\{y(t)\}_{t \in T}$ erzielt Spieler 2 mit einem Typ t einen Nutzen von[208]

$$E_t[u_2] \;=\; u_2(y(t),t) \tag{1.12a}$$

und Spieler 1 einen Erwartungsnutzen von[209]

$$\begin{aligned} E_t[u_1] &= E_t[u_1(y(t),t)] && (1.12b)\\ &= \sum_{t \in T} u_1(y(t),t) \cdot \mu^A(t) && (1.12c) \end{aligned}$$

205 vgl. FUDENBERG UND TIROLE [1992], *S. 244*
206 Im folgenden sei T endlich und diskret.
207 Bei der Festsetzung eines Steuersystems, kann χ als das Einkommen von Spieler 2, $\theta < 0$ als die zu zahlende Steuer und der Typ als die Fähigkeit von Spieler 2, Geld zu verdienen, interpretiert werden (vgl. FUDENBERG UND TIROLE [1992], *S. 254*).
208 Spieler 2 kennt seinen Typ. Eine Erwartungsnutzenbildung ist daher nicht notwendig.
209 Spieler 1 besitzt als Information lediglich die Verteilung μ^A auf der Menge T der Typen.

Der zu implementierende Mechanismus V definiert ein Spiel, in dem Spieler 2 seine Strategien aus einer Menge S_V von Signalen s_V auswählt, die er an Spieler 1 übermitteln kann.[210] Da Spieler 1 nicht den Typen des zweiten Spielers selbst beobachten kann, sondern nur das übermittelte Signal s_V, wird er die Allokation y nur indirekt von den Typen t des zweiten Spielers abhängig machen können. Eine Allokation ist damit durch eine Funktion $y_{s_V} : S_V \to I\!R^n \times I\!R$ gegeben, die einem Signal eine Allokation zuordnet, d.h. $y = y_{s_V} := y(s_V)$.

Bei der Gestaltung eines Mechanismus kann sich Spieler 1 auf die Klasse derjenigen Mechanismen beschränken, in denen Spieler 2 im herbeigeführten Gleichgewicht ausschließlich Angaben über seine private Information übermittelt und dies auch wahrheitsgemäß tut. Die Beschränkung auf diese direkten und wahrheitsgemäßen Mechanismen ist möglich, da Spieler 1 bei vollständiger Kenntnis der privaten Information von Spieler 2 für einen beliebigen Mechanismus die Bestimmung einer optimalen Strategie $s_V \in S_V$ von Spieler 2 vorweg nehmen kann. Verarbeitet Spieler 1 die erhaltene Information über den Typ ohne zusätzliche Kosten und glaubwürdig im Sinne von Spieler 2,[211] kann daher ohne Beschränkung der Allgemeinheit stets von einem Mechanismus ausgegangen werden, in dem Spieler 2 im Gleichgewicht ausschließlich und wahrheitsgemäß seine private Information übermittelt. Dieser Zusammenhang wird als *„revelation principle"* bezeichnet.[212] Dieses Prinzip besagt, daß eine Allokation, die sich in einem Gleichgewicht eines beliebigen Mechanismus ergibt, auch in einem Gleichgewicht eines direkten, wahrheitsgemäßen Mechanismus herbeigeführt werden kann. Die Bedeutung des Revelationsprinzips liegt in der aus ihm folgenden Möglichkeit, sich beim Design und der Analyse von Mechanismen auf die direkten, wahrheitsgemäßen Mechanismen zu beschränken: Da mit dem Revelationsprinzip jeder andere Mechanismus durch einen direkten Mechanismus ersetzt werden kann, führt ein direkter Mechanismus zu dem bestmöglichst erreichbaren Ergebnis. Damit besteht also kein Grund, andere als die wahrheitsgemäßen Mechanismen zu betrachten, und alle Möglichkeiten des Mechanismusdesigns zur Erlangung der besten Lösung werden durch einen wahrheitsgemäßen Mechanismus ausgeschöpft.

Formal ist ein direkter Mechanismus V_D ein Mechanismus, in dem die Typen zugleich die möglichen Strategien sind, d.h. $T = S_V$. Spieler 2 übermittelt einen Typ $\hat{t}$, der nicht notwendiger mit seinem wahren Typ übereinstimmen muß. Bildet für $t \in T$ die Aktion $s_V^*(t)$ ein Gleichgewicht (in reinen Strategien) für den ursprünglichen Mechanismus V, kann für den Mechanismus V_D den übermittelten Typen eine Allokation $\bar{y}$ mit

$$\bar{y}(\hat{t}) \quad := \quad y_{s_V}(s_V^*(\hat{t})) \qquad (1.12d)$$

[210] Entscheidend ist, daß diese Signale im Gegensatz zu den *costly signals* im Sinne des eingeführten Signalkonzepts von SPENCE zunächst nicht mit Kosten verbunden sind (vgl. FUDENBERG UND TIROLE [1992], *S. 244*).

[211] vgl. MYERSON [1989], *S. 192*

[212] Die Formulierung dieses Prinzips geht zurück auf GIBBARD [1973]. Im Zusammenhang mit dem spieltheoretischen Lösungskonzept des Bayes-Nash-Gleichgewicht vgl. bspw. MYERSON [1979], HARRIS UND TOWNSEND [1981]

zugeordnet werden. Gemäß dem Revelationsprinzip ist im erweiterten Spiel mit direktem Mechanismus die wahrheitsgemäße Übermittlung des Typs, d.h. $\hat{t} = t$, ebenfalls ein Gleichgewicht (vgl. Bemerkung 1.5.8).

Bemerkung 1.5.8 *Für die Implementierung eines Mechanismus als Bayes-Nash-Gleichgewicht*[213] *ergibt sich das Revelationsprinzip unmittelbar mit der Definition (1.12d). Für alle Typen* $t \in T$ *ergibt sich für den Nutzen von Spieler 2*

$$u_2(\bar{y}(t), t) \;=\; u_2(y_{s_V}(s_V^*(t)), t) \tag{1.12e}$$

Da $s_V^*(t)$ *im ursprünglichen Mechanismus ein Bayes-Nash-Gleichgewicht implementiert, gilt*

$$u_2(y_{s_V}(s_V^*(t)), t) \;\geq\; u_2(y_{s_V}(s_V), t) \;\; \forall s_V \in S_V \tag{1.12f}$$

Insbesondere gilt das für alle $s_V \in s_V^* = \{s_V^*(\hat{t})\}_{\hat{t} \in T}$, *d.h.*

$$u_2(y_{s_V}(s_V^*(t)), t) \;\geq\; u_2(y_{s_V}(s_V^*(\hat{t}), t) \;\; \forall \hat{t} \in T \tag{1.12g}$$

Gleichung (1.12g) ist aber nichts anderes als die Gleichgewichtsbedingung für den direkten Mechanismus V_D. *Der direkte Mechanismus* V_D *stellt also dieselbe Allokation wie der Mechanismus* V *her und ist darüber hinaus wahrheitsgemäß in dem Sinne, daß der Spieler mit privater Information seinen Typ wahrheitsgemäß offenbart.*

Soll für einen direkten Mechanismus die Übermittlung des wahren Typs ein Gleichgewicht bilden, d.h. soll er implementierbar sein, muß er die *Anreizbedingung* erfüllen:[214] Die Übermittlung des wahren Typs t muß für den Spieler zu einem höheren Nutzen führen, als die Übermittlung der Unwahrheit. Es muß daher gelten

$$u_2(y(t), t) \;\geq\; u_2(y(\hat{t}), t) \;\; \forall \hat{t} \in T \tag{1.12h}$$

Andererseits geht das Revelationsprinzip davon aus, daß der direkte Mechanismus stets akzeptiert wird, d.h. er muß auch die *Teilnahmebedingung* erfüllen:[215] Der Nutzen aus dem Akzeptieren des

[213]Für die Implementierung in anderen Gleichgewichtskonzepten gelten die folgenden Ausführung analog (vgl. bspw. DASGUPTA ET AL. [1979], s.a. FUDENBERG UND TIROLE [1992], *S. 270f*). Im vorliegenden Fall ist der explizite Bezug zum Bayes-Nash-Gleichgewicht prinzipiell nicht notwendig, da es sich um nur einen einzigen Spieler mit privater Information handelt. Das einfache Konzept des Nash-Gleichgewichts ist ausreichend (vgl. aber Fußnote 204, S. 44).

[214]Diese Bedingung wird in der Literatur zum Mechanismusdesign als *„incentive compatibility constraint"* (Anreiz- oder Anreizverträglichkeitsbedingung) bezeichnet (vgl. bspw. TIROLE [1995], *S. 87*)

[215]Diese Bedingung wird in der Literatur zum Mechanismusdesign als *„individual rationality"* oder *„participation constraint"* (Teilnahme- oder Mitarbeitsbedingung) bezeichnet (vgl. bspw. TIROLE [1995], *S. 87*).

Mechanismus muß auf jeden Fall den Reservationsnutzen $\underline{u}$ des zweiten Spielers übersteigen. Es muß gelten

$$u_2(y(t), t) \geq \underline{u} \;\forall t \in T \tag{1.12i}$$

Die Implementierung eines Mechanismus führt für die schlechter informierte Seite daher insgesamt zu dem Maximierungsproblem[216]

$$E_t[u_1(y(t), t)] = \sum_{t \in T} u_1(y(t), t) \cdot \mu^A(t) \stackrel{!}{=} \max \tag{1.12j}$$

unter den Nebenbedingungen (1.12h) und (1.12i).

1.6 Informationsökonomische Grundlagen - Fazit

Ausgangspunkt des ersten Kapitels war das aufgeworfene Informationsproblem bei Gütern, deren Eigenschaften weder *vor* noch *nach* einem Kauf beurteilt werden können. Die in dem Kapitel verfolgte Zielsetzung war daher, auf der Grundlage der Informationsökonomie einen theoretischen Begriffs- und Analyserahmen für dieses Problem zu formulieren.

Dazu wurde zunächst aufgezeigt, daß die Informationsökonomie die prinzipielle Informationsasymmetrie zwischen allen beteiligten Akteuren und die sich daraus ergebende *Verhaltensunsicherheit* als eines der Grundprobleme ökonomischer Aktivitäten identifiziert (vgl. Abschnitt 1.1, S. 7ff). Die Probleme, die mit der Beurteilung der bei einem Güterkauf relevanten Eigenschaften verbunden sind, lassen sich somit auf die Voraussetzungen zurückführen, die für den Abbau der Informationsasymmetrie notwendigerweise erfüllt sein müssen. Die Orientierung an dem Zeitpunkt, zu dem der schlechter informierte Marktteilnehmer selbst in der Lage ist, die benötigte Information in Erfahrung zu bringen und zu beurteilen, zu einem Kriterium, Informationssituationen bei einem Güterkauf voneinander abzugrenzen. Anhand dieses Kriteriums werden innerhalb der informationsökonomischen Eigenschaftstypologie *Such-, Erfahrungs- und Vertrauenseigenschaften* voneinander unterschieden (vgl. Abschnitt 1.2.1, Tabelle 1.1, S. 12) und auf unterschiedliche Gütertypen (Such-, Erfahrungs- und Vertrauensgüter) geschlossen. Vor dem Hintergrund der empirischen Gültigkeit der Gütertypologie sind dabei die einzelnen Gütertypen stets als idealtypische Repräsentanten der entsprechenden Eigenschaftstypen aufzufassen (vgl. Abschnitt 1.2.2).

Mit jedem dieser Gütertypen konnte ein spezifisches Informationsproblem identifiziert werden. Suchgüter, die bereits *vor* der Transaktion beurteilt werden können, bieten einen verhältnismäßig

[216] Je nach Spezifizierung der Parameter ist die Formulierung der Lösung möglich (vgl. LAFFONT [1989], *S. 152ff*; FUDENBERG UND TIROLE [1992], *S. 257f*).

geringen Raum für opportunistisches Verhalten und führen für die Nachfrager lediglich zu dem Problem der optimalen Informationssuche. Erfahrungsgüter, die erst *nach* einem Kauf beurteilt werden können, führen zu dem Problem der Qualitätsunsicherheit. Das besondere Informationsproblem bei Vertrauensgütern, die weder *vor* noch *nach* einem Kauf beurteilt werden können, wird innerhalb der Informationsökonomie nicht ausdrücklich hervorgehoben. Der im Rahmen dieser Arbeit eingeführte Begriff der *Qualitätsungewißheit* (vgl. Abschnitt 1.3, S. 24) macht daher in Abgrenzung zu Qualitätsunsicherheit den spezifischen Aspekt deutlich, der hierbei stets enthalten ist und über die eigentliche Informationsbeschaffung hinausgeht: Das Vertrauen in zur Verfügung stehende Information muß bei Vertrauensgütern die fehlende Beurteilungsmöglichkeit ersetzen.

Die im Rahmen dieser Arbeit betrachtete Informationssituation, in der weder *vor* noch *nach* dem Kauf *eigene* Informations- und Beurteilungsmöglichkeiten bestehen, konnte also insgesamt als Problem der **Qualitätsungewißheit bei Gütern mit Vertrauenseigenschaften** in den Kontext der Informationsökonomie eingebettet werden.

Für die Analyse dieses Problems und der Möglichkeiten seiner Überwindung rückten somit zunächst Aktivitäten in den Vordergrund, die innerhalb der Informationsökonomie im Zusammenhang mit dem Informationstransfer zwischen Marktteilnehmern diskutiert werden. Je nachdem, ob die besser oder schlechter informierte Marktseite aktiv wird, wurden bei diesen, marktendogenen Aktivitäten *Signaling* und *Screening* voneinander unterschieden, die in der Spieltheorie jeweils als spezielle Spiele mit unvollständiger Information formal erfaßt werden. Reichen diese Aktivitäten nicht aus, ist eine zusätzliche Betrachtung ordnungspolitischer Maßnahmen zur Bereitstellung von Informationen erforderlich. Dabei wurde herausgearbeitet, daß sowohl die marktendogenen als auch die ordnungspolitischen Maßnahmen implizite Annahmen über die Erfahrungsmöglichkeiten der schlechter informierten Marktteilnehmer enthalten, die in der Regel nur für Such- und Erfahrungsgüter erfüllt sind.

Insgesamt konnte in diesem Kapitel gezeigt werden, daß die Gütertypologie und die aufgezeigten Informationsaktivitäten einen informationsökonomischen Rahmen definieren, in den ein modelltheoretischer Ansatz zur Analyse der Qualitätsungewißheit bei Vertrauensgütern eingeordnet werden kann. Im folgenden Kapitel wird dieser Rahmen aufgegriffen und einer Analyse der gütertypspezifischen Informationsprobleme zugrundegelegt, um hierbei insbesondere zu untersuchen, inwiefern damit das Problem der Qualitätsungewißheit bei Vertrauensgütern adäquat erfaßt werden kann.

2 Modellansätze zur Analyse von Informationsproblemen auf Gütermärkten

In Kapitel 1 wurde gezeigt, daß sich die unterschiedlichen Ausprägungen asymmetrischer Information beim Güterkauf anhand der informationsökonomischen Eigenschaftstypologie und den sich daraus abgeleiteten Gütertypen klassifizieren lassen. Desweiteren wurden sowohl die marktendogenen Aktivitäten herausgearbeitet, die aus informationsökonomischer Perspektive zur Überwindung von Informationsasymmetrien beitragen können, als auch solche Aktivitäten, die auf ordnungspolitischen Eingriffen des Staates beruhen. Darauf aufbauend soll im folgenden analysiert werden, inwieweit informationsökonomische Modelle die spezifischen Informationsprobleme *formal* erfassen können und marktendogene Prozesse einen Beitrag zur Behebung der Informationsprobleme leisten können bzw. durch ordnungspolitische Eingriffe unterstützt werden müssen. Entsprechend der eingeführten Terminologie (vgl. Abschnitt 1.2.2, S. 21) werden für die Analyse die Märkte, auf denen Güter mit Such-, Erfahrungs- bzw. Vertrauenseigenschaften gehandelt werden, jeweils als Märkte für Such,- Erfahrungs- bzw. Vertrauensgüter charakterisiert. Auf der Grundlage der Analyse können dann insbesondere die gegebenen Möglichkeiten der formalen Analyse von Qualitätsungewißheit bei Vertrauensgütern bewertet werden. Die theoretische Grundlage der Analyse bildet die Formalisierung der marktendogenen Prozesse innerhalb der Spieltheorie, deren Prinzipien bei der Modellierung in Abschnitt 1.5 herausgearbeitet wurden. Abschnitt 2.4 befaßt sich mit der Frage nach der Plausibilität marktendogener Aktivitäten bei der Überwindung des Informationsproblems. Die Grundlage bilden dabei zum einen experimentelle Ergebnisse der Theorie der Qualitätswahrnehmung und zum anderen Ansätze der experimentellen Wirtschaftsforschung. Abschließend werden in Abschnitt 2.5 die Ergebnisse des Kapitels zusammenfassend dargelegt und ein Fazit gezogen.

2.1 Informationsprobleme auf Märkten für Suchgüter

Die Eigenschaften von Suchgütern können vor der Transaktion durch Inspektion festgestellt und beurteilt werden (vgl. Abschnitt 1.2.1). Der Nachfrager ist damit prinzipiell in der Lage, sein Informationsdefizit durch Screening in der Form des *screening by examination* zu beheben (vgl. Abschnitt 1.4.1). Allerdings wird die Möglichkeit der Überprüfung in der Regel durch Suchkosten eingeschränkt, die vor allen Dingen als Opportunitätskosten anfallen.[1] Das mit Suchgütern verbundene Informationsproblem betrifft daher weniger das Problem asymmetrischer Information an sich,[2] als vielmehr die Kosten der Informationsbeschaffung. Aus diesem Grund bleibt in dieser Arbeit die Analyse des Informationsproblems für Suchgüter auf die wesentlichen Grundprinzipien der Informationssuche beschränkt.

Der Einfluß der mit der Informationssuche verbundenen Kosten auf Marktstruktur und Marktgleichgewicht läßt sich mittels sogenannter Suchkostenansätze formalisieren und diskutieren.[3] Die Modellierung der Suchkostenansätze geht dabei zurück auf das Preissuchmodell von STIGLER [1961]. In seinem Modell besteht die Informationssuche für den Nachfrager aus der Suche nach dem niedrigsten Preis eines homogenen Gutes. Hierbei wird vorausgesetzt, daß dem Nachfrager sowohl die einzelnen Anbieter als auch eine Wahrscheinlichkeitsverteilung der Preise bekannt sind. Weiterhin fallen mit jeder Überprüfung eines Preisangebots gleichbleibende Informationskosten an, so daß die Kosten insgesamt mit der Zahl der Überprüfungen steigen und sich der erwartete, optimale Preis stets aus dem Güterpreis und den angefallenen Suchkosten zusammensetzt. Das Modell reduziert daher die gesamte Informationssuche auf die Wahl eines optimalen, festen Stichprobenumfangs aus einer Grundgesamtheit von Preisen mit bekannter Wahrscheinlichkeitsverteilung. Unter der Annahme eines risikoneutralen Nachfragers wird der Umfang der Stichprobe dazu *vor* Beginn der eigentlichen Informationssuche so bestimmt, daß der erwartete Nutzen einer weiteren Ausweitung des Stichprobenumfangs gleich den Kosten des zusätzlichen Gütervergleichs ist.[4] Die Bestimmung des Stichprobenumfangs ist also unabhängig von der tatsächlich vorgefundenen Information,[5] und die Informationssuche führt insbesondere dann zu ungünstigen Ergebnissen, wenn sich schon nach wenigen Suchschritten das optimale Suchergebnis einstellen würde.[6]

Um diesen Einwand berücksichtigen zu können, sind alternativ zu den Suchmodellen mit einem *festen* Stichprobenumfang daher *sequentielle* Suchmodelle entwickelt worden. Bei diesen Modellen

[1] Der betriebene Sachaufwand fällt demgegenüber kaum ins Gewicht (vgl. KUNZ [1985], *S. 36*).

[2] vgl. auch BECKER [1997]. Ausgehend von der Annahme, daß die Qualität von Suchgütern jederzeit ohne Kosten beurteilt werden kann, wird dort gezeigt, daß sich keine Informationsprobleme ergeben und stets das optimale Maß an Qualität bereitgestellt wird (vgl. BECKER [1997], *S. 17*).

[3] vgl. KUNZ [1985], *S. 35ff*; ODENING [1990]; LEVINE UND LIPPMAN [1995b], *Kap. 4*

[4] Bei dem von STIGLER [1961] betrachteten Preissuchmodellen entspricht dies der Differenz zwischen den erwarteten, minimalen Preisen des ursprünglichen und des erweiterten Stichprobenumfangs.

[5] vgl. KUNZ [1985], *S. 38*

[6] vgl. HOPF [1983a], *S. 314*

wird zwar ebenfalls unterstellt, daß der Nachfrager die einzelnen Anbieter und die Wahrscheinlichkeitsverteilung der Preise kennt. Abweichend von den Suchmodellen mit einem festen Stichprobenumfang wird hier allerdings davon ausgegangen, daß die einzelnen Überprüfungen grundsätzlich nur nacheinander vorgenommen werden können. Nach jedem durchgeführten Preisvergleich entscheidet der Nachfrager neu, ob er die Suche fortsetzt oder nicht. Die Suche wird er dabei solange fortsetzen, bis der vorgefundene Preis eine vor Beginn der Suche festgelegte Preisgrenze (*Reservationspreis*) nicht übersteigt. Die Informationssuche wird in diesem Modelltyp daher insgesamt auf die Festsetzung des optimalen Reservationspreises reduziert, der den Erwartungswert des optimalen Preises minimiert. Da die Anzahl der aufzusuchenden Anbieter eine Zufallsvariable darstellt, setzt sich hier der erwartete, optimale Preis aus dem (bedingten) Erwartungswert, einen Güterpreis kleiner oder gleich dem Reservationspreis zu finden, und den erwarteten Suchkosten zusammen. Die Suche wird somit abgebrochen, wenn die Kosten eines weiteren Suchschritts höher sind als die erwartete Kosteneinsparung durch das Auffinden eines niedrigeren Preises.

Ursprünglich beziehen sich alle diese Suchkostenansätze auf unvollkommene *Preis*information.[7] Die Ausdehnung auf Güter mit *Sucheigenschaften* ist jedoch möglich, falls von einer Verteilung der Eigenschaft bei einem einheitlichen Preis ausgegangen wird.[8] Unvollkommene Preisinformation führt in den Modellen dazu, daß auf jeden Fall kein Gleichgewicht mit einem einzigen Konkurrenzpreis existiert. Der Markt bewegt sich von der vollkommenen Konkurrenz weg, bis hin zu einer monopolistischen Konkurrenz, in der jeder Anbieter über monopolistische Marktmacht verfügt und den Monopolpreis setzt.[9] Das Hauptproblem einzelner Anbieter liegt bei Suchgütern dann nicht in der Bereitstellung von Informationen über das Produkt, sondern in der Produktpolitik: Da für den Anbieter der Anreiz, den Markt mit Qualität zu beliefern, direkt mit der Zahlungsbereitschaft zusammenhängt, steht er lediglich vor der Entscheidung, welches Maß an Qualität und Produktvielfalt realisiert werden soll.[10] Für die Beurteilung von Informationsmaßnahmen bedeutet dies aber gleichzeitig, daß weder exogene Eingriffe des Staates noch die Bereitstellung zusätzlicher Informationen erforderlich ist.[11] Lediglich die Notwendigkeit, die Nachfrager vor den möglicherweise negativen Auswirkungen unzureichender Qualität zu schützen, kann ein staatliches Eingreifen mittels Standards erforderlich machen (vgl. Abschnitt 1.4.2, S. 32).

---

[7] Zwar formuliert STIGLER [1961] ein Preissuchmodell, weist aber schon auf das Problem der Qualitätssuche hin (vgl. STIGLER [1961], *S. 224*).

[8] vgl. HOPF [1983a], *S. 315*; s.a. FISCHER ET AL. [1993], *S. 446*

[9] vgl. HOPF [1983a], *S. 316*; KUNZ [1985], *S. 46f*

[10] vgl. CASWELL UND MOJDUSZKA [1996], *S. 1249*; für einen modelltheoretischen Überblick vgl. TIROLE [1995], *S. 219ff*, vgl. auch KAAS [1995], *S. 29*

[11] vgl. HAUSER [1979], *S. 758*

2.2 Informationsprobleme auf Märkten für Erfahrungsgüter

Das eigentliche Problem unvollständiger Information über die Gütereigenschaften tritt nicht bei Suchgütern sondern erst bei Erfahrungsgütern in den Vordergrund (vgl. Abschnitt 1.2.1). Da Nachfrager *vor* einer Transaktion keine direkten Informationen über die relevanten Eigenschaften in Erfahrung bringen können, ergibt sich für die Nachfrager das Problem, wie sie dennoch Informationen darüber erhalten können. Umgekehrt stellt sich für die Anbieter die Frage, welche Anreize gegeben sind, die gewünschten Eigenschaften überhaupt bereitzustellen.[12]

Kann der Informationsasymmetrie nicht entgegengewirkt werden, hat die sich ergebende Qualitätsunsicherheit zur Folge, daß nur noch ein minimales Qualitätsniveau angeboten wird und Märkte in letzter Konsequenz bis zum völligen Marktversagen schrumpfen können.[13] Dies ist das Problem der *Adversen Selektion*, dessen Grundprinzip in Abschnitt 2.2.1 erläutert und formalisiert wird.

Allerdings weisen Erfahrungsgüter diejenigen Voraussetzungen auf, unter denen marktendogene Informationsmechanismen zur Überwindung des Informationsproblems beitragen und ein Marktversagen verhindern können. So erlangen Nachfrager nach dem Kauf von Erfahrungsgütern per definitionem Kenntnis über die Eigenschaften und können Einschätzungen über die möglichen Ausprägungen der Eigenschaft ableiten. Da diese Einschätzungen im Signaling-Ansatz den Einschätzungen über die möglichen Anbietertypen entsprechen, sind die Voraussetzungen des Signaling-Ansatzes zur Überwindung der Informationsasymmetrie erfüllt, und die Funktionsweise solcher Märkte kann dementsprechend analysiert werden.[14]

Marktsignale können sowohl von dem Anbieter als auch von dem Nachfrager benutzt werden, um der Informationsasymmetrie entgegenzuwirken. Der Nachfrager kann vor dem Kauf Informationen über die nicht beobachtbare Gütereigenschaft durch Signaling-Aktivitäten des Anbieters erhalten. Die übermittelten Signale muß er in bezug auf die Ausprägung der Eigenschaft des angebotenen Gutes interpretieren. Der Anbieter wiederum kann zur Informationsübermittlung bewußt solche Signale einsetzen, um sich damit von anderen Anbietern abzugrenzen. Als mögliche Signale kommen insbesondere der Preis eines Gutes, der betriebene Werbeaufwand oder auch gewährte Garantien in Betracht. Die Wirkungsweise dieser Signale wird in Abschnitt 2.2.2 analysiert.

2.2.1 Marktversagen durch Adverse Selektion

Das Phänomen der Adversen Selektion macht das Prinzip des Marktversagens durch die Art asymmetrischer Informationsverteilung deutlich, wie sie insbesondere für Erfahrungsgüter charakteristisch ist. Bevor die Wirkungsweise von Marktsignalen analysiert wird, sollen daher die Bedingun-

[12]vgl. TIROLE [1995], *S. 232*; vgl. auch Abschnitt 1.3, S. 23
[13]vgl. HAUSER [1979], *S. 741f*
[14]vgl. TOLLE [1994], *S. 927f*; vgl. auch Abschnitt 1.4.1, S. 27ff

gen herausgearbeitet werden, die zu Adverser Selektion führen. Die grundlegende Argumentation hat AKERLOF [1970] in seinem Modell für den Gebrauchtwagenmarkt eingeführt.

In dem Modell von AKERLOF [1970] ist als interessierende Eigenschaft die Qualität von zum Verkauf stehenden Gebrauchtwagen exogen vorgegeben.[15] Asymmetrisch verteilte Information liegt vor, da nur die Anbieter die Qualität (entweder hohe oder niedrige Qualität) der angebotenen Gebrauchtwagen kennen.[16] Für die Nachfrager ergibt sich folglich das Problem der Qualitätsunsicherheit. Die Anbieter haben lediglich die Möglichkeit über ihre Preisforderung mit den Nachfragern zu kommunizieren. Die Nachfrager sind nicht bereit, den für die Bereitstellung der hohen Qualität erforderlichen, höheren Preis zu zahlen. Dieses Verhalten ergibt sich aus der Möglichkeit der Anbieter niedriger Qualität, die Nachfrager zu täuschen und ebenfalls den hohen Preis zu fordern, um damit ihre Gewinne zu maximieren. Die Nachfrager orientieren sich daher ausschließlich an der angebotenen *Durchschnitts*qualität und sind nur bereit, den dafür entsprechenden Preis zu zahlen. Fällt die durchschnittliche Qualität zu gering aus, können nur Anbieter niedriger Qualität kostendeckend anbieten. Anbieter hoher Qualität sind nicht in der Lage, ihre höheren Kosten zu decken, und haben somit keinen Anreiz, weiterhin auf dem Markt anzubieten. Sie ziehen sich vom Markt zurück. Insgesamt versagt der Markt für hohe Qualität, und der Preis pendelt sich auf einem entsprechend niedrigen Niveau ein.[17] Dieses Phänomen wird als das Problem der ungünstigen Auswahl („*adverse selection*") bezeichnet.[18,19]

Die dargelegte Argumentation zur Adversen Selektion wird im folgenden zunächst auf der Basis eines spieltheoretischen Signaling-Modells formalisiert, das das individuelle Verhalten der beteiligten Akteure unter Qualitätsunsicherheit betrachtet. Anschließend werden die sich daraus ergebenden Verhaltensimplikationen auf einen Markt mit vielen Nachfragern und Anbietern übertragen und die sich ergebenden Wohlfahrtseffekte der Qualitätsunsicherheit untersucht.

Adverse Selektion unter Qualitätsunsicherheit

Es wird ein Markt betrachtet, auf dem Güter in drei unterschiedlichen, exogen vorgegebenen Qualitäten gehandelt werden können:[20] Ein Gut ist mit Wahrscheinlichkeit q_L von hoher Qualität L,

[15]Zum Unterschied zwischen exogener Qualitätsvorgabe und endogener Qualitätswahl vgl. SHAPIRO [1982], *S. 21*

[16]In der Terminologie der Spieltheorie heißt das, daß nur der Anbieter seinen Typ (Anbietertyp hoher Qualität oder Anbietertyp niedriger Qualität) kennt.

[17]vgl. FRITSCH ET AL. [1999], *S. 265*

[18]vgl. auch KREPS [1990], *S. 625ff*

[19]Adverse Selektion kann auch dann auftreten, wenn nicht die Nachfrager von Qualitätsunsicherheit betroffen sind, sondern die Anbieter, d.h. die Informationsasymmetrie zu Lasten der Anbieter geht (vgl. FRITSCH ET AL. [1999], *S. 266*). So ist in der Regel ein Nachfrager nach einer Versicherungspolice besser über sein Schadensrisiko informiert als der Versicherer. In diesem Fall wird ein risikoneutraler Anbieter seine Versicherungstarife so kalkulieren, daß er am Durchschnitt keinen Verlust erleidet. Für die Nachfrager mit niedrigen Risiken wird dieser Preis zu hoch sein, so daß sie vom Abschluß einer Versicherung absehen. So verdrängt auch hier die schlechte Qualität (hohes Schadensrisiko) die gute (niedriges Schadensrisiko), doch hat dies hier zur Folge, daß sich der Preis auf einem hohen Niveau einpendelt, um die schlechten Risiken abdecken zu können.

[20]Die folgende Darstellung orientiert sich an der Formalisierung des Marktes für Gebrauchtwagen von AKERLOF [1970] in EICHBERGER [1993], *S. 168f.* Da dort allerdings nur von *zwei* auf dem Markt angebotenen Qualitätsstufen ausgegangen wird, ist hier eine umfassendere Analyse der Gleichgewichtsbedingungen notwendig.

mit Wahrscheinlichkeit q_M von mittlerer Qualität M und mit Wahrscheinlichkeit q_H von niedriger Qualität H ($L, M, H \in I\!R^+; L < M < H$). Da ein Erfahrungsgut betrachtet wird, kennt zwar der Anbieter die Qualität des angebotenen Gutes vor einer möglichen Transaktion, aber der Nachfrager kann die Qualitätsaussagen erst nach erfolgter Transaktion verifizieren. Vor einer Transaktion steht ihm als einziges Signal zur Beurteilung der Qualität nur die mögliche Preisforderung des Anbieters und sein eigenes Wissen über die Wahrscheinlichkeiten der einzelnen Qualitätsstufen zur Verfügung. In der Formulierung als Signalspiel entsprechen die möglichen Qualitätsstufen daher den möglichen Typen des Anbieters, d.h. $T_1 = \{L, M, H\}$. Die Wertschätzung einer Qualität t ($t \in \{L, M, H\}$) bzw. der Nutzen, der sich aus einem Gut dieser Qualität ergibt, liegt beim Nachfrager bei $a_K \cdot t$ ($a_K \in I\!R^+$). Die entsprechende Wertschätzung eines Gutes liegt für den Anbieter bei $a_V \cdot t$ ($a_V \in I\!R^+$, $a_V < a_K$).[21] Ein Handel ist also auf jeden Fall immer dann erstrebenswert, wenn die Qualität bekannt ist.

Der Anbieter kann das Gut entweder auf dem Markt anbieten, d.h. er fordert einen Preis $p \in I\!R^+$, oder er kann das Gut vom Markt zurückziehen (n_p), so daß gilt $S_1 = I\!R^+ \cup \{n_p\}$. Der Nachfrager kann eine mögliche Preisforderung akzeptieren (ja) oder ablehnen ($nein$), d.h. es gilt $S_2 = \{ja, nein\}$.

Akzeptiert der Nachfrager eine Preisforderung, erzielt er je nach tatsächlich erhaltener Qualität einen Nutzen von $a_K \cdot t - p$, und der Anbieter erhält den Preis. Lehnt der Nachfrager ab, erzielt er einen Nutzen in Höhe von Null, und der Anbieter erzielt einen Nutzen in Höhe der Wertschätzung. Spielt der Anbieter n_p, so erzielt der Nachfrager stets einen Nutzen von Null und der Anbieter einen Nutzen in Höhe seiner Wertschätzung $a_V \cdot t$.

In der Beschreibung des Spiels in extensiver Form ist für jeden Spieler i ($i = 1, 2$) $\mathcal{J}_i$ die Menge der Informationsmengen (vgl. Abbildung 2.1 auf der nächsten Seite). Es gilt $\mathcal{J}_1 = \{J_1, J_2, J_3\}$ mit den Informationsmengen $J_1 = \{L\}$, $J_2 = \{M\}$ und $J_3 = \{H\}$ bzw. $\mathcal{J}_2 = \{J_p : p \in I\!R^+\} \cup J_{n_p}$ mit $J_p = \{H_p, M_p, L_p\}$. b_i bezeichnet die Verhaltensstrategie von Spieler i, d.h. $b_1 : \mathcal{J}_1 \rightarrow B$ mit $b_1(J_1) = (b_L(p), b_L(n_p))$, $b_1(J_2) = (b_M(p), b_M(n_p))$ und $b_1(J_3) = (b_H(p), b_H(n_p))$, bzw. $b_2 : \mathcal{J}_2 \rightarrow B$ mit $b_2(J_p) = (b_p(ja), b_p(nein))$ und $b_2(J_{n_p}) = (b_{n_p}(ja), b_{n_p}(nein))$.[22]

Die Entscheidung des Nachfragers für oder gegen einen Kauf hängt von den Glaubenseinschätzungen ab, nach Beobachtung einer Preisforderung p ein Gut einer bestimmten Qualität zu erwerben. Bezeichnet $\mu(L) = P(t = L|p)$, $\mu(M) = P(t = M|p)$ bzw. $\mu(H) = P(t = H|p)$ diese Glaubenseinschätzungen des Nachfragers, daß der Anbieter ein Gut der Qualität L, M bzw. H anbietet, ergibt sich für den Nachfrager bei Ablehnung eines Angebots ein Erwartungsnutzen in Höhe

[21] Zusätzlich gelte, daß der Nachfrager ein bestimmtes Qualitätsniveau nicht höher bewertet als der Anbieter das nächst höhere Qualitätsniveau, d.h. $\frac{a_K}{a_V} < \frac{M}{L}$ und $\frac{a_K}{a_V} < \frac{H}{M}$.

[22] Die Entscheidung des zweiten Spielers in der Informationsmenge J_{n_p} hat allerdings keinen Einfluß auf die Auszahlungen der Spieler.

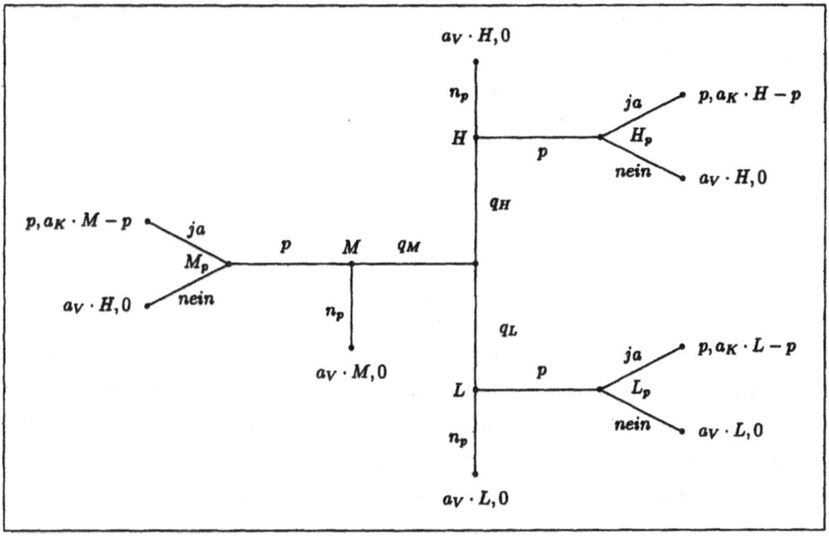

Abbildung 2.1: *Adverse Selektion bei drei Qualitätsstufen als Spiel in extensiver Form*
Quelle: eigene Darstellung

von $\mu(L) \cdot 0 + \mu(M) \cdot 0 + \mu(H) \cdot 0 = 0$. Der Nachfrager akzeptiert eine Preisforderung, wenn sie seine Wertschätzung der erwarteten Qualität übersteigt, d.h. mit dem (bedingten) Erwartungswert

$$E_p[t] := \mu(L) \cdot L + \mu(M) \cdot M + \mu(H) \cdot H \tag{2.1}$$

entscheidet sich der Nachfrager als beste Antwort auf die Preisforderung des Anbieters demnach gemäß der Entscheidungsregel

$$\begin{array}{lccc} \text{Akzeptieren } (ja) & \Longleftrightarrow & p & \leq & a_K \cdot E_p[t] \\ \text{Ablehnen } (nein) & \Longleftrightarrow & p & > & a_K \cdot E_p[t] \end{array} \tag{2.2}$$

Die folgende Analyse der Bedingungen, die sich aus diesem Entscheidungsverhalten für ein Gleichgewicht ergeben, orientiert sich an den möglichen Strategiewahlen des Anbieters. Der Anbieter kann für die einzelnen Anbietertypen einerseits jeweils unterschiedliche Entscheidungen treffen, was zu einem trennenden Gleichgewicht führen kann, oder er kann andererseits für bestimmte Typen identische Handlungen festlegen, was zu einem poolenden Gleichgewicht führen kann (vgl. Abschnitt 1.5.2, S. 42f).

Trennendes Gleichgewicht Trennt der Anbieter seine einzelnen Typen bezüglich ihrer Preisforderung, d.h. jeder Typ fordert jeweils einen anderen Preis, gilt mit $p_t = a_K \cdot t$ $(t \in \{L, M, H\})$ für die Strategiewahl $b_L(p_L) = 1$, $b_M(p_M) = 1$ und $b_H(p_H) = 1$, da die einzelnen Anbietertypen nur für diese Kombination bei einem Kauf ihre Auszahlung maximieren.[23]

Nach Beobachtung einer Preisforderung p revidiert der Nachfrager seine Glaubenseinschätzungen des Nachfragers gemäß (1.4c) und es gilt für $t \in \{L, M, H\}$

$$\mu(t) = \begin{cases} 1 & \text{falls } p = p_t \\ 0 & \text{sonst} \end{cases} \tag{2.3}$$

Der Nachfrager kann die Typen anhand der unterschiedlichen Preisforderungen identifizieren. Daher würde er stets einen Preis $p = p_H$ akzeptieren. Dann aber bestünde sowohl für den Anbietertyp niedriger Qualität als auch für den Anbietertyp mittlerer Qualität ein Anreiz, von ihren ursprünglichen Preiswahlen abzuweichen und ebenfalls den hohen Preis p_H zu fordern. Insgesamt existiert also kein trennendes Gleichgewicht, in dem der Nachfrager die Preisforderungen akzeptiert.

Poolendes Gleichgewicht Spielen alle drei Anbietertypen die identische Preisforderung p, so gilt für die Strategiewahl $b_L(p) = 1$, $b_M(p) = 1$ und $b_H(p) = 1$. Der Nachfrager akzeptiert eine solche Preisforderung nur, wenn für den Preis gemäß (2.1) und (2.2) gilt[24]

$$p \leq a_K \cdot (\mu(L) \cdot L + \mu(M) \cdot M + \mu(H) \cdot H) \tag{2.4}$$

Für den Anbieter ist eine solche Preisforderung nur dann optimal, wenn alle Anbietertypen zu diesem Preis einen höheren Nutzen erzielen als bei Rückzug vom Markt. Es muß daher für alle Qualitätsstufen $t \in \{L, M, H\}$ gelten, daß $p \geq a_V \cdot t$, d.h. es muß insgesamt gelten

$$p \geq a_V \cdot H \tag{2.5}$$

In einem Gleichgewicht muß eine akzeptierte Preisforderung die beiden Bedingungen (2.4) und (2.5) erfüllen. Die Glaubenseinschätzungen können daher gemäß (1.4c) bestimmt werden.

Für eine Qualität $t' \in \{L, M, H\}$ ergibt sich somit

$$\begin{aligned} \mu(t') &= \frac{b_{t'}(p) \cdot q_{t'}}{b_L(p) \cdot q_L + b_M(p) \cdot q_M + b_H(p) \cdot q_H} \\ &= q_{t'} \quad \text{falls } p \in [a_V \cdot H, a_K \cdot H] \end{aligned} \tag{2.6}$$

[23] Der Tauschgewinn geht vollständig an den Verkäufer.

[24] Ein Preis $p < a_K \cdot L$ wird stets akzeptiert, und ein Preis $p > a_K \cdot H$ wird nie akzeptiert.

Mit diesen Glaubenseinschätzungen akzeptiert der Nachfrager gemäß (2.4) eine poolende Preisforderung $p \in [a_V \cdot H, a_K \cdot H]$ nur dann, wenn gilt

$$p \leq a_K \cdot E_p[t] = a_K \cdot (q_L \cdot L + q_M \cdot M + q_H \cdot H) \tag{2.7}$$

Zusammen mit einer Preisforderung p^* bilden dann die folgenden Verhaltensstrategien und Glaubenseinschätzungen ein perfektes Bayes-Nash-Gleichgewicht:[25]

$$b_t^*(p^*) = 1 \quad t \in \{L, M, H\} \tag{2.8a}$$
$$b_t^*(n_p) = 0 \quad t \in \{L, M, H\} \tag{2.8b}$$
$$\mu(t) = q_t \quad t \in \{L, M, H\} \tag{2.8c}$$
$$b_{p^*}^*(ja) = \begin{cases} 1 & a_V \cdot H \leq p^* \leq a_K \cdot (q_L \cdot L + q_M \cdot M + q_H \cdot H) \\ & \text{falls} \\ 0 & a_K \cdot (q_L \cdot L + q_M \cdot M + q_H \cdot H) < p^* \leq a_K \cdot H \end{cases} \tag{2.8d}$$
$$b_{p^*}^*(nein) = 1 - b_p^*(ja)$$

Die Wahrscheinlichkeitseinschätzungen (2.8c) verdeutlichen nochmals, daß mit der poolenden Preisforderung p^* kein zusätzlicher Informationstransfer zwischen dem Anbieter und dem Nachfrager stattfindet: Da gemäß (2.8a) alle Anbietertypen denselben Preis fordern, führt die Revidierung der Anfangseinschätzungen bezüglich der Typen des Anbieters wiederum nur zu den Anfangseinschätzungen, d.h. den Wahrscheinlichkeiten q_L, q_M bzw. q_H.

Abbildung 2.2 auf der nächsten Seite veranschaulicht die Gleichgewichtsbedingungen. Ein Kauf kann überhaupt nur dann zustande kommen, wenn der Preis p^*, den der Anbieter fordert, die Wertschätzung des Nachfragers für die tatsächlich auf dem Markt angebotene Durchschnittsqualität $\bar{t} = q_L \cdot L + q_M \cdot M + q_H \cdot H$ nicht übersteigt, d.h. falls mit $p_{EG}^* = a_K \cdot \bar{t}$ für die Preisforderung gilt $p^* \in [a_V \cdot H, p_{EG}^*]$. Alle anderen Preisforderungen werden vom Nachfrager abgelehnt. Um den maximal möglichen Gewinn zu erzielen, fordert der Anbieter den Preis p_{EG}^*.

Im Gleichgewicht werden nicht alle möglichen Preisforderungen gespielt. Für eine Strategie außerhalb des Gleichgewichts[26] können die Einschätzungen nicht gemäß (1.4c) ermittelt werden, sondern können beliebig festgelegt werden. Damit sie das Gleichgewicht stützen, muß jeder Preisforderung $p \in [a_V \cdot L, a_V \cdot H)$ außerhalb des Gleichgewichts sinnvollerweise $\mu(L) = 1$ zugeordnet werden. Gilt nämlich $\mu(L) < 1$, d.h. ein Anbietertyp hoher Qualität könnte diesen Preis fordern, hätte der Nachfrager einen Anreiz vom Gleichgewicht abzuweichen, und die Preisforderung könnte akzeptiert werden. Nur wenn der Nachfrager sicher ist, daß nur ein Anbietertyp niedriger Qualität einen solchen Preis fordert, besteht kein solcher Anreiz von dem Gleichgewicht abzuweichen.

[25]Für dieses Gleichgewicht wird davon ausgegangen, daß der Anbieter bei Indifferenz zwischen einer Preisforderung und einem Rückzug vom Markt eine Präferenz für die Preisforderung hat.

[26]Da Strategien $p < a_K \cdot L$ immer akzeptiert werden, sind nur Preise zu betrachten für die gilt $a_K \cdot L \leq p < a_V \cdot H$.

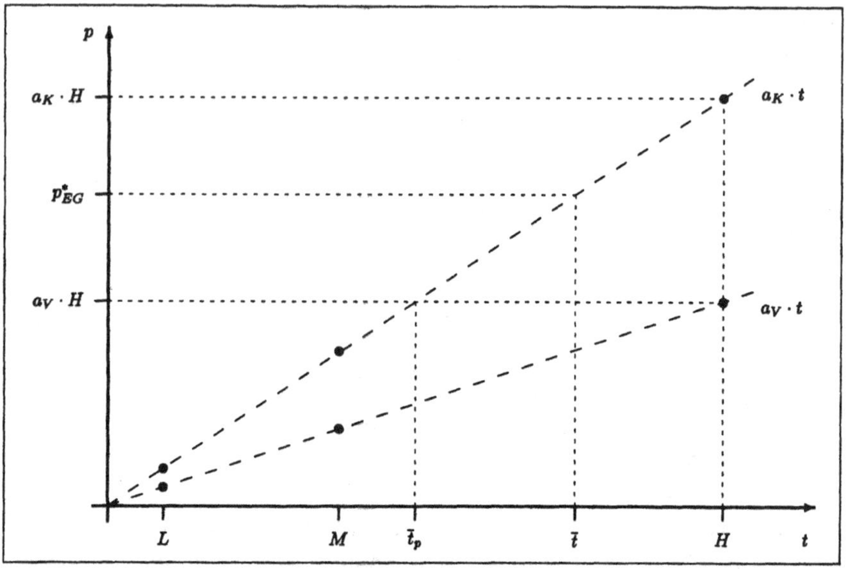

Abbildung 2.2: *Poolendes Gleichgewicht unter Qualitätsunsicherheit*
Für eine Durchschnittsqualität $\bar{t} = a_K \cdot (q_L \cdot L + q_M \cdot M + q_H \cdot H)$ mit $\bar{t}_p \leq \bar{t} \leq H$ existiert eine Preisforderung, die zu einem poolenden Gleichgewicht führt. Der Gewinn des Anbieters wird für $p^*_{EG} = a_K \cdot \bar{t}$ maximiert.
Quelle: eigene Darstellung

Semi-Poolende Gleichgewichte Mit der Möglichkeit, sich einer Preisforderung zu enthalten und nicht auf dem Markt anzubieten, können auch solche Gleichgewichte bestehen, in denen weder alle Anbietertypen dieselbe Preiswahl treffen, noch der Anbieter für die einzelnen Anbietertypen jeweils einen unterschiedlichen Preis bestimmt. Diese *semi-poolenden* Gleichgewichte[27] sind dadurch charakterisiert, daß der Anbieter die Strategiewahl bezüglich verschiedener Typteilmengen trennt, innerhalb derer die Typen *identische* Entscheidungen treffen. Innerhalb dieser Typteilmengen stellen diese Strategien also poolende Strategiewahlen dar (vgl. Abschnitt 1.5.2, S. 42f).

Im hier betrachteten Spiel wird die prinzipielle Struktur der semi-poolenden Gleichgewichte durch die Bereitschaft der einzelnen Anbietertypen bestimmt, nur zu einem Preis verkaufen zu wollen, der mindestens ihrer Wertschätzung im Falle des Behaltens entspricht. Zusätzlich wird davon ausgegangen, daß die Anbietertypen nur dann den Rückzug von dem Markt präferieren, wenn die Preisforderung niedrigerer als ihre Wertschätzung ist; das Spielen einer Preisforderung, die über ihrer Wertschätzung liegt, wird auch dann präferiert, wenn der Preis abgelehnt wird. Für eine Preisforderung p, die vom Nachfrager akzeptiert werden soll, werden allein diejenigen Anbietertypen

[27]EICHBERGER [1993] spricht hier im Sinne einer Trennung der Strategiewahl umgekehrt von „*semi-revealing*" Gleichgewichten (vgl. EICHBERGER [1993], *S. 187*).

$t \in \{L, M, H\}$ auf dem Markt bleiben und diesen Preis fordern, für deren Wertschätzung gilt $a_V \cdot t < p$. Dieser Preis wird dann von allen diesen Typen gespielt und stellt für diese Typen eine poolende Preisforderung dar. Ein Anbieter vom Typ t mit $a_V \cdot t \geq p$ wird sich dagegen vom Markt zurückziehen.

Die möglichen Gleichgewichte ergeben sich im vorliegenden Spiel aus den folgenden Kombinationsmöglichkeiten:

a) Die Anbietertypen niedriger und mittlerer Qualität poolen bezüglich einer Preisforderung, während der Anbietertyp hoher Qualität die davon abweichende Wahl n_p spielt, also nicht auf dem Markt anbietet.[28]

b) Die Anbietertypen hoher und mittlerer Qualität poolen mit der Strategie n_p, während der L-Typ die davon abweichende Preisforderung p spielt.

ad a) Der Anbietertyp hoher Qualität bietet nicht auf dem Markt an, falls für die Preisforderung gilt $p < a_V \cdot H$. Da keine hohe Qualität angeboten wird, akzeptiert der Nachfrager den Preis p, falls

$$p \leq a_K \cdot M \quad \text{und} \quad p \leq E_p[t] \tag{2.9}$$

Für die auf dem Markt verbleibenden Anbietertypen ist die Preisforderung p optimal, falls gilt $p \geq a_V \cdot L$ und $p \geq a_V \cdot M$,[29] d.h. falls insgesamt gilt

$$p \geq a_V \cdot M \tag{2.10}$$

Nach Beobachtung einer Preisforderung, die (2.9) und (2.10) erfüllt, können die Glaubenseinschätzungen gemäß der Revidierungsregel (1.4c) ermittelt werden. Mit den Strategiewahlen $b_L(p) = b_M(p) = 1$ und $b_H(p) = 0$ gilt in diesem Fall

$$\begin{aligned} \mu(L) &= \frac{b_L(p) \cdot q_L}{b_L(p) \cdot q_L + b_M(p) \cdot q_M + b_H(p) \cdot q_H} \\ &= \frac{q_L}{q_L + q_M} \end{aligned} \tag{2.11}$$

und entsprechend $\mu(M) = \frac{q_M}{q_L+q_M}$ bzw. $\mu(H) = 0$ ($p \in [a_V \cdot M, a_V \cdot H)$).

[28] Ein Gleichgewicht, in dem die Anbietertypen hoher und mittlerer Qualität bezüglich einer Preisforderung poolen, kann ausgeschlossen werden, da in diesem Fall der Anbietertyp niedriger Qualität einen Anreiz hätte, ebenfalls diesen Preis zu fordern.

[29] Ein Preisforderung $p \geq a_V \cdot H$ würde möglicherweise in einem poolenden Gleichgewicht, in dem auch der H-Typ anbieten würde, akzeptiert werden.

Diese Glaubenseinschätzungen führen zu einer Qualitätserwartung

$$E_p[t] \;=\; \frac{1}{q_L + q_M} \cdot (q_L \cdot L + q_M \cdot M) \;<\; a_V \cdot H \tag{2.12}$$

Insgesamt bilden dann die folgenden Verhaltensstrategien und Glaubenseinschätzungen zusammen mit einer Preisforderung p^* ein Gleichgewicht:

$$b_t^*(p^*) \;=\; \begin{cases} 1 & \text{falls } t \in \{L, M\} \\ 0 & \text{falls } t = H \end{cases} \tag{2.13}$$

$$b_t^*(n_p) \;=\; \begin{cases} 0 & \text{falls } t \in \{L, M\} \\ 1 & \text{falls } t = H \end{cases} \tag{2.14}$$

$$\mu(t) \;=\; \begin{cases} \frac{q_t}{q_L+q_M} & \text{falls } t \in \{L, M\} \\ 0 & \text{falls } t = H \end{cases} \tag{2.15}$$

$$b_{p^*}(ja) \;=\; \begin{cases} 1 & \text{falls } a_V \cdot M \le p^* \le a_K \cdot (\frac{q_L}{q_L+q_M} \cdot L + \frac{q_M}{q_L+q_M} \cdot M) \\ 0 & \text{falls } a_K \cdot (\frac{q_L}{q_L+q_M} \cdot L + \frac{q_M}{q_L+q_M} \cdot M) < p^* \le a_K \cdot M \end{cases} \tag{2.16}$$

$$b_{p^*}(nein) \;=\; 1 - b_p(ja)$$

Zur Maximierung des Gewinns spielt der Anbieter $p^* = a_K \cdot (\frac{q_L}{q_L+q_M} \cdot L + \frac{q_M}{q_L+q_M} \cdot M)$.[30]

In Abbildung 2.3 auf der nächsten Seite werden die Gleichgewichtsbedingungen graphisch veranschaulicht. Ein Kauf kann überhaupt nur dann zustande kommen, wenn der Preis p^*, den der Anbieter fordert, die Wertschätzung des Nachfragers für die tatsächliche Durchschnittsqualität $\bar{t} = \frac{q_L}{q_L+q_M} \cdot L + \frac{q_M}{q_L+q_M} \cdot M$ nicht übersteigt, d.h. falls mit $p^*_{EG} = a_K \cdot \bar{t}$ gilt $p^* \in [a_V \cdot M, p^*_{EG}]$. Alle anderen Preisforderungen werden vom Nachfrager abgelehnt. Um den maximal möglichen Gewinn zu erzielen, fordert der Anbieter den Preis p^*_{EG}.

ad b) Auf dem Markt wird nur niedrige Qualität angeboten, falls gilt $p < a_V \cdot M$. Der Nachfrager akzeptiert eine Preisforderung p, falls

$$p \;\le\; a_K \cdot L \quad \text{und} \quad p \le E_p[t] \tag{2.17}$$

Gilt für die Preisforderung zusätzlich

$$p \;\ge\; a_V \cdot L \tag{2.18}$$

[30] Für Preise außerhalb des Gleichgewichts wird das Gleichgewicht analog zu den Ausführungen bezüglich des poolenden Gleichgewichts durch die Glaubenseinschätzung $\mu(L) = 1$ gestützt.

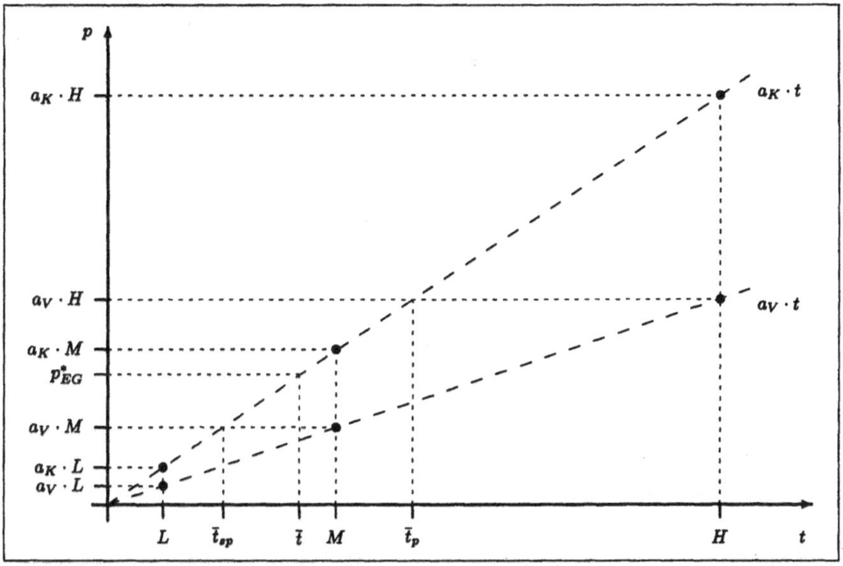

Abbildung 2.3: *Semi-Poolende Gleichgewichte unter Qualitätsunsicherheit.*
Bietet der Anbietertyp hoher Qualität nicht auf dem Markt an, existiert für eine Durchschnittsqualität $\bar{t} = \frac{1}{q_L+q_M} \cdot (q_L \cdot L + q_M \cdot M)$ mit $\bar{t}_{sp} \leq \bar{t} \leq M$ eine Preisforderung, die zu einem semi-poolenden Gleichgewicht führt, in dem die Anbietertypen niedriger und mittlerer Qualität anbieten. Der Gewinn des Anbieters wird für eine Preisforderung $p^*_{EG} = a_K \cdot \bar{t}$ maximiert. Bieten die Anbietertypen hoher und mittlerer Qualität nicht auf dem Markt an, existiert mit der Preisforderung $p^* = a_K \cdot L$ ein Gleichgewicht, in dem nur der Anbietertyp niedriger Qualität auf dem Markt anbietet.
Quelle: eigene Darstellung

ist die Preisforderung für den auf dem Markt verbleibenden Anbietertyp optimal. Da nur der Anbietertyp niedriger Qualität auf dem Markt verbleibt und anbietet, gilt $b_L(p) = 1$ und $b_M(p) = b_L(p) = 0$. Nach Beobachtung einer Preisforderung, die (2.17) und (2.18) erfüllt, ergeben sich die Glaubenseinschätzungen des Nachfragers zu

$$\mu(L) = \frac{b_L(p) \cdot q_L}{b_L(p) \cdot q_L + b_M(p) \cdot q_M + b_H(p) \cdot q_H} \quad (2.19)$$

$$= 1 \quad \text{falls } p \in [a_V \cdot L, a_K \cdot L] \quad (2.20)$$

und $\mu(H) = \mu(M) = 0$ ($p \in [a_V \cdot L, a_V \cdot M)$). Mit diesen Glaubenseinschätzungen gilt für die Qualitätserwartung $E_p[t] = a_K \cdot L$.

Zusammen mit einer Preisforderung $p^* \in [a_V \cdot L, a_K \cdot L]$ bilden dann folgende Verhaltensstrategien und Glaubenseinschätzungen ein Gleichgewicht:

$$b_t^*(p^*) = \begin{cases} 1 & \text{falls} \quad t = L \\ 0 & \text{falls} \quad t \in \{M, H\} \end{cases} \tag{2.21}$$

$$b_t^*(n_p) = \begin{cases} 0 & \text{falls} \quad t = L \\ 1 & \text{falls} \quad t \in \{M, H\} \end{cases} \tag{2.22}$$

$$\mu(t) = \begin{cases} 1 & \text{falls} \quad t = L \\ 0 & \text{falls} \quad t \in \{M, H\} \end{cases} \tag{2.23}$$

$$b_{p^*}^*(nein) = 1 - b_p^*(ja)$$

Zur Maximierung des Gewinns spielt der Anbieter den Preis $p^* = a_K \cdot L$ (vgl. auch Abbildung 2.3 auf der vorherigen Seite).[31]

Insgesamt ergeben sich aus der Analyse der Adversen Selektion folgende Schlußfolgerungen:

- Orientieren sich die Nachfrager unter Qualitätsunsicherheit bei der Beurteilung der Qualität ausschließlich am Preis, entscheidet allein die Qualitätsverteilung auf dem Markt, ob eine Transaktion stattfindet. Fällt das durchschnittliche Qualitätsangebot der tatsächlich auf dem Markt anbietenden Anbietertypen zu gering aus, kann keine Transaktion stattfinden.

- Je nach Glaubenseinschätzung wird eines der drei möglichen Gleichgewichte, in denen der Nachfrager eine Preisforderung des Anbieters akzeptiert, gespielt:

  - ▸ Eine Preisforderung $p \in [a_V \cdot H, a_K \cdot H]$, bei der alle drei Typen auf dem Markt anbieten, kann gespielt werden, falls $a_V \cdot H \leq a_K \cdot (q_L \cdot L + q_M \cdot M + q_H \cdot H)$. Der Gleichgewichtspreis ist dann $p^* = a_K \cdot (q_L \cdot L + q_M \cdot M + q_H \cdot H)$.
  - ▸ Eine Preisforderung $p \in [a_V \cdot M, a_K \cdot M]$, bei der der L- und M-Typ auf dem Markt anbieten, ist möglich, falls $a_V \cdot M \leq a_K \cdot (\frac{q_L}{q_L + q_M} \cdot L + \frac{q_M}{q_L + q_M} \cdot M)$. Der Gleichgewichtspreis ist dann $p^* = a_K \cdot (\frac{q_L}{q_L + q_M} \cdot L + \frac{q_M}{q_L + q_M} \cdot M)$.
  - ▸ Eine Preisforderung $p^* = a_K \cdot L$, bei der nur der L-Typ auf dem Markt anbietet, kann gespielt werden, falls $a_V \cdot L \leq a_K \cdot L$. Sie ist somit stets möglich.
  - ▸ Bei allen anderen Preisforderungen ist für alle Typen der Rückzug vom Markt jeweils die optimale Strategie.

[31] Auch hier wird für Preise außerhalb des Gleichgewichts wird das Gleichgewicht analog zu den Ausführungen bezüglich des poolenden Gleichgewichts durch die Glaubenseinschätzung $\mu(L) = 1$ gestützt.

Wohlfahrtsanalyse unter Qualitätsunsicherheit
Der folgende Abschnitt entwickelt unter Berücksichtigung des sich aus obiger Analyse ergebenden individuellen Verhaltens einen Rahmen, innerhalb dessen die Auswirkungen von Qualitätsunsicherheit auf einem Markt mit vielen Anbietern und Nachfragern analysiert werden können.[32] Analog zu der Formulierung der Adversen Selektion als Signalspiel zwischen zwei Akteuren wird auch hier ein Markt betrachtet, auf dem allein den Anbietern die Qualität des angebotenen Gutes bekannt ist.[33] Als einzige Information steht den Nachfragern nur die Verteilung der Qualität q des auf dem Markt angebotenen Gutes zur Verfügung. Ohne Beschränkung der Allgemeinheit sei die Qualität gleichverteilt im Intervall $[0, 1]$.

Angebotsseite Von jedem möglichen Qualitätsniveau wird maximal eine Einheit des Gutes angeboten. Ein Qualitätsniveau $q \in [0, 1]$ repräsentiert damit auch den auf das mögliche Gesamtangebot bezogenen Anteil an Qualität, die im Intervall $[0, q]$ liegt. Für die Angebotsmenge Q_A gilt

$$Q_A = q \tag{2.24}$$

Die hier betrachteten Opportunitätskosten des Angebots einer Einheit des Gutes mit Qualität q sind gegeben durch die Kostenfunktion

$$K(q) = q \tag{2.25}$$

Sei $\hat{q}$ das maximale Qualitätsniveau, das auf dem Markt angeboten wird. Gemäß der Analyse des individuellen Verhaltens wird das Qualitätsniveau $\hat{q}$ nur dann auf dem Markt angeboten, falls der dafür erzielte Preis mindestens so hoch ist wie die Kosten, d.h. dieses Qualitätsniveau induziert einen Angebotspreis p^A, für den gilt

$$p^A(\hat{q}) = K(\hat{q}) \tag{2.26}$$

Der so festgelegte Angebotspreis unterstützt das Angebot an Maximalqualität in dem Sinne, daß bei einem solchen Angebotspreis die Anbieter einer Qualität q mit $q \leq \hat{q}$ das Gut anbieten werden, während Anbieter einer Qualität q mit $q > \hat{q}$ das Gut nicht kostendeckend anbieten können und sich vom Markt zurückziehen.[34]

[32]Für den angewendeten Modellansatz vgl. KROUSE [1990], *S. 480ff*, s.a LELAND [1979]

[33]Das im letzten Abschnitt betrachtete Signalspiel ist ein Spiel zwischen *einem* Anbieter und *einem* Nachfrager. Die Modellierung der entsprechenden Situation mit vielen Anbietern und vielen Nachfragern kann als das simultane Spielen solcher Zwei-Personen-Spiele gedacht werden (vgl. MAS-COLELL ET AL. [1995], *S. 452*).

[34]Im spieltheoretischen Modell entspricht die Preisforderung p^A der (semi-)poolenden Preisforderung, bei der die Anbietertypen höherer Qualität nicht auf dem Markt anbieten.

Nachfrageseite Die asymmetrisch verteilte Qualitätsinformation führt einerseits dazu, daß sich die Nachfrager gemäß der Analyse des individuellen Verhaltens im Zwei-Personen-Spiel bei ihrer Entscheidung, den beobachteten Marktpreis zu akzeptieren oder abzulehnen, nur an ihrer Qualitätserwartung orientieren können, die sich auf das Wissen um die Verteilung der Qualität auf dem Markt stützt. Wegen der Vielzahl der Anbieter wird hier andererseits zusätzlich davon ausgegangen, daß der Preis auf das Angebot reagiert.

Dieser Zusammenhang ist formal dadurch gegeben, daß die (marginale) Zahlungsbereitschaft p^N der Nachfrager von der erwarteten Qualität $\overline{q}$ des Angebots sowie der Angebotsmenge Q_A abhängt,[35] d.h. es gilt

$$p^N(Q_A, \overline{q}) \;=\; a - c \cdot Q_A + b \cdot \overline{q} \qquad a, b, c \in I\!R^+ \tag{2.27}$$

Wird auf dem Markt eine Maximalqualität $\hat{q}$ angeboten, gilt gemäß (2.24) für die Angebotsmenge $Q_A = \hat{q}$, und die erwartete Durchschnittsqualität entspricht dem bedingten Erwartungswert $E_{\hat{q}}[q]$, daß eine Qualität kleiner $\hat{q}$ angeboten wird, d.h. wegen der Gleichverteilung der Qualität im Intervall $[0, 1]$ gilt

$$\begin{aligned} \overline{q} &= E_{\hat{q}}[q] \\ &= \frac{\hat{q}}{2} \end{aligned} \tag{2.28}$$

Die Nachfrage ist damit insgesamt als Funktion der Maximalqualität $\hat{q}$ gegeben, und es gilt

$$p^N \;=\; p^N(\hat{q}) \;=\; a - c \cdot \hat{q} + b \cdot \frac{\hat{q}}{2} \tag{2.29}$$

Die Nachfragefunktion nimmt die übliche Form an, d.h. sie ist monoton fallend, falls für den Wertschätzungsparameter b der Durchschnittsqualität gilt

$$b \;\leq\; 2c \tag{2.30}$$

Gleichgewicht Das Marktgleichgewicht $\hat{q}^*$, d.h. diejenige Qualität, für die der Angebotspreis der Zahlungsbereitschaft entspricht, ergibt sich aus folgender Bedingung:

$$p^A(\hat{q}^*) \;=\; p^N(\hat{q}^*) \tag{2.31}$$

$$\Leftrightarrow \qquad \hat{q}^* \;=\; a - c \cdot \hat{q}^* + b \cdot \frac{\hat{q}^*}{2} \tag{2.32}$$

[35] vgl. AKERLOF [1970], *S. 490*

Daraus folgt für die im Gleichgewicht angebotene Maximalqualität

$$\hat{q}^* = \frac{a}{1+c-\frac{b}{2}} \in (0,1] \quad \text{für } b < 2 \cdot (c+1-a) \tag{2.33}$$

Im Fall vollständiger Information stimmt die Qualitätserwartung des Nachfragers mit der tatsächlich auf dem Markt angebotenen Qualität überein, d.h.

$$\overline{q} = \hat{q} \tag{2.34}$$

Damit führt die Gleichgewichtsbedingung (2.31) zu der angebotenen Qualität $\hat{q}^*_{vI}$, die gegeben ist durch

$$\hat{q}^*_{vI} = \frac{a}{1+c-b} \in (0,1] \quad \text{für } b < c+1-a \tag{2.35}$$

Der Vergleich der Gleichgewichte gemäß (2.33) und (2.35) führt zu der Beziehung

$$\hat{q}^* = \frac{a}{1+c-\frac{b}{2}} < \frac{a}{1+c-b} = \hat{q}^*_{vI} \tag{2.36}$$

Als Schlußfolgerung kann hier festgehalten werden, daß im Vergleich zu der Situation unter vollständiger Information die angebotene Qualität unter Qualitätsunsicherheit stets geringer ausfällt: Der Markt versagt hier bei der Bereitstellung hoher Qualität.

Wohlfahrtsbetrachtung Wohlfahrtstheoretische Aussagen über Märkte für Erfahrungsgüter ermöglicht im Modell der Vergleich des Qualitätsniveaus $\hat{q}^*$, das sich im Marktgleichgewicht ergibt, mit dem Qualitätsniveau, das die Wohlfahrt maximiert. Sei q_W dieses wohlfahrtsmaximierende Qualitätsniveau. Als Wohlfahrtsmaß W wird die Summe aus aggregierter Konsumentenrente (KR) und aggregierter Produzentenrente (PR) verwendet. Für die Berechnung der Konsumentenrente sind diejenigen Zahlungsbereitschaften von Bedeutung, die sich bei Kenntnis der auf dem Markt tatsächlich angebotenen Maximalqualität $\hat{q}$ ergeben. Die Wohlfahrt hängt zunächst von der angebotenen Menge auf dem Markt ab. Da der Umfang des Angebotes an Qualität $\hat{q}$ durch $\hat{q}$ selbst repräsentiert wird (vgl. (2.24)), ergibt sich die soziale Wohlfahrt bei einer auf dem Markt angebotene Maximalqualität $\hat{q}$ zu

$$\begin{aligned} W(\hat{q}) &= KR(\hat{q}) + PR(\hat{q}) \\ &= \underbrace{\int_0^{\hat{q}} p^N(x, E_{\hat{q}}[q])dx}_{ZB(\hat{q})} - \underbrace{\int_0^{\hat{q}} K(x)dx}_{OK(\hat{q})} \end{aligned} \tag{2.37}$$

Die Wohlfahrt entspricht also der Differenz zwischen der aggregierten Zahlungsbereitschaft (ZB) für x Einheiten des Gutes bei der eingeschätzten Durchschnittsqualität $E_{\hat{q}}[q]$ und den aggregierten Opportunitätskosten (OK) der Bereitstellung.

Das Monotonieverhalten der Wohlfahrtsfunktion ergibt sich aus der Ableitung

$$\frac{dW}{d\hat{q}} = \frac{1}{2}\int_0^{\hat{q}} \frac{\partial}{\partial \hat{q}} p^N(x, E_{\hat{q}}[q])dx + p^N(\hat{q}, E_{\hat{q}}[q]) - \hat{q} \tag{2.38}$$

Im Marktgleichgewicht gilt daher

$$\begin{aligned} \left.\frac{dW}{d\hat{q}}\right|_{\hat{q}=\hat{q}^*} &= \frac{1}{2}\int_0^{\hat{q}^*} \frac{\partial}{\partial \hat{q}} p^N(x, E_{\hat{q}^*}[q])dx + \underbrace{p^N(\hat{q}^*, E_{\hat{q}^*}[q]) - \hat{q}^*}_{=0 \text{ (wg. (2.31))}} \\ &= \frac{1}{2}\int_0^{\hat{q}^*} \underbrace{\frac{\partial}{\partial \hat{q}} p^N(x, E_{\hat{q}^*}[q])}_{=b>0} dx > 0 \end{aligned} \tag{2.39}$$

Gemäß (2.39) ist die Wohlfahrt im Marktgleichgewicht monoton steigend, so daß die wohlfahrtsmaximierende Qualität q_W stets größer ist als die im Gleichgewicht angebotene Qualität, d.h.

$$q_W > \hat{q}^* \tag{2.40}$$

Zur Ermittlung von q_W ergibt sich aus (2.38) die notwendige Bedingung erster Ordnung zu[36]

$$\begin{aligned} (b - c - 1)\, q_W + a &= 0 \\ \Leftrightarrow \qquad q_W &= \frac{a}{1 + c - b} \end{aligned} \tag{2.41}$$

Gemäß (2.35) entspricht dies der Qualität, die bei vollständiger Information angeboten wird.

Insgesamt lassen sich damit die folgenden Schlußfolgerungen festhalten:

- Auf Märkten für Erfahrungsgüter führt Adverse Selektion gemessen an der Wohlfahrtsmaximierung zu einer Unterversorgung an Qualität (vgl. (2.40)).
- Die Gewährleistung einer im Vergleich zum Marktgleichgewicht höheren Maximalqualität führt zu einer Steigerung der Wohlfahrt.[37]
- Die im Marktgleichgewicht angebotene Qualität maximiert die Wohlfahrt nur dann, falls die Nachfrager vollständig über die Qualität informiert sind (vgl. (2.35) und (2.41)).

[36] Es gilt $\frac{d^2W}{d\hat{q}^2} < 0$.

[37] Eine Möglichkeit, ein solches Qualitätsniveau zu etablieren, ist die Einführung eines zweigeteilten Tarifs, bei dem die Nachfrager einen geringeren Preis pro Einheit bezahlen, als die Anbieter erhalten, und die sich ergebende Differenz über eine konstante Gebühr ausgeglichen wird (vgl. LELAND [1979], S. 1334).

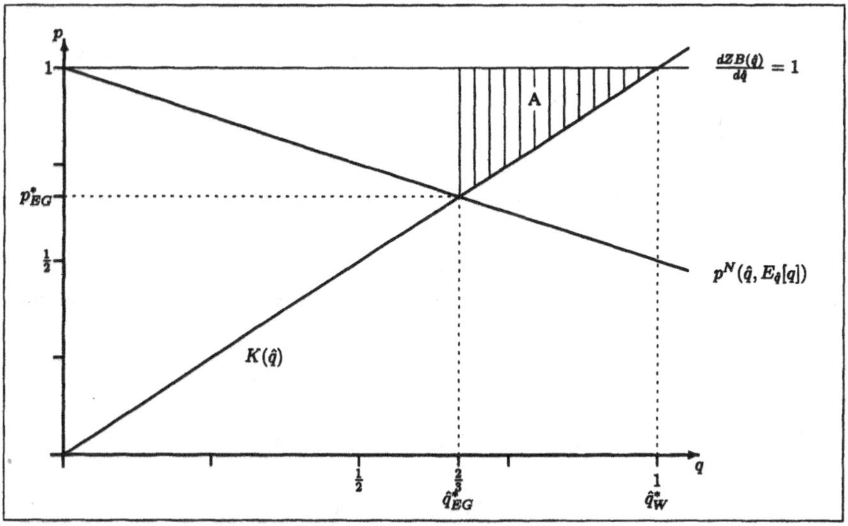

Abbildung 2.4: *Wohlfahrtsverluste durch Qualitätsunsicherheit*
Im Marktgleichgewicht wird eine maximale Qualität $\hat{q}^*_{EG}$ angeboten. Durch Erhöhung der angebotenen Qualität auf die wohlfahrtsmaximierende Qualität $\hat{q}^*_W$ ergibt sich eine Wohlfahrtssteigerung, die durch die Fläche A repräsentiert wird.
Quelle: eigene Darstellung in Anlehnung an LELAND *[1979], S. 1334*

Anhand des folgenden Beispiels können die Ergebnisse der Analyse veranschaulicht werden.

Beispiel 2.2.1 (a=b=c=1) *Die Parameterwahl $a = b = c = 1$ führt zu der in Abbildung 2.4 graphisch dargestellten Situation. Das Marktgleichgewicht liegt bei $\hat{q}^*_{EG} = \hat{q}^* = \frac{2}{3}$. Der Wohlfahrtsgewinn, der sich aus dem Übergang zum wohlfahrtsmaximierenden Qualitätsniveau $q_W = 1$ ergibt, wird durch die Fläche A repräsentiert.*

Die Analyse der Adversen Selektion zeigt zwei Aspekte auf. Zum einen wird deutlich, daß Adverse Selektion auf einem Markt für ein Erfahrungsgut zu einem Angebot an Qualität führt, das im Hinblick auf die Soziale Wohlfahrt nicht optimal ist: Der Markt versagt bei der Bereitstellung der Qualität. Zum anderen macht die Analyse auch die Ursachen für dieses Marktversagen deutlich: Qualitätsunsicherheit führt zu Adverser Selektion, da der Preis das einzig verfügbare Signal darstellt, das der Nachfrager für Rückschlüsse auf die angebotene Qualität benutzen kann. Unter den betrachteten Umständen ist der Preis aber kein Signal, das eine Diskriminierung der Anbieter hoher Qualität von den Anbietern niedriger Qualität ermöglicht und den Anbietern hoher Qualität einen Anreiz bietet könnte, ihr Gut auf dem Markt anzubieten. Es kommt zu Marktversagen, da der Preis als Signal hier nicht den notwendigen Annahmen des klassischen Signaling-Ansatzes genügt, und die Höhe des Preises nicht negativ mit der Qualität korreliert (vgl. Abschnitt 1.4.1, S. 28). Für beide Anbieter ist das Aussenden des Preissignals mit identischen Kosten verbunden.[38] Für den Anbieter niedriger Qualität ist es ohne weiteres möglich, das Signal des Anbieters hoher Qualität zu imitieren, und es existieren nur Gleichgewichte mit poolenden Preisforderungen, in denen durch den Preis keine zusätzliche Information über die angebotene Qualität übermittelt wird.

Weiterhin werden die zwei grundsätzlichen Bedingungen deutlich, unter denen es zum Phänomen der Adversen Selektion kommt. Zum einen wird es nur dann auftreten, wenn die Nachfrager vor dem Kauf lediglich unvollständig über die Qualität des angebotenen Gutes informiert sind. Zum anderen muß für den Anbieter niedriger Qualität ein Anreiz bestehen, über die wahre Qualität hinwegzutäuschen, bzw. dem Anbieter hoher Qualität muß die Möglichkeit fehlen, sich glaubhaft vom Anbieter niedriger Qualität abzuheben.

Prinzipiell kann Adverse Selektion durch die Einführung und Bekanntgabe ordnungspolitischer Maßnahmen, die zum Ausschluß niedriger Qualität führen, unterbunden werden. Bei solchen Maßnahmen, die bspw. aus dem Erlaß von Mindeststandards bestehen (vgl. Abschnitt 1.4.2, S. 32) ist zum einen allerdings zu bedenken, daß Qualität unterhalb eines Mindeststandards durchaus erwünscht sein kann. Das ist bspw. der Fall, wenn die niedrige Qualität preisgünstiger ist und prinzipiell keine Gefährdung der Nachfrager darstellt.[39] Zum anderen ist in einer Marktwirtschaft immer davon auszugehen, daß Markteingriffe zu den äußersten Konsequenzen staatlichen Handelns gehören,[40] so daß insgesamt marktendogene Aktivitäten im Vordergrund stehen. Im folgenden Abschnitt 2.2.2 werden daher die Bedingungen analysiert, unter denen Preise oder andere Signale einen Informationstransfer vom Anbieter zum Nachfrager ermöglichen.

Bei der Analyse marktendogener Informationsaktivitäten ist eine weitere Ursache von Marktversagen zu berücksichtigen, die neben Adverser Selektion in der Informationsökonomie diskutiert wird. Dabei handelt es sich um das Phänomen des Moralischen Risikos („*moral hazard*").[41] Moralisches Risiko ergibt sich immer dann, wenn „actions that have free efficiency consequences are not freely observable and so the person taking them may choose to pursue his or her private interests at others' expense"[42]. Im Gegensatz zur Adversen Selektion, die auf dem opportunistischen Ausnutzen einer *vorvertraglichen* Informationsasymmetrie beruht,[43] stellt Moralisches Risiko eine Form des *nachvertraglichen* Opportunismus dar.[44]

[38] In diesem Fall ist es sogar kostenlos.

[39] vgl. FRITSCH ET AL. [1999], *S. 296*. So ist die Regelung ärztlicher Leistungen sicherlich strenger zu handhaben, als die Qualifikation für bestimmte handwerkliche Tätigkeiten.

[40] vgl. KAAS [1990], *S. 39*

[41] In der hier verwendeten Lesart ist mit dem Begriff des Moralischen Risikos ein Prozeß verbunden und kein Zustand asymmetrischer Information (vgl. SPREMANN [1990], *S. 566*).

[42] MILGROM UND ROBERTS [1992], *S. 167*

[43] vgl. MILGROM UND ROBERTS [1992], *S. 149*

[44] vgl. MILGROM UND ROBERTS [1992], *S. 167*. In diese Kategorie fällt auch das Problem des „*hold-up*", das das Problem beschreibt, „in which each party to a contract worries about being forced to accept disadvantageous terms later, after it has sunk an investment, or worries that its investment may be devalued by the actions of others" (MILGROM UND ROBERTS [1992], *S. 136*).

Das klassische Beispiel stellt hierbei der Versicherungsvertrag dar.[45] Hier kann der Versicherte nach Abschluß eines Versicherungsvertrags den Schadensfall prinzipiell durch sorgloses Verhalten vorzeitig herbeiführen, so daß der Versicherer für einen Schaden aufkommen muß, der hätte verhindert werden können. Wesentlich ist hier die Schwierigkeit des Versicherers, das vertragswidrige Verhalten zu erkennen, das ihn von der Versicherungspflicht entbinden würde.

2.2.2 Informationstransfer durch Marktsignale

Die obige Analyse der Adversen Selektion hat gezeigt, daß die Möglichkeit, mit Marktsignalen dem Problem der Qualitätsunsicherheit entgegenzuwirken, von den Eigenschaften des verwendeten Signals abhängt. So ist der Preis unter den *betrachteten* Umständen nicht als ein Signal wirksam, das einen Informationstransfer ermöglicht. Im folgenden wird die Wirkungsweise solcher Signale dargestellt, die in der Informationsökonomie unter dem Aspekt des Informationstransfers bei Erfahrungsgütern betrachtet werden. Zu diesen Signalen gehören neben dem Preis auch Werbung und die Gewährleistung einer Garantie.

Der Preis als Marktsignal

Der Preis eines Gutes kann prinzipiell unter zwei Voraussetzungen als Signal für die Ausprägung von Gütereigenschaften dienen. Zum einen ergibt sich der Signalcharakter, wenn davon ausgegangen wird, daß bereits einige Nachfrager auf dem Markt über die Eigenschaft informiert sind. Da Erfahrungsgüter betrachtet werden, können sich Nachfrager bspw. durch eigene Tests, Testberichte aus Verbraucherzeitschriften oder durch spezielle, erworbene Fähigkeiten informieren.[46] Zum anderen kann der Preis die Ausprägung von Gütereigenschaften unter Betrachtung von Wiederholungskäufen und sich daraus ergebenden Reputationseffekten signalisieren (vgl. Abschnitt 1.4.1, S. 29).[47] Unter beiden Umständen kann der Preis diejenigen Informationen über die Güterqualität bereitstellen, die es den Anbietern hoher Qualität ermöglichen, auf dem Markt zu bleiben. Der Preis, der hierbei hohe Qualität signalisiert, ergibt sich aus der unterschiedlichen Begründung beider Signalmechanismen, die im folgenden jeweils aufgezeigt wird.

Die Begründung für den Signalcharakter des Preises aufgrund von informierten Nachfragern ergibt sich aus dem positiven externen Effekt, der von informierten Nachfragern, die schon vor dem Kauf Kenntnis über die Qualität eines angebotenen Gutes haben, auf diejenigen Nachfrager ausgeht, die erst nach dem Kauf die Qualität erkennen können (uninformierte Nachfrager).[48] Informierte Nachfrager nach hoher Qualität kaufen nur, wenn ihnen diese auch angeboten wird; ansonsten kaufen sie nicht. Aus dem beobachtbaren Verhalten der informierten Nachfrager können die uninformier-

[45] vgl. FRITSCH ET AL. [1999], *S. 269*
[46] vgl. TIROLE [1995], *S. 235*
[47] vgl. auch RIORDAN [1986], *S. 255*; TIROLE [1995], *S. 235*
[48] vgl. TIROLE [1995], *S. 235f*

ten Nachfrager auf die Qualität des angebotenen Gutes schließen, so daß hohe Qualität sowohl von den informierten als auch von den uninformierten Nachfragern gekauft wird. Niedrige Qualität wird dagegen nur von den uninformierten Nachfragern gekauft. Der Anbieter wird also nur dann hohe Qualität anbieten, wenn die Gewinne aus dem Verkauf der teureren, hohen Qualität an alle Nachfrager höher sind als die Gewinne aus dem Verkauf der billigeren, niedrigen Qualität nur an die uninformierten Nachfrager. Diese Gewinnmöglichkeiten erfüllt nur ein hinreichend hoher Preis.[49] In diesem Fall ist ein hoher Preis ein Signal für die Qualität des angebotenen Gutes.[50]

Die grundlegende Argumentation zum Zusammenhang zwischen der Signalwirkung des Preises und dem Aufbau von Reputation bei Wiederholungskäufen beruht auf dem Modell von KLEIN UND LEFFLER [1981]. In ihrem Wettbewerbsmodell können Anbieter Reputation aufbauen, indem sie in sogenannte verkaufsfördernde markenspezifische Maßnahmen investieren.[51] Diese Maßnahmen sind Investitionen, die für einen Marktteilnehmer bei Austritt aus dem Markt versunkene Kosten darstellen.[52] Solche Investitionen können bspw. aus den Aufwendungen für das Design eines Firmenlogos bestehen oder aus den Kosten, die Verkaufsförderungsaktionen verursachen, und insgesamt als Investitionen in einen Markennamen („*brand name*") aufgefaßt werden können.[53] Entscheidend ist, daß sich solche Investitionen für den Anbieter nur dann lohnen, wenn er erwartet, auch in Zukunft auf dem Markt zu bleiben. Auf dem Markt kann sich der Anbieter aber nur behaupten, wenn er die gewünschte Qualität in jeder Marktperiode bereitstellt. Eine kosteneinsparende Qualitätsverschlechterung führt in der auf die Verschlechterung folgenden Periode zwar zu höheren Gewinnen, danach werden jedoch in keiner weiteren Folgeperiode Nachfrager bei ihm kaufen wollen, da die Qualitätsverschlechterung offenbar wird. Anbieter hoher Qualität haben nur dann einen Anreiz, das hohe Qualitätsniveau auch tatsächlich bereitzustellen, falls eine genügend hohe Preisprämie existiert, die gewährleistet, daß die (abdiskontierten) zukünftigen Gewinne größer sind als die einmaligen Gewinne aus dem Verkauf von niedriger Qualität zu einem hohen Preis.[54] Die Existenz einer Preisprämie beschreibt allerdings kein vollständiges Marktgleichgewicht: Weitere Anbieter würden wegen der Möglichkeit, Gewinne zu erzielen, diese (hohe) Qualität anbieten, und die insgesamt auf dem Markt angebotene Menge dieser (hohen) Qualität würde sich erhöhen. Eine Anpassung des Preises an einen sich so ergebenden, niedrigeren Gleichgewichtspreis kann sich aber nicht vollziehen, da zu solch einem niedrigeren Preis die Nachfrager nicht kaufen würden:[55]

---

[49] vgl. TIROLE [1995], *S. 236*

[50] Die Signalwirkung hoher Preise bei Vorhandensein informierter Nachfrager auf dem Markt zeigen auch BAGWELL UND RIORDAN [1991].

[51] vgl. TOLLE [1994], *S. 929*

[52] KLEIN UND LEFFLER [1981] sprechen von „*nonsalvageable capital*" (KLEIN UND LEFFLER [1981], *S. 618*) oder „*firm specific capital investment*" (KLEIN UND LEFFLER [1981], *S. 625*). Sie stellen somit ein *costly signal* im Sinne des Signaling-Ansatzes dar.

[53] vgl. KLEIN UND LEFFLER [1981], *S. 622*

[54] vgl. KLEIN UND LEFFLER [1981], *S. 622*

[55] Der höhere Preis sichert die Qualität und ist eine „minimum price constraint 'enforced' by rational consumers" (KLEIN UND LEFFLER [1981], *S. 624*).

Die Nachfrager wissen, daß die zugesagte (hohe) Qualität nur bei Vorhandensein einer Preisprämie angeboten wird und von einem Anbieter, der als Preisnehmer die (hohe) Qualität zu einem niedrigeren Preis anbieten würde, kaufen die Nachfrager nicht.[56] Der Wettbewerb kann also nicht über den Preis stattfinden und verlagert sich auf die verkaufsfördernden markenspezifischen Investitionen.[57] Zusammen mit einem Preis, der über dem Wettbewerbspreis liegt und eine Preisprämie garantiert, sichern diese Investitionen das Vorhandensein hoher Qualität auf dem Markt[58] und dienen so als Signal für die Qualität.

Wird die Möglichkeit der Qualitätsverschlechterung außer Betracht gelassen, ist es durchaus möglich, daß auch niedrige Preise hohe Produktqualität signalisieren können.[59] Wiederum steht dabei die Möglichkeit von Wiederholungskäufen im Zentrum des Arguments, so daß nur Anbieter hoher Qualität mit Wiederholungskäufen rechnen können. Übersteigen die daraus resultierenden Gewinne die Kostenvorteile, die ein Anbieter niedriger Qualität hat, kann der Anbieter in der Einführungsphase auf Gewinne verzichten und mit einem niedrigeren Preis seine Absicht signalisieren, im Markt bleiben zu wollen.

Werbung als Marktsignal

Werbung übernimmt in der Regel zwei verschiedene Funktionen.[60] Zum einen kann sie dem Nachfrager Informationen über die Eigenschaften eines Produktes liefern, so daß er eine rationale Wahl treffen kann. In diesem Fall wird von Werbung als *informative* Werbung gesprochen. Zum anderen kann sie den Nachfrager aber auch zu einem Kauf verleiten, den er ohne Werbung nicht tätigen würde. Werbung dient hier als *persuasive* Werbung.

Die mit Werbung verfolgte Zielsetzung erfährt der Nachfrager nur im Fall von Suchgütern, da der Nachfrager nur bei ihnen durch unmittelbare Inspektion vor dem Kauf die gemachten Werbeaussagen verifizieren kann. Der Anreiz des Werbetreibenden, persuasive Werbung für Suchgüter zu betreiben, sinkt daher,[61] und Werbung wird nur direkte, d.h. in der Werbeaussage enthaltene Information über das Gut bereitstellen. Werbeaussagen im Zusammenhang mit Erfahrungsgütern liefern hingegen zunächst außer der Tatsache, daß das Produkt existiert, keine direkte Information, da die Nachfrager vor einem Kauf die aufgestellten Behauptungen nicht überprüfen können.[62]

Werbung für Erfahrungsgüter kann dennoch indirekte Information über das beworbene Produkt enthalten.[63] Dabei können die durch Werbung verursachten Werbeausgaben sowohl ein Signal für

---

[56]vgl. KLEIN UND LEFFLER [1981], *S. 625f*

[57]vgl. KLEIN UND LEFFLER [1981], *S. 626*

[58]vgl. KLEIN UND LEFFLER [1981], *S. 618 & S. 634*

[59]Besonders in der Einführungsphase eines neuen Produktes müssen die Nachfrager zum erstmaligen Kauf bewogen werden (vgl. TIROLE [1995], *S. 243f*). Für eine formales Modell vgl. TIROLE [1995], *S. 260ff*

[60]vgl. die Ausführungen in TIROLE [1995], *S. 639f*, s. a. CARLTON UND PERLOFF [1994], *S. 602f*

[61]vgl. NELSON [1974], der hier von *irreführender* Werbung spricht (vgl. NELSON [1974], *S. 730f*).

[62]vgl. NELSON [1974], *S. 730f*

[63]vgl. NELSON [1974], *S. 731*

die Qualität selbst als auch ein Signal für das Verhältnis von Preis und Qualität sein.[64] Auch hier können die Werbeausgaben im Sinne der markenspezifischen Investitionen als Investitionen in einen Markennamen aufgefaßt werden. Im folgenden werden beide Aspekte erläutert.

Die Signaleigenschaft von Werbeausgaben für das Verhältnis von Preis und Qualität ist nach NELSON [1974] eine Folge des Unterschieds in der Effizienz der Anbieter bei der Produktion des Nutzens, den der Nachfrager mit dem Kauf des Gutes erzielen möchte.[65] Nur für einen Anbieter, dessen Herstellungskosten im Vergleich zu dem Nutzen, den sein Gut bereitstellt, verhältnismäßig niedrig sind, wird es sich demnach lohnen, seinen Absatz durch die Erhöhung der Werbeausgaben und die Senkung des Preises pro Nutzeneinheit zu erweitern.[66] Nur wenn die Produktionskosten pro Nutzeneinheit niedrig sind, kann ein entsprechend niedriger Preis pro Nutzeneinheit gefordert werden, so daß hohe Werbeausgaben insgesamt ein Signal hoher Qualität bei einem niedrigen Preis darstellen. Die Preise stellen somit über die Produktionskosten, die nicht direkt beobachtet werden können und den möglichen Preisrahmen setzen, indirekt ein *costly signal* dar (vgl. Abschnitt 2.2.2, S. 71). Im Sinne des Signaling-Konzepts bedeutet dies, daß die Korrelation zwischen Werbeaufwand und dem Preis pro Nutzeneinheit *negativ* ist. Darüber hinaus bewirkt die Ausweitung der Werbung eine Erhöhung der Erinnerungswahrscheinlichkeit an dieses Produkt. Davon profitiert aber nur das Produkt, das den Nachfrager zufriedenstellen kann und damit eine hohe Wiederkaufswahrscheinlichkeit besitzt. Denn nur ein zufriedener Kunde wird die Werbung für das Produkt beachten und diese dementsprechend in seine Kaufentscheidung einbeziehen.[67] Daher haben wieder nur Anbieter hoher Qualität einen Anreiz, Werbung zu betreiben.

Diese Schlußfolgerungen beachten allerdings nicht, daß die Wirkung von Werbung nicht auf die Kenntnisgabe der Existenz des Produktes beschränkt bleiben muß. Wie COMANOR UND WILSON [1979] argumentieren, kann Werbung einen Einfluß auf die Präferenzen der Nachfrager für verschiedene Produkte und darüber insgesamt Einfluß auf den Erfolg des Anbieters haben.[68] Auf Anbieterseite kann dies für ein opportunistisches Werbeverhalten ausgenutzt werden: Anbieter niedriger Qualität haben einen Anreiz, durch einen hohen Werbeaufwand über ihre wahre, unzureichende Qualität hinwegzutäuschen. Im Gegensatz zu der vorstehenden Argumentation ergibt sich dann eine *positive* Korrelation zwischen Werbeintensität und dem Preis pro Nutzeneinheit.[69]

Die Analyse der Wirkungsweise von Werbung als direktes Signal für die Qualität selbst gelangt ebenfalls zu gegensätzlichen Ergebnissen. So besteht im Modell von SCHMALENSEE [1978] unter der Annahme, daß die Beziehung zwischen Produktqualität und Werbeaufwand von den Produkti-

[64] vgl. NELSON [1974], *S. 732f*

[65] vgl. NELSON [1974], *S. 732*

[66] vgl. NELSON [1974], *S. 732f.* Die Erhöhung des Absatzes durch eine Preissenkung ergibt sich nicht nur beim gewöhnlichen Verlauf der Nachfragekurve, sondern auch dann, wenn die Nachfragekurve abschnittsweise eine positive Steigung aufweist (vgl. NELSON [1974], *S. 733*).

[67] vgl. NELSON [1974], *S. 734*

[68] vgl. COMANOR UND WILSON [1979], *S. 457.* Es handelt sich dann um persuasive Werbung.

[69] vgl. COMANOR UND WILSON [1979], *S. 457*

onskosten der Anbieter und der Werbeelastizität der Nachfrage abhängt, eine negative Korrelation zwischen Produktqualität und Werbeintensität:[70] In diesem Fall sind es dann nicht die Anbieter hoher Qualität, die intensiv Werbung betreiben, sondern die Anbieter niedriger Qualität. Andererseits unterstützen sowohl das Modell von KIHLSTROM UND RIORDAN [1984] als auch das Modell von MILGROM UND ROBERTS [1986] die ursprüngliche Schlußfolgerung von NELSON [1974], nach der Werbung ein Signal hoher Qualität ist. Das Modell von KIHLSTROM UND RIORDAN [1984] berücksichtigt hierbei ausdrücklich Wiederholungskäufe, die für die Anbieter hoher Qualität einen Anreiz darstellen, die Nachfrager eben zu einem Wiederholungskauf zu veranlassen (vgl. auch Abschnitt 1.4.1, S. 29). Unter diesen Bedingungen ergibt sich eine positive Korrelation zwischen Werbeintensität und Produktqualität.

Im spieltheoretischen Modell von MILGROM UND ROBERTS [1986] können Anbieter hoher Qualität unter der Annahme, daß die Qualität exogen vorgegeben ist, zusammen mit einem Preis einen Werbeaufwand wählen, der sie von Anbietern niedriger Qualität unterscheidbar macht.[71] Neben der exogenen Qualitätsvorgabe unterscheidet sich dieses Modell von den zuletzt genannten insbesondere auch dadurch, daß es die Abhängigkeit der Gewinne der Anbieter von den Glaubenseinschätzungen, mit denen die Nachfrager einen Anbieter bestimmter Qualität wahrnehmen, explizit berücksichtigt. Das grundlegende Prinzip ihrer formalen Argumentation wird im folgenden aufgezeigt.

Werbung als Signal für Qualität im Modell von Milgrom und Roberts Im Modell von MILGROM UND ROBERTS [1986] wird ein Markt betrachtet, auf dem ein Anbieter ein Gut anbietet, dessen Qualität q entweder hoch (H) oder niedrig (L) ist. In der theoretischen Formulierung als Signalspiel gibt es also zwei Anbietertypen. Die Qualität ist exogen bestimmt, und die Wahrscheinlichkeit für ein Gut hoher bzw. niedriger Qualität beträgt q_H bzw. q_L. Der Anbieter fordert einen Preis p und investiert w in die Werbung.[72] Der Nachfrager beobachtet ausschließlich die Preisforderung und die Werbeausgaben des Anbieters. Auf dieser Beobachtungsgrundlage bildet der Nachfrager die Einschätzung $\rho = \rho(p, w)$, daß es sich um einen Anbieter hoher Qualität handelt, d.h.

$$\rho \quad = \quad P(q = H|(p, w)) \tag{2.42}$$

[70]Das Modell von SCHMALENSEE [1978] läßt entsprechende Aussagen zu, da in der Regel niedrige Qualität mit niedrigen Kosten verbunden ist, die die Gewinnspanne in der Gegenwart vergrößern und den Einsatz von kostenintensiven Signalen wie Werbung daher untauglich machen.

[71]vgl. auch HERTZDORF [1993]

[72]Die Autoren sprechen von Werbung als einem verschwenderischen Signal und bringen damit zum Ausdruck, daß Werbung keinen direkten Einfluß auf die Nachfrage hat (MILGROM UND ROBERTS [1986], *S. 803*).

Der Erlös des Anbieters ist durch $U(p, q, \rho)$ gegeben, und es gilt $\frac{\partial}{\partial \rho} U(p, q, \rho_H) > 0$, d.h. der Erlös ist steigend in ρ.[73] Der Gewinn des Anbieters ist damit gegeben durch $U(p, q, \rho) - w$ und entsprechend dem Erlös steigt auch der Gewinn mit steigender Einschätzung ρ. Kennt der Nachfrager die wahre Qualität, ist es für den Anbieter optimal, nicht in Werbung zu investieren und die Preise p_H^H bzw. p_L^L als Maximalstellen der Erlösfunktionen unter vollständiger Information, $U(p, H, 1)$ bzw. $U(p, L, 0)$, zu fordern. Unter unvollständiger Information ist eine Fehleinschätzung der Qualität möglich. In diesem Fall maximieren die Preise p_L^H bzw. p_H^L die Erlösfunktionen unter unvollständiger Information, $U(p, H, 0)$ bzw. $U(p, L, 1)$.

Das Modell untersucht, unter welchen Bedingungen die Werbeausgaben ein Signal für die Qualität des angebotenen Gutes sind, das es dem Nachfrager ermöglicht, zwischen hoher und niedriger Qualität zu unterscheiden, d.h. wann ein trennendes Gleichgewicht vorliegt. In einem trennenden Gleichgewicht fordern die beiden Anbietertypen voneinander unterschiedliche Preis-Werbungskombinationen. Mit der Kombination (p_H, w_H) des Anbieters hoher Qualität und der Kombination (p_L, w_L) des Anbieters niedriger Qualität gilt $(p_L, w_L) \neq (p_H, w_H)$. Damit beide Anbietertypen einen Anreiz haben, diese unterschiedlichen Strategien zu spielen, müssen notwendigerweise die beiden folgenden Bedingungen gelten:[74]

a) Für den Anbietertyp hoher Qualität muß ein Anreiz bestehen, den Preis p_H zu fordern und w_H in die Werbung zu investieren, um als Typ hoher Qualität erkannt zu werden. Mit dem optimalen Preis p_L^H, falls der Typ hoher Qualität für ein Typ niedriger Qualität gehalten wird, muß daher gelten

$$U(p_H, H, \rho) - w_H \geq U(p_L^H, H, 0) \tag{2.43a}$$

b) Für den Anbietertyp niedriger Qualität darf im Gegenzug kein Anreiz bestehen, einen Preis p_H zu fordern und w_H in die Werbung zu investieren, um als Typ hoher Qualität erkannt zu werden. Mit dem optimalen Preis p_L^L, falls der Typ niedriger Qualität auch für ein Typ niedriger Qualität gehalten wird, muß daher gelten

$$U(p_H, L, \rho) - w_H \leq U(p_L^L, L, 0) \tag{2.43b}$$

[73] vgl. Milgrom und Roberts [1986], *S. 804*

[74] Um als Anbietertyp niedriger Qualität erkannt zu werden, muß der Anbieter nichts in Werbung investieren. Erst wenn er als Anbietertyp hoher Qualität erkannt werden will, muß er w_H investieren.

Insgesamt muß mit (2.43a) und (2.43b) die Preis-Werbungskombination (p_H, w_H) in einem trennenden Gleichgewicht die folgende Bedingung erfüllen:[75]

$$U(p_H, H, \rho) - U(p_L^H, H, 0) \;\geq\; w_H \;\geq\; U(p_H, L, \rho) - U(p_L^L, L, 0) \qquad (2.43c)$$

Die mit diesen Strategien konsistenten Glaubenseinschätzungen ergeben sich zu[76]

$$\begin{aligned} \rho &= \frac{P\left((p,w)|H\right) \cdot P(q=H)}{P\left((p,w)\right)} \\ &= \frac{b_H\left((p,w)\right) \cdot q_H}{b_H\left((p,w)\right) \cdot q_H + b_L\left((p,w)\right) \cdot q_L} \\ &= \begin{cases} \frac{1 \cdot q_H}{1 \cdot q_H + 0 \cdot q_L} = 1 & \text{falls} \quad w_H \text{ gemäß (2.43c)} \\ \\ 0 & \text{sonst} \end{cases} \end{aligned} \qquad (2.43d)$$

Für jede Wahl (p_L, w_L) des Anbieters niedriger Qualität gilt somit $\rho(p_L, w_L) = 0$, und die optimale Wahl ist daher, keine Investition in Werbung zu tätigen und den Preis p_L^L zu fordern. Insgesamt existieren also gemäß (2.43d) Werbeausgaben, die es zusammen mit einer Preisforderung dem Nachfrager möglich machen, die Anbieter voneinander zu unterscheiden.

Die Gewährung einer Garantie als Marktsignal

Garantien beinhalten die Verpflichtung der Anbieter, im Falle nicht erfüllter Erwartungen an das Gut, den erlittenen Nutzenverlust durch eine Kompensation zu begrenzen.[77] Diese kann aus dem Ersetzen des Gutes[78] oder aus der Zahlung einer finanziellen Entschädigung[79] bestehen. In der Informationsökonomie werden Garantien hauptsächlich als weitere Möglichkeiten des Informationstransfers zwischen Anbieter und Nachfrager betrachtet.[80] Dabei wird von einer Garantie als Signal im Sinne der klassischen Signaling-Theorie ausgegangen und eine *negative* Korrelation zwischen den Kosten der Gewährung einer Garantie und der Qualität des Gutes unterstellt. Qualität bezieht sich in diesem Zusammenhang in der Regel auf die Eigenschaften, die einen Garantiefall herbeiführen können (Zuverlässigkeit) und kann durch eine Fehlerwahrscheinlichkeit angegeben werden.[81] Je niedriger die Qualität ist, d.h. je größer die Wahrscheinlichkeit eines Versagens bzw. je unzuverlässiger das Gut ist, desto höher sind die erwarteten Folgekosten für den Anbie-

[75] Ein Gleichgewicht ist daher nicht eindeutig bestimmt. Geeignete Auswahlkriterien können aber bei entsprechender Parameterwahl zu einem eindeutigen Gleichgewicht führen (vgl. MILGROM UND ROBERTS [1986], *S. 811ff*).

[76] b_H bzw. b_L sind die Verhaltensstrategien des Anbieters hoher bzw. niedriger Qualität.

[77] vgl. SPREMANN [1988], *S. 620*

[78] vgl. GAL-OR [1989], *S.51*; BRAVERMAN ET AL. [1983]

[79] vgl. HEAL [1977], *S. 550*; GROSSMAN [1981], *S. 471*; SPENCE [1977]

[80] EMONS [1989] spricht vom *„signaling motive of warranties"* (EMONS [1989], *S. 46f*); vgl. auch SPENCE [1977]; SPENCE [1974]. Schon AKERLOF [1970] hat in seinem Gebrauchtwagenmodell auf diese Funktion von Garantien hingewiesen.

[81] vgl. GARVIN [1984]

ter.[82] Es gibt somit für einen Anbieter hoher Qualität einen Garantieumfang, der es einem Anbieter niedriger Qualität nicht ermöglicht, diesen Umfang ebenfalls anzubieten, um selbst als Anbieter hoher Qualität eingeschätzt zu werden. Mit der Gewährung einer Garantie können sich so Anbieter hoher Qualität offenbaren und dem Informations- und Unsicherheitsproblem bei Erfahrungsgütern entgegenwirken.[83]

Die Nachfrager können das Unsicherheitsproblem insbesondere dann vollkommen vernachlässigen, wenn die Anbieter eine vollständige Garantie gewähren, d.h. eine Garantie, die die vollständige Kompensation für erlittene Qualitätsmängel beinhaltet.[84] In diesem Fall ist zwar die Signalwirkung von Garantien im Sinne einer möglichen Unterscheidung zwischen den Anbietern unterschiedlicher Qualitätsniveaus eingeschränkt, aber die Unsicherheit der Nachfrager verschwindet vollständig, da für sie kein Unterschied zwischen den angebotenen Qualitätsniveaus besteht:[85] Unabhängig von der Qualität des erworbenen Gutes sind die Nachfrager durch die vollständige Kompensation immer in Besitz eines einwandfreien Gutes.

Bei der Signalwirkung von Garantien ist stets auch die Möglichkeit opportunistischen Verhaltens sowohl der Nachfrager als auch der Anbieter zu berücksichtigen.[86] Das sich daraus ergebende Problem ist ein Problem des Moralischen Risikos (vgl. Abschnitt 2.2.1, S. 70). Wie die folgende Argumentation darlegt, führt dies in der Regel zu einer eingeschränkten Signalwirkung von Garantien und läßt die mit der Gewährung von Garantien beabsichtigte Reduktion der Informationsasymmetrie insgesamt geringer ausfallen.

Auf Nachfragerseite ergibt sich Moralisches Risiko aus der von dem Anbieter nicht beobachtbaren Sorgfalt, mit der ein Nachfrager das erworbene Gut behandelt. Die aufgebrachte Sorgfalt beeinflußt das Eintreten des Garantiefalls und ist von dem gewährten Garantieumfang abhängig.[87] So würde bspw. eine vollständige Garantie einerseits die Qualitätsunsicherheit vollständig beseitigen,[88] andererseits nimmt sie aber dem Nachfrager jeglichen Anreiz einer umfassenden Sorgfalt,[89] da er bei Eintritt des Garantiefalls keine Nutzeneinbuße erleidet.[90] Garantien werden demzufolge häufiger in Anspruch genommen als bei sorgfältiger Behandlung und führen zu höheren Garantiefolgekosten

---

[82]vgl. SPENCE [1976], *S. 592*

[83]vgl. SPENCE [1977]. Im Wettbewerbsmodell von SPENCE [1977] ist die Qualität (modelliert als die Versagenswahrscheinlichkeit) eine Entscheidungsgröße der Anbieter. Der Garantieumfang signalisiert die Qualität, wenn er gleich der Steigung der Grenzkosten der Produktion der Qualität ist (vgl. SPENCE [1977], *S. 570*).

[84]vgl. NELL [1997]; GROSSMAN [1981], *S. 479*; VON UNGERN-STERNBERG [1984], *S. 101*; s.a. TIROLE [1995], *S. 232*

[85]vgl. EMONS [1989], *S. 19*; NELL [1997], *S. 6*. NELL [1997] modelliert einen monopolistischen Anbieter, der für eine exogene Qualitätsvorgabe eine Garantie gewähren kann. Die Lösung des sich ergebenden Signalspiels zeigt, daß hier die Garantie kein Signal für Qualität ist, da für *alle* Anbieter eine vollständige Garantie die optimale Lösung darstellt. Das Problem der Unsicherheit wird aber dennoch gerade durch die Gewährung einer vollständigen Garantie gelöst (vgl. auch NELL [1999]).

[86]vgl. COOPER UND ROSS [1985], *S. 104*

[87]vgl. EMONS [1989], *S. 19*

[88]Bei Produkten, deren Funktionstüchtigkeit ausschließlich durch den Anbieter bestimmt wird, erreichen vollständige Garantien dieses Ziel (vgl. WERTH [1993]).

[89]vgl. VON UNGERN-STERNBERG [1984], *S. 101*

[90]vgl. EMONS [1989], *S. 21*

für die Anbieter.[91] Diese können mit der Einschränkung des Garantieumfangs reagieren,[92] so daß eine Diskriminierung der Anbieter anhand des Garantieumfangs nicht mehr ohne weiteres möglich ist. Da die Nachfrager mit einem geringer werdenden Garantieumfang eine entsprechend niedrigere Qualitätserwartung haben,[93] wird die Signalfunktion von Garantien insgesamt eingeschränkt.

Opportunistisches Verhalten auf Anbieterseite nutzt den vom Nachfrager angenommenen positiven Zusammenhang zwischen Garantieumfang und Qualität aus. Dieser stellt für den Anbieter einen Anreiz dar, durch die Gewährung einer umfassenden Garantie über die tatsächliche, niedrige Qualität hinwegzutäuschen.[94] Obwohl dann Anbieter niedriger Qualität in der Regel mit höheren Folgekosten belastet würden, bleiben sie insbesondere dann davon verschont und können noch Gewinne realisieren, wenn Nachfrager berechtigte Garantieansprüche nicht geltend machen.[95] Gründe für dieses Nachfragerverhalten können trotz offensichtlich mangelnder Qualität das Fehlen objektiver Leistungsverpflichtungen sein, oder die fehlende Bereitschaft der Nachfrager, eine gewährte Garantie auch dann in Anspruch zu nehmen, wenn der für die Einforderung benötigte Zeitaufwand im Vergleich zum Güterpreis hoch ist.[96] Berücksichtigt der Nachfrager diese Möglichkeiten opportunistischen Verhaltens des Anbieters bei der Qualitätsbestimmung anhand von Garantien, ergibt sich auch hier insgesamt eine Einschränkung der *Signal*funktion von Garantien.

2.3 Informationsprobleme auf Märkten für Vertrauensgüter

Bei Vertrauensgütern erhält das Problem asymmetrischer Informationsverteilung im Vergleich zu Erfahrungsgütern oder gar Suchgütern eine zusätzliche Dimension: Selbst nach erfolgter Transaktion können die Nachfrager Aussagen über die Eigenschaften nicht selbst verifizieren und müssen auf die Richtigkeit der betreffenden Informationen vertrauen (vgl. Abschnitt 1.2.1). Die asymmetrische Informationsverteilung stellt daher einen weitaus größeren Anreiz für opportunistisches Handeln seitens der Anbieter dar, da hier die Gefahr, daß unzutreffende Aussagen von den Nachfragern selbst erkannt werden, bezüglich der informationsökonomischen Gütertypen am geringsten ist.[97]

Die modell-theoretische Analyse von Informationsasymmetrien konzentriert sich innerhalb der Informationsökonomie in der Hauptsache auf Erfahrungsgüter,[98] und untersucht dabei auf der Grundlage des Signaling-Ansatzes marktendogene Lösungsmöglichkeiten des sich ergebenden Informa-

[91] vgl. ARNOLDT [1996], *S. 157*
[92] vgl. ARNOLDT [1996], *S. 157*
[93] vgl. ARNOLDT [1996], *S. 157*
[94] vgl. ARNOLDT [1996], *S. 160*
[95] vgl. ARNOLDT [1996], *S. 160*
[96] vgl. TOLLE [1994], *S. 934*
[97] vgl. KAAS [1995], *S. 28*
[98] vgl. auch TOLLE [1994], *S. 927*

tionsproblems der Qualitätsunsicherheit (vgl. Abschnitt 2.2.2). Entsprechende Ansätze, die sich auf die Analyse der Qualitätsungewißheit bei Vertrauensgütern beziehen, nehmen in der Literatur nur einen vergleichsweise geringen Raum ein. Im folgenden wird daher herausgearbeitet, inwieweit bestehende Modellansätze zur Analyse dieser spezifischen Informationsproblematik herangezogen werden können. Im Zentrum steht dabei die in der Zielsetzung der Arbeit formulierte Frage, ob die formalen Voraussetzungen der jeweiligen Modelle die spezifischen Aspekte des auftretenden Vertrauensproblems abbilden können.

Die modellgeleitete Analyse von Märkten für Vertrauensgüter hängt sowohl von der betrachteten Art der Vertrauensgüter (vgl. Abschnitt 1.2.1, S. 14ff) als auch von den Voraussetzungen ab, die bei der konzeptionellen Erfassung des Problems getroffen werden. Je nach gesetztem Schwerpunkt kann so mit den Modellansätzen untersucht werden, ob unterschiedliche Aspekte der Informationssituation bei Vertrauensgütern erfaßt werden. Darunter fallen sowohl die Auswirkungen des Vertrauenscharakters auf die Bereitstellung von Gütereigenschaften als auch die sich ergebenden Möglichkeiten zur Überwindung des resultierenden Informationsproblems.

Die Grundlage der folgenden Analyse bilden einerseits Modelle, die sich ausdrücklich auf Vertrauensgüter beziehen,[99] und andererseits solche Modelle, deren Voraussetzungen im Rahmen dieser Arbeit durchaus im Sinne der Informationssituation bei Vertrauensgütern interpretiert werden können, ohne daß in dem Entwurf der Modelle explizit darauf Bezug genommen wird.[100] Damit werden alle Möglichkeiten ausgeschöpft, anhand bestehender Modellansätze den Einfluß des Vertrauenscharakters auf das Verhalten der Marktteilnehmer zu untersuchen.

Für die weitere Vorgehensweise werden im Rahmen dieser Arbeit die betrachteten Modelle danach kategorisiert, welche Reaktionen der Marktteilnehmer auf das Informationsproblem jeweils im Zentrum der Analyse stehen. Zu den Reaktionsmöglichkeiten, die einer modell-theoretischen Analyse zugänglich sind, gehören zum einen Marktsignale, die eine direkte oder indirekte Übermittlung von Informationen liefern (vgl. Abschnitt 2.3.1). Zum anderen gewinnt bei der Überwindung des für Vertrauensgüter charakteristischen Informationsproblems der Beitrag dritter Instanzen, die als Informationsvermittler auftreten, an Bedeutung (vgl. Abschnitt 2.3.2). Weiterhin bietet der institutionelle Rahmen der Transaktion in Form der Unternehmensstruktur der Anbieter einen Ansatzpunkt bei der Analyse der Bereitstellung von Vertrauensgütern (vgl. Abschnitt 2.3.3).

[99] Darunter fallen insbesondere die Modelle von EMONS [1996], SCHMUTZLER [1992], FEDDERSEN UND GILLIGAN [1996] sowie KROUSE [1990].

[100] Hierunter fallen die Modelle zu Signalspielen mit *cheap talk* (vgl. FARRELL UND RABIN [1996]) und die Modelle von HORSTMANN UND MACDONALD [1994] und EASLEY UND O'HARA [1983].

2.3.1 Informationstransfer durch Marktsignale

Für die Analyse der Informationsübermittlung auf der Grundlage von Marktsignalen ist es zweckmäßig, diejenigen Signale, die im Sinne des klassischen Signaling-Ansatzes *direkt* übermittelt werden, von solchen Signalen zu unterscheiden, die *indirekt* übermittelt werden. Direkte Signale werden von einem Sender aktiv zur Informationsübermittlung eingesetzt und stellen eine zusätzliche Aktivität dar. Indirekte Signale hingegen stellen Aktivitäten des Senders dar, die der Sender ohne zusätzlichen Aufwand ohnehin ergreifen muß, und die der Empfänger in bezug auf die ihn interessierende Information interpretieren kann. Im folgenden wird zunächst die Wirkungsweise direkter Signale analysiert und daran anschließend die Wirkungsweise indirekter Signale.

Direkte Marktsignale

Die Anwendbarkeit des klassischen Signaling-Ansatzes beschränkt sich auf solche Situationen, in denen zum einen unterstellt werden kann, daß überhaupt ein Zusammenhang zwischen Signal und Information besteht, und andererseits die Nachfrager als Empfänger der Signale diesen Zusammenhang auch kennen (vgl. Abschnitt 1.4.1, S. 28). Während Erfahrungsgüter diese Annahmen per definitionem erfüllen (vgl. Abschnitt 1.4.1, S. 27ff), kann davon bei Vertrauensgütern nicht ausgegangen werden. Der Signaling-Ansatz kann somit nicht ohne weiteres auf die geänderten Informationsbedingungen übertragen werden.

Die folgende Analyse der Wirkungsweise von (direkten) Marktsignalen orientiert sich aus den genannten Gründen an den Ursachen, die für die Einschränkung der Anwendbarkeit des klassischen Signaling-Ansatzes verantwortlich sind. Zum einen kann bei Vertrauensgütern wegen der fehlenden Erfahrungsmöglichkeiten prinzipiell kein Zusammenhang zwischen Signal und Gütereigenschaft hergestellt bzw. ein vorhandener Zusammenhang nicht verifiziert werden. Zum anderen können Erfahrungsmöglichkeiten zwar vorhanden, aber gleichzeitig so schwach ausgeprägt sein, daß eine eindeutige Wahrnehmung der Gütereigenschaft bzw. des Zusammenhangs mit dem Signal nicht möglich ist. Die erste Einschränkung wird hier als ein Problem des *„cheap talk“* betrachtet, das in der Literatur im Zusammenhang mit Signalspielen diskutiert wird, und die zweite Einschränkung wird als das Problem der *imperfekten* Erfahrung diskutiert.

Das Problem des Cheap Talk

Die Wirkungsweise des klassischen Signaling-Ansatzes basiert auf der negativen Korrelation zwischen den Signalkosten und den möglichen Ausprägungen der Gütereigenschaft (vgl. Abschnitt 1.4.1, S. 28). In Signalspielen können trennende Gleichgewichte, in denen Anbieter unterschiedlicher Qualitäten erkannt werden, bestehen, wenn mit höherer Qualität niedrigere Signalkosten verbunden sind und der Anbieter hoher Qualität solche Signale aussenden kann, die für den Anbieter niedriger Qualität zu Verlusten führen würden. Die Nachfrager präferieren dabei hohe Qualität gegenüber niedriger Qualität. Die drohenden Verluste sind als Signal allerdings nur dann wirksam, wenn der Nachfrager weiß, welche Qualität er erworben hat und den Anbieter bei unwahrheitsgemäßen Aussagen über die Qualität entsprechend sanktionieren kann. Da Behauptungen, die über Vertrauenseigenschaften aufgestellt werden, nicht überprüfbar sind, erscheint damit auch die Signalwirkung drohender Verluste durch spezifische Investitionen, die versunkene Kosten darstellen können, sinnlos.[101]

So wird bspw. eine gewährleistete Garantie für ein Vertrauensgut keine Kosten verursachen, da der Garantiefall mangels Überprüfbarkeit vom Nachfrager niemals erkannt und damit auch niemals eingefordert werden kann. Auch Werbemaßnahmen für Vertrauensgüter sind Signale, bei denen die Kosten in Sinne des Signaling-Ansatzes keine Rolle spielen. Dafür können zwei Gründe angeführt werden. Erstens sind die Kosten, die für Werbung aufgebracht werden müssen, häufig für alle Anbieter gleich und unabhängig von der Qualität des Gutes. Zweitens müssen die Werbeaufwendungen für ein Vertrauensgut ohnehin nicht mit der Qualität eines solchen Gutes korreliert sein, da ein Anbieter, der die Nachfrager über die wahre Qualität hinwegtäuscht, nicht mit seiner Entdeckung und damit verbundenen Sanktionsmaßnahmen rechnen muß.[102] Werbekosten bleiben somit unabhängig von der Qualität als Vertrauenseigenschaft und verlieren als Signal ihre Bedeutung.

Signale, die kostenlos bzw. ohne Bezug zu Folgekosten gesendet werden können und unverbindliche und nicht überprüfbare Behauptungen darstellen, sind Gegenstand sogenannter Signalspiele mit „*cheap talk*",[103] wie sie in Bemerkung 2.3.1 formalisiert werden.

Bemerkung 2.3.1 *Die Struktur eines Signalspiels mit Cheap Talk unterscheidet sich nur durch die Auszahlungsfunktionen der Spieler von gewöhnlichen Signalspielen (vgl. hierzu Bemerkung 1.5.6, S. 41). In der Formulierung als Spiel mit unvollkommener Information ist der Verlauf wie folgt gegeben:*[104]

1. *Zu Beginn des Spiels wird der Typ $t \in T_1$ des ersten Spielers (Sender) gemäß der Wahrscheinlichkeitsverteilung $\mu^A : T_1 \to [0,1]$ mit $\sum_{t \in T_1} \mu^A(t) = 1$ festgelegt.*

2. *Der Sender erfährt seinen Typ, der private Information des Senders bleibt. Anschließend wählt er eine Aktion $a_1 \in A_1$, die dem zweiten Spieler (Empfänger) als Signal für den verborgen bleibenden Sendertyp dient.*[105]

---

[101] vgl. TOLLE [1994], *S. 936*; s.a. BUREAU ET AL. [1998], *S. 440*

[102] Daher ist auch der Aufbau von Reputation über Wiederholungskäufe des Gutes schwerlich möglich.

[103] vgl. KREPS UND SOBEL [1994], *S. 863*; GIBBONS [1992], *S. 210*

[104] vgl. GIBBONS [1992], *S. 212*

[105] Es reicht ohne Beschränkung der Allgemeinheit anzunehmen, daß $A_1 = T_1$. Damit kann das übermittelt werden, was Gegenstand der privaten Information ist, nämlich der Typ des ersten Spielers (vgl. GIBBONS [1992], *S. 212f*).

3. *Der Empfänger beobachtet die gewählte Aktion a_1 und wählt auf der Grundlage seiner Beobachtung eine Aktion $a_2 \in A_2$.*

4. *Die Auszahlungen ergeben sich gemäß der Auszahlungsfunktion $r_i : A_2 \times T_1 \rightarrow I\!R$. Dabei ist $r_i(a_2; t)$ die Auszahlung an Spieler i, falls Spieler 2 die Aktion $a_2 \in A_2$ wählt und Spieler 1 vom Typ $t \in T_1$ ist. Der wesentliche Unterschied zu Signalspielen im konventionellen Sinn ist, daß Signale, d.h. die Aktionen $a_1 \in A_1$ des Senders, hier keine Kosten verursachen und daher nicht als Argument in den Auszahlungsfunktionen der Spieler auftauchen (vgl. Abschnitt 1.5.2, Bemerkung 1.5.6, S. 41).*

Da *cheap talk* Signale für den Sender nicht mit Kosten verbunden sind, beeinflussen sie die Auszahlungen an die Spieler nicht *direkt*. Gleichwohl kann der Empfänger sie durchaus für seine Entscheidungen heranziehen und darauf reagieren, so daß *cheap talk* Signale dennoch einen Einfluß auf das Spielgeschehen haben können.[106] Die Bedeutung, die ein Signal in einem Spiel mit *Cheap Talk* hat, erlangt es allerdings allein durch den Inhalt der übermittelten Botschaft. Nicht eine indirekte Beziehung zum Typ des Signalsenders, die über den Inhalt der Botschaft erschlossen wird, sondern der direkt übermittelte Informationsgehalt kann das Verhalten des Empfängers beeinflussen.[107]

Die Frage nach einem Gleichgewicht hat in einem Spiel mit *Cheap Talk* zunächst immer eine positive Antwort. Wie die nachfolgende Argumentation zeigt, existiert stets ein poolendes Gleichgewicht, in dem kein Informationstransfer zwischen Sender und Empfänger stattfindet. Ignoriert der Empfänger alle Signale, ist für den Sender eine poolende Strategie immer eine beste Antwort, da seine Auszahlung unabhängig von dem gesendeten Signal ist.[108] Spielt der Sender eine poolende Strategie, so ist im Gegenzug für den Empfänger das Ignorieren der Signale die beste Antwort, da die Signale seine Auszahlungen nicht beeinflussen. In einem (perfekten) Bayes-Nash-Gleichgewicht wählen alle Sendertypen dieselben Aktionen, und der Empfänger wird seine Einschätzungen stets entsprechend der Anfangsverteilung μ^A der Typen bilden und die entsprechende, auszahlungsmaximale Aktion $a_2 \in A_2$ wählen. Ein Informationstransfer, der über die Revidierung der Anfangsverteilung zu geänderten Einschätzungen führen würde, findet nicht statt.

Die Behebung des hier im Vordergrund stehenden Informationsproblems verlangt allerdings die Beantwortung der Frage, wann in einem Gleichgewicht Informationen übermittelt werden, d.h. wann ein trennendes Gleichgewicht existiert, in dem die Unterscheidung der Sendertypen möglich ist. Wie die folgenden Ausführungen zeigen, kann eine Antwort auf diese Frage anhand einer konkreten Spielsituation exemplarisch herausgearbeitet werden.

[106] vgl. FARRELL UND RABIN [1996], *S. 104*
[107] vgl. GIBBONS [1992], *S. 212*
[108] Die poolende Strategie ist nicht notwendigerweise die einzige beste Antwort.

Bei der betrachteten Spielsituation handelt es sich um eine Abwandlung des Arbeitsmarktspiels von SPENCE (vgl. Anhang A), in dem die Möglichkeiten eines Informationstransfers zwischen einem Arbeitsplatzsuchenden (Arbeiter) und einem Unternehmen analysiert werden. Der Arbeiter verfügt entweder über hohe (H-Typ) oder über geringe Fähigkeiten (L-Typ). Das Wissen darüber ist private Information des Arbeiters. Das Unternehmen hat einen von zwei Arbeitsplätzen zu besetzten. Die eine Tätigkeit verlangt hohe Fähigkeiten (H-Job), die andere geringe Fähigkeiten (L-Job). Das Unternehmen möchte für den H-Job einen H-Typ Arbeiter und für den L-Job einen L-Typ Arbeiter.[109] Ein H-Typ Arbeiter zieht aus dem H-Job den größeren Nutzen,[110] und ein L-Typ Arbeiter zieht aus dem L-Job den größeren Nutzen.[111] Zu Beginn des Spiels wählt der Arbeiter ein Signal, das er dem Unternehmen übermittelt. Nachdem das Unternehmen das Signal beobachtet hat, entscheidet es, welchen Job es vergibt. Hier ist eine Betrachtung im Sinne des *costly signaling* unnötig: Der Arbeiter kann dem Unternehmen seine Fähigkeit mittels eines kostenlosen Signals direkt übermitteln, und der Unternehmer wird ihm glauben: Der Arbeiter hat keinen Grund zu lügen, da beide Arbeitertypen aus dem ihnen entsprechenden Arbeitsplatz den höheren Nutzen ziehen.

Im Gegensatz zur oben betrachteten, abgewandelten Spielsituation können kostenlose Signale in der ursprünglichen Konstellation des Arbeitsmarktmodells von SPENCE keine Information übermitteln. Ein trennendes Gleichgewicht mit solchen Signalen existiert in dieser Spielsituation nicht, da alle Typen bezüglich der möglichen Aktionen des Empfängers dieselben Präferenzen besitzen. Im entsprechend abgewandelten obigen Arbeitsmarktspiel hat der Unternehmer nach wie vor dieselben Präferenzen. Der Arbeiter selbst will aber ungeachtet seiner Fähigkeiten auf jeden Fall den H-Job.[112] Die Präferenzen des Arbeiters über die Einschätzungen sind daher nicht mehr mit seinen wahren Fähigkeiten korreliert. Ungeachtet seines Typs möchte er, daß das Unternehmen ihn für einen H-Typ hält. Reagiert der Empfänger auf ein bestimmtes Signal mit einer Aktion, die von allen Sendertypen präferiert wird, werden alle Typen dieses Signal senden wollen. Eine Trennung der Typen findet im Gleichgewicht nicht statt, und es kommt zu einem poolenden Gleichgewicht.[113] *Cheap talk* Signale, d.h. die bloße Mitteilung des Typs, übermitteln hier keine Information, und der Arbeiter muß für eine erfolgreiche Informationsübertragung in *costly signaling* investieren.

In den dargelegten Spielsituationen nehmen die Präferenzen der Spieler für die Möglichleit der Informationsübermittlung mittels *Cheap Talk* Signalen eine zentrale Rolle ein. Einerseits ist es notwendig, daß die jeweiligen Präferenzen des Senders und des Empfängers nicht vollkommen

[109] Für die Auszahlungsfunktion r_2 des Unternehmens gilt daher $r_2(H - \text{Job}, H - \text{Typ}) > r_2(H - \text{Job}, L - \text{Typ})$ und $r_2(L - \text{Job}, L - \text{Typ}) > r_2(L - \text{Job}, H - \text{Typ})$.

[110] Für die Auszahlungsfunktion r_1 des Arbeiters gilt daher $r_1(H - \text{Job}, H - \text{Typ}) > r_1(L - \text{Job}, H - \text{Typ})$.

[111] Für die Auszahlungsfunktion r_1 des Arbeiters gilt daher $r_1(L - \text{Job}, L - \text{Typ}) > r_1(H - \text{Job}, L - \text{Typ})$.

[112] Für die Auszahlungen des Arbeiters gilt einerseits $r_1(H - \text{Job}, H - \text{Typ}) > r_1(L - \text{Job}, H - \text{Typ})$ und andererseits $r_1(H - \text{Job}, L - \text{Typ}) > r_1(L - \text{Job}, L - \text{Typ})$. Seine Präferenzen können diese Gestalt annehmen, d.h. er kann den H-Job wollen, weil seine Leistung nicht beobachtet werden kann. Wäre die Leistung beobachtbar, könnte er ihn nicht wollen, da nach kurzer Zeit seine wahre Fähigkeit entdeckt werden würde.

[113] vgl. FARRELL UND RABIN [1996], *S. 106*

entgegengesetzt sind,[114] denn nur dann ist der Anreiz zur Übermittlung unwahrheitsgemäßer Signale schwach genug, und bereits *Cheap Talk* kann ein glaubwürdiges Signal sein.[115] Andererseits ist es notwendig, daß die verschiedenen Sendertypen verschiedene Präferenzen bezüglich der Aktionen des Empfängers haben.[116] Nur dann haben die Sendertypen ein Interesse, sich voneinander abzugrenzen.[117] Weiterhin muß der Empfänger je nach Typ des Senders andere Aktionen präferieren, d.h. die Präferenzen des Empfängers müssen ebenfalls vom Typ des Senders abhängig sein.[118]

Insgesamt zeigt die Analyse der Informationsübermittlung anhand von *Cheap Talk*, daß die mit Signalen übertragene Information allein nicht ausreicht, das Informationsproblem bei Vertrauensgütern zu überwinden. Nur wenn die Marktteilnehmer von identischen Interessen ausgehen und sich nicht opportunistisch verhalten, d.h. sich gegenseitig einen Vertrauensvorschuß gewähren, können Signale zu einem erfolgreichen Informationstransfer beitragen.

Das Problem imperfekter Erfahrung

Die Wirksamkeit von Signalen als Möglichkeit des Informationstransfers ist eng an die Erfahrungsmöglichkeiten der Empfänger gebunden (vgl. Abschnitt 1.4.1, S. 29). So setzt bspw. die Formalisierung der möglichen Signalwirkung von Werbung voraus (vgl. Abschnitt 2.2.2), daß die relevanten Ausprägungen der beworbenen Eigenschaft im Gebrauch mit Sicherheit offenbart werden.[119] Falls nämlich Werbung in einem Gleichgewicht tatsächlich als Signal dient und eine eindeutige Trennung der Anbieter ermöglicht, wäre das vor dem Kauf bekannt. Erfahrung nach dem Kauf, die die Eigenschaft nicht in vollem Umfang offenbart, hätte keinen Einfluß auf ein solches Gleichgewicht. Mögliche negative Qualitätserfahrungen würden in diesem Fall nicht der absichtlichen Strategiewahl der Anbieter zugeschrieben werden. Das heißt es wird nicht davon ausgegangen, daß ein Anbieter niedriger Qualität einen Anbieter hoher Qualität imitiert, sondern eine negative Qualitätserfahrung wird vielmehr auf die eigene, unzulängliche Erfahrung zurückgeführt.[120] Im Gegensatz zu Erfahrungsgütern weisen aber gerade Vertrauensgüter eine solche eingeschränkte bzw. imperfekte Erfahrungsmöglichkeit auf,[121] die insgesamt nur zu einem probabilistischen Erfahrungsprozeß führt.[122]

---

[114] vgl. GIBBONS [1992], *S. 211*. Die vorangegangen Beispielsituationen waren so gewählt, daß zwischen den Typen des Senders und den Präferenzen, die der Sender über die Einschätzungen des Empfängers hat, entweder eine vollständige Korrelation oder überhaupt keine bzw. negative Korrelation besteht. Die Abschwächung zu Präferenzen, die sich nur teilweise entgegenstehen, kann *Cheap Talk* zu einem imperfektes Signal machen (vgl. FARRELL UND RABIN [1996], *S. 106f*; vgl. auch CRAWFORD UND SOBEL [1982] und KREPS UND SOBEL [1994], *S. 863f*).

[115] vgl. FARRELL UND RABIN [1996], *S. 107*

[116] vgl. GIBBONS [1992], *S. 211*

[117] Im Arbeitsmarktspiel haben beide Typen identische Präferenzen und profitieren am meisten von der Einschätzung als H-Typ.

[118] Ist das nicht der Fall, macht allerdings weder *costly signaling* noch *Cheap Talk* einen Sinn.

[119] vgl. HORSTMANN UND MACDONALD [1994], *S. 562*

[120] vgl. HORSTMANN UND MACDONALD [1994], *S. 563*

[121] vgl. bspw. stochastische Vertrauenseigenschaften (Abschnitt 1.2.1, S. 15)

[122] vgl. auch KROUSE [1990], *S. 535*, der dies ausdrücklich auf Vertrauensgüter bezieht (vgl. auch Abschnitt 2.3.3, S. 118ff).

Die Auswirkungen imperfekter Erfahrung auf die Signalwirkung wird im folgenden anhand des Modells von HORSTMANN UND MACDONALD [1994] analysiert. Als Signale betrachten die Autoren dabei Werbung und Preis. Imperfekte Erfahrung ergibt sich in ihrem Modell, da der Gebrauch eines Gutes die Qualität q nicht mit Sicherheit offenbart. Ein Gut, das von einem Unternehmen zum Kauf angeboten wird, ist entweder von hoher Qualität (H) oder von niedriger Qualität (L). Der Nutzen u, den ein Gut einem Nachfrager stiftet, ist entweder hoch ($u = 1$) oder niedrig ($u = u_0 \in (0,1)$). Der Konsum eines Gutes hoher Qualität muß nicht mit Sicherheit zu einer entsprechenden Erfahrung führen, da solch ein Gut nur mit Wahrscheinlichkeit $\psi_H < 1$ den hohen Nutzen stiftet. Gleichwohl liefert auch ein Gut niedriger Qualität den hohen Nutzen mit Wahrscheinlichkeit ψ_L ($0 < \psi_L < \psi_H$). Bei einem Gut hoher Qualität ist also die Wahrscheinlichkeit, daß eine dieser Qualität entsprechende Erfahrung gemacht wird, höher als bei einem Gut niedriger Qualität. Der erwartete Nutzen aus dem Konsum eines Gutes hoher Qualität ist gegeben durch

$$E_{\psi_H} = \psi_H \cdot 1 + (1 - \psi_H) \cdot u_0 \qquad (2.44)$$

Der erwartetet Nutzen aus dem Konsum eines Gutes niedriger Qualität ist gegeben durch

$$E_{\psi_L} = \psi_L \cdot 1 + (1 - \psi_L) \cdot u_0 \qquad (2.45)$$

Es existiert ein Kontinuum von identischen und risikoneutralen Nachfragern, die die Qualität vor einem Kauf nicht beurteilen können.[123]

Der Entscheidungsprozeß des anbietenden Unternehmens und der Nachfrager erstreckt sich über zwei Perioden ($\tau = 0$ und $\tau = 1$). Vor der ersten Periode $\tau = 0$ wird zunächst die Qualität des Gutes exogen festgelegt. Sie ist entweder mit der Wahrscheinlichkeit q_H hoch oder mit der Wahrscheinlichkeit $1-q_H$ niedrig. In jeder Periode, d.h. für alle $\tau \in \{0,1\}$, bietet das Unternehmen das Produkt auf dem Markt an und fordert dafür einen Preis p_τ. Zusätzlich muß das Unternehmen noch entscheiden, ob es in „verschwenderische"[124] Werbung investieren will ($a_\tau = 1$) oder nicht ($a_\tau = 0$). Wählt das Unternehmen $a_\tau = 1$, fallen feste Kosten in Höhe von $w > 0$ an.[125] Das Unternehmen wählt (p_0, a_0) und (p_1, a_1) so, daß der Gesamtgewinn maximal wird. Dabei wird von konstanten Grenzkosten für Werbung ausgegangen, die von der Qualität unabhängig sind und gleich Null gesetzt werden.[126] Mit dem Anteil n_τ der Konsumenten, die zum Zeitpunkt τ kaufen ($0 \leq n_\tau \leq 1$), ergibt sich für den Gewinn $p_0 \cdot n_0 - a_0 \cdot w + p_1 \cdot n_1 - a_1 \cdot w$.

[123] Erfahrungen nach dem Kauf bleiben private Information (vgl. HORSTMANN UND MACDONALD [1994], *S. 566*).

[124] Wird Werbung in einem informationsökonomischen Sinn als Signal für die Qualität eines Gutes verwendet, wird sie verschwenderisch eingesetzt (vgl. MILGROM UND ROBERTS [1986], *S. 803*; s.a. Abschnitt 2.2.2, S. 75, Fußnote 72).

[125] Der Werbeaufwand ist in Sinne des Signalcharakters optimal (vgl. HORSTMANN UND MACDONALD [1994], *S. 596*).

[126] In der Annahme der Unabhängigkeit liegt der größte Unterschied zu den informationsökonomischen Modellen im Sinne von NELSON [1974] (vgl. Abschnitt 2.2.2, S. 73), in denen eine Trennung auf den sich mit der Qualität ändernden Kosten beruht. Dadurch wird von nicht beobachtbaren Merkmalen (hier eben die Kosten), die eine Trennung ermöglichen, abgesehen und nur die Rolle betrachtet, die Wiederholungskäufe und das Lernen als Anreiz für Werbung haben (vgl. HORSTMANN UND MACDONALD [1994], *S. 567*).

Die Nachfrager beobachten den Preis p_τ und die Entscheidung a_τ für oder gegen Werbung. Auf der Grundlage dieser Beobachtungen bilden sie die Einschätzung ρ_τ und entscheiden sich für oder gegen einen Kauf einer Einheit des Gutes. Es gilt

$$\rho_\tau \quad = \quad P(q = H|(p_\tau, a_\tau)) \tag{2.46}$$

Die Nachfrager kaufen, wenn der erwartete Nutzen eines Kaufs positiv ist, d.h. falls

$$\rho_\tau \cdot 1 + (1 - \rho_\tau) \cdot u_0 - p_\tau \;\geq\; 0 \tag{2.47}$$

Ob das Unternehmen in einem Gleichgewicht[127] die Kosten für Werbung aufwendet oder nicht, hängt zum einen von den Werbekosten w und zum anderen von den Wahrscheinlichkeiten ψ_L und ψ_H ab.[128] Die Werbekosten dürfen weder so hoch sein, daß ein Anbieter niedriger Qualität es generell für unprofitabel hält, in Werbung zu investieren und für einen Anbieter hoher Qualität gehalten zu werden, noch dürfen sie das Signaling für einen Anbieter hoher Qualität unprofitabel machen. Die Wahrscheinlichkeiten müssen so ausfallen, daß täuschendes Verhalten für einen Anbieter niedriger Qualität nicht zu leicht ist, d.h. $\psi_L \not\approx \psi_H$. Gilt bspw. $\psi_L = \psi_H$, dann besteht für den Anbieter hoher Qualität keine Möglichkeit, sich von dem Anbieter niedriger Qualität zu unterscheiden, da die Nachfrager wissen, daß sie mit beiden Anbietertypen dieselbe Erfahrung machen werden.

Die Einschränkungen der Parameter werden durch die möglichen Preisforderungen des Unternehmens bestimmt. Investiert der Anbieter nicht in Werbung, so entsprechen die Preisforderungen, die das Unternehmen maximal durchsetzen kann, dem erwarteten Nutzen bei gegebener Wahrscheinlichkeit q_H. Ohne zusätzliche Konsumerfahrung erzielt der Nachfrager dabei einen unbedingten Erwartungsnutzen von $\overline{E}$ mit

$$\overline{E} \;\equiv\; q_H \cdot E_{\psi_H} + (1 - q_H) \cdot E_{\psi_L} \tag{2.48}$$

Macht der Nachfrager die Erfahrung hoher Qualität, so gilt für den (bedingten) erwarteten Nutzen

$$\begin{aligned} \overline{E}_H &\equiv P(q = H|u = 1) \cdot E_{\psi_H} + P(q = L|u = 1) \cdot E_{\psi_L} \\ &= \frac{P(q = H \wedge u = 1)}{P(u = 1)} \cdot E_{\psi_H} + \frac{P(q = L \wedge u = 1)}{P(u = 1)} \cdot E_{\psi_L} \\ &= \frac{q_H \cdot \psi_H}{q_H \cdot \psi_H + (1 - q_H) \cdot \psi_L} \cdot E_{\psi_H} + \frac{(1 - q_H) \cdot \psi_L}{q_H \cdot \psi_H + (1 - q_H) \cdot \psi_L} \cdot E_{\psi_L} \end{aligned} \tag{2.49}$$

[127] Die Vielzahl möglicher perfekter Bayes-Nash-Gleichgewichte wird eingeschränkt, indem diejenigen Gleichgewichtsstrategien eliminiert werden, die von Strategien dominiert werden, die unabhängig von der Qualität zu einem höheren Gewinn führen. Darüber hinaus sind die ausgewählten Gleichgewichte nur mit solchen Glaubenseinschätzungen konsistent, in denen die Einschätzungen ρ_1 in der zweiten Periode nur (stetig) von den Einschätzungen ρ_0 in der ersten Periode und den Beobachtungen (p_1, a_1) abhängen (vgl. HORSTMANN UND MACDONALD [1994], *S. 568f*).

[128] vgl. HORSTMANN UND MACDONALD [1994], *S. 568f*

Entsprechend ergibt sich der Erwartungsnutzen, falls die Konsumerfahrung $u = u_0$ gegeben ist, zu

$$\begin{aligned} \overline{E}_L \equiv & \frac{q_H \cdot (1-\psi_H)}{q_H \cdot (1-\psi_H) + (1-q_H) \cdot (1-\psi_L)} \cdot E_{\psi_H} \\ & + \frac{(1-q_H) \cdot (1-\psi_L)}{q_H \cdot (1-\psi_H) + (1-q_H) \cdot (1-\psi_L)} \cdot E_{\psi_L} \end{aligned} \quad (2.50)$$

Die Bedingungen an die Parameter ergeben sich damit insgesamt zu[129]

$$E_{\psi_H} \cdot \psi_L - w > E_{\psi_L} \quad (2.51a)$$

$$(E_{\psi_L} + w) \cdot \frac{\psi_L}{\psi_H} - w > \max\{\overline{E}_H \cdot \psi_H, \overline{E}_L\} \quad (2.51b)$$

$$E_{\psi_H} \cdot \psi_L > \overline{E}_L \quad (2.51c)$$

Werden für beide Anbietertypen in einem Gleichgewicht nur reine Strategien betrachtet, investiert das Unternehmen in Periode $\tau = 0$ nichts in Werbung. Die mit der Werbung verbundenen Kosten beinhalten stets die Möglichkeit,[130] eine dominierende Strategie zu konstruieren, in der dieselben Preisforderungen ohne Werbung erhoben werden. In Periode $\tau = 0$ liegen keine Konsumerfahrungen vor, die eine Trennung der Qualitäten ermöglichen. Ohne Werbung wird daher in einem Gleichgewicht die poolende Strategie $(p_0, a_0) = (\overline{E}, 0)$ gespielt.[131] In Periode $\tau = 1$ liegt Konsumerfahrung vor. Sie ist irrelevant, wenn die Qualität in der ersten Periode bereits offenbart wurde. In diesem Fall muß die Preisforderung der maximalen Zahlungsbereitschaft entsprechen, d.h. $(p_1, a_1) = (E_{\psi_q}, 0)$ $(q \in \{L, H\})$.[132] Nur bei nicht offenbarter Qualität in Periode $\tau = 0$ muß das Unternehmen in seinen Preisforderungen die möglichen Konsumerfahrungen berücksichtigen, d.h. in einem Gleichgewicht gilt entweder $(p_1, a_1) = (\overline{E}_L, 0)$ oder $(p_1, a_1) = (\overline{E}_H, 0)$.[133]

Über beide Perioden hinweg betrachtet, ergibt sich für die Gleichgewichtsstrategien[134]

$$\begin{aligned} (p_0, a_0) &= (\overline{E}, 0) \\ (p_1, a_1) &= (\overline{E}_L, 0) \end{aligned} \qquad q = L, H \quad (2.52)$$

In diesem poolenden Gleichgewicht spielen beide Unternehmertypen über die zwei Perioden hinweg dieselben Strategien. Wegen der nur imperfekt gegebenen Erfahrungsmöglichkeit ist weder

[129] vgl. HORSTMANN UND MACDONALD [1994], *S. 569*

[130] d.h sowohl bei poolenden als auch bei trennende Strategien (vgl. HORSTMANN UND MACDONALD [1994], *S. 581f*)

[131] Ein trennendes Gleichgewicht, in dem die Qualitäten offenbart werden, verlangt eine identische Auszahlung von E_{ψ_L} für beide Typen. Diese wird aber von der poolenden Strategie $(p_0, a_0) = (\overline{E}, 0)$ dominiert (vgl. HORSTMANN UND MACDONALD [1994], *S. 580f*).

[132] vgl. HORSTMANN UND MACDONALD [1994], *S. 579*. Werbung verursacht auch hier auszahlungsverringernde Kosten.

[133] vgl. HORSTMANN UND MACDONALD [1994], *S. 579*

[134] vgl. HORSTMANN UND MACDONALD [1994], *S. 570f*. Die mögliche Strategie $(p_1, a_1) = (\overline{E}_H, 0)$ wird von einer Strategie dominiert, in der das Unternehmen in der ersten Periode einen Preis $p < \overline{E}$ und in der zweiten Periode einen diesen Verlust kompensierenden Preis fordert (vgl. HORSTMANN UND MACDONALD [1994], *S. 571 & S. 581*).

der Einführungspreis noch die Einführungswerbung ein Signal für die Qualität des Gutes. Die Wahrscheinlichkeitseinschätzungen im Gleichgewicht entsprechen der Anfangsverteilung, und ein Informationstransfer findet nicht statt.

Insgesamt hebt die Analyse die Bedeutung sicherer Information für die Wirksamkeit von Signalen hervor. Nur wenn die benötigte Information im Gebrauch mit Sicherheit offenbart wird, kann der Nachfrager auf einen eindeutigen Zusammenhang zwischen Eigenschaft und Signal schließen. Verminderte Erfahrungsmöglichkeiten führen zu einem Verlust des Vertrauens in das eigene Urteil über den Zusammenhang zwischen Signal und Eigenschaft und damit zum Versagen des Informationstransfers durch Signale.

Bemerkung 2.3.2 *Werden gemischte Strategien in die Gleichgewichtsbetrachtung einbezogen, kann im Gleichgewicht in der zweiten Periode Werbung als Signal für Qualität eingesetzt werden. Für den Anbieter hoher Qualität ($q = H$) gilt in diesem Fall*[135]

$$P\left((p_1, a_1) = (\frac{\overline{E}_L + w}{\psi_L}, 1)\right) = 1 \tag{2.53a}$$

Der Anbieter niedriger Qualität randomisiert, und es gilt[136]

$$\begin{aligned} P\left((p_1, a_1) = (\frac{\overline{E}_L + w}{\psi_L}, 1)\right) &= m_2 & (2.53b) \\ P\left((p_1, a_1) = (E_{\psi_L}, 0)\right) &= 1 - m_2 & (2.53c) \end{aligned}$$

wobei für die Wahrscheinlichkeit m_2 gilt

$$m_2 \in \left[\frac{(1-\psi_H) \cdot q_H \cdot [E_{\psi_H} - \frac{E_{\psi_L}+w}{\psi_L}]}{(1-\psi_L) \cdot (1-q_H) \cdot [E_{\psi_L} - \frac{E_{\psi_L}+w}{\psi_L} - \psi_L]}, \min\left\{1, \frac{\psi_H \cdot q_H \cdot [E_{\psi_H} - \frac{E_{\psi_L}+w}{\psi_L}]}{\psi_L \cdot (1-q_H) \cdot [\frac{E_{\psi_L}+w}{\psi_L} - \psi_L]}\right\}\right]$$

Werbung korreliert hier zwar immerhin in der zweiten Periode $\tau = 1$ mit der Qualität des Gutes, dient aber in diesem Fall lediglich als imperfektes Signal für Qualität. Die Randomisierung macht eine eindeutige Trennung der Anbietertypen unmöglich.

Exkurs: Überzeugende Werbung bei Vertrauensgütern

Wie die obige Analyse deutlich gemacht hat, verliert der Signalcharakter von Werbung bei Vertrauensgütern an Bedeutung. Werbung wird in solchen Fällen vielmehr die Rolle von überzeugender Werbung spielen, die den Nachfrager zum Kauf bewegen soll (vgl. Abschnitt 2.2.2, S. 73). Wegen der mangelnden Überprüfbarkeit von Behauptungen kann bei Vertrauensgütern überzeugende

[135] vgl. HORSTMANN UND MACDONALD [1994], *S. 571*
[136] vgl. HORSTMANN UND MACDONALD [1994], *S. 571*

Werbung insbesondere zur Täuschung der Nachfrager eingesetzt werden. Die möglichen Auswirkungen täuschender Werbung können anhand des Modells von CARTER [1988] erläutert werden. Gemäß des Produktcharakteristik-Ansatzes von LANCASTER (vgl. Abschnitt 1.2, S. 10) stellt im Modell die Menge Q eines Gutes die Menge C einer Vertrauenseigenschaft zur Verfügung, d.h. es gilt (h: effektive Durchschnitts- und Grenzproduktivität in der Bereitstellung von C)[137]

$$C = h \cdot Q \tag{2.54a}$$

Das Modell geht davon aus, daß Werbung in der Lage ist, Nachfrager über den wahren Zusammenhang zwischen Q und C hinwegzutäuschen. Fehleinschätzungen können durch die Erfahrung nach einem Kauf nicht korrigiert werden, da es sich um Einschätzungen über Vertrauenseigenschaften handelt. Der Nachfrager nimmt somit eine Beziehung $h^e(w)$ zwischen Q und der dann von ihm wahrgenommenen Vertrauenseigenschaft C^e an, d.h. es gilt (h^e: wahrgenommene Durchschnitts- und Grenzproduktivität in der Bereitstellung von C; w: Werbeaufwand)[138]

$$C^e = h^e(w) \cdot Q \tag{2.54b}$$

Für die Beziehung zwischen wahrgenommener und tatsächlicher Eigenschaft gilt dann

$$C^e = \frac{h^e(w)}{h} \cdot C \tag{2.54c}$$

Wird der wahre Güterpreis p unbeeinflußt wahrgenommen,[139] d.h. $p^e = p$, gilt mit dem tatsächlichen impliziten Preis $p^I = \frac{p}{h}$ und dem wahrgenommenen impliziten Preis p^{eI}

$$p^{eI} = \frac{h}{h^e(w)} \cdot p^I \tag{2.54d}$$

Die Nachfrage nach den wahrgenommenen Einheiten C^e der Vertrauenseigenschaft ist gegeben durch $C^e = C^e(p^{eI}, Y)$ (Y: Einkommen). Mit der sich daraus ergebenden nachgefragten Gütermenge

$$Q_N = \frac{C^e}{h^e(w)}, \tag{2.54e}$$

der proportionalen Änderung der Nachfrage

$$\bar{Q}_N = \frac{\partial Q_N}{\partial w} \cdot \frac{1}{Q_N}, \tag{2.54f}$$

[137] vgl. CARTER [1988], *S. 776*

[138] vgl. CARTER [1988], *S. 776*

[139] In der Interpretation des Preises als Sucheigenschaft ist diese Annahme plausibel (vgl. auch Abschnitt 2.1).

der proportionalen Änderung der wahrgenommenen Beziehung

$$\bar{h}^e = \frac{\partial h^e(w)}{\partial w} \cdot \frac{1}{h^e(w)} \tag{2.54g}$$

und der Preiselastizität der Nachfrage

$$\epsilon_{Q_N p} = -\frac{\partial Q_N}{\partial p} \cdot \frac{p}{Q_N} \tag{2.54h}$$

gilt für die proportionale Änderung der Nachfrage insgesamt[140]

$$\bar{Q}_N = \bar{h}^e \cdot (\epsilon_{Q_N p} - 1) \tag{2.54i}$$

Formuliert in Elastizitäten ergibt sich mit der Werbeelastizität der Nachfrage

$$\epsilon_{Q_N w} = \frac{\partial Q_N}{\partial w} \cdot \frac{w}{Q_N} \tag{2.54j}$$

und der Werbeelastizität der wahrgenommenen Produktivität

$$\epsilon_{h^e w} = \frac{\partial h^e(w)}{\partial w} \cdot \frac{w}{h^e(w)} \tag{2.54k}$$

entsprechend[141]

$$\epsilon_{Q_N w} = \epsilon_{h^e w} \cdot (\epsilon_{Q_N p} - 1) \tag{2.54l}$$

Dieser Zusammenhang zwischen den Elastizitäten ermöglicht die Analyse des Einflußes von Werbung auf die Nachfrage eines Vertrauensgutes. Dazu wird zunächst die Referenzsituation betrachtet, in der Werbung zwar einen direkten Einfluß auf die Nachfrage hat, aber kein täuschender Einfluß von Werbung vorliegt. In diesem Fall ist für einen Monopolisten der Zusammenhang zwischen Werbeaufwand und Umsatz durch die sogenannte *Dorfmann-Steiner Bedingung* gegeben, die gemäß Ungleichung (2.54m) formuliert werden kann.[142]

$$\frac{\epsilon_{Q_N w}}{\epsilon_{Q_N p}} = \frac{w}{Q_N \cdot p} \tag{2.54m}$$

[140] vgl. CARTER [1988], *S. 782f*

[141] vgl. CARTER [1988], *S. 779*. Gleichung (2.54i) mit w multiplizieren !

[142] vgl. DORFMAN UND STEINER [1954]; vgl. auch SHY [1995], *S. 284*; TIROLE [1995], *S. 224ff*

Einsetzen von (2.54l) in (2.54m) führt im Fall der täuschenden Werbung bei Vertrauensgütern zu der Verallgemeinerung

$$\epsilon_{h^e w} \cdot (1 - \frac{1}{\epsilon_{Q_N p}}) \quad = \quad \frac{w}{Q_N \cdot p} \tag{2.54n}$$

Die Interpretation von Gleichung (2.54n) zeigt, unter welchen Umständen für einen Monopolisten täuschende Werbung in Frage kommt. Das Entscheidungsproblem des Monopolisten ist dabei durch das folgende Maximierungsproblem gegeben ($K(Q(p, w))$: Produktionskosten):

$$G := p \cdot Q - K(Q(p, w)) - w \quad \stackrel{!}{=} \quad \max_{p,w} \tag{2.54o}$$

Je nach Höhe der Grenzkosten GK der Produktion bzw. der daraus abgeleiteten Preiselastizität können die drei folgenden Konstellationen unterschieden werden.[143]

1. Sind die Grenzkosten der Produktion gleich Null (GK(Q)=0), so führt die notwendige Bedingung erster Ordnung des Maximierungsproblems (2.54o) wie folgt zu $\epsilon_{Q_N p} = 1$:

$$\begin{aligned} \frac{\partial G}{\partial p} &= 0 \\ p \cdot \frac{\partial Q}{\partial p} + Q - GK(Q) \cdot \frac{\partial Q}{\partial p} &= 0 \\ (p - GK(Q)) \cdot \frac{\partial Q}{\partial p} &= -Q \quad |GK(Q) = 0 \\ \frac{\partial Q}{\partial p} \cdot \frac{p}{Q} &= -1 \\ \Longrightarrow \epsilon_{Q_N p} &= 1 \end{aligned}$$

   Gleichung (2.54n) wird damit insgesamt zu

$$\frac{w}{Q \cdot p} \quad = \quad 0 \tag{2.54p}$$

   Der Monopolist hat in diesem Fall keinen Anreiz, täuschende Werbung einzusetzen. Preis- und Mengeneffekte einer Fehleinschätzung heben sich gegenseitig auf.[144]

2. Sind die Grenzkosten der Produktion positiv, gilt $\epsilon_{Q_N p} > 1$:

$$\epsilon_{Q_N p} \quad = \quad 1 - \underbrace{\underbrace{\frac{GK(Q)}{Q}}_{>0} \cdot \underbrace{\frac{\partial Q}{\partial p}}_{<0}}_{<0} \tag{2.54q}$$

[143] vgl. CARTER [1988], S. 779f

[144] vgl. CARTER [1988], S. 779

Aus (2.54n) folgt damit

$$\frac{w}{Q \cdot p} = \epsilon_{h^e w} \cdot \kappa(Q) \qquad (0 < \kappa(Q) = 1 - \frac{1}{\epsilon_{Q_{NP}}} < 1) \tag{2.54r}$$

Das Verhältnis von Werbeaufwand zum Umsatz ist kleiner als die Werbeelastizität der wahrgenommenen Produktivität. Der Anreiz für einen Einsatz täuschender Werbung wächst.

3. Auf einem Wettbewerbsmarkt gilt für die Preiselastizität $N_Z = \infty$. In Gleichung (2.54r) ist $\kappa(Q) = 1$, und das Verhältnis von Werbeausgaben zu den Umsätzen nimmt wegen $\frac{w}{Q \cdot p} = \epsilon_{h^e w}$ den größtmöglichen Wert an,[145] so daß der Anreiz für täuschende Werbung ebenfalls am größten ist.

Insgesamt macht die Analyse deutlich, daß Werbung auf Märkten für Vertrauensgütern zwar nicht als Signal für die Qualität eingesetzt werden kann, der Anbieter sie aber dennoch nutzbringend einsetzen kann, da Werbung in diesem Fall wegen ihres überzeugenden Charakters zusätzliche Nachfrager zu einem Kauf bewegen kann.

Indirekte Marktsignale

Im Gegensatz zu direkten Marktsignalen, die im letzten Abschnitt analysiert wurden, fallen indirekte Marktsignale nicht ausdrücklich in den Betrachtungshorizont des Signaling-Ansatzes. Indirekte Marktsignale stellen keine zusätzlichen Aktivitäten dar, sondern gehören zu den Aktivitäten des betreffenden Spielers, die als Signal gedeutet werden können. Im folgenden wird die Wirkungsweise indirekter Marktsignale am Beispiel gebündelter Vertrauenseigenschaften (Expertendienstleistungen) analysiert.

Gebündelte Vertrauenseigenschaften

Als gebündelte Vertrauenseigenschaften werden Dienstleistungen bezeichnet, bei denen die Bestimmung des Umfangs der Dienstleistung und die tatsächliche Bereitstellung der Dienstleistung in einer Hand liegen (vgl. Abschnitt 1.2.1). Der Anbieter ist also gleichzeitig Experte für Diagnose und Befriedigung des Bedarfs.

Das Angebots- und Nachfrageverhalten für solche Vertrauensgüter analysiert das Modell von EMONS [1996].[146] Ausgangspunkt ist ein monopolistischer Anbieter.[147] Bevor er seine Dienste anbieten kann, muß er den maximalen zeitlichen Arbeitsumfang Z (Kapazität) festlegen, den er zur Durchführung von Diagnosen und Reparaturen aufbringen wird. Bei einem Reservationslohn

[145] Allerdings gilt das nur bei einer Einzelbetrachtung. Die aggregierte Nachfrage kann insgesamt zurückgehen (vgl. CARTER [1988], *S. 780*).
[146] vgl. auch EMONS [1999], WOLINSKY [1995]
[147] Für eine analoge Betrachtung innerhalb eines Wettbewerbsmodells vgl. EMONS [1997]

von 1 entspricht Z den Kosten dieser Kapazitätswahl. Sie stellen irreversible Kosten dar.[148] Die durchschnittlichen Reparaturkosten sind durch K_R, die entsprechenden Diagnosekosten durch K_D gegeben. Bei einem Reservationslohn von 1 entsprechen K_R und K_D den minimalen durchschnittlichen Reparatur- bzw. Diagnosekosten.[149] Für die Diagnose fordert der Anbieter einen Preis p_D und für eine Reparatur einen Preis p_R.

Die Nachfrager besitzen ein Gut, das zum möglichen Zeitpunkt einer Diagnose mit Wahrscheinlichkeit q_L von niedriger Qualität, d.h. in einem schlechten Zustand, ist und mit Wahrscheinlichkeit $1 - q_L$ von hoher Qualität, d.h. in einem guten Zustand, ist. Die Nachfrager sind selbst nicht in der Lage, den tatsächlichen Zustand zu beurteilen. Ist das Gut in einem guten Zustand, wird es mit einer Wahrscheinlichkeit $\psi_H^H \in [0, 1]$ weiterhin seinen Zweck erfüllen und den maximalen Nutzen stiften. Ist es dagegen in einem schlechten Zustand, so beträgt die entsprechende Wahrscheinlichkeit $\psi_H^L \in [0, 1]$ $(0 < \psi_H^L < \psi_H^H < 1)$. Der monetäre Nutzen eines Gutes, das seinen Zweck erfüllt, ist auf 1 normiert. Der Erwartungsnutzen $\underline{E}$, den der Nachfrager ohne Diagnose und Reparatur erzielt, ergibt sich damit zu $\underline{E} = (1 - q_L) \cdot \psi_H^H + q_L \cdot \psi_H^L$.

Ob der Anbieter nach erfolgter Diagnose eine Reparatur durchführt, hängt vom Zustand des Gutes ab. Bezeichnet q_R^H die (bedingte) Wahrscheinlichkeit, mit der der Anbieter die Reparatur eines Gutes in einem guten Zustand durchführt, und q_R^L die (bedingte) Wahrscheinlichkeit der Reparatur eines schlechten Gutes, so ist mit $q_R = (1 - q_L) \cdot q_R^H + q_L \cdot q_R^L$ die (unbedingte) Wahrscheinlichkeit einer Reparatur gegeben. Mit den beiden Reparaturwahrscheinlichkeiten q_R^H und q_R^L lassen sich drei verschiedene Reparaturverhaltensweisen unterscheiden:[150]

1. Effiziente Reparatur ($q_R^H = 0, q_R^L = 1$)
   Der Experte verhält sich ehrlich und repariert nur die Güter in einem schlechten Zustand. Der Nachfrager erzielt in diesem Fall einen Erwartungsnutzen von $E_{ER} = \psi_H^H - p_D - q_L \cdot p_R$.

2. Überflüssige Reparatur ($q_R^H > 0, q_R^L = 1$)
   Der Experte verhält sich betrügerisch und repariert auch Güter in einem guten Zustand. Der Erwartungsnutzen des Nachfragers beläuft sich dann auf $E_{ÜR} = \psi_H^H - p_D - q_R \cdot p_R$.

3. Unzureichende Reparatur ($q_R^H = 0, q_R^L < 1$)
   Auch hier verhält sich der Anbieter betrügerisch und repariert nicht alle schlechten Güter. Ein Gut kann auch nach einer Behandlung in einem schlechten Zustand sein. Aus dieser Verhaltensweise des Anbieters ergibt sich für den Nachfrager damit ein Erwartungsnutzen von $E_{UR} = (1 - q_L - q_R) \cdot \psi_H^H + (q_L - q_R) \cdot \psi_H^L - p_D - q_R \cdot p_R$.

[148] vgl. EMONS [1996], *S. 6*
[149] vgl. EMONS [1996], *S. 6*
[150] vgl. EMONS [1996], *S. 7f*

Bei gleichen Preisen zieht der Nachfrager auf jeden Fall die effiziente Reparatur der überflüssigen vor. Falls für den Reparaturpreis gilt $p_R \leq \psi_H^H - \psi_H^L$, zieht er auch die effiziente Reparatur der unzureichenden Reparatur vor,[151] d.h. er zieht die effiziente Reparatur der unzureichenden Reparatur vor, wenn der Erwartungsnutzen eines Gutes nach einer Reparatur, also ein Gut hoher Qualität, den Erwartungsnutzen eines reparaturbedürftigen Gutes, also eines schlechten Gutes, zuzüglich der Reparaturkosten übersteigt.

Die Anzahl der Nachfrager ist auf das Intervall [0, 1] normiert. Die Wahrscheinlichkeit $\eta \in \{0, 1\}$, daß ein Nachfrager die Dienste des Experten in Anspruch nimmt, repräsentiert somit zugleich die Anzahl der Nachfrager, die sich an ihn wenden.

Nach der Inanspruchnahme der Dienste kann ein Gut in einem guten oder in einem schlechten Zustand sein. Da es in beiden Fällen seinen Zweck erfüllen kann, ist der Nachfrager auch im nachhinein nicht in der Lage, die Qualität der erbrachten Leistungen zu beurteilen. Zur Beurteilung muß sich der Nachfrager an anderen, beobachtbaren Merkmalen der Leistung des Experten orientieren. Eine hervorgehobene Rolle eines solchen, indirekten Signals spielt dabei die Kapazität Z.

Je nachdem, ob die Nachfrager die Wahl von Z oder die eigentlich erbrachte Leistung beobachten können,[152] ergeben sich insgesamt vier Szenarien:

i) Beobachtbare Kapazitätswahl bei beobachtbarer Leistung

ii) Nicht-Beobachtbare Kapazitätswahl bei beobachtbarer Leistung

iii) Beobachtbare Kapazitätswahl bei nicht-beobachtbarer Leistung

iv) Nicht-Beobachtbare Kapazitätswahl bei nicht-beobachtbarer Leistung

Wie die folgende Analyse der einzelnen Szenarien zeigt, unterscheiden sie sich durch die Rolle, die die Wahl der Kapazität Z bei der Festlegung des Reparaturverhaltens spielt. Je nachdem, ob der Nachfrager die Wahl von Z oder die erbrachte Leistung beobachten kann, ist er auch in der Lage, auf das jeweilige Verhalten des Anbieters zu schließen oder nicht.

ad i) *Beobachtbare Kapazitätswahl bei beobachtbarer Leistung*

Kann der Nachfrager die Kapazitätswahl beobachten, ergibt sich folgendes, dreistufige Spiel mit vollkommener Information:[153]

[151] vgl. EMONS [1996], *S. 7*

[152] Bei vielen Dienstleistungen ist die eigentliche Leistung nicht beobachtbar. Im Gegensatz zu den Leistungen eines Arztes, für deren Erbringung der Patient in der Regel anwesend sein muß, findet bspw. die Reparatur eines Autos in Abwesenheit des Kunden statt (vgl. EMONS [1996], *S. 10*).

[153] vgl. EMONS [1996], *S. 7ff.* Genaugenommen handelt es sich um ein Spiel mit nahezu vollkommener Information, da die Aktionen der letzten beiden Stufen simultan erfolgen. Die Formulierung als Spiel mit vollkommener Information ermöglicht die Lösung des Spiels durch Rückwärtsinduktion (vgl. FUDENBERG UND TIROLE [1992], *S. 96ff*).

1. Der Experte legt die Preise p_D und p_R für Diagnose bzw. Reparatur fest und bestimmt den maximal zur Verfügung stehenden Arbeitsumfang Z.
2. Der Nachfrager beobachtet die Strategiewahl (p_D, p_R, Z) und entscheidet, ob er die Dienste in Anspruch nehmen will oder nicht, d.h. er wählt $\eta \in \{0, 1\}$ so, daß sein Erwartungsnutzen maximal ist. Die Grundlage seiner Entscheidung sind die Einschätzungen über das Reparaturverhalten des Anbieters.
3. Der Experte bestimmt sein Reparaturverhalten, d.h. er wählt q_R^H und q_R^L. Sein Erwartungsnutzen beträgt $\min\{\eta, \frac{Z}{K_D+q_R \cdot K_R}\} \cdot (p_D+q_R \cdot p_R) - Z$, d.h. der Anbieter kann nicht mehr Kunden bedienen, als seine Aufnahmefähigkeit, die durch $\frac{Z}{K_D+q_R \cdot K_R}$ bestimmt ist, zuläßt.

Der Anbieter sichert sich die maximale Zahlungsbereitschaft $q_L \cdot (\psi_H^H - \psi_H^L)$ für ein Gut in einem guten Zustand entweder durch ehrliches oder überflüssiges Reparaturverhalten. In beiden Fällen hat der Nachfrager mit Sicherheit ein Gut in einem guten Zustand. Da überflüssige Reparatur zu höheren Kosten führt, ist zur Maximierung seines Gewinnes ehrliche Reparatur notwendig. Die maximale Zahlungsbereitschaft der Nachfrager für ehrliche Reparatur ergibt sich aus

$$\underbrace{\psi_H^H - p_D - q_L \cdot p_R}_{E_{ER}} \stackrel{!}{=} \underbrace{(1 - q_L) \cdot \psi_H^H + q_L \cdot \psi_H^L}_{\underline{E}} \Leftrightarrow p_R = \psi_H^H - \psi_H^L - \frac{p_D}{q_L} \quad (2.55)$$

Die Gleichgewichte des Spiels hängen von den Anreizen für den Experten ab, sich in der dritten Stufe des Spiels betrügerisch zu verhalten. Diese Anreize werden durch die Anzahl η der Nachfrager im Vergleich zur Aufnahmefähigkeit $\frac{Z}{K_D+q_L \cdot K_R}$ bei einem ehrlichen Verhalten bestimmt. Hat ein Experte bspw. mehr Kunden, als er mit einem ehrlichen Verhalten bedienen kann ($\eta > \frac{Z}{K_D+q_L \cdot K_R}$), so kann ein Anreiz bestehen, nicht alle schlechten Produkte zu reparieren. Inwiefern ein solcher Anreiz besteht, hängt von der Rentabilität der Diagnose im Vergleich zur Reparatur ab. Der Experte unterliegt nur einer durch die Kapazitätswahl festgelegten Zeitbeschränkung, so daß er als Gewinnmaximierer die Gewinne beider Aktivitäten pro Zeiteinheit miteinander vergleicht. Diese betragen für die Reparatur $\frac{p_R - K_R}{K_R}$ und für die Diagnose $\frac{p_D - K_D}{K_D}$.
Der Experte ist ehrlich, falls gilt $p_D + q_L \cdot p_R > \min\{1, \frac{Z}{K_D+q_R \cdot K_R}\} \cdot (p_D + q_R \cdot p_R) - Z$.[154] Die Anreizstruktur des Anbieters hängt dann insgesamt von der Anzahl der Nachfrager ab:

- Zu viele Nachfrager
  Gilt $1 > \frac{Z}{K_D+q_L \cdot K_R}$, so kann unzureichende Reparatur ($q_R^H = 0$ und $q_R^L < 1$) zu einer Erhöhung des Gewinns führen, falls $1 > \frac{Z}{K_D+q_R \cdot K_R} > \frac{Z}{K_D+q_L \cdot K_R}$. Nur wenn gilt

[154] In diesem Fall werden die Nachfrager die Dienste in Anspruch nehmen, d.h. $\eta = 1$.

$K_R \cdot p_D - p_R \cdot K_D = 0$, entscheidet sich der Experte für ehrliche Reparatur.[155] In diesem Fall entscheidet er sich auch gegen überflüssige Reparatur, so daß er genau dann ehrlich ist, wenn $p_R = \frac{K_R \cdot p_D}{K_D}$. Er erzielt den maximalen Gewinn von $Z \cdot \frac{q_L \cdot (\psi_H^H - \psi_H^L)}{K_D + q_L \cdot K_R}$, wenn die Preise der maximalen Zahlungsbereitschaft der Nachfrager für ehrliche Reparatur entsprechen, d.h. falls $p_D = K_D \cdot \frac{q_L \cdot (\psi_H^H - \psi_H^L)}{K_D + q_L \cdot K_R}$.

- Zu wenige Nachfrager
  Gilt $1 < \frac{Z}{K_D + q_L \cdot K_R}$, so führt unzureichende Reparatur ($q_R^H = 0$ und $q_R^L < 1 \Rightarrow q_R = q_R^L \cdot q_L < q_L$) immer zu niedrigeren Gewinnen als ehrliche Reparatur. Wählt er allerdings überflüssige Reparatur ($q_R^H > 0$ und $q_R^L = 1 \Rightarrow q_R = (1 - q_L) \cdot q_R^H + q_L > q_L$), und gilt zusätzlich $1 < \frac{Z}{K_D + q_R \cdot K_R} < \frac{Z}{K_D + q_L \cdot K_R}$, kann er seinen Gewinn auf jeden Fall erhöhen. In diesem Fall ist er nur ehrlich, falls $p_R = 0$. Insgesamt ist der Experte also genau dann ehrlich, wenn $p_R = 0$. Bei einem Preis $p_D = q_L \cdot (\psi_H^H - \psi_L^L)$ erzielt er den maximalen Gewinn von $p_D - Z$.

- Genug Nachfrager
  Gilt $1 = \frac{Z}{K_D + q_L \cdot K_R}$, so führt unzureichende Reparatur immer zu niedrigeren Gewinnen, während überflüssige Reparatur zu höheren Gewinnen führen kann. Nur wenn gilt $p_R \leq \frac{K_R \cdot p_D}{K_D}$, ist dieses Verhalten ausgeschlossen.[156] Der Experte ist insgesamt genau dann ehrlich, wenn $p_R \leq \frac{K_R \cdot p_D}{K_D}$. Liegt der Preis für Diagnose im Intervall $[K_D \cdot \frac{q_L \cdot (\psi_H^H - \psi_H^L)}{K_D + q_L \cdot K_R}, q_L \cdot (\psi_H^H - \psi_H^L)]$, maximiert er seinen Gewinn.

Der Anbieter maximiert damit insgesamt seinen Gewinn, wenn er seinen Arbeitsumfang Z so festsetzt, daß er mit ehrlicher Reparatur alle Nachfrager bedienen kann.[157] Ein Gleichgewicht ist damit durch folgende Bedingungen charakterisiert:[158]

a) $p_D \in [K_D \cdot \frac{q_L \cdot (\psi_H^H - \psi_H^L)}{K_D + q_L \cdot K_R}, q_L \cdot (\psi_H^H - \psi_H^L)]$, $p_R = \psi_H^H - \psi_H^L - \frac{p_D}{q_L}$ und $Z = K_D + q_L \cdot K_R$

b) $\eta = 1$

c) $q_R^H = 0$ und $q_R^L = 1$

Der Anbieter wird im Gleichgewicht also zu einem ehrlichen Verhalten gezwungen. Gleichzeitig kann er sich den Nachfragern durch die Wahl der Gleichgewichtskapazität Z und der Gleichgewichtspreise als ehrlicher Experte offenbaren, so daß die Nachfrager bereit sind, den maximalen Reparaturpreis zu zahlen. Umgekehrt bedeutet dies, daß die Nachfrager aus der Wahl des Arbeitsumfangs und der Preise indirekt auf das ehrliche Reparaturverhalten des Anbieters schließen können.

[155] Dann ist er indifferent zwischen Betrug und Ehrlichkeit, denn die Gewinnfunktion $\frac{Z}{K_D + q_R \cdot K_R} \cdot (p_D + q_R \cdot p_R) - Z$ verläuft horizontal.

[156] Die Gewinnfunktion ist dann monoton nicht steigend.

[157] vgl. EMONS [1996], S. 9

[158] vgl. EMONS [1996], S. 8

ad ii) *Nicht-Beobachtbare Kapazitätswahl bei beobachtbarer Leistung*

Können die Nachfrager die Kapazitätswahl nicht beobachten, wählt der Anbieter die Kapazität Z zusammen mit dem Reparaturverhalten erst nach der Entscheidung der Nachfrager für oder gegen eine Inanspruchnahme der Dienstleistung. Damit entfällt für den Anbieter die Möglichkeit, die Nachfrager durch die Wahl der Kapazität von der Ehrlichkeit seines Reparaturverhaltens zu überzeugen.

Weiterhin ist die Formulierung als dreistufiges Spiel mit vollkommener Information möglich:[159]

1. Der Experte setzt die Preise p_D und p_R für Diagnose und Reparatur fest.
2. Der Nachfrager beobachtet die Strategiewahl (p_D, p_R) und entscheidet, ob er die Dienste in Anspruch nehmen möchte oder nicht, d.h. er wählt $\eta \in \{0, 1\}$ so, daß sein Erwartungsnutzen maximal ist. Die Grundlage der Entscheidung bilden die Einschätzungen über das Reparaturverhalten und über die Kapazitätswahl des Anbieters.
3. Der Experte bestimmt sein Reparaturverhalten und die Kapazität, d.h. er wählt q_R^H, q_R^L und Z. Sein Erwartungsnutzen beträgt $\min\{\eta, \frac{Z}{K_D+q_R \cdot K_R}\} \cdot (p_D + q_R \cdot p_R) - Z$.

Legt der Anbieter die Kapazität in der dritten Stufe des Spiels so fest, daß er nicht alle Nachfrager bedienen kann ($Z > \eta \cdot (K_D + q_R \cdot K_R)$), maximiert er durch die Wahl $Z = 0$ den Gewinn $\eta \cdot (p_D + q_R \cdot p_R) - Z$. Mit $0 \not> \eta \cdot (K_D + q_R \cdot K_R)$ ist diese Wahl allerdings niemals optimal. Gilt dagegen $Z \leq \eta \cdot (K_D + q_R \cdot K_R)$, maximiert der Anbieter den Gewinn $\frac{Z}{K_D+q_R \cdot K_R} \cdot (p_D + q_R \cdot p_R) - Z$ im Falle $\frac{p_D+q_r \cdot p_R}{K_D+q_R \cdot K_R} < 1$ genau dann,[160] wenn $Z = 0$. Ist $\frac{p_D+q_R \cdot p_R}{K_D+q_R \cdot K_R} > 1$, so ergibt sich das Maximum bei $Z = \eta \cdot (K_D + q_R \cdot K_R)$, falls $\eta = 1$. Mit dieser Kapazitätswahl hängt sein Reparaturverhalten von der Differenz $p_R - K_R$ ab.[161] Falls $p_R > K_R$, wählt der Anbieter $q_R = 1$. Gilt $p_R < K_R$, wählt er $q_R = 0$. Und er ist indifferent zwischen der Wahl seines Reparaturverhaltens, falls $p_R = K_R$, d.h. er wählt $q_R = q_L$.

Geht der Nachfrager in der zweiten Stufe von $Z = 0$ aus, wählt er $\eta = 0$. Bei einer Kapazitätswahl von $Z = \eta \cdot (K_D + q_L \cdot K_R)$ und $p_R \geq K_R$ wählt der Nachfrager $\eta = 1$, falls $p_R \leq \frac{q_L \cdot (\psi_H^H - \psi_H^L) - p_D}{q_R}$. Bei einem Reparaturpreis, der kleiner ist als die Durchschnittskosten K_R ($p_R < K_R$), maximiert der Nachfrager seinen Gewinn $\underline{E} - p_D$ durch Inanspruchnahme nur bei $p_D = 0$.

Legt der Anbieter in der ersten Stufe die Preise so fest, daß $p_R \leq K_R$, erzielt er einen Gewinn von Null. Bei Preisen $p_R \geq K_R$ erreicht er den maximalen Erlös, falls er die

---

[159] vgl. EMONS [1996], *S. 9*

[160] Mit $\frac{\partial}{\partial Z}(\frac{Z}{K_D+q_R \cdot K_R} \cdot (p_D + q_R \cdot p_R) - Z) = \frac{p_D+q_R \cdot p_R}{K_D+q_R \cdot K_R} - 1$ ist die Gewinnfunktion dann monoton fallend in Z.

[161] Die Monotonieeigenschaften der in q_R linearen Gewinnfunktion wird durch die erste partielle Ableitung nach q_R bestimmt, und es gilt $\frac{\partial}{\partial q_R}(p_D + q_R \cdot p_R - (K_D + q_R \cdot K_R) = p_R - K_R$.

gesamte Zahlungsbereitschaft abschöpfen kann, d.h. $p_D + q_R \cdot p_R = q_L \cdot (\psi_H^H - \psi_H^L) \iff p_R = \frac{q_L \cdot (\psi_H^H - \psi_H^L) - p_D}{q_R}$. Den Gewinn maximiert er dann, wenn die Kosten minimal sind. Er wird also $p_R = K_R$ wählen, so daß $q_R = q_L$ und $p_D = q_L \cdot (\psi_H^H - \psi_H^L) - q_L \cdot K_R$.

Insgesamt gilt im (eindeutigen) Gleichgewicht also[162]

a) $p_D = q_L \cdot (\psi_H^H - \psi_H^L) - q_L \cdot K_R, p_R = K_R$

b) $\eta = 1$

c) $q_R^H = 0, q_R^L = 1$ und $Z = K_D + q_L \cdot K_R$

Auch hier ist ehrliches Reparaturverhalten des Anbieters Bestandteil des Gleichgewichts. Nur so sichert er sich den maximal möglichen Gewinn. Die Unmöglichkeit, die Kapazität beobachten zu können, führt darüber hinaus zur Eindeutigkeit der Gleichgewichtspreise.

ad iii) *Beobachtbare Kapazitätswahl bei nicht-beobachtbarer Leistung*

Den Fall nicht-beobachtbarer Behandlung erfaßt das Modell durch die Erweiterung um eine probabilistische Diagnosepraxis und eine probabilistische Strategie für die Forderung von Diagnose- bzw. Reparaturpreis.[163] Ist die Wahrscheinlichkeit für eine Diagnose durch $q_D \in [0,1]$ gegeben, ergibt sich die unbedingte Wahrscheinlichkeit für eine Reparatur dann zu $q_D \cdot q_R \in [0,1]$. Die Wahrscheinlichkeit, daß der Experte für eine Diagnose bzw. eine Reparatur einen Preis p_D bzw. p_R fordert, ist durch $q_{p_D} \in [0,1]$ bzw. $q_{p_R} \in [0,1]$ gegeben. Da angenommen wird, daß eine Reparatur nur nach einer Diagnose erfolgen kann, gilt $q_{p_D} \geq q_{p_R}$. Es ergibt sich das folgende, dreistufige Spiel:[164]

1. Der Experte setzt die Preise p_D und p_R für Diagnose und Reparatur fest und bestimmt die Kapazität Z.
2. Der Nachfrager beobachtet die Strategiewahl (p_D, p_R, Z) und bildet Einschätzungen über die Diagnosepraxis und die Preisforderungen. Mit diesen entscheidet er, ob er die Dienste in Anspruch nehmen will oder nicht, d.h. er wählt $\eta \in \{0,1\}$ so, daß sein Erwartungsnutzen maximal ist. Die Grundlage seiner Entscheidung sind die Einschätzungen über das Reparaturverhalten und die Kapazitätswahl des Anbieters.
3. Der Experte wählt $(q_D, q_R^H, q_R^L, q_{p_D}, q_{p_R})$.

In der dritten Stufe des Spiels garantiert dem Experten die Wahl $q_{p_D} = q_{p_R} = 1$ den maximalen Gewinn von $\min\{\eta, \frac{Z}{q_D \cdot (K_D + q_R \cdot K_R)}\} \cdot (q_{p_D} \cdot p_D + q_{p_R} \cdot p_R) - Z$. Dieses Maximum

162 vgl. EMONS [1996], *S. 12*
163 vgl. EMONS [1996], *S. 13ff*
164 vgl. EMONS [1996], *S. 13*

erreicht er bei einem ehrlichen Verhalten, da in diesem Fall die Zahlungsbereitschaft maximal ist, d.h. $q_R^H = 0$ und $q_R^L = 1$.

Gilt $1 \leq \frac{Z}{K_D + q_L \cdot K_R}$, nimmt der Nachfrager die Reparaturdienste in Anspruch ($\eta = 1$), falls gilt $\psi_H^H - p_D - p_R \leq (1 - q_L) \cdot \psi_H^H + q_L \cdot \psi_H^L$ bzw. $p_D + p_R \leq q_L \cdot (\psi_H^H - \psi_H^L)$. Für zu geringe Kapazitätswahl ($1 > \frac{Z}{K_D + q_L \cdot R}$) nimmt der Nachfrager die Dienste in Anspruch ($\eta = 1$), falls $\psi_H^H - (1 - q_D) \cdot q_L \cdot (\psi_H^H - \psi_H^L) - p_D \geq (1 - q_L) \cdot \psi_H^H + q_L \cdot \psi_H^L$, d.h. falls gilt $p_D + p_R \leq q_D \cdot q_L \cdot (\psi_H^H - \psi_H^L)$. Wählt der Anbieter $Z \geq K_D + q_L \cdot K_R$ und setzt Preise mit $p_D + p_R = q_L \cdot (\psi_H^H - \psi_H^L)$, erzielt er einen Gewinn von $q_L \cdot (\psi_H^H - \psi_H^L) - Z$. Dieser übersteigt für $Z = K_D + q_L \cdot K_R$ den Gewinn von $q_D \cdot q_L \cdot (\psi_H^H - \psi_H^L) - Z$ bei Preisen von $p_D + p_R = q_D \cdot q_L \cdot (\psi_H^H - \psi_H^L)$.

Ein Gleichgewicht ist also gegeben durch:[165]

a) $p_D \in [0, q_L \cdot (\psi_H^H - \psi_H^L)]$, $p_R = q_L \cdot (\psi_H^H - \psi_H^L) - p_D$, $Z = K_D + q_L \cdot K_R$

b) $\eta = 1$

c) $q_R^H = 0$, $q_R^L = 1$, $q_{p_D} = 1$ und $q_{p_R} = 1$

Die Wahl der Kapazität Z reicht aus, um sich gegenüber dem Nachfrager zu einem ehrlichen Reparaturverhalten zu verpflichten. Die Preise für Diagnose und Reparatur sind unabhängig vom tatsächlichen Verhalten, so daß die Menge der möglichen Preise im Vergleich zu der Situation einer beobachtbaren Leistung größer ist. Bei beobachtbarer Leistung offenbart der Anbieter also bereits mit den Preisen sein Reparaturverhalten. Ist die Leistung hingegen nicht beobachtbar, muß der Nachfrager bei der Beurteilung des Verhaltens des Anbieters die Wahl der Kapazität hinzuziehen.

ad iv) *Nicht-Beobachtbare Kapazitätswahl bei nicht-beobachtbarer Leistung*

Die Situation, in der weder die Wahl der Kapazität noch die erbrachte Leistung selbst beobachtet werden kann, wird durch die Verlagerung der Kapazitätswahl Z von der ersten Stufe des Spiels in die dritte Stufe erfaßt. Dann ist es aber für den Anbieter stets optimal, die Wahl $Z = 0$ zu treffen. Mit der dominanten Strategie, von den Nachfragern stets einen Diagnosepreis und einen Reparaturpreis zu fordern, aber keine Leistung zu erbringen, wird kein Handel stattfinden, da die Nachfrager dies voraussehen werden.[166] Ohne die Möglichkeit, sich durch die beobachtbare Wahl der Kapazität auf ehrliches Verhalten zu verpflichten, ist eine Lösung des Informationsproblems nicht gegeben.

Insgesamt zeigt die Analyse indirekter Marktsignale bei gebündelten Vertrauenseigenschaften, daß eine Lösung des Informationsproblems auf jeden Fall dann existiert, wenn die Nachfrager die

[165] vgl. EMONS [1996], *S. 14*
[166] vgl. EMONS [1996], *S. 15*

Möglichkeit haben, das indirekte Signal, d.h. hier die Kapazität, zu beobachten, und sich daran orientieren können. Die Kapazität stellt in diesem Fall ein Merkmal dar, mit dem sich der Anbieter glaubwürdig auf ehrliches Reparaturverhalten verpflichten kann. Kann ein solches Merkmal nicht beobachtet werden, nehmen die Nachfrager die Dienste nur bei direkt beobachtbarer Leistung in Anspruch. Darüber hinaus kann anhand des Modells auch die typische Informationssituation bei versteckten Vertrauenseigenschaften analysiert werden. Im Modell entspricht sie der Situation, in der weder die Kapazitätswahl noch die eigentliche Leistung beobachtbar ist. In diesem Fall existieren im Modell keine Möglichkeiten zur Informationsübermittlung, und eine Inanspruchnahme der Dienste findet nicht statt bzw. der Markt für die Dienste des Experten versagt. Nur wenn der Nachfrager der Zusicherung einer ehrlichen Bereitstellung der Dienste vertrauen würde, könnte das sich ergebende Informationsproblem überwunden werden. Dazu sind Aktivitäten notwendig, die über die bloße Informationsbereitstellung hinausgehen, und das Vertrauen der Nachfrager in das ehrliche Verhalten des Anbieters fördern.

2.3.2 Informationsbereitstellung durch unabhängige Dritte

Wie die Analyse Abschnit 2.3.1 gezeigt hat, ist die Informationsübermittlung durch Signale, die der Anbieter selbst direkt aussendet, bei Vertrauensgütern nur eingeschränkt möglich. Die Wirkungsweise der Informationsübertragung von Signalen wird in diesem Fall zusätzlich von der „*Glaubwürdigkeit*“ der Signale und dem Vertrauen des Nachfragers in die Aussagen des Anbieters bestimmt. So ist bspw. Signaling bei Vertrauensgütern im Sinne des *Cheap Talk* (vgl. Abschnitt 2.3.1, S. 81) nur dann glaubwürdig, wenn Sender und Empfänger die gleichen Interessen verfolgen. Genauso ist die ausschließliche Orientierung an indirekten Signalen genau dann nicht mehr ausreichend, wenn weder Signal noch die zu erbringende Leistung verifizierbar sind (vgl. Abschnitt 2.3.1, S. 100f).

Nachfrager können sich daher nicht mehr allein an Signalen als überprüfbare Indikatoren orientieren, ohne dabei die Glaubwürdigkeit der Anbieter zu berücksichtigen. Die Glaubwürdigkeit, die der Anbieter bei den Nachfragern genießt, wird zum entscheidenden Faktor, da sie als Ersatz für die unzureichende Möglichkeit der Nachprüfbarkeit dienen muß. Unter diesem Gesichtspunkt muß der Anbieter zusätzliche Signale anbieten, die über die bloße Informationsübermittlung bezüglich der relevanten Eigenschaft hinausgehen. Solche Signale müssen zudem in der Lage sein, sowohl die Glaubwürdigkeit des Anbieters zu unterstützen als auch das Vertrauen des Nachfragers in seine Einschätzungen aufzubauen oder zu stützen.[167] Dabei ist allerdings zu berücksichtigen, daß das Vertrauen, das den eigenen Aussagen der Anbieter entgegengebracht wird, auf die nicht verifizierbare, subjektive Erfahrung der Nachfrager bezogen bleibt. Informationen über die Glaubwürdigkeit

[167] Signale, die dem Aufbau von Glaubwürdigkeit dienen, nennt ANDERSEN [1994] „*credentials*“. Sie sind „an undisputed record of honesty, competence and determinedness with respect to the quality of supply“ (ANDERSEN [1994], *S. 6*).

von Aussagen bezüglich eines angebotenen Gutes müssen daher aus zusätzlichen, externen Informationsquellen stammen, wie sie mit den Massenmedien, der Werbung oder der Kommunikation mit anderen Konsumenten gegeben sind.[168]

Informationsökonomische Modelle, die zur Analyse des beschriebenen Glaubwürdigkeitsproblems herangezogen werden können, gehen hier auf die Einbindung dritter Instanzen als Möglichkeit zur Überwindung der Informationsasymmetrie ein. Die Lösung des Glaubwürdigkeitsproblems liegt dann in der Annahme, daß die so eingeführten unabhängigen Dritten volles Vertrauen der Nachfrager genießen und damit stets glaubwürdige und zuverlässige Informationen übermitteln. Im Vordergrund steht damit nicht der Einfluß dieser Instanzen auf die Glaubwürdigkeit von Aussagen der Anbieter, sondern ihre Rolle als bloße Informationsquelle. Sie reagieren auf die vom Nachfrager nicht beobachtbaren Eigenschaften und stellen ihm entsprechende Information darüber zur Verfügung. Die Beurteilungsmöglichkeit der Nachfrager hängt somit ausschließlich von der indirekt erhaltenen Information ab.

Im folgenden werden zwei Modelle dieser Art analysiert, die sich in der Modellierung der dritten, informationsgebenden Instanz unterscheiden. Im ersten Modell von SCHMUTZLER [1992] ist diese Instanz die „Natur", die der Qualitätswahl des Anbieters ein von dieser Wahl abhängiges Image zuordnet. Im zweiten hier betrachteten Modell von FEDDERSEN UND GILLIGAN [1996] ist die zwischengeschaltete Instanz ein Aktivist, der im Gegensatz zum Nachfrager in der Lage ist, das Angebot eines Anbieters zu bewerten, und diese Information zur Verfolgung seiner eigenen Interessen an den Nachfrager weitergibt.[169]

Bewertung durch die Natur: Image

Im Modell von SCHMUTZLER [1992] entscheidet sich ein Anbieter für die Qualität eines von ihm produzierten Gutes. Aus der Wahl der Qualität ergeben sich die Kosten der Bereitstellung des Gutes. Gemäß der informationsökonomischen Auffassung von Qualität ist hohe Qualität mit höheren Kosten verbunden, wird aber auch vom Nachfrager einer niedrigeren Qualität vorgezogen. Der Vertrauenscharakter der Qualität bedeutet, daß die Nachfrager die Qualität nicht direkt beobachten können. Qualität wird im Modell als „Umweltqualität" definiert, d.h. der Anbieter kann sich für oder gegen einen umweltschonenden Produktionsprozeß entscheiden,[170] womit es sich im Sinne der Typen von Vertrauenseigenschaften um eine versteckte Vertrauenseigenschaft handelt (vgl. Abschnitt 1.2.1, S. 14). Als Information steht dem Nachfrager neben den Preisen nur das

[168] vgl. SCHMUTZLER [1992], *S. 2*. Im Zusammenhang mit den Informationsquellen spricht SATTERTHWAITE [1979] von Reputationsgütern: „a reputation good is a good or service ... for which consumers' search among sellers consists of a series of inquiries to relatives, friends and associates for recommendation" (SATTERTHWAITE [1979], *S. 483*). Sie sind eine spezielle Form von Vertrauensgütern, da sich das Vertrauensproblem lediglich vom Anbieter auf Dritte verschiebt.

[169] Als Beispiel einer Aktion eines Aktivisten nennen FEDDERSEN UND GILLIGAN [1996] den Aufruf der Umweltschutzorganisation *Greenpeace* zum Boykott des Ölkonzerns *Shell*, als dieser im Jahr 1995 die nicht mehr benötigte Bohrplattform „Brent Spar" in der Nordsee versenken lassen wollte.

[170] vgl. SCHMUTZLER [1992], *S. 6*

Image des Anbieters in der Öffentlichkeit zur Verfügung. Das wahrgenommene Image wird von der vermittelnden Instanz „Natur" bestimmt. Zwar hängt es einerseits von der gewählten Qualität und andererseits von der zusätzlich möglichen Öffentlichkeitsarbeit (Werbeaufwand) des Anbieters ab, doch ist dem Anbieter im Modell der genaue Einfluß dieser beiden Größen auf sein Image unbekannt und entzieht sich einer gezielten Kontrolle.[171] Zusammen mit der mangelnden Beobachtbarkeit der Qualität führt dies dazu, daß im Modell nur von einer stochastischen Abhängigkeit des Image von der Höhe der Qualität und des Aufwands für Öffentlichkeitsarbeit ausgegangen wird.

Der Entscheidungsprozeß von Anbieter und Nachfrager vollzieht sich in vier Schritten:[172]

1. Zu Beginn wählt die Natur den Typ $t \in \{A, B\}$ des Anbieters. Der Typ des Anbieters ist durch eine 2×2-Matrix T_{sy} mit $T_{sy} \in [0, 1]$ und $T_{00} \leq T_{01} \leq T_{11}$ sowie $T_{00} \leq T_{10} \leq T_{11}$ gegeben. q_A ist die Wahrscheinlichkeit, daß der Anbieter vom Typ A ist, d.h. $q_A = P(t = A)$, und die Wahrscheinlichkeit, daß der Anbieter vom Typ B ist, beträgt $1 - q_A$, d.h. es gilt $P(t = B) = 1 - q_A$.
2. Der Anbieter erfährt seinen Typ und wählt die Produktqualität $q \in \{L, H\}$, den Werbeaufwand $w \in \{w_L, w_H\}$ sowie den Preis $p \in \{p_L, p_H\}$.[173] Die Wahl der Qualität und des Werbeaufwands verursachen Kosten in Höhe von $K(q, w) = q + d_1 \cdot w$ $(d_1 > 0)$.
3. Aufgrund der Wahl der Qualität und des Werbeaufwands produziert die „Natur" ein Image $z \in \{z_L, z_H\}$. Mit der Entsprechung $H \mathrel{\widehat{=}} 1$, $L \mathrel{\widehat{=}} 0$, $w_H \mathrel{\widehat{=}} 1$ und $w_L \mathrel{\widehat{=}} 0$ gilt für die Wahrscheinlichkeiten der Imagewahl $P(z = z_H | q, w) = T_{qw}$. Die Typ-Matrix enthält also die Wahrscheinlichkeiten, mit der die Natur einem Anbieter ein hohes Image z_H zuordnet.
4. Der Nachfrager beobachtet den Preis p und das Image z und trifft seine Kaufentscheidung (*ja*: Kauf; *nein*: kein Kauf). Entscheidet er sich für einen Kauf, beträgt sein Nutzen $a_K \cdot H$, falls $q = H$, andernfalls beträgt sein Nutzen $a_K \cdot L$. Kauft er nicht, beträgt sein Nutzen 0. Der Nutzen des Anbieters beträgt im Falle einer positiven Kaufentscheidung $p - q - d_1 \cdot w$ und im Falle einer negativen Kaufentscheidung $-q - d_1 \cdot w$.

Durch die beschriebene Abfolge ist ein Spiel mit unvollkommener Information gegeben.[174] Eine reine Strategie des Anbieters besteht für jeden Typ $t \in \{A, B\}$ aus der Angabe eines Tripels (p_t, w_t, q_t), für das gilt $(p_t, w_t, q_t) \in \{p_L, p_H\} \times \{w_L, w_H\} \times \{L, H\}$. Neben dem Preis und dem

[171] vgl. SCHMUTZLER [1992], S. 6

[172] vgl. SCHMUTZLER [1992], S. 6f

[173] Der Index H deutet auf eine hohe Qualität, einen hohen Werbeaufwand etc. hin. Entsprechend wird der Index L verwendet, und es gilt $L < H$, $p_L < p_H$ etc.

[174] Im Gegensatz zur ursprünglichen Formulierung in SCHMUTZLER [1992] werden hier durch die Wahl des Preises p nur aus einer diskreten Menge die Schwierigkeiten bei der Anwendung des Gleichgewichtskonzepts umgangen (vgl. SCHMUTZLER [1992], S. 7f).

finanziellen Aufwand für Werbung kann der Anbieter auch die produzierte Qualität bestimmen. Je nach Typ ist die Wahrscheinlichkeit, daß ein finanzieller Aufwand für Öffentlichkeitsarbeit und eine Qualitätsentscheidung zu einem hohen Image führen, unterschiedlich. Für die Nachfrager besteht somit insbesondere Unsicherheit darüber, worauf sich ein hohes Image gründet.

Der Nachfrager kann nur den Preis und das Image beobachten. Akzeptiert er, ergibt sich mit der bedingten Wahrscheinlichkeit $\mu(L)$, daß ein schlechtes Produkt angeboten wird, falls er den Preis p und das Image z beobachtet, sein Erwartungsnutzen zu

$$E_{pz} = \mu(L) \cdot a_K \cdot L + \mu(H) \cdot a_K \cdot H - p \tag{2.56}$$

Dabei ist $\mu(L)$ gegeben durch[175]

$$\begin{aligned}
\mu(L) &= P(q = L|p, z) \\
&= \frac{P(L, p, z)}{P(p, z)} \\
&= \frac{P(L, A, p, z) + P(L, B, p, z)}{P(p, z)} \\
&= \frac{P(L|A, p, z) \cdot P(A|p, z) \cdot P(p, z) + P(L|B, p, z) \cdot P(B|p, z) \cdot P(p, z)}{P(p, z)} \\
&= P(L|A) \cdot P(A|p, z) + P(L|B) \cdot P(B|p, z)
\end{aligned} \tag{2.57}$$

Die Bestimmung der im Gleichgewicht geforderten Preise muß die Möglichkeiten des Nachfragers berücksichtigen, den Typ des Anbieters zu erkennen. Wählen im Gleichgewicht beide Typen dieselbe Qualität q, so kennt der Nachfrager die Typen unabhängig von dem Image z, d.h. $\mu(q) = 1$. Er wird dann bis zu der maximalen Preisforderung $p^* \leq E_{pz} = a_K \cdot q$ stets akzeptieren, so daß sich beide Typen für jede Wahl des Werbeaufwands mit der Preisforderung $p_A = p_B = p^*$ besserstellen.

Trennt der Anbieter sowohl bezüglich des Preises als auch bezüglich der Qualität, so kann der Nachfrager unabhängig vom Image jeder Preisforderung die entsprechende Qualitätswahl des Anbieters zuordnen.[176] Der Nachfrager wird dann bei Beobachtung von (p_A, z) stets jede Preisforderung von $p^* \leq a_K \cdot L$ und bei Beobachtung von (p_B, z) stets jede Preisforderung $p^* \leq a_K \cdot H$ akzeptieren. Dann besteht aber für den Typ A ein Anreiz, ebenfalls den Preis $p_B > p_A$ zu wählen, der ja vom Nachfrager akzeptiert wird, da er glaubt, daß nur der Typ B diesen Preis wählt. Im Gleichgewicht werden demnach nur Preise $p_A = p_B = p^*$ gespielt.[177]

[175] Dabei ist zu beachten, daß die Qualität q unabhängig von dem Preis p und dem Image z ist.

[176] Ohne Beschränkung der Allgemeinheit produziere Typ A niedrige Qualität und Typ B hohe Qualität, d.h. $q_A = L$ und $q_B = H$. Dann gilt für die Wahrscheinlichkeit $P(q = L|p_A, z)$, daß es sich um niedrige Qualität handelt, falls Typ A den Preis p_A fordert, $P(q = L|p_A, z) = \underbrace{P(q = L|B)}_{=0} \cdot \underbrace{P(B|p_A, z)}_{=0} + \underbrace{P(q = L|A)}_{=1} \cdot \underbrace{P(A|p_A, z)}_{=1} = 1$.

[177] vgl. SCHMUTZLER [1992], S. 9

Der Preis ist das Signal, das der Nachfrager direkt beobachtet. Trennt der Anbieter bezüglich des Preises, so kann der Nachfrager nur dann den Typen A und B ihre getroffene Qualitätswahl und ihren Werbeaufwand zuordnen, falls der Anbieter auf irgendeine Weise bezüglich w und q trennt, d.h. $(w_A, q_A) \neq (w_B, q_B)$. Für die Kaufentscheidung selbst ist aber allein die Qualität q ausschlaggebend. Für den Verkäufer kommen also nur die Strategiekombinationen (p^*, w_A, q_A) bzw. (p^*, w_B, q_B) als mögliche Gleichgewichte in Frage, für die gilt[178]

$$(w_A, q_A) \leq (w_B, q_B) \tag{2.58}$$

Aus (2.58) ergeben sich für die möglichen Gleichgewichtsstrategien unmittelbar folgende drei Bedingungen an ein Gleichgewicht:[179]

$$(w_A, q_A) = (w_B, q_B) \tag{2.59a}$$

$$q_A = q_B \wedge w_A < w_B \tag{2.59b}$$

$$q_A < q_B \tag{2.59c}$$

Strategien, die der Bedingung (2.59b) genügen, lassen sich als mögliche Gleichgewichtsstrategien von vornherein ausschließen. Dazu muß zunächst beachtet werden, daß in einem Gleichgewicht gemäß der Bedingungen (2.59a) und (2.59b), d.h. $q_A = q_B$, die Erwartungsnutzen $E_{p^* z_L}$ und $E_{p^* z_H}$ auf jeden Fall identisch sind. Dann wird der Nachfrager aber auch unabhängig von der Qualität immer mit derselben Kaufentscheidung reagieren.[180] Es ergibt sich dann die folgende Argumentation gegen Strategien, die Bedingung (2.59b) erfüllen.

ad (2.59b): Sei $q_A = q_B$. Dann wird der Käufer unabhängig von z seine Strategiewahl treffen. Da z die Wahl nicht beeinflußt, und damit auch w nicht, ist es für beide Typen optimal, $w_A = w_B = w_L$ zu wählen. Das steht aber im Widerspruch zur Annahme $w_A < w_B$. Es gibt also kein Gleichgewicht mit $q_A = q_B$ und $w_A < w_B$.

Aus den verbleibenden Bedingungen (2.59a) und (2.59c) ergeben sich gemäß der folgenden beiden Argumentationen die möglichen Gleichgewichte des Spiels.

ad (2.59c): Sei $q_A = L$ und $q_B = H$. Dann kann es nur Gleichgewichte mit einer Preisforderung p^* geben, für die gilt $b_{p^* z_L}(ja) < b_{p^* z_H}(ja)$ (vgl. Fußnote 180, S. 105), wie folgen-

[178] Aus Symmetriegründen ist die Beziehung $\leq$ in lexikographischer Ordnung ausreichend. Die Fälle mit $\geq$ sind analog zu behandeln und stellen ebenfalls Gleichgewichte dar, falls der entsprechende symmetrische Fall eines darstellt (vgl. SCHMUTZLER [1992], *S. 9*).

[179] vgl. SCHMUTZLER [1992], *S. 11*

[180] Bezeichnet $b_{pz}(ja)$ bzw. $b_{pz}(nein)$ die Wahrscheinlichkeit, mit der sich der Nachfrager für oder gegen einen Kauf entscheidet, bedeutet dies für die Verhaltensstrategien $(b_{p^* z_L}(ja), b_{p^* z_L}(nein)) = (b_{p^* z_H}(ja), b_{p^* z_H}(nein))$.

de Überlegung zeigt. Der Nachfrager entscheidet sich bei Beobachtung von $z = z_L$ gemäß

$$\text{Kaufen} \; : \; \begin{cases} ja & \\ & \text{falls} \\ nein & \end{cases} \quad \begin{matrix} p^* \leq E_{p^* z_L} \\ \\ p^* > E_{p^* z_L} \end{matrix} \tag{2.60}$$

und bei Beobachtung von $z = z_H$ gemäß

$$\text{Kaufen} \; : \; \begin{cases} ja & \\ & \text{falls} \\ nein & \end{cases} \quad \begin{matrix} p^* \leq E_{p^* z_H} \\ \\ p^* > E_{p^* z_H} \end{matrix} \tag{2.61}$$

Somit kann als Alternative zur der Strategiewahl $b_{p^* z_L}(ja) < b_{p^* z_H}(ja)$ die Wahl $b_{p^* z_L}(ja) > b_{p^* z_H}(ja)$, d.h. $b_{p^* z_L}(ja) = 1$ und $b_{p^* z_H}(ja) = 0$,[181] nur gelten, falls

$$E_{p^* z_L} \;\geq\; p^* \;>\; E_{p^* z_H} \;\Rightarrow\; E_{p^* z_L} \;>\; E_{p^* z_H} \tag{2.62}$$

Spielt Typ $t \in \{A, B\}$ eine Kombination (p^*, w, q), so erzielt er einen Erwartungsnutzen $E_{(p^*,w,q)}$, für den gilt ($P_i = P(z = z_i|w, q, t), i \in \{L, H\}$)

$$\begin{aligned} E_{(p^*,w,q)} &= P_L \cdot \Big[b_{p^* z_L}(nein) \cdot (-(q+w)) + b_{p^* z_L}(ja) \cdot (p^* - (q+w)) \Big] \\ &\quad + P_H \cdot \Big[b_{p^* z_H}(nein) \cdot (-(q+w)) + b_{p^* z_H}(a) \cdot (p^* - (q+w)) \Big] \\ &= P_L \cdot \Big[0 \cdot (-(q+w)) + 1 \cdot (p^* - (q+w)) \Big] \\ &\quad + P_H \cdot \Big[1 \cdot (-(q+w)) + 0 \cdot (p^* - (q+w)) \Big] \\ &= P_L \cdot (p^* - (q+w)) + (1 - P_L) \cdot (-(q+w)) \\ &= P_L \cdot p^* - (q+w) \\ &= (1 - P_H) \cdot p^* - (q+w) \end{aligned} \tag{2.63}$$

Dieser Erwartungsnutzen erreicht sein Maximum für $P_H = P(z = z_H|w, q, t) \stackrel{!}{=} \min$ und $(q + w) \stackrel{!}{=} \min$. Beide Terme erreichen ihr Minimum genau dann, wenn $q = L$ und $w = w_L$ für beide Typen t, denn $\forall w, q$ ist $P(z = z_H|w = 0, q = 0, t) \leq P(z = z_H|w, q, t)$.[182] Mit der Wahl von $(w_A, q_A) = (w_B, q_B) = (w_L, L)$ gilt aber $E_{p^* z_L} = E_{p^* z_H}$, was im Widerspruch zu Gleichung (2.62) steht, so daß insgesamt die behauptete Beziehung $b_{p^* z_L}(ja) < b_{p^* z_H}(ja)$ gelten muß.

[181] Wegen der Betrachtung reiner Strategien gilt dann auch $b_{p^* z_L}(nein) = 0$ und $b_{p^* z_H}(nein) = 1$.
[182] vgl. die Definition der Typen in Schritt 1 bzw. 3 des Entscheidungsprozesses.

ad (2.59a): Gelte die Bedingung (2.59a), und sei die Qualität im Gleichgewicht gegeben durch $q^* = H$. Dann wird der Nachfrager unabhängig von z folgende Strategiewahl treffen:

$$\text{Kaufen} \ : \ \begin{cases} ja & \text{falls} \quad p^* \leq a_K \cdot H \\ nein & \quad p^* > a_K \cdot H \end{cases} \tag{2.64}$$

In diesem Fall stellen sich aber beide Anbietertypen besser, wenn sie für den Werbeaufwand $w_A = w_B = w_L$ und für die Qualität $q_A = q_B = L$ wählen. Es besteht also ein Anreiz, von der Gleichgewichtsstrategie abzuweichen. Dann wird aber der Nachfrager keinen Preis p^* mit $a_K \cdot H > p^* > a_K \cdot L$ akzeptieren, da es für den Anbieter suboptimal wäre, die hohe Qualität auch tatsächlich anzubieten. Der Nachfrager wird daher folgendermaßen spielen:

$$\text{Kaufen} \ : \ \begin{cases} ja & \text{falls} \quad p^* \leq a_K \cdot L \\ nein & \quad p^* > a_K \cdot L \end{cases} \tag{2.65}$$

Um seinen Erwartungsnutzen zu maximieren, wird der Anbieter also $p^* = a_K \cdot L$ wählen. Für Strategien gemäß Bedingung (2.59a) kann damit nur die Strategiewahl $(w_A, q_A) = (w_B, q_B) = (w_L, L)$ als Gleichgewicht bestehen bleiben.

Insgesamt muß damit jedes Gleichgewicht, daß (2.58) erfüllt, die Bedingung $p_A = p_B = p^*$ und eine der folgenden fünf Bedingungen a) - e) erfüllen.[183]

a) $(w_A, q_A) = (w_L, L); (w_B, q_B) = (w_L, H);$
$(b_{p^*z_L}(ja), b_{p^*z_L}(nein)) = (0,1); (b_{p^*z_H}(ja), b_{p^*z_H}(nein)) = (1,0);$
$E_{p^*z_L} < p^* \leq E_{p^*z_H}$

b) $(w_A, q_A) = (w_L, L); (w_B, q_B) = (w_H, H);$
$(b_{p^*z_L}(ja), b_{p^*z_L}(nein)) = (0,1); (b_{p^*z_H}(ja), b_{p^*z_H}(nein)) = (1,0);$
$E_{p^*z_L} < p^* \leq E_{p^*z_H}$

c) $(w_A, q_A) = (w_H, L); (w_B, q_B) = (w_L, H);$
$(b_{p^*z_L}(ja), b_{p^*z_L}(nein)) = (0,1); (b_{p^*z_H}(ja), b_{p^*z_H}(nein)) = (1,0);$
$E_{p^*z_L} < p^* \leq E_{p^*z_H}$

d) $(w_A, q_A) = (w_H, L); (w_B, q_B) = (w_H, H);$
$(b_{p^*z_L}(ja), b_{p^*z_L}(nein)) = (0,1); (b_{p^*z_H}(ja), b_{p^*z_H}(nein)) = (1,0);$
$E_{p^*z_L} < p^* \leq E_{p^*z_H}$

[183] vgl. SCHMUTZLER [1992], *S. 11*. Für eine Charakterisierung der hinreichenden Bedingungen vgl. SCHMUTZLER [1992], *S. 12*

e) $(w_A, q_A) = (w_L, L); (w_B, q_B) = (w_L, L);$
$(b_{p^* z_L}(ja), b_{p^* z_L}(nein)) = (b_{p^* z_H}(ja), b_{p^* z_H}(nein)) = (1, 0);$
$p^* \leq a_K \cdot L$

Es ist also möglich, daß im Gleichgewicht hohe Qualität angeboten wird. Abgesehen von dem Gleichgewicht, in dem beide Typen niedrige Qualität anbieten (Bedingung e)), bietet Typ A stets niedrige Qualität und Typ B stets hohe Qualität an. Beide Anbietertypen unterscheiden sich dann nur im betriebenen Werbeaufwand w. Allerdings können die Nachfrager nie mit Sicherheit davon ausgehen, daß nur hohe Qualität auf den Markt gelangt. In keinem der Gleichgewichte bieten beide Anbietertypen hohe Qualität an, d.h. es gilt niemals $q_A = q_B = H$. Darüber hinaus bleibt bei geeigneter Parameterwahl als einziges Gleichgewicht dasjenige Gleichgewicht bestehen, das Bedingung e) erfüllt.[184] Damit die Typen im Gleichgewicht überhaupt einen Werbeaufwand betreiben, muß die Zahlungsbereitschaft und die Möglichkeit für den Typ B, sein Image zu beeinflussen, hinreichend groß sein.[185]

Bewertung durch informierte Dritte: Aktivisten

Im Modell eines Marktes für ein Vertrauensgut von FEDDERSEN UND GILLIGAN [1996] haben Nachfrager die Möglichkeit, ein Gut bei zwei Anbietern (Unternehmen) zu erwerben. Die mit dem Gut verbundene Vertrauenseigenschaft wird durch die sozialen Kosten der Produktion repräsentiert, die keinen Einfluß auf die sonstige Beschaffenheit des Produktes haben. Sie stellen ebenso wie die Kosten, die im Modell von SCHMUTZLER [1992] die Wahl der Umweltqualität verursacht, eine versteckte Vertrauenseigenschaft dar (vgl. Abschnitt 1.2.1, S. 14). Während für die Nachfrager der Nutzen des Gutes mit steigenden sozialen Kosten abnimmt,[186] kann der Anbieter durch die Wahl höherer sozialer Kosten die privaten Kosten der Produktion verringern.[187] Der Vertrauenscharakter der Kosten führt dazu, daß die Nachfrager zu keiner Zeit selbst in der Lage sind, die tatsächlichen Kosten zu ermitteln. Nur ein auf dem Markt agierender Aktivist kennt den Herstellungsprozeß und kann den Nachfragern die damit verbundenen Kosten signalisieren.[188]

Der Entscheidungsprozeß von Anbietern, Nachfragern und Aktivist wird als sechsstufiges Spiel mit vollständiger, aber unvollkommener Information formuliert:[189]

1. Die Unternehmen wählen ihre Produktionstechnologie und legen so die damit verbundenen sozialen Kosten K^s fest. Für jedes der Unternehmen gibt es eine Technologiestrategie

[184] vgl. SCHMUTZLER [1992], *S. 13*
[185] vgl. SCHMUTZLER [1992], *S. 13*
[186] vgl. FEDDERSEN UND GILLIGAN [1996], *S. 7f*
[187] vgl. FEDDERSEN UND GILLIGAN [1996], *S. 8*
[188] In der Erweiterung des Modells untersucht der Aktivist gemäß einer Wahrscheinlichkeitsverteilung nur einen der beiden Anbieter (vgl. FEDDERSEN UND GILLIGAN [1998]).
[189] vgl. FEDDERSEN UND GILLIGAN [1996], *S. 8f.* Das bedeutet, daß alle Eigenschaften bekannt sind, aber nicht alle Züge von allen Spielern beobachtet werden können.

$K_i^s \in \{0, s^L, s^H\}$, die zum Tupel $K^s = (s_1, s_2)$ der Produktionstechnologien beider Unternehmen zusammengefaßt werden. Die privaten Kosten der Produktion sind durch die Funktion $K^p : \{0, s^L, s^H\} \to (0, \infty)$ mit $0 < K^p(s_H) < K^p(s_L) < K^p(0) < \infty$ gegeben. Die Unternehmen kennen nur ihre eigene Wahl, während der Aktivist Kenntnis über die Wahl beider Unternehmen hat.

2. Jedes Unternehmen wählt einen Preis, der von der Wahl der Technologie abhängt, d.h. die Preisstrategie ist für jedes $i = 1, 2$ eine Abbildung $p_i : \{0, s^L, s^H\} \to [0, +\infty)$ die zum Tupel p=$((p_1(s_1), p_2(s_2))$ der Preiswahlen führt.

3. Der Aktivist wählt auf der Grundlage der Technologiewahl ***beider*** Unternehmen für jedes Unternehmen eine Aussage über die sozialen Kosten, d.h. er wählt für jede der beiden Unternehmen eine Zusatzstrategie $e_i : \{0, s^L, s^H\} \times \{0, s^L, s^H\} \to \{0, s^L, s^H\}$, $i = 1, 2$.[190] $e = ((e_1(s), e_2(s))$ ist das Tupel der Aussagen über die Technologiewahl der Firmen.

4. Die Nachfrager bilden aus den Preisen der Unternehmen und den Aussagen des Aktivisten Wahrscheinlichkeitseinschätzungen über die sozialen Kosten der Produktion der einzelnen Unternehmen. Die Wahrscheinlichkeitseinschätzungen sind durch Funktionen μ_i $(i = 1, 2)$ mit $\mu_i : [0, +\infty)^2 \times \{0, s^L, s^H\}^2 \to [0, 1] \times \{0, s^L, s^H\}$ gegeben. Die Funktion $\mu_i(s_i|p, e)$ gibt die Wahrscheinlichkeitseinschätzungen der Nachfrager an, mit der sie glauben, daß der Anbieter von Gut $i \in \{1, 2\}$ mit den sozialen Kosten $s_i \in \{0, s^L, s^H\}$ produziert, falls die Preise $p = (p_1, p_2)$ und die Aussagen des Aktivisten $e = (e_1, e_2)$ gegeben sind.

5. Die Nachfrager formulieren ihre Entscheidungen über den Konsum des Produktes i, die für jedes $i = 1, 2$ durch $Q_i : [0, +\infty)^2 \times \{0, s^L, s^H\}^2 \to [0, +\infty)$ gegeben sind, d.h. die Abbildungen Q_i bilden die Preise und die Aussagen des Aktivisten auf die zu konsumierende Menge ab. Das Tupel $Q = (Q_1(p, e), Q_2(p, e))$ gibt die Nachfrage nach Gut 1 und Gut 2 an.

6. Mit den Wahrscheinlichkeitseinschätzungen μ_i bilden die Spieler ihren erwarteten Nutzen. Für die Unternehmen besteht keine Unsicherheit. Sie erhalten eine Auszahlung von

$$r_1(s_1, p_1; Q_1(p, e)) = [p_1(s_1) - K^p(s_1)] \cdot Q_1(p, e) \quad (2.66a)$$

$$r_2(s_2, p_2; Q_2(p, e)) = [p_2(s_2) - K^p(s_2)] \cdot Q_2(p, e) \quad (2.66b)$$

[190] Diese Strategien werden gleichzeitig mit den Preisen gewählt und bilden gleichsam einen Informationszusatz („*endorsement strategy*“) zu den Preisen (vgl. FEDDERSEN UND GILLIGAN [1996], *S. 10*).

Der Nutzen u_A des Aktivisten hängt nur von den gesamten sozialen Kosten ab. Der Aktivist kann sowohl die sozialen Kosten als auch die Wahl der Nachfrager beobachten, und sein Nutzen ergibt sich zu

$$u_A(e_1, e_2, s_1, s_2, ; q_1(p, e), q_2(p, e)) \quad = \quad -(s_1 \cdot q_1(p, e) + s_2 \cdot q_2(p, e)) \tag{2.67}$$

Der Nachfrager erzielt bei der Wahl der Mengen $Q = (Q_1, Q_2)$, die zu den sozialen Kosten $K^s = (s_1, s_2)$ produziert werden, zunächst einen Nutzen u_C gemäß[191]

$$\begin{aligned} u_C(K^s, Q) &= (d_1 - s_1) \cdot Q_1 + (d_1 - s_2) \cdot Q_2 - \frac{d_2 \cdot (Q_1^2 + Q_2^2) + 2 \cdot d_3 \cdot Q_1 \cdot Q_2}{2} \\ & d_1 > 0, d_2 \geq 0, d_3 \geq 0 \end{aligned} \tag{2.68}$$

Bei Preisen $p = (p_1, p_2)$ führt das zu der Auszahlungsfunktion

$$r_C(K^s, p, Q) \quad = \quad u_C(K^s, Q) - p_1 \cdot Q_1 - p_2 \cdot Q_2 \tag{2.69}$$

Der Nachfrager kennt die sozialen Kosten nicht. Mit den durch μ_i gegebenen Einschätzungen $\mu_i(K_i^p|p, e)$ erzielt er somit insgesamt einen Erwartungsnutzen E_C mit

$$E_C = \sum_{s_1 \in \{0, s^L, s^H\}} \sum_{s_2 \in \{0, s^L, s^H\}} r_C(Q_1, Q_2; p_1(s_1), p_2(s_2)) \cdot \mu_1(s_1|p, e) \cdot \mu_2(s_2|p, e) \tag{2.70}$$

In einem Gleichgewicht $\sigma^* = \{K^{s*}, p^*, e^*, Q^*, \mu^*\}$ des so formulierten Spiels darf für keinen Spieler bei Wahl der Gleichgewichtsstrategien und Gleichgewichtseinschätzungen ein Anreiz zum Abweichen bestehen.[192] Die Gleichgewichtseinschätzungen werden gemäß der Regel von Bayes berechnet, so daß sich insgesamt folgende Gleichgewichtsbedingungen ergeben:[193]

1. Für jedes Unternehmen muß die Auszahlung bei Spielen der Gleichgewichtskosten s_i^* höher sein als ein Abweichen davon,[194] d.h. für $i = 1, 2$ und jede Wahl der sozialen Kosten $s_i \in \{0, s^L, s^H\}$ gilt

$$[p_i^*(s_i^*) - K^p(s_i^*)] \cdot Q_i^*(p^*, e^*) \quad \geq \quad [p_i^*(s_i^*) - K^p(s_i)] \cdot Q_i^*(p^*, e^*(s_i, s_{-i}^*)) \tag{2.71}$$

[191] vgl. FEDDERSEN UND GILLIGAN [1996], *S. 7f*

[192] Die Analyse dieses Spiels beruht auf dem Konzept des perfekten Bayes-Nash-Gleichgewichts (vgl. dazu Definition 1.5.2, S. 40).

[193] vgl. FEDDERSEN UND GILLIGAN [1996], *S. 11*

[194] In einer abweichenden Strategie ändern sich nur die sozialen Kosten der Produktion. Der im Gleichgewicht geforderte Preis $p_i^* = p_i^*(K^{s*})$ bleibt gleich.

2. Der Gleichgewichtspreis p_i^* maximiert im Gleichgewicht für jede Wahl der sozialen Kosten $s_i \in \{0, s_L, s_H\}$ die Auszahlungen an jedes der beiden Unternehmen, d.h. für $i = 1, 2$ gilt

$$\begin{aligned} &[p_i^*(s_i^*) - K^p(s_i^*)] \cdot Q_i^*(p^*(s_i, s_{-i}^*), e^*(s_i, s_{-i}^*)) \geq \\ &\quad [p_i^*(s_i^*) - K^p(s_i)] \cdot Q_i^*(p_i, p_{-i}^*(s_{-i}^*), e^*(s_i, s_{-i}^*)) \end{aligned} \tag{2.72}$$

3. Für jede Wahl $K^s \in \{0, s^L, s^H\}^2$ und jede Wahl $e \in \{0, s^L, s^H\}^2$ muß die Auszahlung des Aktivisten maximal sein, d.h.

$$-s_1 \cdot Q_1^*(p^*, e^*(K^s)) - s_2 \cdot q_2^*(p^*, e^*(K^s)) \geq -s_1 \cdot q_1^*(p^*, e) - s_2 \cdot q_2^*(p^*, e) \tag{2.73}$$

4. Für jede Wahl $p \in (0, \infty)^2$, $e \in \{0, s^L, s^H\}^2$ und $Q \in [0, \infty)^2$ maximiert der Nachfrager im Gleichgewicht seine Auszahlung, d.h. mit $E[s_i|p, e] := \sum_{s_i \in \{0, s^L, s^H\}} s_i \cdot \mu_i^*(s_i|p, e)$ gilt

$$\begin{aligned} &(d_1 - E[s_i|p, e]) \cdot Q_i^*(p, e) + (d_1 - E[s_{-i}|p, e]) \cdot Q_{-i}^e(p, e) \; - \\ &\quad \frac{d_2 \cdot (Q_i^*(p, e)^2 + Q_{-i}^*(p, e)^2) + 2 \cdot d_3 \cdot Q_i^*(p, e) \cdot Q_{-i}^*(p, e)}{2} \geq \\ &(d_1 - E[s_i|p, e]) \cdot Q_i + (d_1 - E[s_{-i}|p, e]) \cdot Q_{-i} - \frac{d_2 \cdot (Q_i^2 + Q_{-i}^2) + 2 \cdot d_3 \cdot Q_i \cdot Q_{-i}}{2} \end{aligned} \tag{2.74}$$

5. Für jedes $i = 1, 2$ wird die Wahrscheinlichkeitseinschätzung $\mu_i^*(s_i|p, e)$ entlang des Gleichgewichtspfads gemäß der Revidierungsregel von Bayes berechnet.[195]

Ausgehend von diesen Gleichgewichtsbedingungen unterscheiden FEDDERSEN UND GILLIGAN [1996] bei der Analyse des Einflußes des Aktivisten auf die Bereitstellung der Vertrauenseigenschaft verschiedene Szenarien.[196] Die Struktur der Gleichgewichte und insbesondere die Rolle der Glaubenseinschätzungen läßt sich an der Situation verdeutlichen, in der nur einer der Anbieter eine Produktionstechnologie wählen kann, während die Produktionstechnologie des anderen Anbieters feststeht, d.h. $K_i^p = K_{const}^p$ für ein $i = 1, 2$.[197] In diesem Fall hängen die Möglichkeiten des Aktivisten zur Einflußnahme auf die Wahl der sozialen Kosten von der Substituierbarkeit der Güter sowie der Höhe der privaten im Vergleich zu den sozialen Kosten ab.[198] Eine Strategie des Anbieters, die eine Wahl von $K_{-i}^s = 0$ ermöglicht, existiert nur, falls die Gesamtkosten bei hohen sozialen Kosten größer sind als die Gesamtkosten bei sozialen Kosten von Null ($s^H + K^p(s^H) \geq K^p(0)$) und $s^L \geq \frac{d_3}{d_2} \cdot K_{const}^p$. In diesem Fall erkennt der Nachfrager durch die Aussagen des Aktivisten mit Sicherheit die für ihn optimalen sozialen Kosten. Ein Informationstransfer findet statt.

[195] Da es sich um ein Spiel in reinen Strategien handelt, bedeutet dies $\mu_i^*(s_i^*|p^*, e^*) = 1$.

[196] vgl. FEDDERSEN UND GILLIGAN [1996], *S. 5*

[197] vgl. FEDDERSEN UND GILLIGAN [1996], *S. 14*. Damit erfassen die Autoren bspw. die Möglichkeit eines Anbieters zur Produktdifferenzierung bezüglich der sozialen Kosten bei einem vorgegebenen Industriestandard.

[198] vgl. FEDDERSEN UND GILLIGAN [1996], *S. 16*

Insgesamt zeigt die Analyse der beiden Modelle zur Einbindung dritter Instanzen in den Informationsprozeß, daß eine solche Einbindung zu einem Informationstransfer führen kann, der es dem Nachfrager ermöglicht, die verborgene Qualität zu erkennen. Dabei gehen die Modelle allerdings implizit davon aus, daß im Gegensatz zu den Informationen seitens der Anbieter die Information dritter Instanzen einen vollständigen Ersatz eigener Erfahrungen darstellen. Das für Vertrauensgüter charakteristische Vertrauensproblem wird somit lediglich von dem Anbieter auf die dritte Instanz verlagert. Aus der Analyse der Modelle geht insbesondere nicht hervor, wie sich das Vertrauen des Nachfragers in die Einschätzungen über die verborgenen Eigenschaften und die Glaubwürdigkeit der Informationsquelle auf das Marktgeschehen auswirken. Eine Operationalisierung des Vertrauenskonzepts muß dies berücksichtigen (vgl. Kapitel 3)

2.3.3 Vertrauensgüter und Unternehmensstruktur

In den Abschnitten 2.3.1 und 2.3.2 wurde in Anlehnung an den Signaling-Ansatz für Erfahrungsgüter herausgearbeitet, welche Möglichkeiten der Orientierung an direkten oder indirekten Signalen sich bei Vertrauensgütern ergeben. Dabei wurde insbesondere deutlich, daß ein erfolgreicher Informationstransfer auch stets die Bildung von Vertrauen einschließen muß. Im folgenden rückt der explizite Informationstransfer in den Hintergrund, und es soll dargelegt werden, welche Rolle bestimmte Charakteristika der Anbieter (*Unternehmensstruktur*) auf Märkten für Vertrauensgüter spielen. Dazu werden zwei Aspekte betrachtet. Zunächst soll herausgearbeitet werden, in welcher Weise die Unternehmensform selbst die Überwindung des spezifischen Vertrauensproblems beeinflussen kann. Daran anschließend soll umgekehrt analysiert werden, welchen Einfluß Vertrauensgüter auf die Größe eines anbietenden Unternehmens haben.

Unternehmensform: Gewinnorientierte und gemeinnützige Unternehmen

Signalaktivitäten, die in Abschnitt 2.3.1 betrachtet wurden, stellen insbesondere bei Gütern mit versteckten Vertrauenseigenschaften eine Möglichkeit dar, das Problem der asymmetrischen Information aus Sicht der besser informierten Seite zu analysieren. Liegt es hingegen im Interesse der schlechter informierten Seite, die vorhandene Informationsasymmetrie zu überwinden, besteht das Problem der Etablierung von Anreizen, die den besser informierten Marktteilnehmer veranlassen, seine private Information zu offenbaren (vgl. Abschnitt 1.4.1, S. 26). Asymmetrische Information liegt insbesondere dann vor, wenn sich der Anbieter eines Gutes erst nach vertraglich festgelegtem Auftrag für den Aufwand entscheidet, der zur Erfüllung der vertraglichen Verpflichtung dient. Unter diesen Umständen ist die Transaktion einem Moralischen Risiko ausgesetzt.

Die Möglichkeit der Etablierung eines Mechanismus in Form eines Vertrags, der die Transaktion für beide Seiten erstrebenswert macht, hängt entscheidend davon ab, daß der Aufwand des Anbieters die *ex post beobachtbare* Leistung beeinflußt, es sich also um Leistungen im Sinne der Erfahrungsgüter handelt.[199] Wird bei der Vertragsgestaltung von dieser Standardannahme abgewichen, und der Output ist *nicht* beobachtbar, handelt es sich in diesem Sinne um ein Vertrauensgut. Die Möglichkeit der Vertragsgestaltung unter diesen Bedingungen betrachtet das Modell von EASLEY UND O'HARA [1983].

Ihr Modell untersucht die Bedingungen, unter denen sich gemeinnützige Unternehmen („*non profit*"-Unternehmen) etablieren können und im Sinne der gesellschaftlichen Wohlfahrt die besseren Mechanismen bei der Bereitstellung von Gütern oder Dienstleistungen darstellen. Damit orientieren sich EASLEY UND O'HARA [1983] nicht direkt an der hier behandelten, informationsökonomischen Fragestellung, doch ist die Zielsetzung durchaus im Sinne der hier verfolgten Betrachtung des Problems der asymmetrischen Information bei Vertrauensgütern interpretierbar (s.u. S. 114 und Fußnote 211, S. 116).[200] Ausgangspunkt ist eine Situation asymmetrischer Information, die die Ableitung eines optimalen Vertrags erfordert, der die Bereitstellung eines Gutes oder einer Dienstleistung durch ein Unternehmen garantiert.[201]

Gemeinnützige Unternehmen unterscheiden sich im Modell von gewinnorientierten Unternehmen („*profit*"-Unternehmen) durch die Gestaltung der Entlohnung der Betreiber der Unternehmer.[202] Für gemeinnützige Unternehmen legt die Gesellschaft die Entlohnung der Betreiber fest. Die Entlohnung hängt in diesem Fall nicht von der Höhe des produzierten Outputs ab. Die Betreiber gewinnorientierter Unternehmen hingegen können über ihre Entlohnung selbst verfügen; sie ist nicht Gegenstand der vertraglichen Regelungen und hängt gemeinhin von dem produzierten Output ab.

Der für die Nachfrager relevante Output $o \in I\!R^k_+$ $(k \geq 1)$ und die Auszahlungen $r \in I\!R_+$, die die Gewinne des Unternehmers repräsentieren, werden durch eine Technologie aus dem Arbeitseinsatz $l \in I\!R_+$ des Unternehmers produziert. Die Technologie ist durch den Parameter t charakterisiert. Er repräsentiert diejenigen Aspekte der Technologie, die nur dem Unternehmer bekannt sind. Er entspricht in der Terminologie der Spiele mit unvollständiger Information dem Typ des Unternehmers (vgl. Abschnitt 1.5.1, S. 34). Hieraus ergibt sich das Problem der asymmetrischen Information. Bezüglich dieses Parameters besitzen die Nachfrager nur Wahrscheinlichkeitseinschätzungen. Im Modell wird dieser Parameter als diskrete Zufallsvariable $t \in \{t_1, \ldots, t_I\}$ $(t_i \in I\!R_+, I \in I\!N)$ modelliert. Neben dem Parameter t_i stellt auch der betriebene Arbeitseinsatz l private Information des Unternehmers dar. Der Zusammenhang, der durch die Technologie zwischen dem Output o und dem Gewinn r besteht, ist gegeben durch die Beziehung $o = o(t, l, r)$.

[199] Die Prinzipal-Agenten Theorie zur Lösung von Situationen des Moralischen Risikos macht dies zu ihrer üblichen Voraussetzung (vgl. bspw. SALANI [1997], *S. 107ff*).

[200] Für eine auf diesem Modell aufbauende Analyse von gemeinnützigen Unternehmen vgl. BIEDERMANN UND EHRMANN [1990].

[201] In der Prinzipal-Agenten Theorie setzen die Nachfrager selbst Anreize, um das gewünschte Ergebnis zu erhalten. In dem hier behandelten Sinne handelt es sich also um Screening (vgl. Abschnitt 1.4.1).

[202] Die Unternehmer bzw. Betreiber des Unternehmens sind im Modell identisch mit den Managern, d.h. den Agenten der Prinzipal-Agenten Beziehung (vgl. EASLEY UND O'HARA [1983], *S. 532*).

Gegenstand der Vertragsgestaltung ist die optimale Wahl von o, r und l. Ziel ist dabei die Wahl eines Vertrags, der die Soziale Wohlfahrt maximiert. Die erwartete Soziale Wohlfahrt ergibt sich für einen typabhängigen Vertrag[203] und mit der Wohlfahrtsfunktion $W : \mathbb{R}^2 \to \mathbb{R}$ zu

$$E[W] = \sum_{i=1}^{I} p_i \cdot W\Big(u_1(o(t_i)), u_2(r(t_i), l(t_i))\Big) \tag{2.75}$$

Dabei ist $u_1 = u_1(o)$ ($\frac{\partial u_1}{\partial o} < 0$) die Nutzenfunktion, die die Präferenzen der Nachfrager repräsentiert, und $u_2 = u_2(r, l)$ ($\frac{\partial u_2}{\partial r} > 0$, $\frac{\partial u_2}{\partial l} < 0$) die entsprechende Nutzenfunktion des Unternehmers.

Die Wahl des Vertrags besteht aus zwei Schritten. Zunächst macht der Unternehmer Angaben über seinen Typ t_i. Die Gesellschaft wählt daraufhin einen von diesem Typ abhängigen, festgelegten Vertrag aus.[204] Dabei berücksichtigen die Konsumenten zunächst, daß sie nur den erhaltenen Output o und den Gewinn des Unternehmers r beobachten können. Die Möglichkeit, den Output zu beobachten, macht das Gut aus informationsökonomischer Sicht zu einem Erfahrungsgut.

Die Wahl des optimalen Vertrags wird in erster Linie durch das Verhalten des Unternehmers bestimmt. Ein gewinnorientierter Unternehmer wird bei einem vorgegebenen Typ t seinen eigenen Gewinn r so wählen, daß er konsistent mit dem festgelegten, beobachtbaren Output o ist. Es ist also das restringierte Optimierungsproblem (2.76a) zu lösen.

$$\begin{gathered} \max_{r,l} u_2(r, l) \\ l \geq 0, r \geq 0, o = o(t, l, r) \end{gathered} \tag{2.76a}$$

Die (eindeutige) Lösung sei durch $r(t, o)$ und $l(t, o)$ gegeben. Ein gemeinnütziges Unternehmen muß dagegen den im Vertrag festgelegten Gewinn r akzeptieren und wird daher l gemäß des restringierten Optimierungsproblems wählen, das durch (2.76b) gegeben ist.

$$\begin{gathered} \max_{l} u_2(r, l) \\ l \geq 0, o = o(t, l, r) \end{gathered} \tag{2.76b}$$

Die (eindeutige) Lösung sei durch $l = l(t, o, r)$ gegeben.

Aus Sicht der Nachfrager hat der Vertrag zwei Bedingungen zu erfüllen. Soll der Vertrag zum einen für $t = t_i$ den Output $o_i = o(t_i)$ realisieren, muß der Nutzen des Unternehmers bei Offenbarung des wahren Typs t_i höher sein als bei einer täuschenden Mitteilung über den Typ, d.h. der Vertrag muß die Anreizbedingung erfüllen (vgl. Abschnitt 1.5.3, S. 47). Andererseits muß gewährleistet

[203] Für jeden Typ legt der Vertrag die Parameter des Vertrags fest, d.h. $(r, l, o) : \{t_1, \ldots, t_I\} \to \mathbb{R}_+^{k+2}$.

[204] Das Revelationsprinzip (vgl. Abschnitt 1.5.3, S. 46) garantiert, daß jedes typabhängige Gleichgewicht eines Anreizmechanismus äquivalent zu dem Gleichgewicht des beschriebenen, direkten Mechanismus ist (vgl. EASLEY UND O'HARA [1983], *S. 533*). Die Analyse des direkten Mechanismus ist also ausreichend.

sein, daß der Unternehmer den Vertrag überhaupt akzeptiert. Dies bedeutet, daß der Nutzen eines Vertrags den Reservationsnutzen des Unternehmers übersteigen muß, d.h. der Vertrag muß die Teilnahmebedingung erfüllen (vgl. Abschnitt 1.5.3, S. 47).

Soll der Vertrag für ein gewinnorientiertes Unternehmen die Anreizbedingung erfüllen, muß der typabhängige Output $(o_1, \ldots, o_I)$ so gewählt werden, daß für jeden Typ $i \in \{1 \ldots, I\}$ gilt[205]

$$u_2\big(r(t_i, o_i), l(t_i, o_i)\big) \;\; \geq \;\; u_2\left(r(t_j, o_j), l\left(t_i, o_j, r(t_j, o_j)\right)\right) \quad \forall j = 1, \ldots, I \qquad (2.77a)$$

Der Unternehmer muß es also vorziehen, die Wahrheit mitzuteilen. Er erhält dann $r(t_i, o_i)$ und wendet einen Arbeitsaufwand in Höhe von $l(t_i, o_i)$ ein. Lügt er, so erhält er $r(t_j, o_j)$, da r beobachtbar ist. Er betreibt dann einen Arbeitsaufwand in Höhe von $l(t_i, o_j, r(t_j, o_j))$, wobei l die Lösung des Optimierungsproblems (2.76b) ist.

Soll der Vertrag für ein gemeinnütziges Unternehmen die Anreizbedingung erfüllen, so ist für jeden Typ der Gewinn und der Output so zu wählen, daß für jedes $i \in \{1 \ldots, I\}$ gilt[206]

$$u_2(r_i, l(t_i, o_i, r_i)) \;\; \geq \;\; u_2(r_j, l(t_i, o_j, r_j)) \quad \forall j = 1, \ldots, I \qquad (2.77b)$$

Für die Ermittlung der Teilnahmebedingung wird im Modell vorausgesetzt, daß die jeweiligen Unternehmer einen Reservationsnutzen in Höhe von Null haben. Jeder Vertrag, der den Unternehmern einen erwarteten Nutzen größer als Null ermöglicht, führt zur Teilnahme des Unternehmens,[207] d.h. die Teilnahme ist dann gegeben, wenn gilt

$$E[u_2(r_i, l_i)] \geq 0 \qquad (2.78)$$

Die Menge der zulässigen Verträge, d.h. diejenigen Verträge, die sowohl die Anreiz- als auch die Teilnahmebedingung erfüllen, ist für ein gewinnorientiertes Unternehmen somit gegeben durch[208]

$$\begin{aligned} F_P \;\; = \;\; \Big\{ & (o_i, r_i, l_i)_{i=1,\ldots I} \geq 0 \; : \; r_i = r(t_i, o_i), l_i = l(t_i, o_i), \\ & u_2(r(t_i, o_i), l(t_i, o_i)) \geq u_2(r(t_j, o_j), l(t_i, o_j, r(t_j, o_j))) \quad \forall j = 1, \ldots, I \qquad (2.79a) \\ & \text{und } E[u_2(r(t_i, o_i), l(t_i, o_i))] \geq 0 \Big\} \end{aligned}$$

[205] vgl. EASLEY UND O'HARA [1983], *S. 534*

[206] vgl. EASLEY UND O'HARA [1983], *S. 534*

[207] Diese Formulierung der Teilnahmebedingung repräsentiert den Wettbewerb zwischen den Betreibern der gewinnorientierten Unternehmen (vgl. EASLEY UND O'HARA [1983], *S. 534*).

[208] vgl. EASLEY UND O'HARA [1983], *S. 534*

Für ein gemeinnütziges Unternehmen sei der Gewinn r fest und unabhängig von t. Es ergibt sich[209]

$$\begin{aligned} F_N \; = \; & \Big\{ (o_i, r_i, l_i)_{i=1,\dots I} \geq 0 \; : \; r_i = r \in R_+, l_i = l(t_i, o_i, r), \\ & u_2(r, l(t_i, o_i, r)) \geq u_2(r, l(t_i, o_j, r)) \quad \forall j = 1, \dots, I \\ & \text{und } E[u_2(r_i, l(t_i, o_i, r))] \geq 0 \Big\} \end{aligned} \tag{2.79b}$$

Das gewinnorientierte Unternehmen ist für beobachtbares o dem gemeinnützigen Unternehmen in dem Sinne überlegen, als es das Erreichen der *first best* Lösung, d.h. eines unrestringierten Maximalpunkts von (2.75), ermöglicht.[210]

Ist der Output o nicht beobachtbar, handelt sich aus informationsökonomischer Sicht um ein Gut mit Vertrauenseigenschaften.[211] Vertragliche Bedingungen an den Output sind nicht möglich, und das Unternehmen wird neben der Entlohnung auch den Output selbst festlegen. Die zulässige Menge für einen Vertrag mit einem gewinnorientierten Unternehmen ist damit gegeben durch[212]

$$\begin{aligned} \hat{F}_P \; = \; & \Big\{ (o_i, r_i, l_i)_{i=1,\dots I} \geq 0 \; : \; r_i = r(t_i), l_i = l(t_i), o_i = o(t_i, l(t_i), r(t_i)) \\ & \text{und } E[u_2(r(t_i), l(t_i))] \geq 0 \Big\} \end{aligned} \tag{2.80a}$$

Dabei sind $r_i = r(t_i)$ und $l_i = l(t_i)$ die Lösungen des Optimierungsproblems (2.76a), wobei der Output o vom Unternehmen festgelegt wird, da er von den Nachfragern nicht beobachtbar ist.

Für ein gemeinnütziges Unternehmen ergibt sich dagegen[213]

$$\begin{aligned} \hat{F}_N \; = \; & \Big\{ (o_i, r_i, l_i)_{i=1,\dots I} \geq 0 \; : \; r_i = r \in \mathbb{R}_+, l_i = l(t_i, r), o_i = o(t_i, z(t_i, r), r) \\ & \text{und } E[u_2(r, l(t_i, r))] \geq 0 \Big\} \end{aligned} \tag{2.80b}$$

Dabei ist $l_i = l(t_i, r)$ die Lösung des Optimierungsproblems (2.76b).

Die so festgelegten zulässigen Mengen führen dazu, daß der Vertrag mit einem gemeinnützigen Unternehmen zu einem höheren Output führen kann als ein Vertrag mit einem gewinnorientierten Unternehmen.

---

209 vgl. EASLEY UND O'HARA [1983], *S. 535*

210 vgl. EASLEY UND O'HARA [1983], *S. 535*. Das Resultat gilt für eine lineare Wohlfahrtsfunktion W, risikoneutrale Unternehmer, streng risikoaverse Nachfrager und der Technologie $o(t, l, r) = g(t, l) - r$ mit $\frac{\partial^2 g}{\partial l^2} < 0$ (vgl. EASLEY UND O'HARA [1983], Satz 1, *S. 535f*).

211 Die Zielsetzung von EASLEY UND O'HARA [1983] ist zwar nicht die Betrachtung von Vertrauensgütern, sie geben als Beispiel aber humanitäre Hilfsorganisationen an, deren bereitgestellten Hilfsleistungen von Spendern schwer oder gar nicht überprüfbar sind.

212 vgl. EASLEY UND O'HARA [1983], *S. 536*

213 vgl. EASLEY UND O'HARA [1983], *S. 536*

Zur Illustration sei die Technologie gegeben durch $(d_1, d_2 \in I\!R)$[214]

$$b + r = \begin{cases} t \cdot d_1 + d_2 + t \cdot (l - \bar{l}) & \text{falls } l_i \geq \bar{l} \\ 0 \text{ mit } o = r = 0 & \text{sonst} \end{cases} \tag{2.81}$$

$\bar{l}$: Minimalanstrengung

$\alpha \geq 0, K \geq 0$: Parameter, die den Output für $z = \bar{z}$ festlegen

Für den Nutzen $u_2(r, l)$ gelte $\frac{\partial u_2}{\partial r} > 0$ und $\frac{\partial u_2}{\partial l} < 0$ für alle $r \geq 0$ und $l \geq 0$. $\bar{r}$ sei der durch die Teilnahmebedingung bestimmte Reservationsgewinn.[215]

Für das gewinnorientierte Unternehmers ist das Optimierungsproblem (2.76a) zu lösen.[216]

$$\begin{aligned} &\max_{r,l} u_2(r, l) \\ &l \geq \bar{l}, r \geq 0, \\ o \geq 0, o + r &= t \cdot d_1 + d_2 + t \cdot (l - \bar{l}) \end{aligned} \tag{2.82a}$$

Wegen der additiven Komplementarität von r und o sowie $\frac{\partial u_2}{\partial r} > 0$ gilt für den optimalen Output auf jeden Fall $o = 0$. Da o von den Konsumenten nicht beobachtet werden kann, wählt der gewinnorientierte Unternehmer o, r und l selbst. Anreizbedingungen sind in (2.80a) nicht zu beachten, und die Teilnahmebedingung ist für alle t erfüllt.[217] Die Menge der zulässigen Verträge besteht also aus $o_i = 0$ und $l(t_i)$ und $r(t_i)$ als die entsprechenden Lösungen von (2.82a) für $o = 0$. Es gibt also keine Möglichkeit, den gewinnorientierten Unternehmer zur Produktion eines positiven Outputs $o > 0$ zu veranlassen.

Im Falle eines gemeinnützigen Unternehmers ist die Entlohnung r vorgegeben. Aus Sicht des Unternehmers ist für jedes gegebene r das Optimierungsproblem (2.82b) zu lösen.[218]

$$\begin{aligned} &\max_{l} u_2(r, l) \\ &l \geq \bar{l}, o \geq 0, \\ o + r &= t_i \cdot d_1 + d_2 + t_i \cdot (l_i - \bar{l}) \end{aligned} \tag{2.82b}$$

Mit $\frac{\partial u_2}{\partial l} < 0$ ist für jedes t der Wert $l = \bar{l}$ Lösung von (2.82b). Für den Output o gilt damit

$$o = o_i = \begin{cases} t_i \cdot d_1 + d_2 - r_i & \text{falls } t_i \cdot d_1 + d_2 - r_i \geq 0 \\ 0 & \text{sonst} \end{cases} \tag{2.83}$$

[214]vgl. EASLEY UND O'HARA [1983], S. 537

[215]d.h. $u_2(\bar{r}, \bar{l}) = u_2(0,0) = 0$

[216]vgl. EASLEY UND O'HARA [1983], S. 537

[217]Ein Nutzen von $u_2(\bar{r}, \bar{l})$ ist durch das Maximierungsproblem (2.82a) stets gewährleistet.

[218]vgl. EASLEY UND O'HARA [1983], S. 537

Anreizbedingungen spielen in (2.80b) keine Rolle. Die Teilnahmebedingung wird damit zur einzigen Bedingung, die bei der Festsetzung der Entlohnung zu berücksichtigen ist. Wegen $l = \bar{l}$ für alle t_i ergibt sich $E[u_2(r, l(t_i, r))] = U(r, \bar{l})$, und es muß lediglich gelten $r \geq \bar{r}$.[219] Die Gemeinnützigkeit des Unternehmens und die damit verbundene Festsetzung der Entlohnung ermöglicht im Gegensatz zu einem gewinnorientierten Unternehmen die Erwirkung eines positiven Outputs.[220]

Insgesamt zeigt die Analyse der Unternehmensstruktur bezüglich Vertrauensgüter, daß bei fehlender Möglichkeit, den Output zu beobachten, die Vertragsgestaltung als gemeinnütziges Unternehmen der einzige anreizkompatible Mechanismus sein kann.[221] Vertrauensgüter beeinflussen somit über die Absicht der Marktteilnehmer, das Informationsproblem zu beseitigen, die Struktur des Unternehmens. Die vom Output unabhängige Entlohnung macht einen Informationstransfer von den Unternehmern zu den Nachfragern überflüssig und entzieht einer möglichen Täuschung der Nachfrager jegliche Grundlage.[222] In diesem Sinne führt die Wahl der Unternehmensform und die damit verbundene Gestaltung von Verträgen zur Überwindung des bestehenden Informationsproblems und schafft die Vertrauensbasis für die Bereitstellung von Vertrauensgütern.

Unternehmensgröße

Der Einfluß, den imperfekte Erfahrungs- und Beurteilungsmöglichkeiten auf die Unternehmensgröße haben, kann anhand des Modells von KROUSE [1990] analysiert werden. Im Vordergrund seines Modells steht insbesondere der Einfluß von Reputation auf die Größe der Anbieter und deren Qualitätswahl, falls Qualität von den Nachfragern wegen ihres Vertrauenscharakters nur imperfekt beurteilt werden kann.[223] Die imperfekter Beurteilung ergibt sich aus den hohen Kosten, die eine Überprüfung im Gebrauch verursachen würde, so daß die Nachfrager im Modell nur auf probabilistische Beurteilungsmöglichkeiten zurückgreifen können.[224]

Das Modell geht im einzelnen davon aus, daß die von den Unternehmen angebotene Qualität entweder hoch (L) oder niedrig (H) ist. Die identischen Nachfrager können sich in jeder Periode entweder für oder gegen den Kauf einer Einheit des Gutes entscheiden. Die Anbieter können zwar unterschieden werden, doch ist gerade die angebotene Qualität kein Unterscheidungsmerkmal.[225] Die begrenzte Information, die die Nachfrager wegen des Vertrauenscharakters der Qualität erlangen, führt insgesamt nur zu einem probabilistischen Wissen über die Qualität des Gutes. Zu Beginn werden die Einschätzungen der Nachfrager über die Qualität durch eine Gleichverteilung über die

---

[219] vgl. EASLEY UND O'HARA [1983], *S. 537*

[220] Allerdings wählt auch der gemeinnützige Unternehmer $o_i = 0 \; \forall i$, falls $d_1 = 0$ und $d_2 = \bar{r}$ (vgl. EASLEY UND O'HARA [1983], *S. 537*).

[221] vgl. auch EASLEY UND O'HARA [1988], *S. 244*; HANSMANN [1980], *S. 846f*

[222] vgl. BIEDERMANN UND EHRMANN [1990], *S. 254*. Damit ergibt sich aber gleichzeitig das Problem, daß die Unternehmer nur das zur Aufrechterhaltung der Produktion benötigte Aktivitätsniveau realisieren (vgl. BIEDERMANN UND EHRMANN [1990], *S. 254f*).

[223] vgl. KROUSE [1990], *S. 534f.* Das Modell basiert auf dem Modell von ROGERSON [1983].

[224] vgl. KROUSE [1990], *S. 534*; vgl. auch Abschnitt 2.3.1

[225] Eine Unterscheidung ist bspw. möglich, wenn jeder Anbieter eine Marke repräsentiert (vgl. KROUSE [1990], *S. 535*).

Anbieter repräsentiert. Ist q^e die eingeschätzte Qualität und q die wahre Qualität, so gilt für die Wahrscheinlichkeit q_L^H, daß die Nachfrager bei einem Anbieter hoher Qualität fälschlicherweise niedrige Qualität vermuten, $q_L^H = P(q^e = L|q = H)$, und für die Wahrscheinlichkeit q_H^L, daß die Nachfrager bei einem Anbieter niedriger Qualität fälschlicherweise hohe Qualität vermuten, $q_H^L = P(q^e = H|q = L)$. Es wird vorausgesetzt, daß $1 - q_L^H > q_H^L$ bzw. $q_L^H + q_H^L > 1$. Damit ist wahrscheinlicher, daß ein Anbieter, der tatsächlich hohe Qualität anbietet, auch als solcher eingeschätzt wird, als ein Anbieter, der tatsächlich nur niedrige Qualität anbietet.[226]

Der Entscheidungsprozeß der Nachfrager wird über einen unendlichen Zeithorizont hinweg betrachtet. Jeder Nachfrager bleibt dem einmal ausgewählten Anbieter treu, solange der Anteil derjenigen Beurteilungen, die zu einer hohen Qualitätseinschätzung führen, gemessen an der Gesamtzahl aller Beurteilungen, oberhalb eines bestimmten Grenzwertes bleibt.[227]

Die Wahrscheinlichkeit, daß ein Konsument einem tatsächlichen Anbieter hoher Qualität über mindestens τ Marktperioden treu bleibt, sei dabei gegeben durch q_H^τ. Entsprechend sei q_L^τ die Wahrscheinlichkeit, daß ein Konsument einem tatsächlichen Anbieter niedriger Qualität über τ Marktperioden treu bleibt.[228]

Kaufen bei einem Anbieter der wahren Qualität $q \in \{L, H\}$ in jeder Periode n_q neue Konsumenten, so ist die erwartete Gesamtanzahl von Konsumenten z_q, die ein Anbieter der wahren Qualität q zu einem Zeitpunkt τ_0 hat, gegeben durch[229]

$$
\begin{aligned}
z_q &= n_q + \sum_{\tau=1}^{\tau_0} q_q^\tau \cdot n_q \\
&= n_q \cdot \left(1 + \sum_{\tau=1}^{\tau_0} q_q^\tau\right)
\end{aligned}
\tag{2.84}
$$

Gilt $\lim_{\tau_0 \to \infty} \sum_{\tau=1}^{\tau_0} q_q^\tau < \infty$, ist auch z_q konstant. Da in jeder Periode n_q neue Konsumenten hinzukommen, müssen daher auch n_q Konsumenten den Anbieter verlassen. Für einen Anbieter der wahren Qualität q ergibt sich dann die Verlassensrate v_q, d.h. das Verhältnis zwischen neu ankommenden bzw. verlassenden Konsumenten und der Gesamtzahl an Konsumenten,[230] zu

$$
\begin{aligned}
v_q &= \frac{n_q}{n_q \cdot \left(1 + \sum_{\tau=1}^{\infty} q_q^\tau\right)} \\
&= \frac{1}{\left(1 + \sum_{\tau=1}^{\infty} q_q^\tau\right)}
\end{aligned}
\tag{2.85}
$$

[226] vgl. KROUSE [1990], *S. 535*

[227] vgl. KROUSE [1990], *S. 535*

[228] q_H^τ ist nicht-steigend bzw. fallend in q_L^H und q_L^τ ist nicht-steigend bzw. fallend in $1 - q_H^L$. Es gilt $q_H^\tau \geq q_L^\tau$ (vgl. hierzu vor allem ROGERSON [1983], *S. 515*).

[229] vgl. KROUSE [1990], *S. 535*

[230] vgl. ROGERSON [1983], *S. 509*

Der Aufbau von Reputation entzieht sich im Modell einer direkten Einflußnahme der Anbieter und wird ausschließlich durch die auf dem Markt allgemein zugängliche, aber imperfekte Information über die Güter bestimmt.[231] Anbieter hoher Qualität genießen eine höhere Reputation, da sie mit höherer Wahrscheinlichkeit tatsächlich ein Gut hoher Qualität anbieten. Reputation wird im Modell quantitativ durch den Parameter δ repräsentiert. Er repräsentiert das Verhältnis zwischen der Anzahl der neuen Kunden des Anbieters der wahren Qualität H und der Anzahl an neuen Kunden des Anbieters der wahren Qualität L, d.h. es gilt[232]

$$\delta = \frac{n_H}{n_L} \tag{2.86}$$

Da Anbieter hoher Qualität eine höhere Reputation genießen, gilt $\delta \geq 1$. Über den Parameter δ beeinflußt die Reputation eines Anbieters gemäß Gleichung (2.87) das Verhältnis der Anzahl der Nachfrager beider Anbieter.[233]

$$\begin{aligned} \frac{z_H}{z_L} &= \frac{\delta \cdot n_L \cdot (1 + \sum_{t=1}^{\infty} B_H^t)}{n_L \cdot (1 + \sum_{t=1}^{\infty} B_L^t)} \\ &= \delta \cdot \frac{v_L}{v_H} \end{aligned} \tag{2.87}$$

Da der Reputationseffekt die Anbieter hoher Qualität begünstigt ($\delta \geq 1$), und die Verlassensrate für diese Anbieter kleiner ist als die Verlassensrate der Anbieter niedriger Qualität ($v_H \leq v_L$), profitieren die Anbieter hoher Qualität von der auf dem Markt vorhandenen Informationsproblematik insgesamt mehr als die Anbieter niedriger Qualität. Anbieter hoher Qualität verfügen stets über mehr Nachfrager als die Anbieter niedriger Qualität.[234] Sie können trotz imperfekter Informationsmöglichkeiten mit der höheren Anzahl von Kunden rechnen.

2.4 Die Plausibilität informationsökonomischer Modellansätze

Die Modelle auf der Grundlage des informationsökonomischen Ansatzes konzentrieren sich auf die Analyse marktendogener Informationsaktivitäten, die den Marktteilnehmern zur Überwindung unvollständiger Information zur Verfügung stehen. Dabei werden konkrete Annahmen über die Determinanten einer Transaktion, die Handlungsmöglichkeiten der Transaktionspartner sowie die

[231] In dieser statischen Auffassung kann Reputation nicht durch eigene Aktivitäten erworben werden und unterscheidet sich daher vom signaltheoretischen Reputationsansatz (vgl. Abschnitt 1.4.1, S. 30).

[232] vgl. KROUSE [1990], *S. 536*

[233] vgl. KROUSE [1990], *S. 536*

[234] Das Verhältnis $\frac{z_H}{z_L}$ bestimmt auch den Marktpreis, der das Anbieten hoher Qualität profitabler macht als das Anbieten niedriger Qualität. Mit steigendem $\frac{z_H}{z_L}$ nimmt dieser Preis ab (vgl. KROUSE [1990], *S. 536*).

informationellen Rahmenbedingungen getroffen, und die Wirkungsweise der sich daraus ergebenden Aktivitäten zur Informationsgewinnung betrachtet (vgl. die Abschnitte 2.1, 2.2, 2.3).

Für eine Analyse und Beschreibung des tatsächlichen Informationsverhaltens auf Märkten sind die entwickelten Modelle aber zunächst nur bedingt tauglich, da sie Elemente besitzen, die einen normativen Charakter in dem folgenden Sinn aufweisen: Nur wenn die Entscheidungssituation den Modellannahmen entspricht, und sich insbesondere die Entscheider den abgeleiteten Verhaltensweisen entsprechend verhalten, sind die Modellaussagen als Beschreibung des tatsächlichen Verhaltens anwendbar, und eine Lösung des Informationsproblems ist möglich. Eine wesentliche (implizite oder explizite) Modellannahme ist dabei die *vollkommene* Rationalität der Entscheider.[235] Diese Annahme beinhaltet zwei Punkte. Zum einen ist mit vollkommener Rationalität gemeint, daß die Entscheider über sämtliche transaktionsrelevanten Informationen verfügen.[236] Im hier betrachteten Zusammenhang des Informationsverhaltens ist aber der zweite Punkt wesentlicher. Die Forderung nach vollkommener Rationalität beinhaltet nämlich zum anderen, daß Entscheider in der Lage sind, zur Entscheidungsfindung die verfügbare Information in dem Sinne rational zu verarbeiten, daß sie sich gemäß wohldefinierter individueller Präferenzen optimal verhalten.[237] Bei der Bildung eines Urteils über fehlende Information bedeutet dies vor allem, daß Entscheider sämtliche verfügbare, direkte oder indirekte Information rational verarbeiten und in die Entscheidungsfindung miteinbeziehen.

In der Informationsökonomie werden solche, individuellen Aspekte des Entscheidungsverhaltens nicht problematisiert. Der Signaling-Ansatz geht stets von rational handelnden Akteuren aus und analysiert, wie unter bestimmten Marktbedingungen Anbieter Signale einsetzen und die Nachfrager auf die Signale reagieren und die vorenthaltene Information ableiten.[238] Der informationsökonomische Ansatz trifft damit aber weder Aussagen über den Prozeß, der diesem Verhalten zugrunde liegt, noch darüber, ob das angenommene Verhalten dem tatsächlichen Verhalten entspricht.[239]

Der damit aufgeworfenen Problematik wird im folgenden nachgegangen. Anhand zweier unterschiedlicher Ansätze wird die Frage untersucht, ob der informationsökonomische Ansatz in seinen grundsätzlichen Annahmen und der Signaling-Ansatz mit seinen besonderen Annahmen angemessen und plausibel sind. Zum einen trifft die in Abschnitt 2.4.1 dargelegte, verhaltenswissenschaftlich begründete *Theorie der Qualitätswahrnehmung* Aussagen über die individuelle Ebene des

[235] Vollkommene Rationalität steht hier als Gegensatz zu *begrenzter* Rationalität („*bounded rationality*") (vgl. SIMON [1967]). Als instrumentelle Rationalität bildet vollkommene Rationalität die Grundlage der klassischen Entscheidungstheorie (vgl. HEAP ET AL. [1992], *S. 3ff*).

[236] vgl. SIMON [1967], *S. 241*. Die Informationsökonomie hat diesen Aspekt durch die Berücksichtigung unvollständiger Information in Form asymmetrischer Informationsverteilung aufgegriffen. Bezogen auf die Modellparameter wird allerdings nach wie vor vollständiges Wissen gefordert. In den Suchmodellen besteht diese Information bspw. aus den Wahrscheinlichkeitsverteilungen über Preise und Qualität, während sie in Signaling-Modellen aus den Wahrscheinlichkeiten über die einzelnen Typen besteht.

[237] vgl. SIMON [1967], *S. 241*

[238] vgl. BOULDING UND KIRMANI [1993], *S. 121f*. Die Autoren sprechen hier von der *Marktorientierung* der Informationsökonomie.

[239] vgl. BOULDING UND KIRMANI [1993], *S. 122*

Informations- und Erkenntnisprozesses, der mit den informationsökonomischen Modelle implizit eingeführt wird. Dabei bieten die Ergebnisse empirischer Überprüfungen der Aussagen der *Theorie der Qualitätswahrnehmung* dann einen Ausgangspunkt bei der Beurteilung der Aussagen der Informationsökonomie über den zugrundeliegenden Erkenntnis- und Informationsprozeß der Marktteilnehmer. Zum anderen liefert die in Abschnitt 2.4.2 dargelegte *experimentelle Wirtschaftsforschung* auf der Ebene des Marktes Ergebnisse über die Gültigkeit von Gleichgewichtsaussagen theoretischer Modelle. Anhand solcher Ergebnisse läßt sich dann die Informationsökonomie als einer Theorie der Beschreibung des Marktgeschehens insgesamt beurteilen.

2.4.1 Die Theorie der Qualitätswahrnehmung

Gegenstand der Theorie der Qualitätswahrnehmung ist der psychische Prozeß, in dem Konsumenten bei einer Kaufentscheidung zu einem Urteil über die Qualität eines Gutes gelangen. Qualität wird dabei nicht als objektive Beschaffenheit aufgefaßt (vgl. Fußnote 24, S. 10), sondern unter dem abstrakten Begriff „*perceived quality*"[240] als subjektives Gesamturteil über das Gut zusammengefaßt, das auf den Wahrnehmungen, Bedürfnissen und Zielvorstellungen der Konsumenten basiert.[241]

Die theoretischen Modelle, die das Zustandekommen eines Qualitätsurteils begrifflich zu fassen versuchen, gehen zunächst davon aus, daß ein Gut aus einer Schar von Indikatoren („*array of cues*") besteht.[242] Indikatoren sind objektive Merkmale, die in der Wahrnehmung des Konsumenten mit den eigentlich interessierenden Attributen des Gutes in einem Zusammenhang stehen und vor dem Kauf beobachtet werden können.[243] Diese Qualitätsindikatoren benutzt der Konsument, um ein umfassendes Qualitätsurteil abzuleiten.

OLSON [1977] modelliert das Zustandekommen eines Qualitätsurteils in einem zweistufigen Prozeß („*cue utilization process*").[244] In der ersten Stufe erfaßt der Konsument die zur Verfügung stehenden Indikatoren. Dies beinhaltet neben der bloßen Wahrnehmung der Indikatoren auch deren Auswahl, Speicherung und Kategorisierung. In der zweiten Stufe faßt der Konsument seine Informationen über die Indikatoren zu einem Gesamturteil über die Qualität des Gutes zusammen. Die Gesamtbeurteilung des Gutes basiert also auf den direkt wahrgenommenen Qualitätsindikatoren.

Der Einfluß, den die Indikatoren innerhalb des Beurteilungsprozesses haben, wird an drei Dimensionen festgemacht.[245] Zum ersten gibt der *Vorhersagewert* („*predictive value*") die Intensität an,

[240] vgl. GARVIN [1984], *S. 32f*

[241] vgl. STEENKAMP [1990], *S. 310 & S. 311f.* Für die Schwierigkeiten, auf die ein solcher Qualitätsbegriff bei der Anwendung auf die reale Qualitätsauffassung von Konsumenten stoßen kann, vgl. GLASER [1995]

[242] vgl. OLSEN UND JACOBY [1972], *S. 167*; s.a. STEENKAMP [1990]

[243] „... cues are .... informational stimuli that are, according to the consumer, related to the quality of the product, and can be ascertained by the consumer through the senses prior to consumption" (STEENKAMP [1990], *S. 312*)

[244] vgl. OLSON [1977], *S. 283f*, vgl. auch OLSEN UND JACOBY [1972]

[245] vgl. OLSEN UND JACOBY [1972], *S. 174f*, OLSON [1977], *S. 284*

mit der ein Konsument an eine Beziehung zwischen Indikator und der Qualität des Gutes glaubt.[246] Zweitens gibt der *Vertrauenswert* („*confidence value*") den Grad an, mit dem ein Konsument an seine Fähigkeit glaubt, relevante Indikatoren ausmachen und korrekt beurteilen zu können.[247] Eine dritte Dimension ist die Unterteilung der Indikatoren in *extrinsische* Indikatoren und *intrinsische* Indikatoren („*extrinsic cues vs. intrinsic cues*").[248] Intrinsische Indikatoren sind Bestandteil des zu beurteilenden Gutes und können nicht ohne Veränderung des Gutes geändert werden.[249] Beispiele sind Farbe oder Geruch eines Gutes. Extrinsische Indikatoren dagegen sind zwar mit dem Gut verbunden, sind aber nicht im physischen Sinne Teil des Gutes.[250] Typische Beispiele sind hier der Preis oder die Marke eines Gutes.

Eine genauerer Analyse des Wahrnehmungsprozesses ermöglicht das erweiterte Modell von STEENKAMP [1990]. Dieses Modell unterscheidet den Prozeß der eigentlichen Wahrnehmung von dem Prozeß der Beurteilung der Gesamtqualität, indem es zunächst Qualitäts*attribute* („*quality attributes*") von den Qualitäts*indikatoren* („*quality cues*") unterscheidet.[251]

Qualitätsattribute sind die in der subjektiven Wahrnehmung des Konsumenten existierenden Eigenschaften des Gutes. Aus ihnen zieht der Konsument den eigentlichen Nutzen des Gutes.[252] Da sie vor einem Kauf nicht erfahrbar sind, kann sich der Konsument vor einer Kaufentscheidung nur unter Bezug auf die Qualitätsindikatoren ein Urteil über die Qualitätsattribute bilden, und die Qualitätsattribute bilden somit die Basis des Gesamturteils über das Gut.

Qualitätsindikatoren sind wie im Modell von OLSON [1977] auch im Modell von STEENKAMP [1990] die objektiven Merkmale des Gutes, die vor dem Kauf beobachtet werden können. Hier aber stehen sie in der Wahrnehmung des Konsumenten direkt nur mit den eigentlich interessierenden Qualitätsattributen in einem Zusammenhang. Die Qualitätsindikatoren stellen das dar, was der Konsument wahrnimmt.[253] Qualitätsindikatoren haben für den Konsumenten daher nur insofern einen Wert, als eine Beziehung mit den Qualitätsattributen besteht oder wahrgenommen wird.[254]

Die Qualitätsattribute werden in Anlehnung an die informationsökonomische Einteilung von Gütereigenschaften (vgl. Abschnitt 1.2.1) in zwei Kategorien unterteilt: Erfahrungsattribute und Vertrauensattribute.[255] Entsprechend der Bedeutung in der Informationsökonomie bezeichnen *Erfahrungs*attribute diejenigen Attribute, die der Konsument erst im Gebrauch des Gutes ermitteln kann.

[246] vgl. OLSEN UND JACOBY [1972], *S. 174*; OLSON [1977], *S. 284*. Die quantitative Bestimmung beruht auf der Analogie zu einer Wahrscheinlichkeitseinschätzung (vgl. OLSEN UND JACOBY [1972], *S. 174*).

[247] vgl. OLSEN UND JACOBY [1972], *S. 175*

[248] vgl. OLSEN UND JACOBY [1972], *S. 175*; OLSON [1977], *S. 284*

[249] vgl. OLSON [1977], *S. 284*; STEENKAMP [1990], *S. 312*

[250] vgl. OLSON [1977], *S. 284*; STEENKAMP [1990], *S. 312*

[251] vgl. STEENKAMP [1990], *S. 312*

[252] „Quality attributes are the functional and psychological benefits or consequences provided by the product. They represent what the product is perceived as doing or providing for the consumer." (STEENKAMP [1990], *S. 313*)

[253] vgl. STEENKAMP [1990], *S. 313*

[254] vgl. STEENKAMP [1990], *S. 313*

[255] vgl. STEENKAMP [1990], *S. 314*

Entsprechend sind *Vertrauens*attribute nicht im normalen Gebrauch feststellbar. Die informationsökonomische Kategorie der Sucheigenschaften wird im Modell nicht ausdrücklich berücksichtigt. Sie wird lediglich funktional aufgefaßt und findet ihre Entsprechung in den Qualitätsindikatoren. Letztere stellen für den Konsumenten nur insofern einen Wert dar, als sie die Ausgangsinformationen des Beurteilungsprozesses für Qualitätsattribute liefern.

Konsumenten können nach STEENKAMP [1990] ihre Einschätzungen über Qualitätsattribute auf drei unterschiedliche Weisen bilden:[256]

i) Erstens können Konsumenten ihre Einschätzungen durch direktes Beobachten bilden („*descriptive belief formation*").[257] Über Erfahrungsattribute kann der Konsument dabei prinzipiell ohne Hinzunahme von Qualitätsindikatoren zu Urteilen gelangen. In der Regel werden aber aus Gründen der Gelegenheit oder Bequemlichkeit nicht direkt die Qualitätsattribute betrachtet, sondern auch hier Qualitätsindikatoren bei der Bildung von Einschätzungen herangezogen. Darüber hinaus können Informationen über Vertrauensattribute ohnehin nicht durch die bloße Erfahrung ermittelt werden.

   Durch die Erfassung und Einordnung von Qualitätsindikatoren gelangt der Konsument zu rein deskriptiven Einschätzungen über die Qualitätsindikatoren. Eine Beurteilung der Qualitätsattribute ist damit noch nicht verbunden, und die zur Verfügung stehende Information enthält keine direkten Aussagen über Qualitätsattribute. Wie die deskriptiven Einschätzungen allerdings indirekt in ein Urteil über die Gesamtqualität einfließen können, zeigen die zwei im folgenden erläuterten Prozesse auf.

ii) Im zweiten Prozeß werden Urteile über Qualitätsattribute abgeleitet, indem die Informationen, die in deskriptiven Einschätzungen enthalten sind, als zutreffend wahrgenommen und akzeptiert werden („*informational belief formation*").[258] Wie die Information in diesem Prozeß akzeptiert und verarbeitet wird, hängt dabei sowohl von Faktoren der Informationsquelle sowie der konkret übermittelten Botschaft als auch von Faktoren des Empfängers selbst ab.[259] Der wichtigste Faktor bezüglich der Informationsquellen ist deren Glaubwürdigkeit:[260] Je höher die Glaubwürdigkeit ist, die die Informationsquelle beim Nachfrager genießt, um so eher wird die Information auch akzeptiert. Die Glaubwürdigkeit einer Information hängt wiederum von der Art der Quelle ab, aus der sie stammt:[261] Informationen aus kommerziellen Informationsquellen (bspw. Werbung oder Verkaufsgespräch) wird wenig Vertrauen ent-

[256] vgl. STEENKAMP [1990], *S. 317ff*; s.a. FISHBEIN UND AJZEN [1975]
[257] vgl. STEENKAMP [1990], *S. 318*
[258] vgl. STEENKAMP [1990], *S. 318*
[259] vgl. FISHBEIN UND AJZEN [1975], *S. 462f*
[260] vgl. STEENKAMP [1989], *S. 109*
[261] vgl. STEENKAMP [1990], *S. 322*. Für einen umfassenden Überblick über empirische Studien zur Glaubwürdigkeit von Informationsquellen vgl. STERNTHAL ET AL. [1978]

gegengebracht,[262] neutrale Quellen (bspw. Verbraucherzentralen) werden wegen mangelnder Klarheit oder Verständlichkeit nicht beachtet und persönlichen Quellen (bspw. Freunde und Bekannte) wird häufig das Urteilsvermögen abgesprochen. Die Ableitung von Urteilen aufgrund von Informationen ist daher nur in wenigen Situationen anzutreffen.[263] Selbst bei Urteilen über Vertrauensattribute, die wegen der Unmöglichkeit der eigenen Erfahrung auf externe Informationen beruhen müssen, hat die informationsabhängige Urteilsbildung eine weniger bedeutsame Rolle, da Informationen auch hier nicht wahrgenommen werden, nicht verfügbar sind oder auch einfach nicht verstanden werden.[264]

iii) Die dritte Möglichkeit, die zu Einschätzungen über Qualitätsattribute führen kann, besteht in der Ableitungen von Schlußfolgerungen über Qualitätsattribute („*inferential belief formation*"). Dabei werden Urteile über Qualitätsattribute aus deskriptiven Einschätzungen gebildet, die keinen ausdrücklichen Bezug zum eigentlichen Qualitätsattribut haben.[265] Die Grundlage solcher Urteile ist die Verknüpfung von neuer Information mit bestehenden Überzeugungen des Konsumenten, die sich auf das Verhältnis von Qualitätsindikator und Qualitätsattribut beziehen. Der Nachfrager muß allerdings Vertrauen in seine Fähigkeit haben, den deskriptiven Hinweis (Indikator) richtig interpretieren zu können, d.h. der Vertrauenswert des Indikators muß entsprechend hoch sein. Der Vertrauenswert kann somit als ein Maß für die Sicherheit interpretiert werden, die der Nachfrager einer deskriptiven Einschätzung zuspricht.[266] Dieses „schließende Bilden" von Urteilen ist nach STEENKAMP [1990] die Art der Urteilsbildung, die bei Konsumenten am häufigsten anzutreffen ist.[267] Bei Vertrauensattributen erschwert allerdings die fehlende Gelegenheit, im Gebrauch neue Informationen zu erhalten und damit eigene Urteile über das Attribut zu bilden, die inferentielle Bildung von Urteilen. Die informationsabhängige Bildung von Urteilen hat daher bei Vertrauensattributen im Vergleich zu Erfahrungsattributen das stärkere Gewicht.[268]

Das Modell zur Beschreibung des eigentlichen Wahrnehmungsprozesses, das STEENKAMP [1990] mit Hilfe der dargelegten Begriffe entwickelt, besteht aus drei Stufen, die in Abbildung 2.5 auf der nächsten Seite dargestellt sind. In der ersten Stufe stehen die Wahrnehmung und die Einordnung der Qualitätsindikatoren im Vordergrund, die zu einem *descriptive belief* formiert werden.[269] Die

[262] vgl. BATRA ET AL. [1996]

[263] vgl. STEENKAMP [1990], *S. 322*

[264] vgl. STEENKAMP [1990], *S. 322*. Beispielsweise schließen Brotkäufer bei der Beurteilung des Nährwertes eines Brotes eher von der Farbe des Brotes auf den Nährwert, als daß sie die Informationen über den Nährstoffgehalt beachten (vgl. PETERSON [1977]).

[265] vgl. STEENKAMP [1990], *S. 319*. Aus der deskriptiven Einschätzung „Dieses Automobil wurde in Deutschland hergestellt" kann bspw. das Urteil „Dieses Automobil ist zuverlässig" abgeleitet werden.

[266] vgl. STEENKAMP [1989], *S. 115*

[267] vgl. STEENKAMP [1990], *S. 318*. Gleichwohl deutet STEENKAMP [1990] auf die Ähnlichkeit der beiden zuletzt genannten Urteilsbildungen und deren wechselseitige Abhängigkeit hin.

[268] vgl. STEENKAMP [1990], *S. 322*

[269] vgl. STEENKAMP [1990], *S. 324*

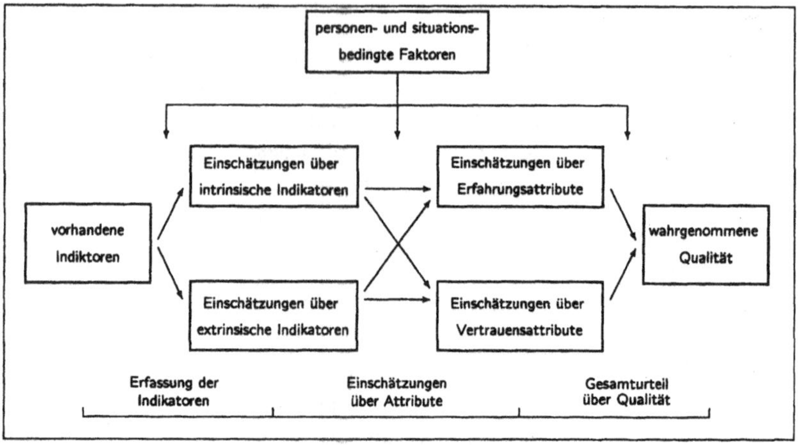

Abbildung 2.5: *Der Prozeß der Wahrnehmung von Qualität*
Quelle: STEENKAMP *[1990], S. 323, verändert*

so aufgenommenen Qualitätsindikatoren werden in der zweiten Stufe benutzt, um mittels *inferential belief formation* Urteile über die Erfahrungs- und Vertrauensattribute des Gutes zu erhalten.[270] In der dritten Stufe werden die einzelnen Urteile über die Qualitätsattribute schließlich zu einem Gesamturteil über die wahrgenommene Qualität zusammengefaßt.[271]

In den empirischen Studien, die auf Basis der Theorie der Qualitätswahrnehmung das Informationsverhalten von Nachfragern untersuchen, werden vor allem die Indikatorfunktion von Preis, Werbung und Garantien untersucht. Die zentralen Ergebnisse dieser Untersuchungen werden im folgenden herausgearbeitet.

Der Preis als Indikator der Produktqualität

Der Preis stellt diejenige Gütereigenschaft dar, dessen Indikatorfunktion am umfassendsten untersucht ist. Dabei teilt sich der Bereich der Konsumentenforschung, der sich mit dem Preis als Qualitätsindikator beschäftigt, in zwei Forschungsrichtungen auf.[272] Zum einen wird die Beziehung zwischen dem Preis und der *objektiven* Qualität der angebotenen Güter untersucht.[273] Und zum anderen wird untersucht, ob der Preis von Konsumenten überhaupt als Qualitätsindikator benutzt wird. Die Ergebnisse beider Forschungsrichtungen müssen für eine Beurteilung der Indikatorfunktion herangezogen werden und werden im folgenden dargestellt.

---

[270] vgl. STEENKAMP [1990], *S. 324*
[271] vgl. STEENKAMP [1990], *S. 325*
[272] vgl. LICHTENSTEIN UND BURTON [1989], *S. 429*
[273] Objektive Qualität bezieht sich auf eine güterorientierte Sichtweise des Begriffs Qualität und meint die An- oder Abwesenheit von meßbaren Gütereigenschaften (vgl. GARVIN [1984], *S. 25f*).

Die Beziehung zwischen Preis und objektiver Qualität Aus Sicht der Informationsökonomie ist die erste Forschungsrichtung von Interesse, die die Beziehung zwischen dem Preis und der *objektiven* Produktqualität untersucht. Sie wird zunächst dargelegt. Denn wenn ein solcher Zusammenhang gegeben ist, kann von einer Signalwirkung des Preises ausgegangen werden.

Untersuchungen, bei denen ein solcher objektiver Zusammenhang im Vordergrund steht, zeigen jedoch nur eine schwache Ausprägung dieser Beziehung.[274] Allerdings existieren innerhalb der betrachteten Produktkategorien starke Schwankungen,[275] für deren Erklärung verschieden Faktoren herangezogen werden können.

Unter diesen Faktoren, die die Beziehung zwischen Preis und objektiver Qualität beeinflussen, sind insbesondere die Informationen von Bedeutung, die den Konsumenten bei einer Qualitätsbeurteilung zur Verfügung stehen. Werden allerdings nur die zwei Extreme von Ausprägungen möglicher Informationssituationen auf Märkten betrachtet, d.h. entweder *alle* Qualitätsinformationen stehen den Nachfragern zur Verfügung oder *keine* Qualitätsinformationen stehen zur Verfügung, ist die theoretisch gegebene Nutzbarkeit des Preises als Qualitätsindikator eingeschränkt, wie folgende Argumentation zeigt.[276] Auf Märkten mit vollkommener Information ist die Qualität bekannt, und mit steigender Qualität wird daher auch der Preis steigen. Gleichzeitig ist aber gerade wegen der vollkommenen Information die Nutzung des Preises als Qualitätsindikator nicht notwendig. Auf Märkten hingegen, auf denen keine Qualitätsinformationen zur Verfügung stehen, ist jeder Indikator für den Konsumenten nützlich. Allerdings ist es hier irrational, den Preis auch tatsächlich als Qualitätsindikator zu benutzen, da dem Konsumenten keine Möglichkeiten zur Verfügung stehen, die Qualität überhaupt zu erfahren oder die Aussagen des Anbieters zu verifizieren.

Wird diese extreme Zweiteilung der Verfügbarkeit von Informationen abgeschwächt,[277] müßte gemäß dieser Argumentation die Korrelation zwischen Qualität und Preis um so stärker sein, je mehr Informationen ein Konsument über ein Gut besitzt. HANF UND VON WERSEBE [1994] untersuchen zur Verifikation dieser Aussage diejenigen Eigenschaften von Gütern, die die Informationssuche der Konsumenten beeinflussen.[278] Sie können zeigen, daß die Beziehung zwischen Preis und Qualität in der Tat von den Informationseigenschaften abhängt. Die Relation zwischen Preis und Qualität ist dann relativ stark ausgeprägt, wenn die Qualität leicht zu erkennen ist, die Suchkosten niedrig sind, der Produktpreis hoch ist und es sich um langlebige Gebrauchsgüter handelt. Mit der

[274] Für einen Überblick vgl. HANF UND VON WERSEBE [1994], *S. 340f.* Als Maß des Zusammenhangs dient in diesen Untersuchungen in der Regel die Korrelation zwischen Preisen und Testberichten unabhängiger Tester, wie sie in Deutschland bspw. die Stiftung Warentest veröffentlicht (vgl. DILLER [1977], DILLER [1988]). Bei den von HANF UND VON WERSEBE [1994] aufgeführten, siebzehn Untersuchungen ist der durchschnittliche Korrelationskoeffizient nicht größer als $r = 0.29$.

[275] vgl. HANF UND VON WERSEBE [1994], *S. 340f*

[276] Die Argumentation geht zurück auf SCITOVSKY [1945], der in diesem Zusammenhang zwischen *„expert's markets"* und *„layman's markets"* unterscheidet. Während auf *expert's markets* jeder Nachfrager ein Experte ist und auf jeden Fall die Qualität ermitteln kann, sind die Nachfrager auf *layman's markets* Laien und können prinzipiell keine Information über die Qualität ermitteln.

[277] vgl. HANF UND VON WERSEBE [1994], *S. 336f*

[278] vgl. HANF UND VON WERSEBE [1994], *S. 336f*

Erkennbarkeit der Qualität beziehen sich die Autoren ausdrücklich auf die informationsökonomische Einteilung in Such- und Erfahrungseigenschaften von Gütern und formulieren die Hypothese, daß das die Korrelation zwischen Preis und Qualität mit zunehmenden Umfang an Sucheigenschaften steigt.[279] Die Autoren argumentieren weiter, daß sich wegen der langen Gebrauchsdauer und der damit verbundenen höheren Unzufriedenheit im Falle von mangelnder Qualität die Konsumenten gründlicher über die Qualität informieren, so daß ein hoher Preis nur bei einer hohen Qualität verlangt werden kann.[280] Insgesamt folgern sie daraus, daß in diesem Fall die Orientierung am Preis kein irrationales Verhalten bei der Qualitätsbeurteilung darstellt.

Der Gebrauch des Preises als Qualitätsindikator Die zweite Forschungsrichtung betrachtet die Rolle des Preises bei der Qualitätswahrnehmung und -beurteilung aus verhaltenswissenschaftlicher Sicht und untersucht, ob der Preis überhaupt als Qualitätsindikator benutzt wird.

Wegen seiner einfachen Verfügbarkeit wird davon ausgegangen, daß der Preis tatsächlich als allgemein gebräuchlicher Qualitätsindikator dient.[281] Untersuchungen zur subjektiven Wahrnehmung eines Zusammenhangs zwischen Preis und Qualität betrachten den Preis dabei als einen extrinsischen Qualitätsindikator. Die Ergebnisse von Untersuchungen, die dieses Verhalten empirisch testen, lassen keine eindeutigen und konsistenten Schlußfolgerungen zu. Einerseits scheint ein genereller Zusammenhang zwischen Preis und *wahrgenommener* Qualität zu existieren,[282] doch zeigt andererseits die eingehende Analyse der zugrundeliegenden Untersuchungen, daß ein solches Konsumentenverhalten weder allgemeingültig noch stabil ist[283] und von einer Vielzahl von Faktoren bestimmt wird. So variiert die Beziehung zwischen Preis und wahrgenommener Qualität mit Persönlichkeitsvariablen des Konsumenten, wobei hier das Vertrauen in Informationen der Verkäufer und eine materialistische Wertevorstellung („*snobbery*") zu den einflußreichsten Variablen gehören.[284] Darüber hinaus hängt das Verhalten von der zu beurteilenden Produktkategorie ab,[285] und schließlich verliert der Preis an Einfluß, wenn er nicht die einzige verfügbare Information ist.[286] Besonders hervorzuheben ist hier der Einfluß der Glaubwürdigkeit des Anbieters auf

[279] vgl. HANF UND VON WERSEBE [1994], *S. 337*

[280] LICHTENSTEIN UND BURTON [1989] zeigen in der Tat, daß bei langlebigen Gebrauchsgütern die Wahrnehmung des objektiven Preis-Qualitätsverhältnisses auch tatsächlich besser ist als bei kurzlebigen.

[281] vgl. ETGAR UND MALHOTRA [1981], *S. 217*

[282] vgl. MONROE UND KRISHNAN [1985], *S. 212ff.* In ihrem Überblick über die Forschungsergebnisse deuten sie auf die Existenz eines Zusammenhangs zwischen Preis und wahrgenommener Qualität hin.

[283] vgl. PETERSON UND WILSON [1985], *S. 247f.* Sogar die Behauptung, daß kein genereller Zusammenhang zwischen Preis und wahrgenommener Qualität besteht, wird vertreten (vgl. ZEITHAML [1988], *S. 11*).

[284] vgl. SHAPIRO [1973], *S. 291.*

[285] Bei langlebigen Konsumgütern ziehen Konsumenten eher den Preis als Indikator heran als bei Gebrauchsgütern (vgl. PETERSON UND WILSON [1985], *S. 249f*). Das steht sowohl mit den Fähigkeiten der Konsumenten als auch mit den objektiven Gegebenheiten in Einklang (vgl. S. 128).

[286] In den Studien, in der der Preis der einzige Indikator war („*single-cue*"-Studien) ist der Zusammenhang eindeutiger und stärker als in Studien, in denen der Preis nur einer unter vielen Indikatoren war („*multi-cue*"-Studien) (vgl. OLSON [1977]). Beispielsweise scheint der Markenname ein gewichtigerer Indikator als der Preis zu sein (vgl. OLSON [1977], *S. 271*; GARDNER [1971], *S. 242f*).

die Verläßlichkeit des Preises als Qualitätsindikator.[287] Je höher die Glaubwürdigkeit ist, die einem Anbieter von den Konsumenten zugesprochen wird, desto stärker wird auch auf den Preis als Qualitätsindikator zurückgegriffen.[288]

Werbung als Indikator der Produktqualität

Auch der aus informationsökonomischer Perspektive bedeutsame Werbeaufwand ist im Zusammenhang mit der Beurteilung der Qualität Gegenstand empirischer Studien zur Theorie der Qualitätswahrnehmung.[289] Werbeausgaben werden dabei als extrinsischer Qualitätsindikator aufgefaßt,[290] dessen Wirkung auf einem direkten Einfluß der wahrgenommenen Werbekosten auf die Wahrnehmung des betriebenen Werbeaufwands beruht. Dabei gilt der Werbeaufwand als Zeichen, daß der Werbetreibende an den Erfolg seines beworbenen Gutes glaubt.[291] Sind die Konsumenten der Meinung, der Erfolg eines Gutes hänge von der Qualität des Gutes ab, werden Werbekosten zu einem glaubwürdigen Qualitätssignal.[292] In den durchgeführten Untersuchungen stellen die Konsumenten tatsächlich einen Zusammenhang zwischen den Details einer Werbekampagne und den dafür aufgewendeten Kosten her,[293] und ihre Qualitätsbeurteilungen korrelieren positiv mit der Höhe der so wahrgenommenen Kosten für das Werbemedium und für die Länge bzw. die Größe der Werbeblöcke.[294] Auch wenn Konsumenten keine externe Information über die Werbekampagne erhalten und nur auf die direkt mit der Kampagne übermittelte Information zurückgreifen können, schließen die Konsumenten auf die damit verbundenen Kosten und machen ihr Qualitätsurteil von einer solchen Bewertung abhängig.[295]

Die Steigerung der Häufigkeit einer Werbekampagne führt entgegen der ermittelten positiven Korrelation mit den Kosten der Werbemaßnahmen allerdings zu einer negativen Qualitätseinschätzung. Möglicherweise gehen Konsumenten in diesem Fall nicht von einem Vertrauen des Produzenten in sein Produkt aus, sondern sehen als Motivation der Werbekampagne nur die Verzweiflung des Produzenten überhaupt Kunden für das Produkt zu gewinnen.[296]

Die Glaubwürdigkeit von Werbebotschaften ist in empirischen Untersuchungen eng mit der Reputation der Werbetreibenden verbunden.[297] So zeigt sich, daß mit extremer werdenden Werbe-

[287] Glaubwürdigkeit setzt sich hier aus den zwei Dimensionen Ehrlichkeit und Kompetenz zusammen (vgl. SHAPIRO [1973], *S. 290f*).
[288] vgl. SHAPIRO [1973], *S. 291*
[289] vgl. KIRMANI UND WRIGHT [1989], KIRMANI [1990]
[290] vgl. KIRMANI UND WRIGHT [1989], *S. 344*
[291] vgl. KIRMANI UND WRIGHT [1989], *S. 344*
[292] vgl. KIRMANI UND WRIGHT [1989], *S. 345*
[293] Werbemedium, Werbehäufigkeit und Dauer eines TV-Werbespots bzw. Größe einer Zeitungsanzeige erfuhren die Konsumenten explizit aus externen Quellen. Wie Konsumenten ausschließlich aus der Beobachtung der Werbekampagne Einschätzungen über diese Details bilden, wurde nicht untersucht (vgl. KIRMANI UND WRIGHT [1989], *S. 346*).
[294] vgl. KIRMANI UND WRIGHT [1989], *S. 347f*
[295] vgl. KIRMANI [1990]. Als Indikator für die Werbekosten diente die Größe einer Zeitungsanzeige.
[296] vgl. KIRMANI UND WRIGHT [1989], *S. 345 & S. 348*. Eine Bestätigung dieser Ergebnisse liefert KIRMANI [1990].
[297] vgl. GOLDBERG UND HARTWICK [1990]

botschaften[298] diejenigen Unternehmen, deren Reputation hoch ist, einen geringeren Rückgang in der Glaubwürdigkeit ihre Werbung erleiden als Unternehmen, deren Reputation von vornherein niedrig ist.[299]

Garantien als Indikatoren der Produktqualität

Die verhaltenswissenschaftlich geprägte Forschung betrachtet Garantien unter zwei Aspekten, die im folgenden herausgearbeitet werden. Genau wie Preise werden Garantien zum einen im Sinne der Theorie der Qualitätswahrnehmung als extrinsische Qualitätsindikatoren aufgefaßt, die von Konsumenten zur Bildung eines umfassenden Qualitätsurteils herangezogen werden. Zum anderen wird speziell die Rolle von Garantien bei der Reduzierung des wahrgenommenen Risikos einer Kaufentscheidung untersucht.

Der Gebrauch von Garantien als Qualitätsindikator Wie bei den Preisen kann in Bezug auf den Gebrauch von Garantien als Qualitätsindikator zunächst nach dem objektiven Informationswert von Garantien gefragt werden. Untersuchungen, die sich auf den objektiven Informationswert von Garantien konzentrieren, beziehen sich im allgemeinen auf die Zuverlässigkeit der betrachteten Güter, also nur auf eine Dimension der Qualität eines Gutes. Die Ergebnisse diesbezüglicher Untersuchungen zeigen, daß Garantien ein brauchbares Signal der Zuverlässigkeit darstellen, und diese Rolle nicht von den Güterpreisen übernommen werden kann.[300] Allerdings ist diese Funktion eingeschränkt, da innerhalb vieler Güterklassen eine generelle Übereinstimmung der Garantieleistungen besteht. Garantien stellen damit keine brauchbaren Indikatoren für Qualität einzelner Güter aus diesen Kategorien dar.[301]

Die Ergebnisse empirischer Untersuchungen, die sich ausdrücklich mit der Frage beschäftigen, ob Konsumenten Garantien bei der Qualitätsbeurteilung auch tatsächlich berücksichtigen, sind ebenfalls nicht eindeutig. So werden Garantien nur für bestimmte Güterklassen herangezogen[302] oder allgemein zu den weniger wichtigen Attributen gezählt.[303] Dem widersprechen allerdings die Ergebnisse von Untersuchungen, in denen Konsumenten bei allen untersuchten Produktgruppen Garantien als das wichtigste Attribut ansehen.[304]

[298] In der empirischen Untersuchung von GOLDBERG UND HARTWICK [1990] wurde mit extremer werdender Werbebotschaft das behauptete Abschneiden in einem Geschmackstest besser (GOLDBERG UND HARTWICK [1990], *S. 175*).

[299] vgl. GOLDBERG UND HARTWICK [1990], *S. 174 & S. 177f*

[300] vgl. WIENER [1985]. Er betrachtet den Zusammenhang zwischen dem gewährten Garantieumfang und der Zuverlässigkeit von langfristigen Gebrauchsgütern (Klimaanlagen, Fernsehgeräte, Waschmaschinen und Wäschetrockner). Die Zuverlässigkeit der Produkte wurde unabhängigen Testberichten entnommen.

[301] vgl. GERNER UND BRYANT [1981]

[302] vgl. OLSEN UND JACOBY [1972]. In ihrer Untersuchung werden nur bei zwei von fünf Gütergruppen Garantien zu den wichtigsten Qualitätsindikatoren gezählt.

[303] vgl. PERRY UND PERRY [1976]

[304] vgl. MCCLURE UND RYANS JR. [1968]. Allerdings wurden in dieser Untersuchung Garantien mit dem allgemeinen Service zusammengefaßt.

Garantien und wahrgenommenes Risiko Der zweite Aspekt, unter dem Garantien betrachtet werden, ist mit dem beim Erwerb eines Gutes vorhandenen Risiko verbunden, im Falle einer notwendigen Reparatur einen hohen finanziellen Aufwand betreiben zu müssen.[305] Indem Garantien die möglichen (finanziellen) Auswirkungen von den Konsumenten auf den Anbieter transferieren, können Garantien daher auch zur Reduzierung dieses Risikos beitragen (vgl. auch Abschnitt 1.4.1, S. 29). Die Ergebnisse diesbezüglicher Untersuchungen zeigen in der Tat, daß bei Konsumenten das wahrgenommene Risiko, einen finanziellen Verlust zu erleiden, mit der Höhe des Garantieumfangs abnimmt.[306]

Die Wirkung von Garantien auf die Beurteilung der Qualität eines Gutes ist von der Glaubwürdigkeit des Garantiegebers abhängig.[307] Die Glaubwürdigkeit des gewährten Garantieumfangs wirkt sich positiv auf die Beurteilung der Produktqualität aus. So wird die Produktqualität bei hoher Glaubwürdigkeit um so höher eingeschätzt, je größer der Garantieumfang ist.[308] Umgekehrt führt aber ein hoher Garantieumfang bei gleichzeitiger niedriger Glaubwürdigkeit zu einer niedrigeren (oder gleichen) Qualitätseinschätzung als dies bei hoher Glaubwürdigkeit der Fall ist.[309]

Wie die Ergebnisse der Studien zur Qualitätswahrnehmung insgesamt zeigen, ist den Konsumenten die Rolle der Signale, die in der informationsökonomischen Analyse unter dem Aspekt der Informationsübermittlung betrachtet werden, im Prozeß der Qualitätsbeurteilung tatsächlich bewußt. Auf realen Märkten wird auf die mögliche Indikatorfunktion von Preisen, Werbung und Garantien zurückgegriffen, so daß sie die theoretisch unterstellte Informationsrolle übernehmen können. Da insbesondere bei Preisen mit der möglichen Information, die ein Konsument über das Produkt besitzen kann, auch ein objektiver Zusammenhang zwischen Preis und Qualität gegeben ist, ist es für die Konsumenten bei Such- und auch, in einem etwas eingeschränkteren Maße, bei Erfahrungsgütern rational, diese Indikatorfunktion auch zu benutzen. Die Ergebnisse machen zusätzlich einen Aspekt deutlich, der in den analysierten informationsökonomischen Modellen nicht direkt erfaßt und operationalisiert wird, und vor allem bei Vertrauensgütern ein hervorgehobene Rolle spielt. Bei allen betrachteten Indikatoren beeinflußt die Glaubwürdigkeit der Aussagen, die mit den Indikatoren verbundenen sind, die Informationsübermittlung. So zeigt sich, daß sich Konsumenten mit steigender Glaubwürdigkeit des Anbieters auf die Indikatorfunktion verlassen, und der Gebrauch der Indikatoren nimmt zu. Insbesondere ist dies ein weiteres Indiz für die Notwendigkeit, diesen Aspekt in eine Operationalisierung des Konzepts des Vertrauensgutes zu integrieren (vgl. Kapitel 3).

---

[305]vgl. Perry und Perry [1976], *S. 33f*

[306]vgl. Shimp und Bearden [1982]; vgl. auch Bearden und Shimp [1982]. Die Autoren kommen auch hier zu dem Ergebnis, daß der Umfang der Garantie ein Faktor bei der Risikowahrnehmung ist.

[307]vgl. Boulding und Kirmani [1993]

[308]vgl. Boulding und Kirmani [1993], *S. 118*

[309]vgl. Boulding und Kirmani [1993], *S. 118*

2.4.2 Die experimentelle Wirtschaftsforschung

Die experimentelle Wirtschaftsforschung hat die Bewertung und Überprüfung der Vorhersagekraft ökonomischer Theorien und Modelle zum Inhalt.[310] Im Gegensatz zum traditionellen Ansatz, in dem ökonomische Theorien auf der Grundlage statistischer Daten existierender Märkte bewertet werden,[311] bedient sich die experimentelle Wirtschaftsforschung solcher Daten, die durch gezielt geplante Laborexperimente erhoben werden. Auf diese Weise sind zum einen die Ergebnisse solcher Experimente jederzeit reproduzierbar, so daß die unabhängige Verifikation von Ergebnissen erleichtert wird.[312] Insbesondere soll damit auch eine Änderung des Verhältnisses zwischen Theorie und empirischen Befunden einhergehen: Empirische Befunde werden zum Maß der Entwicklung ökonomischer Theorien und sind nicht bloße Beigaben, die mit denen Theorien im Nachhinein in Einklang gebracht werden.[313] Zum anderen sind die Bedingungen, unter denen die Experimente stattfinden, kontrollierbar und beeinflußbar, so daß das Testen von Theorien und die Entwicklung alternativer Theorien vereinfacht und genauer werden soll.

Mit der Durchführung von Experimenten können verschiedene Ziele verfolgt werden.[314] Von einem *theoretischen Interesse* sind Experimente,[315] die dem Test bzw. der Falsifikation von Theorien dienen oder die der Aufdeckung von unvorhergesagten Regelmäßigkeiten dienen. Durch die Möglichkeit, Experimente den strukturellen Gegebenheiten der Theorie angemessen anzupassen, können die Beobachtungen in einem direkten Zusammenhang mit der Theorie betrachtet werden. Nicht vorhergesagte Beobachtungen sollen so zur Falsifikation der Theorie beitragen oder in der Theorie nicht berücksichtigte Aspekte aufzeigen. Weiterhin sollen Experimente helfen, Zusammenhänge zwischen beobachtbaren ökonomischen Variablen zu erkennen, über die bereits bekannte Theorien keine Aussagen treffen. Die Möglichkeit der Kontrolle soll so die Veränderung der Randbedingungen ermöglichen, so daß die Ursachen der beobachteten Regelmäßigkeiten isoliert werden können.[316] Schließlich kann mit Hilfe von Experimenten der Geltungsbereich von Theorien, die noch nicht falsifiziert wurden, ermittelt werden, indem die vereinfachten Voraussetzungen schrittweise an die meist komplexeren Voraussetzungen realer Märkte angepaßt werden. So soll es möglich sein, die Kluft zwischen Laborexperiment und realen Märkten zu überbrücken.[317]

---

[310] Einen Überblick über die historische Entwicklung der Experimentellen Wirtschaftsforschung geben SMITH [1990], SMITH [1991] und FRIEDMAN UND SUNDER [1994], *S. 121ff.* Eine methodische Einführung findet sich in DAVIS UND HOLT [1993], FRIEDMAN UND SUNDER [1994] und KAGEL UND ROTH [1995].

[311] vgl. DAVIS UND HOLT [1993], *S. 3*

[312] vgl. DAVIS UND HOLT [1993], *S. 14*

[313] vgl. SMITH [1991], *S. 784.* Er spricht in diesem Sinne von Theorien als „*stylized facts*".

[314] vgl. DAVIS UND HOLT [1993], *S. 19f.* Für eine Kategorisierung der Experimente auf der Grundlage der Ziele vgl. KAGEL UND ROTH [1995], *S. 21f*

[315] ROTH [1995] spricht hier von Experimenten, die zu Theoretikern sprechen (vgl. ROTH [1995], *S. 22*).

[316] vgl. SMITH [1990], *S. 2.* Die Verifikation einer Theorie durch Erhebung statistischer Daten führt immer zu einem zusammengefaßten Test („*composite test*") der gesamten Theorie, während durch die Kontrollmöglichkeiten im Labor einzelne Bestandteile einer Theorie getestet werden können („*test of component elements*").

[317] DAVIS UND HOLT [1993], *S. 19.* Eine weiter Kategorie von Experimenten kann politische Entscheidungsträger bei der Abschätzung der Auswirkungen ihre Entscheidungen unterstützen (vgl. ROTH [1995], *S. 22*).

Signaling auf experimentellen Märkten

Die informationsökonomische Anwendung der Spieltheorie trifft Aussagen über die Wirkungsweise und die Einsatzmöglichkeiten von Signalen auf Märkten mit unvollständiger Information. Die experimentelle Verifikation solcher Aussagen untersucht, ob der Signaling-Mechanismus überhaupt in Kraft tritt, unter welchen Bedingungen dies der Fall ist und in welchem Maße sich das Verhalten der Marktteilnehmer anhand von theoretischen Gleichgewichtsaussagen vorhersagen und erklären läßt. Es handelt sich also um Experimente von einem *theoretischen Interesse*.

Notwendige Voraussetzung für die Anwendung des Signaling-Ansatzes ist in diesem Zusammenhang zunächst, daß Empfänger möglicher Signale diese auch tatsächlich gemäß der Signaling-Theorie interpretieren. Dieser Frage gehen BOULDING UND KIRMANI [1993] in ihren Experimenten nach und untersuchen, ob die Reaktionen von Konsumenten auf gewährte Garantien mit den Gleichgewichtsaussagen der Signaltheorie konsistent sind.[318] In der Signaling-Theorie hängt bekanntlich die Möglichkeit, von dem Umfang einer Garantie auf die Güterqualität zu schließen, von den mit der Garantie verbundenen Kosten ab (vgl. Abschnitt 2.2.2, S. 77). In ihrem Experiment gehen die Autoren allerdings davon aus, daß der explizite Bezug auf die Kosten der Garantiegewährung nicht ausreichend ist. Wesentlich ist vielmehr die allgemeine Eigenschaft eines Signals, den Sender an bestimmte, mit Kosten verbundenen Leistungen oder Aktivitäten zu binden (*bonding*), was bei der Überprüfung der Theorie entsprechend berücksichtigt werden muß.[319] Die Ergebnisse der durchgeführten Experimente lassen den Schluß zu, daß bei stark ausgeprägter *bonding*-Komponente des Senders die Güterqualität um so höher eingeschätzt wird, je größer der Garantieumfang ist.[320] Darüber hinaus führt bei schwach ausgeprägter *bonding*-Komponente ein hoher Garantieumfang zu einer Qualitätseinschätzung, die nicht höher liegt als die Qualitätseinschätzung bei stark ausgeprägter *bonding*-Komponente.[321] Insgesamt sind also die Reaktionen der Konsumenten als Empfänger von Signalen mit den Vorhersagen eines (trennenden) Gleichgewichts konsistent.[322]

Eine eindeutige Beantwortung der aufgeworfenen Frage, ob der Signaling-Mechanismus zur Erklärung des Verhaltens der Marktteilnehmer herangezogen werden kann, ist unter Berücksichtigung *aller* beteiligten Marktteilnehmer, d.h. sowohl der Empfänger als auch der Sender von Signalen, im allgemeinen aber nicht ohne weiteres möglich. Dies wird anhand der Experimente von MILLER UND PLOTT [1985] deutlich. Die Autoren betrachten einen experimentellen Markt, auf dem Verkäufer Güter der zwei, ausschließlich den Verkäufern bekannten Qualitätsstufen *„regular“* und *„super“* anbieten,[323] wobei davon ausgegangen wird, daß letztere Qualitätsstufe bei den

[318] vgl. BOULDING UND KIRMANI [1993], *S. 111*
[319] vgl. BOULDING UND KIRMANI [1993], *S. 112f*; vgl. auch Fußnote 132, S. 28
[320] vgl. BOULDING UND KIRMANI [1993], *S. 118*
[321] vgl. BOULDING UND KIRMANI [1993], *S. 118f*
[322] vgl. BOULDING UND KIRMANI [1993], *S. 119f*
[323] vgl. MILLER UND PLOTT [1985], *S. 838*

Käufern eine höhere Wertschätzung genießt. Vor einem Kauf haben die Verkäufer die Möglichkeit, eine Qualitätserhöhung des Gutes durchzuführen, die für die Käufer beobachtbar ist. Diese Maßnahme kann als Gewährung einer Garantie interpretiert werden. Bei regulärer Qualität ist diese Erhöhung für den Verkäufer mit höheren Kosten verbunden als bei der höher eingeschätzten *super*-Qualitätsstufe. Die Qualitätserhöhung ist also ein Signal im Sinne des Signaling-Ansatzes.

Die Ergebnisse ihrer Experimente[324] analysieren MILLER UND PLOTT [1985] unter der Fragestellung, ob auf einem solchen Markt anhand der durchgeführten Qualitätserhöhungen die Möglichkeit der Identifizierung der beiden Qualitätsstufen im Sinne eines trennenden Gleichgewichts (vgl. Abschnitt 1.5.2, S. 42) besteht, und ob diese Möglichkeit eine Folge des Signalcharakters der Qualitätserhöhung ist. Als Alternative zum Signaling-Modell betrachten die Autoren ein Modell, in dem die Käufer den Informationsgehalt der Qualitätserhöhung nicht erkennen und den Kauf als eine Lotterie betrachten. Die Ergebnisse der Experimente zeigen, daß eine Trennung der beiden Qualitätsstufen auf solchen Märkten existiert, auf denen die Kosten für das Signalisieren der höheren Qualitätsstufe im Vergleich zur niedrigeren Qualitätsstufe relativ gering sind.[325] Im Vergleich zu den alternativen Experimenten, bei denen ebenfalls eine Trennung der Qualitätsstufen auftritt und die Preise den Erwartungswerten der Lotterien entsprechen,[326] kann die Trennung aber nur in zweidrittel der Fälle auf die Wirksamkeit des Signaling-Mechanismus zurückgeführt werden.[327]

Auf einen zentralen Punkt der Erklärungskraft des spieltheoretischen Ansatzes weist VAN WINDEN [1997] in seiner Analyse experimenteller Studien zum Signaling-Ansatz hin. Er zeigt, daß die Möglichkeit des Signaling insbesondere von den Interessenskonflikten zwischen den Marktteilnehmern abhängt.[328] Je weniger die Interessen miteinander in Konflikt stehen, desto eher werden die Gleichgewichtsvorhersagen gestützt.[329] Die *allgemeine* Vorhersagekraft der Gleichgewichtsaussagen ist damit ebenfalls eher eingeschränkt. Zwar zeigt sich in Experimenten das vorhergesagte Gleichgewichtsverhalten, doch ist diese Tendenz nicht so stark, als daß die Ausnahmen vernachlässigt werden dürften.[330] Darüber hinaus ist das zur theoretischen Ableitung der Gleichgewichtsaussagen vorausgesetzte, strategische Verhalten nicht zwingend notwendig, um die Gleichgewichtsaussagen selbst zu bestätigen. In diesem Fall sagt die Theorie das Verhalten aus den falschen Gründen vorher[331] und stellt damit keinen *Erklärungs*ansatz dar.

[324] Die Experimente unterschieden sich in den Kosten der Qualitätserhöhung der *super*-Qualitätsstufe. In einer Gruppe von Experimenten lagen die Grenzkosten der Erhöhung bei 0.02$ pro Qualitätseinheit und in der verbleibenden Gruppe bei 0.07$ pro Qualitätseinheit. Die entsprechenden Kosten für reguläre Qualität lagen stets bei 0.15$.

[325] vgl. MILLER UND PLOTT [1985], *S. 857*. Die Trennung trat in den Experimenten mit den niedrigeren Kosten der Qualitätserhöhung ein.

[326] vgl. MILLER UND PLOTT [1985], *S. 846*

[327] vgl. MILLER UND PLOTT [1985], *S. 858*

[328] vgl. VAN WINDEN [1997], *S. 12ff & S. 23*. Ein Konflikt besteht, wenn die Auszahlungen negativ miteinander korrelieren (vgl. die Rolle der Präferenzen in Signalspielen in Abschnitt 2.3.1).

[329] vgl. VAN WINDEN [1997], *S. 17*

[330] vgl. VAN WINDEN [1997], *S. 12*

[331] vgl. VAN WINDEN [1997], *S. 10 & S. 23*

Hinsichtlich der Aussagen von Signaling-Modellen zeigen die dargelegten Ergebnisse der Experimentellen Wirtschaftsforschung insgesamt, daß der Signaling-Ansatz das Informationsverhalten von Anbietern und Nachfragern auf Märkten unter unvollständiger Information nicht vollständig *erklärt*. Unter bestimmten Umständen ermöglicht der Signaling-Ansatz allerdings zumindest die *Vorhersage* des Verhaltens der Marktteilnehmer. So nimmt die Vorhersagekraft der Modelle insbesondere dann zu, wenn davon ausgegangen werden kann, daß alle Akteure auf dem Markt dieselben Interessen verfolgen, und der Signalansatz in diesem Sinne auch für Vertrauensgüter anwendbar ist (vgl. Abschnitt 2.3.1, S. 81).

2.5 Informationsprobleme auf Gütermärkten - Fazit

Ausgangspunkt des zweiten Kapitels waren die Informationsprobleme, die im ersten Kapitel anhand der informationsökonomischen Gütertypologie identifiziert wurden. Die verfolgte Zielsetzung war, im Hinblick auf die formale Analyse der Qualitätsungewißheit bei Vertrauensgütern die Möglichkeiten zu untersuchen, bestehende modell-theoretischer Ansätze für die Analyse der gütertypspezifischen Informationsprobleme einzusetzen.

Auf Märkten für Suchgüter existiert kein Informationsproblem im Sinne asymmetrisch verteilter Information. Das hier bestehende Problem der optimalen Informationssuche ist einer Analyse durch Suchkostenansätze zugänglich (vgl. Abschnitt 2.1, 52ff).

Die Analyse der Qualitätsunsicherheit bei Erfahrungsgütern hat zwar zum einen gezeigt, daß auf Märkten für Erfahrungsgüter asymmetrische Informationsverteilung zum Zeitpunkt der Transaktion zum Problem der Adversen Selektion führen kann (vgl. Abschnitt 2.2.1): Je nach Verteilung der Qualität auf dem Markt kann die Qualitätseinschätzung der Nachfrager zu gering ausfallen, so daß die Anbieter hoher Qualität vom Markt verdrängt werden und es zu einer wohlfahrtsmindernden Unterversorgung an Qualität kommt (vgl. Abschnitt 2.2.1, S. 65ff). Zum anderen wurde aber auch herausgearbeitet, daß das Informationsproblem prinzipiell durch marktendogene Informationsaktivitäten behoben werden kann (vgl. Abschnitt 2.2.2, S. 71ff): Das Aussenden von und die Orientierung an Signalen führt zu einer Funktionsverbesserung des Marktes als Mechanismus bei der Bereitstellung von Qualität im Sinne einer Erfahrungseigenschaft, da Anbieter hoher Qualität damit eine Möglichkeit haben, sich von Anbietern niedriger Qualität abzugrenzen, und weiterhin auf dem Markt anbieten können. Die Analyse von Preis, Werbung und Garantie als mögliche Marktsignale machte dabei deutlich, daß sich ihr Beitrag zur Überwindung des Informationsproblems stets auf Voraussetzungen stützt, die nur für Erfahrungsgüter erfüllt sind.

Unter diese Voraussetzungen fällt die Offenbarung der Eigenschaft nach einem Kauf und die sich daraus ergebende Möglichkeit, die Aussagen des Anbieters über die Gütereigenschaften zu verifizieren. Für die Wirksamkeit des Signaling ermöglicht diese Verifikation dem Nachfrager, den Zusammenhang zwischen dem gesendeten Signal und der Eigenschaft in Erfahrung zu bringen. Darüber hinaus kann durch die *eigene* Erfahrung die Kenntnis über den Zusammenhang im Sinne des Signaling-Ansatzes überhaupt erst eingesetzt werden: Die bloße Kenntnis des Zusammenhangs ist insofern nicht hinreichend für die Wirksamkeit des Signaling-Mechanismus, da stets von *eigener* Erfahrung ausgegangen wird, der diese Kenntnis entstammt. Ist demgegenüber die Kenntnis über den Zusammenhang anderen, externen Informationsquellen entnommen, berücksichtigt der Signaling-Ansatz nicht das sich daraus ergebende Vertrauens- und Glaubwürdigkeitsproblem bei der Bewertung dieser Information.

Aus Sicht der Nachfrager gewährleistet die Offenbarung der Eigenschaft damit die Sanktionierung von Irreführungen seitens der Anbieter. Dem Anbieter drohen dann direkte oder indirekte Verluste entweder aus Reputationsverlust und einem damit einhergehenden Nachfragerschwund in Nachfolgeperioden (vgl. die Ausführungen über Preis und Werbung als Signal, S. 71ff bzw. S. 73ff) oder aus Haftung für die Nichterfüllung von Versprechen (vgl. die Ausführungen über Garantien als Signal, S. 77ff). Die Vermeidung solcher Verluste stellen für die Anbieter daher den Anreiz dar, wahrheitsgemäße Signale zu senden.

Umgekehrt können die Anbieter die Signale nur dann zu ihrem eigenen Vorteil einsetzen, wenn eine glaubwürdige Bindung an das Signal möglich ist. Auch hier spielt die Offenbarung der Eigenschaft nach einem Kauf die zentrale Rolle: Immer dann, wenn die mit dem Signal implizit übermittelten Aussagen verifiziert werden können, stellt die explizite Investition in ein *costly signal* (Werbeaufwand, mögliche Garantiefolgekosten) oder die Höhe der Produktionskosten, die sich im geforderten Preis niederschlagen, einen potentiellen Verlust dar, dessen Aktivierung tatsächlich an die behauptete Eigenschaft gebunden ist.

Die Analyse des Informationsproblems bei Vertrauensgütern auf der Grundlage informationsökonomischer Modellansätze verdeutlichte zum einen die mit Vertrauensgütern verbundenen spezifischen Dimensionen des Informationsproblems und offenbarte damit zum anderen auch gleichzeitig die Grenzen der bestehenden Ansätze.

So konnte aufgezeigt werden, daß, im Gegensatz zu Erfahrungsgütern, bei Vertrauensgütern Marktsignale allein nicht ausreichend sind, das spezifische Informationsproblem zu überwinden. Da Aussagen über Vertrauenseigenschaften selbst nach dem Kauf nicht verifiziert werden können, ist auch der für die Anwendbarkeit des Signaling notwendige Zusammenhang zwischen Kosten des Signals und der Eigenschaft nicht ableitbar. Signale sind dann im Sinne des klassischen Konzepts bedeutungslos, und im Rahmen dieser Arbeit wurde davon ausgegangen, daß sie als *direkt* übermittelte Signale vielmehr *Cheap Talk* darstellen (vgl. Abschnitt 2.3.1, S. 81ff). In diesem Fall zeigte die Analyse nur dann eine Informationsübermittlung durch die Übermittlung von Signalen, wenn Signalsender und Signalempfänger gleiche Interessen verfolgen. Unter der grundsätzlichen

Annahme des Opportunismus benötigt der Signalempfänger daher zusätzliche Informationen über die Präferenzen des Signalsenders, die nicht mit dem Signal selbst übermittelt werden. Nur wenn der Empfänger den Sender für glaubwürdig hält und auf eine wahrheitsgemäße Übermittlung vertraut, können die Signale eine Überwindung des Informationsproblems herbeiführen. Darüber hinaus zeigte die Analyse, daß auch *indirekte*, vom Nachfrager benutzte Signale gerade dann nicht die benötigte Information übermitteln, wenn die zu erbringende Leistung nicht beobachtbar ist (vgl. Abschnitt 2.3.1, S. 100).

Wird die Annahme, daß bei Vertrauenseigenschaften überhaupt keine Informationsmöglichkeit besteht, abgeschwächt und von einer vorhandenen, aber imperfekten Informationsmöglichkeit ausgegangen, ergibt sich ein ähnliches Bild. Aus Anbietersicht reicht ein solches imperfektes Wissen der Nachfrager zwar aus, um weiterhin auf dem Markt bleiben zu können, doch zeigte auch hier die Einzelbetrachtung, daß Signale nicht zu einem Informationstransfer führen, und die Empfänger keine Kenntnis über die private Information erlangen können (vgl. Abschnitt 2.3.1, S. 85ff).

Eine Erweiterung des Informationsprozesses wurde mit den modell-theoretischen Ansätzen zur Einbindung dritter Instanzen in den Informationstransfer betrachtet. Dabei wird davon ausgegangen, daß diese dritten Instanzen über die benötigte Information verfügen und sie den Nachfragern bereitstellen. Die Analyse zeigte zwar, daß diese Instanzen die fehlende Erfahrungsmöglichkeit der Nachfrager ersetzen können. Allerdings ist dabei zu beachten, daß - genau wie bei den Modellen des Informationstransfers durch Signale - der wesentliche Punkt des Informationsproblems ebenfalls nicht erfaßt wird, da auch die Information Dritter im Fall von Vertrauensgütern nicht selbst verifiziert werden kann. Genau wie bei der direkten Signalübermittlung ist daher davon auszugehen, daß auch hier die zur Verfügung gestellte Information von der Glaubwürdigkeit der Informationsquelle anhängt. Unter diesem Aspekt sind auch die ordnungspolitischen Maßnahmen zu betrachten, die auf eine Bereitstellung der fehlenden Information abzielen. Die Wirksamkeit dieser Maßnahmen ist nur dann gewährleistet, wenn diese über die Behebung des Informationsproblems hinausgehen und auch die Glaubwürdigkeit der Information sichern können.

Stellt man nicht den Informationstransfer als Überwindung des Informationsproblems in den Vordergrund, sondern lediglich die Bereitstellung der gewünschten Eigenschaft, so steht mit der Orientierung am institutionellen Rahmen des Produktionsprozesses eine Möglichkeit zur Verfügung, das Informationsproblem zu überwinden. Wird der Produktionsprozeß gemeinnützig organisiert, kann die gewünschte Leistungserbringung auch ohne zusätzliche Information über das Gut sichergestellt werden (vgl. Abschnitt 2.3.3, S. 112).

Als Ergebnis der Analyse bleibt somit festzuhalten, daß ein grundlegendes Defizit in der Modellierung und Analyse von Vertrauenseigenschaften bestehen bleibt. Zwar läßt sich aus den analysierten Modellansätze die Rolle ableiten, die das Vertrauen in die Information spielt, doch werden die fehlenden Verifikations- und Beurteilungsmöglichkeiten und deren Auswirkungen auf das Wissen über das Vorhandensein der Vertrauenseigenschaften in den Modellen nur indirekt berücksichtigt. Da im allgemeinen aber die informationsökonomischen Modellansätze die prinzipielle Struktur des Informations- und Entscheidungsverhaltens von Nachfragern erfassen (vgl. Abschnitt 2.4), ist ein Modifizierung dieses Modellrahmens notwendig, der diesen Vertrauensaspekt direkt in seinen Betrachtungshorizont integriert. Ein solcher Rahmen soll im folgenden Kapitel auf der Basis der entscheidungstheoretischen Voraussetzungen der informationsökonomischen Gütertypen entwickelt werden.

3 Vertrauensgüter als Gegenstand der Entscheidungstheorie

Situationen, in denen Nachfrager Kaufentscheidungen über Erfahrungs- oder Vertrauensgüter treffen müssen, werden innerhalb der Informationsökonomie als Spiele mit unvollständiger Information analysiert (vgl. Abschnitte 2.2, 2.3). Insbesondere in der Form des Signalspiels bieten diese Modelle einen Rahmen zur Darstellung und Analyse des Informationsverhaltens von Nachfragern (vgl. Abschnitt 2.4). Dabei liegt diesen Entscheidungssituationen immer dasselbe Grundprinzip zugrunde, durch das die Überwindung des Informationsproblems ermöglicht wird: Die Nachfrager müssen sich indirekt über Indikatoren, die von den Anbietern selbst oder von Dritten stammen, Zugang zu den eigentlich transaktionsrelevanten Informationen verschaffen.[1]

Zu den zentralen Voraussetzungen, die für die Anwendung der spieltheoretischen Formulierung des Signaling-Ansatzes erfüllt sein müssen, gehört die Möglichkeit des Nachfragers, Einschätzungen über die Verteilung des *Anbietertyps* zu bilden, der die möglichen Ausprägungen des Gutes repräsentiert (vgl. Abschnitt 1.4.1, S. 27ff; Abschnitt 1.5.1, S. 37f). Diese Möglichkeit ist allerdings nur für Erfahrungsgüter gegeben (vgl. Abschnitt 1.5, S. 34ff; s.a. Abschnitt 2.2).

Da Vertrauensgüter mangels Erfahrungsmöglichkeiten diese Voraussetzungen nicht erfüllen, ist eine entsprechende Modifizierung und Anpassung der spieltheoretischen Grundlagen an diese Informationssituation notwendig. Es bedarf somit der Identifizierung derjenigen Elemente eines Spiel mit unvollständiger Information, die für die formale Abbildung der gütertypspezifischen Informationssituation relevant sind. Den Ansatzpunkt dafür bildet in dieser Arbeit die Repräsentation der verschiedenen *Informationszustände* und der sich daraus für den Nachfrager ergebenden Informationsprobleme durch die *Wahrscheinlichkeitseinschätzungen*, die ein Nachfrager über die Verteilung der möglichen Anbietertypen bildet.

Der Prozeß zur Bestimmung der Wahrscheinlichkeitseinschätzungen besteht insgesamt aus drei Schritten: Zunächst wählt die Natur einen Anbietertyp, anschließend erhält der Nachfrager Informationen über diese Wahl und schließlich bildet der Nachfrager auf der Grundlage dieser Informa-

[1] Entsprechendes gilt für den Screening-Ansatz, mit dem lediglich ein Perspektivenwechsel verbunden ist (vgl. SPENCE [1976], *S. 592*; s. a. Abschnitt 1.4.1, S. 27).

tionen seine Einschätzungen. Dieser Prozeß der Ermittlung der Wahrscheinlichkeitseinschätzungen ist innerhalb der Spieltheorie ein Problem der klassischen Entscheidungstheorie.[2] Die Entscheidungstheorie bildet daher die Basis, auf der im folgenden eine Charakterisierung der Informationszustände neu entwickelt und in die Informationsökonomie eingeführt wird.

Die Charakterisierung orientiert sich an der informationsökonomischen Kategorisierung von Gütereigenschaften und identifiziert die gütertypspezifischen Informationssituationen anhand der ihnen entsprechenden, *entscheidungstheoretischen* Bedingungen (vgl. Abschnitt 3.1). Diese Charakterisierung bietet die Grundlage, auf der untersucht wird, welcher Ansatz innerhalb der Entscheidungstheorie geeignet ist, das spezifische Entscheidungsproblem bei Vertrauensgütern formal zu erfassen (vgl. Abschnitte 3.2, 3.3 und 3.4). Das Kapitel schließt mit einem Fazit (Abschnitt 3.5).

3.1 Informationssituation und Gütereigenschaften in entscheidungstheoretischer Perspektive

Im folgenden wird eine entscheidungstheoretische Charakterisierung der informationsökonomischen Eigenschaftstypologie entwickelt. Abschnitt 3.1.1 ordnet dafür den aus dieser Typologie abgeleiteten Gütertypen die ihnen zugrundeliegende Entscheidungssituation zu, auf deren Basis in Abschnitt 3.1.2 die Gütertypen endgültig mit der ihnen entsprechenden Entscheidungssituation identifiziert werden können.

3.1.1 Die Entscheidungssituationen bei der Wahl von Gütern

Entscheidungssituationen als Gegenstand der Entscheidungstheorie sind Situationen, in denen ein Individuum (*Entscheider*) aus verschiedenen Handlungen, die ihm zur Verfügung stehen, eine Auswahl treffen muß.[3] Je nach ergriffener Handlung zieht der Entscheider aus den sich daraus ergebenden Konsequenzen einen bestimmten Nutzen. Die Konsequenzen der Handlungen hängen nicht nur vom Entscheider selbst ab, sondern auch von einer Reihe weiterer Umstände, sogenannter *Umweltzustände*. Ihr Eintreten ist dem Entscheider unbekannt und entzieht sich seiner Einflußnahme. In Abhängig von den Umweltzuständen führt eine Handlung zu unterschiedlichen Konsequenzen. Für jede der möglichen Handlungen kann der Entscheider *Präferenzen* angeben, d.h. er weiß stets, ob er eine bestimmte Handlung einer anderen Handlung vorzieht oder nicht.[4]

[2]vgl. EICHBERGER [1993], der die Lösung des Problems von Spielen mit unvollständiger Information ausdrücklich auf die Entscheidungstheorie bezieht: „In fact, the concept of having nature make a random choice first, then having the decision maker receive information about nature's choice and update the initial beliefs is derived from statistical decision theory." (EICHBERGER [1993], *S. 128*)

[3]vgl. FISHBURN [1970], *S. 1*

[4]vgl. SCHMIDT [1995], *S. 28f*

X	Konsequenzenmenge	Sie beinhaltet alle möglichen Konsequenzen, die durch die Wahl des Entscheiders eintreten können.
Ω	Zustandsmenge	Sie beinhaltet alle Umstände, die einen Einfluß auf die Konsequenzen einer Handlungen haben.
F	Alternativenmenge	Sie beinhaltet alle dem Entscheider zur Verfügung stehenden Handlungsoptionen f mit $f : \Omega \rightarrow X$.
$\succeq \in F \times F$	Präferenzrelation	Sie gibt an, wie der Entscheider die Alternativen relativ zueinander einschätzt.

Tabelle 3.1: *Die formalen Grundelemente einer Entscheidungssituation*
Quelle: vgl. FISHBURN *[1970]*, SCHMIDT *[1995]*

Die formale Grundstruktur solcher individuellen Entscheidungssituationen wird durch die Angabe von vier Elementen erfaßt, die in Tabelle 3.1 dargestellt sind:[5] die Konsequenzenmenge X, die Zustandsmenge Ω, die Menge F der Alternativen und die Präferenzrelation $\succeq$.

Bei der Wahl von Gütern sind die interessierenden Gütereigenschaften der wesentliche Faktor einer Entscheidungsfindung (vgl. Abschnitt 1.2). Unter der hier betrachteten Bedingung der asymmetrischen Informationsverteilung sind dem Anbieter eines Gutes die Ausprägungen der Eigenschaften in jedem Fall bekannt, während der Nachfrager nur unvollständige Informationen darüber besitzt. Die informationsökonomische Einteilung von Gütereigenschaften setzt hier an und charakterisiert mögliche Informationszustände über die Gütereigenschaften anhand deren Beurteilungsmöglichkeiten (vgl. Abschnitt 1.2.1).

In der spieltheoretischen Formulierung des Entscheidungsprozesses für oder gegen den Erwerb eines bestimmten Gutes wird die unvollständige Information der Nachfrager über die Eigenschaften des angebotenen Gutes in unvollkommenes Wissen der Nachfrager über die Anbietertypen transformiert (vgl. Abschnitt 1.5, S. 36f). Jeder der eingeführten Anbietertypen entspricht dabei einer möglichen Ausprägung des Gutes bzw. der Gütereigenschaft. Nur dem Anbieter selbst wird zu Beginn des Spiels sein Typ offenbart, während davon ausgegangen wird, daß der Nachfrager lediglich eine Wahrscheinlichkeitsverteilung über die Typen des Anbieters kennt. Aus Sicht der Entscheidungstheorie stellen die Typen damit die nicht beeinflußbaren Umweltzustände dar, von deren Eintreten das Ergebnis der Entscheidung des Nachfragers abhängt. Die Aktionen des Anbieters dienen dem Nachfrager dann als Signale zur Informationsgewinnung über die tatsächliche Ausprägung des Anbietertyps.

Allgemein überführt diese in der Spieltheorie angewandte Transformation die Entscheidungssituation bezüglich der Gütereigenschaften in eine Entscheidungssituation bezüglich der Anbietertypen.

[5] vgl. bspw. FISHBURN [1970], KREPS [1988], SCHMIDT [1995], *S. 23ff*

Gütertyp	**Informationszustand des Nachfragers** aus informationsökonomischer Sicht	aus entscheidungstheoretischer Sicht
Suchgut	Der Nachfrager kennt die Eigenschaft des Gutes.	Wahrscheinlichkeit $q_t = 1$ für den einzigen Typ t
Erfahrungsgut	Der Nachfrager erfährt erst nach dem Kauf die tatsächliche Ausprägung der Eigenschaft.	Eine Wahrscheinlichkeitsverteilung über der Menge von Typen kann abgeleitet werden.
Vertrauensgut	Der Nachfrager erfährt auch nach dem Kauf die tatsächliche Ausprägung der Eigenschaft nicht.	Eine Wahrscheinlichkeitsverteilung über der Menge von Typen kann nicht angegeben werden.

Tabelle 3.2: *Informationszustände aus informationsökonomischer und entscheidungstheoretischer Sicht*
Quelle: eigene Darstellung

Sie ermöglicht somit die Charakterisierung der Informationssituationen, die ursprünglich allein durch das Wissen über das Gut bestimmt werden, anhand derjenigen Voraussetzungen der Entscheidungssituation, die das Wissen über die möglichen Typen des Anbieters bestimmen. Während das Wissen über die Gütereigenschaften durch die Zugehörigkeit zu einer der informationsökonomischen Gütertypen bestimmt ist, bezieht sich das Wissen des Nachfragers über die Typen auf die Kenntnis der Wahrscheinlichkeitsverteilung, gemäß der die Anbietertypen zu Beginn des Spiels ausgewählt werden. Insgesamt folgt somit, daß auf der Grundlage der spieltheoretischen Transformation der gütertypspezifische Informationsstand des Nachfragers - repräsentiert durch die informationsökonomische Eigenschafts- bzw. Gütertypologie - mit seinem Wissen über die Typen des Anbieters - repräsentiert durch die Typwahrscheinlichkeiten - identifiziert werden kann.

Die Zuordnung, die sich daraus für die einzelnen Gütertypen ergibt, ist in Tabelle 3.2 dargestellt. Die relevanten Eigenschaften eines Suchgutes sind dem Nachfrager vor dem Kauf bekannt. Der über die Transformation mit dieser Eigenschaft verbundene Anbietertyp t ist damit eindeutig bestimmt, und ihm kann die Wahrscheinlichkeit $q_t = 1$ zugeordnet werden. Erfahrungsgüter zeichnen sich dadurch aus, das die tatsächlichen Ausprägungen der Eigenschaft vor dem Kauf nicht bekannt sind, und nur die Erfahrungsmöglichkeiten nach einem Kauf führen zur Kenntnis der möglichen Eigenschaften. In diesem Fall ordnet die Transformation jeder der möglichen Eigenschaftsausprägungen einen Anbietertyp zu. Zwar bleiben dem Nachfrager die Typen des Anbieters vor einem Kauf zunächst unbekannt, doch führt die mögliche Erfahrung zu probabilistischen Aussagen über das Auftreten der einzelnen Eigenschaften. Damit kann auch über der Menge von Typen eine Wahrscheinlichkeitsverteilung abgeleitet werden, die der Nachfrager im Verlauf des Spiels auf der Basis der beobachteten Aktionen entsprechend revidieren kann (vgl. Abschnitt 1.4.1, S. 29). Bei Vertrauensgütern schließlich bleiben dem Nachfrager die Eigenschaftsausprägungen auch nach dem Kauf unbekannt. Damit fehlt bereits die Information, auf deren Grundlage eine Wahrscheinlichkeitseinschätzung über das Vorhandensein der Eigenschaften angegeben werden kann.[6] Die Ableitung einer entsprechenden Wahrscheinlichkeitseinschätzungen über mögliche Anbietertypen ist damit ebenfalls ausgeschlossen. Auch zusätzliche, externe Information über mögliche Wahrscheinlichkeitsverteilungen der Eigenschaften bzw. Anbietertypen führt nicht zu einer Reduktion der so entstehenden Unsicherheit, da prinzipiell die Möglichkeiten fehlen, solche Informationen anhand eigener Erfahrungen selbst zu verifizieren.

Die so identifizierten Informationszustände bilden die Grundlage der entscheidungstheoretischen Typologisierung, die im folgenden Abschnitt 3.1.2 entwickelt wird.

3.1.2 Die entscheidungstheoretische Typologisierung der Informationszustände

Auf der Basis des Wissens über die Umweltzustände, die das Ergebnis der Entscheidung beeinflussen, charakterisiert die Entscheidungstheorie mögliche Entscheidungssituationen.[7] Wie in Tabelle 3.3 auf der nächsten Seite dargestellt, werden dabei drei Grundtypen unterschieden: Entscheidungen unter Sicherheit, Entscheidungen unter Risiko und Entscheidungen unter Unsicherheit.

In Situationen, in denen es nur einen einzigen, bekannten Umweltzustand gibt, führt jede Aktion zu einem einzigen und damit eindeutigen Ergebnis. In solchen Situation werden Entscheidungen unter Sicherheit getroffen. Existieren mehrere Umweltzustände, und ist daher eine eindeutige Zuordnung zwischen Aktion und Ergebnis nicht möglich, handelt es sich allgemein um eine Entscheidung unter Unsicherheit.[8] In Anlehnung an eine Unterscheidung, die gewöhnlich FRANK H. KNIGHT zugeschrieben wird,[9] werden zwei verschiedene Grade der Unsicherheit voneinander abgegrenzt: Risiko und Unsicherheit.[10] Der Begriff der Unsicherheit wird hier daher nicht als Oberbegriff verwendet, sondern immer im Sinn einer entscheidungstheoretischen Kategorie von Entscheidungssituationen gebraucht, die sich von der Kategorie des Risikos wie folgt unterscheidet. Ist es in der Entscheidungssituation möglich, den einzelnen Umweltzuständen Wahrscheinlichkeiten zuzuordnen, handelt es sich um eine Entscheidung unter Risiko.[11] Im Gegensatz dazu zeichnet sich eine Entscheidung unter Unsicherheit durch zwei Dimensionen aus. Unsicherheit tritt zum einen in den Situationen auf, in denen dem Entscheider die Möglichkeit fehlt, Wahrschein-

[6] vgl. auch CASWELL UND MOJDUSZKA [1996], *S. 1250*

[7] vgl. die klassische Einteilung in LUCE UND RAIFFA [1957], *S. 13*; vgl. auch BITZ [1981], *S. 14*

[8] vgl. bspw. HEAP ET AL. [1992], *S. 349*

[9] vgl. KNIGHT [1921]; s. a. KELSEY UND QUIGGIN [1992], *S. 133*; CAMERER UND WEBER [1992], *S. 326*. Eine differenzierte Analyse dieser Unterscheidung findet sich in RUNDE [1998].

[10] Für diese Verwendung des Begriffs Unsicherheit als Abgrenzung zu dem Begriff des Risikos findet sich in der Entscheidungstheorie auch die Bezeichnung *Ungewißheit* (vgl. bspw. BITZ [1981], *S. 14*); für den Gebrauch des Begriffs der Ungewißheit im Rahmen dieser Arbeit vgl. Bemerkung 3.1.1, S. 145

[11] vgl. auch LUCE UND RAIFFA [1957], *S. 13*. Die Zuordnung der Wahrscheinlichkeiten erfolgt dabei auf der Basis von „*known chances*" (vgl. KNIGHT [1921], *S. 13*). KNIGHT [1921] unterscheidet hierbei zwischen „*a priori probability*" und „*statistical probability*" (vgl. RUNDE [1998], *S. 540*).

Entscheidungssituation	**Grundtyp**
Es gibt nur einen bekannten Umweltzustand. Jede Aktion führt zu einem eindeutigen Ergebnis.	Entscheidung unter Sicherheit
Es existiert eine Menge von Umweltzuständen. Jede Aktion führt zu einer bestimmten Menge an Ergebnissen. Den Umweltzuständen können Wahrscheinlichkeiten zugeordnet werden.	Entscheidung unter Risiko
Es existiert eine Menge von Umweltzuständen. Jede Aktion führt zu einer bestimmten Menge an Ergebnissen. Den Umweltzuständen können *keine* Wahrscheinlichkeiten zugeordnet werden.	Entscheidung unter Unsicherheit

Tabelle 3.3: *Die Grundtypen von Entscheidungssituationen*
Quelle: in Anlehnung an LUCE UND RAIFFA *[1957], S. 13*

lichkeitseinschätzungen zu ermitteln. Zum anderen ist sein Vertrauen in die Zulänglichkeit in eine unter diesen Umständen dennoch artikulierte Wahrscheinlichkeitseinschätzung gering.[12] KNIGHT [1921] spricht hier von „*estimates*" und weist darauf hin, daß der „*degree of confidence*" bei Wahrscheinlichkeitseinschätzungen generell nicht außer Betracht gelassen werden darf.[13]

Insgesamt können sowohl die Grundtypen der Entscheidungssituationen (vgl. Tabelle 3.3) als auch die informationsökonomischen Gütertypen (vgl. Tabelle 3.2 auf Seite 142) anhand des Wissens über die Umweltzustände bzw. Anbietertypen spezifiziert werden. Auf dieser Grundlage ist somit die Identifizierung der informationsökonomischen Gütertypen mit den entscheidungstheoretischen Grundtypen einer Entscheidungssituation möglich. Mit der Zuordnung, wie sie in Tabelle 3.4 dargestellt ist, ist dann die angestrebte entscheidungstheoretische Charakterisierung der informationsökonomischen Gütertypen gegeben.

Gütertyp		**Entscheidungssituation**
Suchgut	⟶	Sicherheit
Erfahrungsgut	⟶	Risiko
Vertrauensgut	⟶	Unsicherheit

Tabelle 3.4: *Informationsökonomische Gütertypen und Entscheidungssituation*
Quelle: eigene Darstellung

Für Suchgüter existiert nur ein relevanter Umweltzustand, was der Situation mit nur einem Anbietertyp entspricht. Diese Voraussetzungen sind bei Entscheidungen unter Sicherheit erfüllt, so

[12] vgl. HEAP ET AL. [1992], *S. 349*

[13] vgl. KNIGHT [1921], *S. 226f.* Schon KEYNES [1921] unterscheidet in diesem Zusammenhang zwischen der „*implication of evidence*", d.h. der Wahrscheinlichkeit selbst, und dem „*weight of evidence*", d.h. dem Wissen, auf dem die Wahrscheinlichkeit basiert.

daß Entscheidungen mit Bezug auf Suchgüter ebenfalls als Entscheidungen unter Sicherheit aufgefaßt werden können.[14] Bei Erfahrungsgütern ist eine Wahrscheinlichkeitsverteilung über die möglichen Typen gegeben oder ableitbar. Entscheidungen bezüglich Erfahrungsgüter entsprechen daher Entscheidungen unter Risiko. Vertrauensgüter sind dadurch gekennzeichnet, daß Unwissen über die Wahrscheinlichkeiten der Typen herrscht. Das Entscheidungsproblem, mit dem Entscheider bei Vertrauensgütern konfrontiert sind, basiert also auf Entscheidungen unter Unsicherheit.

Gemäß dieser Charakterisierung der Informationszustände führt die theoretische Analyse der Qualitätsungewißheit bei Vertrauensgütern insgesamt zur Entscheidungstheorie unter Unsicherheit. Ihre Möglichkeiten und Grenzen bei der formalen Erfassung des Entscheidungsproblems sind Gegenstand des folgenden Abschnitts 3.2.

Bemerkung 3.1.1 *Das Informationsproblem bei Vertrauensgütern wurde im Rahmen dieser Arbeit als Problem der „Qualitäts*ungewißheit" *eingeführt, das sich vom Problem der Qualitäts*unsicherheit *bei Erfahrungsgütern unterscheidet (vgl. Abschnitt 1.3, S. 24). Vor dem Hintergrund der entscheidungstheoretischen Kategorisierung der informationsökonomischen Gütertypen soll mit dieser Begriffsprägung die spezifische Dimension des Informationsproblems bei Vertrauensgütern zum Ausdruck gebracht werden. Zwar sind auf der Basis der eingeführten, entscheidungstheoretischen Kategorisierung der Informationszustände diese beiden Begriffe bedeutungsgleich, da in der Entscheidungstheorie die Begriffe Unsicherheit und Ungewißheit dieselbe Entscheidungssituation charakterisieren (vgl. Fußnote 10, S. 143). Doch wird hier diese Bedeutungsgleichheit der Begriffe Unsicherheit und Ungewißheit umgekehrt dazu benutzt, das Informationsproblem bei Vertrauensgütern von dem Entscheidungsproblem bei Erfahrungsgütern zu unterscheiden. Aus zwei Gründen erfolgt dabei die Abgrenzung der beiden Situationen über die Neueinführung des Begriffs* „Qualitätsungewißheit" *und nicht über die Verwendung des für Erfahrungsgüter treffenderen Begriffs „Qualitäts*risiko*", wie er sich gemäß der obigen Analyse anbieten würde. Zum einen ist das sich für Vertrauensgüter ergebende Informationsproblem bis jetzt in der Literatur unter keinem einheitlichen Begriff zusammengefaßt worden, so daß über die Neueinführung des Begriffs der Qualitätsungewißheit auch ein Beitrag zur Problemerkennung geleistet wird. Zum anderen ermöglicht die Beibehaltung des Begriffs der Qualitätsunsicherheit bezüglich Erfahrungsgüter einen einfachen und unmißverständlichen Bezug auf diejenige Literatur, die sich dem Informationsproblem bei Erfahrungsgütern widmet. Abbildung 3.1 auf der nächsten Seite illustriert die unterschiedliche Bedeutung der Begriffe Qualitätsunsicherheit und Qualitätsungewißheit: Erfahrungsgüter entsprechen Entscheidungen unter Risiko. Das mit ihnen verbundene Informationsproblem ist das Problem der Qualitätsunsicherheit. Vertrauensgüter dagegen führen zu Entscheidungen unter Unsicherheit. Das sich in einer solchen Entscheidungssituation ergebende Informationsproblem ist das Problem der Qualitätsungewißheit.*

[14] Die Unsicherheit, die sich durch einen möglichen Suchprozeß ergibt, spielt bei der Zuordnung zu dieser Kategorie selbst keine Rolle (vgl. auch Abschnitt 2.1).

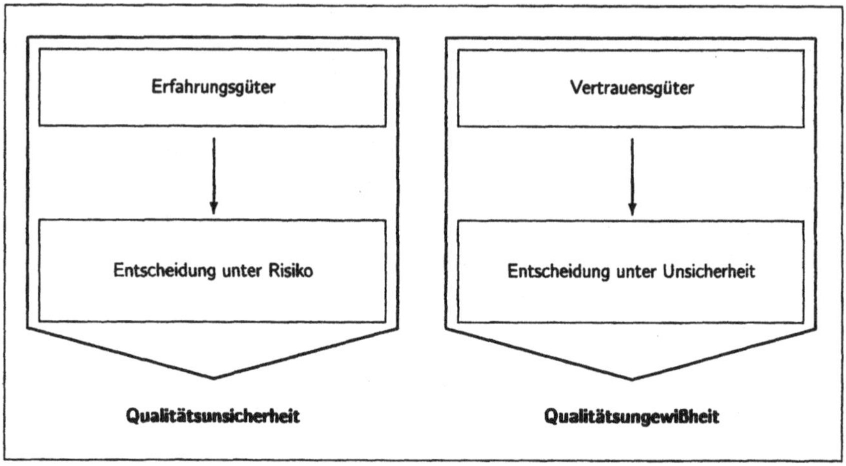

Abbildung 3.1: *Die begriffliche Erfassung der Informationsprobleme bei Erfahrungs- und Vertrauensgütern*
Quelle: eigene Darstellung

3.2 Modellierung von Entscheidungen unter Unsicherheit

Im vorangegangenen Abschnitt wurde gezeigt, daß Entscheidungen beim Kauf von Vertrauensgütern auf dem entscheidungstheoretischen Konzept der Unsicherheit basieren. Für die theoretische Analyse der sich ergebenden Qualitätsungewißheit ist somit innerhalb der Entscheidungstheorie ein geeigneter Modellrahmen notwendig, der das Konzept der Unsicherheit adäquat erfaßt.

In den folgenden beiden Abschnitten 3.2.1 und 3.2.2 soll gezeigt werden, daß das in der Entscheidungstheorie dominierende und standardmäßig angewendete Modell bei Entscheidungssituationen unter Unsicherheit zwar eine axiomatisch fundierte Repräsentation von Unsicherheit ermöglicht, das dabei verwendete Unsicherheitskonzept aber nicht derjenigen Ausprägung von Unsicherheit entspricht, die der informationsökonomische Blickwinkel vor dem Hintergrund der Entscheidungssituation bei Vertrauensgütern vorgibt.

3.2.1 Die Subjektive Erwartungsnutzentheorie (SEU)

Das in der Entscheidungstheorie vorherrschende Modell für die Analyse von Entscheidungssituationen unter Unsicherheit ist die subjektive Erwartungsnutzentheorie („*subjective expected utility*", SEU), wie sie von SAVAGE [1954] axiomatisiert wurde. SEU stellt eine Weiterentwicklung der Axiomatisierung der klassischen Erwartungsnutzentheorie unter Risiko von VON NEUMAN UND MORGENSTERN [1947] dar. Letztere formulieren Axiome, unter denen in einer Entscheidungssituation bei Kenntnis eines *objektiven* und *bekannten* Wahrscheinlichkeitsmaßes $P : \Omega \rightarrow [0,1]$ über die Umweltzustände die Präferenzordnung $\succeq$ hinsichtlich der davon abhängigen Ausgänge („*Lotterien*") eine Erwartungsnutzen-Repräsentation besitzt, d.h. eine bis auf positiv-lineare Transformationen eindeutige Funktion $u : X \rightarrow I\!R$ existiert, für die gilt

$$f \succeq g \Leftrightarrow \int_{\omega\in\Omega} u(f(\omega))\,dP(\omega) \geq \int_{\omega\in\Omega} u(g(\omega))\,dP(\omega) \tag{3.1}$$

Der Ausgangspunkt bei SAVAGE ist ein anderer. Er formuliert das Entscheidungsproblem so, daß die Präferenzen des Entscheiders auf einer Menge sogenannter „*acts*" definiert sind. Diese Aktionen sind die Handlungsoptionen, die dem Entscheider zur Verfügung stehen. Sie entsprechen den in Abschnitt 3.1.1 eingeführten Handlungen (vgl. Tabelle 3.1 auf Seite 141) und liefern in Abhängigkeit von den Umweltzuständen unterschiedliche Konsequenzen.[15] Für die Umweltzustände sind im Gegensatz zur Axiomatisierung von VON NEUMAN UND MORGENSTERN [1947] keine objektiven Wahrscheinlichkeiten bekannt. Genügen die Präferenzen auf der Menge der Aktionen bestimmten Axiomen, ist es aber möglich, aus den beobachtbaren oder bekundeten Wahlentscheidungen gleichzeitig eine Nutzenfunktion auf der Menge der Konsequenzen sowie ein *subjektives* Wahrscheinlichkeitsmaß auf der Menge der Umweltzustände abzuleiten. Mit deren Hilfe ist dann eine Nutzenrepräsentation gemäß (3.1) möglich. Indem also davon ausgegangen wird, daß ein Entscheider sich so verhält, als ob er über eine Wahrscheinlichkeitsverteilung verfügt, werden Entscheidungen unter Unsicherheit somit wiederum auf Entscheidungen unter Risiko zurückgeführt.[16]

Um in Abschnitt 3.2.2 zeigen zu können, daß dieser Ansatz gerade den *zentralen* Aspekt von Qualitätsungewißheit bei Vertrauensgütern, interpretiert als Problem der Entscheidung unter Unsicherheit, ausblendet, wird im folgenden die Axiomatisierung von SEU dargestellt und erläutert.

Axiomatisierung von SEU

In der klassischen Herleitung einer Nutzenrepräsentation der Präferenzen eines Entscheiders gemäß (3.1) formuliert SAVAGE [1954] ein System von sieben Axiomen.[17] In dieser Axiomatisierung entspricht die Menge X der Konsequenzen der Menge der „*outcomes*". Handlungsoptionen (*acts*) werden als Funktionen $f : \Omega \rightarrow X$ formalisiert, die jedem Zustand $\omega \in \Omega$ eine Konsequenz $x \in X$ zuordnen. Auf der Menge aller Aktionen F existiert eine Präferenzrelation $\succeq$.[18]

[15] vgl. SAVAGE [1972], *S. 14*

[16] vgl. HEAP ET AL. [1992], *S. 349*; s.a. ELLSBERG [1961], *S. 645*

[17] In der Nachfolge sind alternative Axiomatisierungen vorgeschlagen worden (vgl. Bemerkung 3.2.1, S. 151). Eine wesentlich kompaktere und eingängigere Darstellung der axiomatischen Grundlagen im Sinne von SAVAGE [1954] gibt FISHBURN [1970], *S. 191ff.* Die folgende Darstellung orientiert sich daher weitestgehend an dessen Ausführungen.

[18] Für $f, g \in F$ bedeutet $f \succeq g$, daß der Entscheider f gegenüber g schwach präferiert. Entsprechend bedeutet $f \succ g$, daß der Entscheider f gegenüber g stark präferiert, und $f \sim g$ bedeutet, daß er indifferent zwischen den Aktionen ist.

Zur Gewährleistung einer reellwertigen Repräsentation der Präferenzen muß die Präferenzrelation $\succeq$ in der Axiomatisierung von SAVAGE [1954] insgesamt die folgenden sieben Axiome SEU-1 bis SEU-7 erfüllen.

Zunächst muß mit der Definition der Transitivität und Vollständigkeit einer Präferenzrelation gemäß Definition 3.2.1 das Axiom SEU-1 erfüllt sein.

Definition 3.2.1 (Transitivität und Vollständigkeit) *Für eine beliebige Menge H heißt die binäre Relation $\succeq \subseteq H \times H$ transitiv, falls für alle $h_1, h_2, h_3 \in H$ gilt*

$$h_1 \succeq h_2 \text{ und } h_2 \succeq h_3 \implies h_1 \succeq h_3 \tag{3.2a}$$

Sie heißt vollständig, falls für alle $h_1, h_2 \in H$ gilt

$$h_1 \succeq h_2 \text{ oder } h_2 \succeq h_1 \tag{3.2b}$$

Axiom SEU-1 (Schwache Ordnung) *Die Binärrelation $\succeq \subseteq F \times F$ ist transitiv und vollständig.*

Die in der folgenden Definition 3.2.2 eingeführte Notation erleichtert die Formulierung der im Anschluß folgenden Axiome.

Definition 3.2.2 *Für $A, B \subseteq \Omega$ bezeichnet $(f, A; g, B) \in F$ diejenige Aktion, die auf der Menge A mit der Aktion f und auf der Menge B mit der Aktion g übereinstimmt. Für ein $x \in X$ wird durch die Aktion $f \in F$ mit $f(\omega) = x \; \forall \omega \in \Omega$ eine Aktion $x \in F$ definiert (konstante Aktion).*

Die beiden folgenden Axiome SEU-2 und SEU-3 formalisieren das von SAVAGE beschriebene und so genannte *„sure-thing principle"*.[19] Haben zwei Aktionen auf einer bestimmten Menge von Zuständen die gleichen Konsequenzen (hier auf der Menge $A^C := \Omega \backslash A$), so fordert das *Sure Thing Prinzip*, daß die Präferenz zwischen diesen beiden Aktionen unabhängig von diesen Konsequenzen sein soll.

Axiom SEU-2 (Sure Thing Prinzip I) *Seien $f, g, h_1, h_2 \in F$ und $A \subseteq \Omega$. Dann gilt:*

$$(f, A; h_1, A^C) \succeq (g, A; h_1, A^C) \iff (f, A; h_2, A^C) \succeq (g, A; h_2, A^C) \tag{3.3}$$

Axiom SEU-3 (Sure Thing Prinzip II) *Sei $A \subseteq \Omega$ nicht null (vgl. nachfolgende Definition 3.2.3), dann gilt für alle $f \in F$ und für $x, y \in X$*

$$(x, A; f, A^C) \succeq (y, A; f, A^C) \iff x \succeq y \tag{3.4}$$

[19] vgl. SAVAGE [1972], *S. 21ff*, vgl. auch FISHBURN [1970], *S. 193*. Gewöhnlich wird die Bezeichnung *sure thing principle* allerdings nur in Bezug auf Axiom SEU-2 verwendet (vgl. FISHBURN UND WAKKER [1995], *S. 1137*).

Die folgende Definition 3.2.3 führt über den Begriff der bedingten Präferenzrelation den Begriff der Nullmenge ein.

Definition 3.2.3 *Die bedingte Präferenzrelation $\succeq_A$ sei gegeben durch*

$$f \succeq_A g \;:\Leftrightarrow\; (f, A; h, A^C) \succeq (g, A; h, A^C) \quad \forall h \in F \tag{3.5}$$

Eine Menge $A \subseteq \Omega$ heißt null, falls $f \succeq_A g$ für jedes $f, g \in F$. Nullmengen spielen in der Präferenzordnung eines Entscheiders insofern keine Rolle, als daß er ihr Eintreten als ebenso möglich erachtet wie das Eintreten der leeren Menge.

Aus dem folgenden Axiom SEU-4 folgt die Möglichkeit der Konstruktion einer qualitativen Wahrscheinlichkeitsrelation $\succeq^*$ auf $\mathcal{P}(\Omega)$.

Axiom SEU-4 *Seien $A, B \subseteq \Omega$ und $x_1, y_1, x_2, y_2 \in X$ mit $x_1 \succ y_1$ und $x_2 \succ y_2$, dann gilt*

$$(x_1, A; y_1, A^C) \succeq (x_1, B; y_1, B^C) \iff (x_2, A; y_2, A^C) \succeq (x_2, B; y_2, B^C) \tag{3.6}$$

Mit $A, B \subseteq \Omega$ und $x, y \in X$ mit $x \succ y$ kann man die Wahrscheinlichkeitsrelation $\succeq^*$ wie folgt definieren:

$$(x, A; y, A^C) \succeq (x, B; y, B^C) \;:\iff\; A \succeq^* B \tag{3.7}$$

Der Entscheider glaubt, daß A wahrscheinlicher ist als B, falls er eine Aktion mit Konsequenz x auf A und eine Konsequenz y auf A^C einer Aktion mit denselben Konsequenzen auf B bzw. B^C vorzieht. Das hier verwendete Axiom ersetzt somit die explizite Forderung der Existenz einer solchen Wahrscheinlichkeitsrelation.

Das folgende Axiom SEU-5 ist für Eindeutigkeit der abgeleiteten Wahrscheinlichkeitsrelation notwendig.

Axiom SEU-5 *Es gibt $x, y \in X$, so daß $x \succ y$.*

Aus dem folgende Axiom SEU-6 folgt, daß die Abänderung einer Handlungsoption für einen Zustand keinen Einfluß auf die Präferenzen hat. Das kann auch dahingehend interperetiert werden, daß ein einzelner Zustand weder unendlich präferiert noch unendlich abgelehnt wird.[20] In der angegebenen Formulierung sichert Axiom SEU-6 den abgeleiteten Wahrscheinlichkeiten eine reellwertige Ordnungsstruktur.

[20] vgl. FISHBURN [1970], *S. 194*

Axiom SEU-6 (Archimedisches Axiom) *Seien $f, g \in F$ so, daß $f \succ g$ und $x \in X$, dann existiert eine endliche Partition $\mathcal{H}$ von Ω (d.h. $\mathcal{H} = \{H_1, \ldots, H_n\}$ mit $H_i \subseteq \Omega$, $H_i \cap H_j = \emptyset$ $(i \neq j)$ und $\bigcup_{i=1}^{n} H_i = \Omega$), so daß für jedes $H_i \in \mathcal{H}$ gilt:*

$$(x, H_i; f, H_i^C) \succ g \tag{3.8a}$$

$$(x, H_i; g, H_i^C) \prec f \tag{3.8b}$$

Auf dem Weg zur Darstellung der Präferenzen im Sinne der Erwartungsnutzentheorie muß zunächst die Existenz eines Wahrscheinlichkeitsmaßes auf der Zustandsmenge gesichert sein. Dies ist Inhalt von Satz 3.2.1.[21]

Satz 3.2.1 *Gelten die Axiome SEU-1 bis SEU-6, kann die Wahrscheinlichkeitsrelation $\prec^*$ durch ein eindeutiges, nicht-atomistisches[22] Wahrscheinlichkeitsmaß auf Ω repräsentiert werden. Das heißt es existiert ein endlich-additives Wahrscheinlichkeitsmaß $P : \mathcal{P}(\Omega) \to [0, 1]$, so daß für jede Menge $A, B \subseteq \Omega$ gilt*

$$A \prec^* B \Leftrightarrow P(A) < P(B) \tag{3.9}$$

Bereits aus den sechs formulierten Axiomen SEU-1 bis SEU-6 folgt mit dem so definierten Wahrscheinlichkeitsmaß P die Existenz einer Erwartungsnutzendarstellung der Präferenzen gemäß (3.1) über Aktionen mit endlicher Konsequenzenmenge.[23] Diese Einschränkung kann mit der Formulierung einer zusätzlichen Bedingung aufgegeben werden.

Axiom SEU-7 *Sei $A \subseteq \Omega$. Dann gilt*

$$f \prec_A g(\omega) \;\; \forall \omega \in A \implies f \preceq_A g \tag{3.10a}$$

$$g(\omega) \prec_A f \;\; \forall \omega \in A \implies g \preceq_A f \tag{3.10b}$$

Damit gilt dann insgesamt Satz 3.2.2.[24]

Satz 3.2.2 *Mit dem Wahrscheinlichkeitsmaß P aus Satz 3.2.1 existiert eine beschränkte[25] Funktion $u : X \to \mathbb{R}$, die bis auf positiv-lineare Transformationen eindeutig ist und (3.1) erfüllt.*

---

[21] vgl. FISHBURN [1970], S. 194, Theorem 14.2

[22] Ein Element $\omega \in \Omega$ heißt Atom, falls $P(\omega) > 0$. Ist Ω_0 die Menge der Atome, dann heißt ein Wahrscheinlichkeitsmaß P atomistisch, falls $P(\Omega_0^C) = 0$.

[23] vgl. FISHBURN [1970], S. 194ff

[24] vgl. FISHBURN [1970], S. 192, Theorem 14.1

[25] Savage ging irrtümlich davon aus, daß die Beschränktheit der Funktion u nicht aus seinen Axiomen folgt (vgl. FISHBURN [1970], S. 194).

Bemerkung 3.2.1 *Aus Axiom* SEU-*6 folgt insbesondere die Nicht-Abzählbarkeit der Menge* Ω.[26] *Eine Axiomatisierung von SEU, die diese Einschränkung vermeidet, ist von* ANSCOMBE UND AUMANN *[1963] vorgeschlagen worden.*[27] *In ihrer Axiomatisierung ist eine Aktion* $f \in F$ *dadurch bestimmt, daß sie einem Zustand* $\omega \in \Omega$ *ein Wahrscheinlichkeitsmaß mit einem endlichen Träger über der Menge* X *zuordnet.*[28] *Nur diese Verteilungen sind objektiv gegeben,*[29] *während auf der Zustandsmenge* Ω *keine objektiven Wahrscheinlichkeiten gegeben sind. In ihrer Axiomatisierung einer Erwartungsnutzenrepräsentation der Präferenzrelation* $\succeq$ *auf* F *gemäß (3.1) kommt dem folgenden* Unabhängigkeitsaxiom *eine ebenso zentrale Rolle zu wie dem Sure Thing Prinzip in der Axiomatisierung von* SAVAGE *[1954].*[30]

Unabhängigkeitsaxiom *Für alle* $f, g, h \in F$ *und alle* $\lambda \in [0,1]$ *gilt*

$$f \succeq g \implies \lambda f + (1-\lambda)h \succeq \lambda g + (1-\lambda)h \tag{3.11}$$

Die für die Anwendung auf reale Gegebenheiten sicherlich vorteilhaftere Endlichkeit der Zustandsmenge Ω *verlangt in dieser Axiomatisierung über die Einführung von erweiterten Wahlmöglichkeiten allerdings die ausdrückliche Einbeziehung* objektiver *Wahrscheinlichkeiten, die ja gerade unter der hier relevanten Unsicherheit fehlen (vgl. Tabelle 3.3 auf Seite 144). Eine Axiomatisierung, die sowohl mit einem endlichen Zustandsraum auskommt als auch ausschließlich Aktionen im Sinne von* SAVAGE *[1954] betrachtet, stammt von* WAKKER *[1989]. In seinem topologischen Ansatz ist die Ergebnismenge* X *mit einer Topologie* $\mathcal{T}$ *ausgestattet. Aus der Forderung, daß der damit definierte topologische Raum* $(X, \mathcal{T})$ *separabel und zusammenhängend ist, ergibt sich allerdings die Unendlichkeit von* X.

3.2.2 Grenzen von SEU: Die Ellsberg-Paradoxa

In der Subjektiven Erwartungsnutzentheorie werden Einschätzungen über Umweltzustände aus den Wahlentscheidungen abgeleitet und durch subjektive Wahrscheinlichkeiten repräsentiert (vgl. Satz 3.2.1, S. 150). Legt man bei der Formalisierung von Entscheidungssituationen generell den dabei verwendeten, subjektiven Wahrscheinlichkeitsbegriff zugrunde, ist die Unterscheidung zwischen Risiko und Unsicherheit ohne Bedeutung, da dem Entscheider in diesem Fall die Wahr-

[26] vgl. FISHBURN [1970], *S. 193*

[27] Eine Darstellung findet sich auch in FISHBURN [1970], *S. 175ff*, s.a. KREPS [1988], *S. 99ff*

[28] ANSCOMBE UND AUMANN [1963] bezeichnen die Aktionen $f \in F$ als *„horse lotteries"* (vgl. ANSCOMBE UND AUMANN [1963], *S. 200*). Aktionen im Sinne von SAVAGE [1954] sind Lotterien, die zu dem sicheren Ergebnis $x \in X$ führen. ANSCOMBE UND AUMANN [1963] erweitern also die Menge der Wahlmöglichkeiten.

[29] ANSCOMBE UND AUMANN [1963] benutzen dafür die Bezeichnung *„roulette lotteries"* (vgl. ANSCOMBE UND AUMANN [1963], *S. 200*), um den objektiven bzw. a priori Charakter der Wahrscheinlichkeiten hervorzuheben. Sie sind das Ergebnis eines *„horse race"*.

[30] Eine umfassende Darstellung des Zusammenhangs zwischen dem *Sure Thing Prinzip* und der Unabhängigkeitsbedingung geben FISHBURN UND WAKKER [1995].

scheinlichkeiten niemals unbekannt sein können.[31] Subjektive Wahrscheinlichkeiten können stets aus den bekundeten Wahlentscheidungen abgeleitet werden.[32] Darüber hinaus wird in SEU davon ausgegangen, daß subjektive Wahrscheinlichkeiten alle Unsicherheitsdimensionen einer Entscheidungssituation erfassen, d.h. sowohl die Ungenauigkeit und Unsicherheit des Wissen eines Entscheiders über ein Ereignis als auch die Unsicherheit des Ereignis selbst.[33] Für die Repräsentation der Unsicherheit bei Vertrauensgütern, die ja gerade durch das prinzipielle Fehlen von Informationen über Wahrscheinlichkeiten gekennzeichnet ist und sich dadurch von Risiko unterscheidet, stellt sich somit die Frage, ob diese formale Gleichbehandlung von Unsicherheit und Risiko gemäß SEU beibehalten werden kann.

Die Unterscheidung zwischen Risiko und Unsicherheit, d.h. zwischen bekannten und unbekannten Wahrscheinlichkeiten, wurde schon vor der Axiomatisierung der Erwartungsnutzentheorie durch SAVAGE [1954] hervorgehoben.[34] In der entscheidungstheoretischen Diskussion wurde sie allerdings erst mit dem direkten Angriff auf die Axiomatisierung von SEU durch die sogenannten *Ellsberg-Paradoxa* aktuell. Diese gehen zurück auf DANIEL ELLSBERG, der zwei Urnenexperimente anführt, in denen Entscheider die normativen Vorgaben von SEU nicht einhalten.[35] Die Paradoxa demonstrieren insbesondere, daß es Entscheidungssituationen gibt, in denen subjektive Wahrscheinlichkeiten gemäß SEU nicht zur Repräsentation der in den Paradoxa auftauchenden Dimension von Unsicherheit herangezogen werden können. Beide Paradoxa werden im folgenden dargestellt und erläutert.

- Im ersten Ellsberg-Paradox, dem sogenannten *Drei-Farben Problem*, ist eine Urne gegeben, die insgesamt 90 Kugeln enthält. Davon sind 30 Kugeln rot und die restlichen 60 Kugeln sind weiß und gelb in einem unbekannten Verhältnis. Es wird eine Kugel aus dieser Urne gezogen. Der Entscheider muß sich jeweils zwischen zwei Paaren von Aktionen entscheiden (f vs. g und f' vs. g', vgl. Tabelle 3.5 auf der nächsten Seite), die je nach Farbe der gezogenen Kugel zu unterschiedlichen Ergebnissen führen.

  Stehen die Aktionen f und g zur Auswahl, so zeigt sich, daß Entscheider mehrheitlich die Aktion f wählen. Gemäß SEU existieren daher ein Wahrscheinlichkeitsmaß P auf dem Zustandsraum und eine Nutzenfunktion u auf dem Konsequenzenraum, so daß mit der Nutzenrepräsentation nach (3.1) gilt

$$\begin{aligned} f \succ g &\iff P(r) \cdot u(1000) > P(w) \cdot u(1000) \\ &\iff P(r) > P(w) \end{aligned} \tag{3.12a}$$

[31] vgl. CAMERER UND WEBER [1992], *S. 326*
[32] vgl. SAVAGE [1972], *S. 51*
[33] vgl. SAVAGE [1968], *S. 3f*, SAVAGE [1972], *S. 3*
[34] Als bekannter Vertreter einer solchen Position ist vor allem KNIGHT [1921] zu nennen (vgl. auch Fußnote 12, S. 144).
[35] vgl. ELLSBERG [1961]

	rot (r)	weiß (w)	gelb (g)
f	1000	0	0
g	0	1000	0
f'	1000	0	1000
g'	0	1000	1000

Tabelle 3.5: *Das Drei-Farben Ellsberg-Paradox*
Quelle: nach ELLSBERG *[1961]*

Stehen dagegen die Aktionen f' und g' zur Auswahl, wird mehrheitlich die Aktion g' gewählt, d.h. es folgt

$$\begin{aligned} g' \succ f' &\iff P(w \wedge g) \cdot u(1000) > P(r \wedge g) \cdot u(1000) \\ &\iff P(w \wedge g) > P(r \wedge g) \end{aligned} \tag{3.12b}$$

Dieses Verhalten ist mit dem *Sure Thing Prinzip* von SEU nicht vereinbar. Nach diesem Axiom soll ein Zustand, der für zwei Akte zu derselben Konsequenz führt, bei der Bestimmung der Präferenzen ohne Bedeutung sein (vgl. Axiom SEU-2, S. 148). Einen solchen Zustand bildet in der hier betrachteten Entscheidungssituation das Ziehen einer gelben Kugel: Aus der Präferenz $f \succ g$ müßte sich demzufolge auch die Präferenz $f' \succ g'$ ergeben und umgekehrt würde aus der Präferenz $g' \succ f'$ die Präferenz $g \succ f$ folgen, d.h. $f \succ g \iff f' \succ g'$. Als Folge des tatsächlich gezeigten Entscheidungsverhaltens ergibt sich, daß kein *additives* Wahrscheinlichkeitsmaß existiert, welches das beobachtbare Verhalten erklären kann. Denn mit der Additivitätseigenschaft ($P(A \cup B) = P(A) + P(B)$, $A \cap B = \emptyset$) folgt aus (3.12b)

$$g' \succ f' \iff P(w) + P(g) > P(r) + P(g) \tag{3.12c}$$

Und im Gegensatz zu Gleichung (3.12a) folgt damit insgesamt

$$P(w) > P(r) \tag{3.12d}$$

- Im zweiten Paradox, dem sogenannten *Zwei-Farben Problem*, sind zwei Urnen gegeben, von denen die erste Urne 50 rote und 50 weiße Kugeln und die zweite Urne 100 rote und weiße Kugeln in einem unbekannten Verhältnis enthält. Der Entscheider zieht aus jeder dieser Urnen zufällig eine Kugel. Auch hier muß sich der Entscheider jeweils zwischen zwei Paaren von Aktionen entscheiden (vgl. Tabelle 3.6 auf der nächsten Seite).

Stehen die Aktionen f und g bzw. f' und g' aus einer Urne zur Auswahl, sind die Entscheider in der Mehrzahl indifferent zwischen den Aktionen, d.h. es gilt

$$f \sim g \text{ und } f' \sim g' \tag{3.12e}$$

	Urne 1			Urne 2	
	Kugeln			Kugeln	
	50	50		100	
	rot (r_1)	weiß (w_1)		rot (r_2)	weiß (w_2)
f	1000	0	f'	1000	0
g	0	1000	g'	0	1000

Tabelle 3.6: *Das Zwei-Farben Ellsberg-Paradox*
Quelle: nach ELLSBERG *[1961]*

Müssen die Entscheider zwischen Aktionen aus zwei unterschiedlichen Urnen auswählen, d.h. sich zwischen f und f' bzw. g und g' entscheiden, zeigen die Entscheider hingegen die Präferenzen

$$f \succ f' \text{ und } g \succ g' \tag{3.12f}$$

Diese Präferenzen verstoßen ebenfalls gegen das *Sure Thing Prinzip* von SEU,[36] so daß auch hier kein additives Wahrscheinlichkeitsmaß abgeleitet werden kann. Mit (3.12e) gilt in der Nutzenrepräsentation (3.1) für die abgeleiteten Wahrscheinlichkeiten nämlich $P(\mathrm{r}_1) = P(\mathrm{w}_1)$. Aus der additiven Komplementarität des Wahrscheinlichkeitsmaß P ($P(\mathrm{r}_1) + P(\mathrm{w}_1) = 1$) folgt daher

$$P(\mathrm{r}_1) = P(\mathrm{w}_1) = 0.5 \tag{3.12g}$$

Analog gilt

$$P(\mathrm{r}_2) = P(\mathrm{w}_2) = 0.5 \tag{3.12h}$$

Aus (3.12f) folgt für die Wahrscheinlichkeiten aber

$$P(\mathrm{r}_1) > P(\mathrm{r}_2) \text{ bzw. } P(\mathrm{w}_1) > P(\mathrm{w}_2) \tag{3.12i}$$

Da (3.12i) im Widerspruch zu (3.12g) bzw. (3.12h) steht, ist die Ableitung einer kohärenten Wahrscheinlichkeitseinschätzung, die die Additivitätseigenschaft erfüllt, nicht möglich.

Wie die Ellsberg-Paradoxa demonstrieren, scheitert SEU bei der Abbildung des darin auftretenden Verhaltens, weil in diesen Situationen eine Art Unsicherheit auftritt, die sich von der in SEU repräsentierten Unsicherheit unterscheidet. Während ein Entscheider im ersten Paradox mit Sicherheit weiß, daß die Urne dreißig rote Kugeln enthält und somit eine eindeutige Eintrittswahrscheinlichkeit ableiten kann, ist ihm die Anzahl der weißen bzw. gelben Kugel nicht bekannt. Die

[36]Der Nachweis beruht dabei auf einer abgeänderten Darstellung des Problems (vgl. ELLSBERG [1961], *S. 651f*).

Ableitung einer kohärenten Wahrscheinlichkeitseinschätzung aus den offenbarten Wahlentscheidungen ist nicht möglich.

Analog zur Unkenntnis der Anzahl der weißen bzw. gelben Kugeln im Drei-Farben Problem bleibt dem Nachfrager auch bei Vertrauensgütern das Vorhandensein der Eigenschaft verborgen, so daß keine Erfahrungsgrundlage für die Ableitung eindeutiger Wahrscheinlichkeiten besteht. Vor dem Hintergrund der Ellsberg-Paradoxa wird damit deutlich, daß SEU nicht als entscheidungstheoretisches Fundament ausreicht, die mit Vertrauensgütern identifizierte Unsicherheit zu repräsentieren.

ELLSBERG [1961] selbst nennt die in den Paradoxa auftretende Art der Unsicherheit *Ambiguität* und unterscheidet sie von Situationen unter Risiko. Er definiert „*ambiguity*" als „a quality depending on the amount, type, reliability and 'unanimity' of information, and giving rise to one's degree of 'confidence' in an estimate of relative probability"[37]. Unter Risiko basieren die Entscheidungen dagegen auf einer „definite and precise choice of a particular distribution"[38].

Für die hier verfolgte Zielsetzung bedeutet dies, daß das eingeführte Konzept der Ambiguität die bei Vertrauensgütern auftretende Unsicherheit erfaßt, da sie gerade durch das Fehlen von Möglichkeiten zur Ableitung von Wahrscheinlichkeiten charakterisiert ist. In Abschnitt 3.3 wird daher das Entscheidungsverhalten unter Ambiguität analysiert. Dabei wird insbesondere gezeigt, daß die Bedeutung des Phänomens der Ambiguität über die Situationen im Ellsberg-Paradoxa hinausgeht.

3.3 Entscheidungen unter Ambiguität

Im vorangegangenen Abschnitt 3.2 wurde gezeigt, daß die Unsicherheit in Entscheidungssituationen bezüglich Vertrauensgüter nicht durch die Standardtheorie der Subjektiven Erwartungsnutzentheorie (SEU) repräsentiert werden kann, sondern vielmehr mit dem Konzept der Ambiguität erfaßt wird. Bevor die zentralen Aspekte des Verhaltens unter Ambiguität anhand der Ergebnisse experimenteller Studien herausgearbeitet werden, sollen zunächst die Begriffe Risiko, Unsicherheit und Ambiguität näher erläutert werden, damit deren Bezug zur hier im Vordergrund stehenden Entscheidungssituation bei Vertrauensgütern deutlich wird.

3.3.1 Risiko, Unsicherheit, Ambiguität und Vertrauensgüter

Der eingeführte Begriff der *Ambiguität* zielt mit der Definition von ELLSBERG [1961] auf Entscheidungssituationen mit unbekannten Wahrscheinlichkeiten ab[39] und knüpft damit unmittelbar an die Einteilung von KNIGHT [1921] an, in der *Unsicherheit* von *Risiko* abgegrenzt wird (vgl.

[37] ELLSBERG [1961], *S. 657*

[38] ELLSBERG [1961], *S. 657*

[39] Ambiguität kann auch über die Anzahl derjenigen Wahrscheinlichkeitsverteilungen definiert werden, die im Einklang mit der Information über die Entscheidungssituation stehen (vgl. EINHORN UND HOGARTH [1985], *S. 435*).

Abschnitt 3.1.2, S. 143). *Ambiguität* beinhaltet demnach die in KNIGHTs Verständnis von Unsicherheit enthaltenen zwei Dimensionen (Unwissen über Ereignisse, Vertrauen in Einschätzungen).

Zwar ist mit dem in SEU benutzten Konzept der subjektiven Wahrscheinlichkeiten die Unterscheidung zwischen bekannten und unbekannten Wahrscheinlichkeiten prinzipiell inhaltslos, da subjektive Wahrscheinlichkeiten stets aus den bekundeten Präferenzen abgeleitet werden können und damit an sich nicht unbekannt sein können. Auch reicht in SEU eine solche abgeleitete Wahrscheinlichkeitseinschätzung stets aus, um alle Dimensionen der Unsicherheit erfassen zu können.[40] Die Ellsberg-Paradoxa zeigen jedoch, daß „[T]he probability attached to an uncertain event does not reflect the heuristic amount of information, that led to the assignment of that probability“[41].

Die Paradoxa zeigen also, daß das Ausmaß der Information über die Entscheidungssituation nicht ohne Einfluß auf die für das Entscheidungsverhalten relevante Wahrscheinlichkeitseinschätzung bleibt und somit auch Auswirkungen auf die Fähigkeit von SEU hat, reale Entscheidungssituationen zu beschreiben.[42] Damit stehen sowohl der normative Anspruch von SEU bezüglich der Repräsentation des Entscheidungsverhaltens in Frage als auch die mit SEU behauptete Möglichkeit, Wahrscheinlichkeiten aus Präferenzen zu ermitteln.[43]

Unter Berücksichtigung des Einflußes von Informationen auf das Entscheidungsverhalten ist eine allgemeine, qualitative Definition von Ambiguität möglich. Qualitativ erfaßt der Begriff der Ambiguität „the subjective experience of missing information relevant to a prediction“[44]. Die fehlende Information, die zu der in den Ellsberg-Paradoxa gezeigten Unsicherheit über Wahrscheinlichkeitseinschätzungen führt, ergibt sich damit als Spezialfall dieser Definition.[45] In dem hier betrachteten Zusammenhang sind demnach solche Entscheidungssituationen unsicher, in denen dem Entscheider wegen des Mangels an Information die Möglichkeit fehlt, eine eindeutige Wahrscheinlichkeitseinschätzung anzugeben,[46] also diejenigen Situationen, die KNIGHT [1921] mit dem Begriff *Unsicherheit* belegt (vgl. Abschnitt 3.1.2, S. 143). In diesem Sinne werden die Begriffe Ambiguität und Unsicherheit im weiteren Verlauf daher gleichbedeutend verwendet. Im Gegensatz dazu ist jede Situation, in der die zur Verfügung stehende Information dazu ausreicht, ausschließlich mit Risiko behaftet.

Die begriffliche Unterscheidung zwischen Risiko und Unsicherheit bzw. Ambiguität berücksichtigt auch den wesentlichen Aspekt des Unterschieds zwischen Erfahrungsgütern als Entscheidung

[40] vgl. SAVAGE [1968], *S. 3*; vgl. auch Fußnote 12, S. 144

[41] SCHMEIDLER [1989], *S. 571*

[42] vgl. CAMERER UND WEBER [1992], *S. 326*

[43] vgl. BARON UND FRISCH [1994], *S. 276*

[44] FRISCH UND BARON [1988], *S. 152*

[45] Auch weitere Definitionen lassen sich auf diese allgemeine Definition zurückführen (vgl. CAMERER UND WEBER [1992], *S. 330f*). Die Definitionen von ELLSBERG [1961] oder EINHORN UND HOGARTH [1985] (vgl. Fußnote 39, S. 155) präzisieren Ambiguität insbesondere in ihrem Einfluß auf Wahrscheinlichkeiten (vgl. Abschnitt 3.3.2, S. 158).

[46] Dabei kann sich der Einfluß von Ambiguität auch unabhängig von Wahrscheinlichkeitseinschätzungen („*beliefs*“) auf die Präferenzen des Entscheiders beziehen. MATSUDA ET AL. [1994] stellen unterschiedliche Effekte von Ambiguität auf die Glaubenseinschätzungen und die Präferenzen fest (vgl. auch BARON UND FRISCH [1994], *S. 278*).

unter Risiko und Vertrauensgütern als Entscheidung unter Unsicherheit. Während der Entscheider bei Erfahrungsgütern in der Lage ist, aus den vorhandenen Informationen, eben seinen eigenen Konsumerfahrungen, Wahrscheinlichkeiten über die Eigenschaften bzw. die Anbietertypen abzuleiten, reichen im Falle von Vertrauensgütern die Informationen hierfür nicht aus. Diesbezügliche Entscheidungen können demzufolge nur auf der Basis von Einschätzungen getroffen werden, die im Sinne von Ambiguität nicht eindeutig sind bzw. mit Ambiguität behaftet sind. Konsequenterweise werden Entscheidungen unter Qualitätsungewißheit bei Vertrauensgütern daher präziser als Entscheidungen unter Ambiguität erfaßt.

3.3.2 Experimentelle Studien zum Verhalten unter Ambiguität

Im folgenden Abschnitt werden anhand der Ergebnisse experimenteller Studien die zentralen Aspekte des Verhaltens unter Ambiguität herausgearbeitet. Zwei dabei immer wieder auftretende Aspekte werden bereits durch die Ellsberg-Paradoxa verdeutlicht.

Zunächst ist die Bereitschaft, Entscheidungen auf der Grundlage von Wahrscheinlichkeitseinschätzungen zu treffen, vom Vertrauen in die Richtigkeit dieser Wahrscheinlichkeitseinschätzungen abhängig. Insbesondere gewinnt in Situationen unter Ambiguität das Vertrauen in die Einschätzungen an Bedeutung, und Entscheider zeigen Präferenzen zugunsten eindeutiger Unsicherheitssituationen, d.h. zugunsten von Unsicherheitssituationen, die gemäß der obigen Ausführungen Situationen unter Risiko sind. Dieses Verhalten wird als *Ambiguitäts- bzw. Unsicherheitsaversion* diskutiert.[47]

*Ambiguitäts*aversion unterscheidet sich dabei grundsätzlich von der in der Entscheidungstheorie gewöhnlich diskutierten *Risiko*aversion, wie die folgende begriffliche Erläuterung zeigt.[48] Entscheider sind dann risikoavers, wenn sie gegenüber der Unsicherheit, welches Ereignis eintreten wird, abgeneigt sind, dabei aber Eintrittswahrscheinlichkeiten für das Eintreten der Ereignisse kennen oder ableiten können. In diesem Fall ist das Verhalten konsistent mit den Annahmen der Erwartungsnutzentheorie. Ambiguitätsaversion bedeutet hingegen, daß Entscheider gegenüber der Unsicherheit bezüglich der Wahrscheinlichkeit eines Ereignisse selbst abgeneigt sind. Das in solchen Situationen gezeigte Verhalten ist nicht mit den Annahmen von SEU vereinbar.

Die Ellsberg-Paradoxa machen außerdem deutlich, daß das offenbarte Vertrauen in die Wahrscheinlichkeitseinschätzung letztlich von der Information bestimmt wird, die über die Entscheidungssituation zur Verfügung steht: Es werden die Situationen, in denen die Information über das Zahlenverhältnis der Kugeln eindeutig ist, gegenüber den Situationen vorgezogen, in denen dieses Verhältnis unbekannt bleibt.

[47] vgl. CAMERER UND WEBER [1992], *S. 331*
[48] vgl. CAMERER UND WEBER [1992], *S. 331*

Ein differenzierteres Bild vom Verhalten unter Ambiguität liefern allerdings erst die Ergebnisse zahlreicher experimenteller Studien, für die die Ellsberg-Paradoxa den Ausgangspunkt darstellen.[49] Die damit untersuchten Hypothesen zum Entscheidungsverhalten bei Ambiguität sowie zur Erklärung, wie und warum es insbesondere zum Phänomen der Ambiguitätsaversion bzw. zu Vermeidung von Ambiguität kommt, zielen auf zwei unterschiedliche Erklärungsebenen ab, die einerseits zu *kognitiven* Erklärungsansätzen und andererseits zu *motivationalen* Erklärungsansätzen führen.[50]

- Kognitive Erklärungsansätze beschränken sich auf die deskriptive Ebene des Verhaltens. Innerhalb dieser Ansätze wird von dem Erkenntnisprozeß ausgegangen, der dem Entscheidungsprozeß zugrunde liegt, und es werden Modelle zur formalen Beschreibung des Entscheidungsverhaltens entwickelt. Unter der Annahme, daß sich bei vorhandener Ambiguität der Erkenntnisprozeß als eine Operation mit unbekannten Wahrscheinlichkeiten auffassen läßt, wird der angenommene Prozeß zur Verarbeitung ambiguitätsbehafteter Wahrscheinlichkeiten formalisiert. Ambiguität ist in der Sichtweise dieser Modelle ein Charakteristikum des Wahrscheinlichkeitsparameters, der die Unsicherheit der Situation repräsentiert.[51]

- Bei motivationalen Erklärungsansätzen hingegen stehen statt der formalen, strukturellen Faktoren, die zu einer Beschreibung des Entscheidungsprozesses führen, die inhaltlichen, kontextualen Faktoren der Entscheidungssituation im Vordergrund. Ambiguität nimmt hier über solche Faktoren Einfluß auf das Entscheidungsverhalten, die von der jeweiligen Situation abhängen. Ambiguität ist in diesen Ansätzen ein Charakteristikum der Situation.[52]

  Die unter den motivationalen Erklärungsansätzen zusammengefaßten Hypothesen zur Erklärung des Verhaltens unter Ambiguität können wiederum in drei Gruppen eingeteilt werden,[53] nämlich die *Rechtfertigungshypothese*, die *Kompetenzhypothese* und die *Informationshypothese*.

  i) Die Rechtfertigungshypothese basiert auf der Annahme, daß Entscheider den Ausgang ihrer Entscheidung vorwegnehmen und bewerten.[54] Einerseits wird in einer Situation unter Ambiguität eine mögliche Bewertung durch andere Individuen in Betracht gezogen, und nur eine solche Entscheidung getroffen, die vor diesen anderen Individuen am

[49] Für einen Überblick vgl. CAMERER UND WEBER [1992]; vgl. auch PAYNE ET AL. [1992] und CAMERER [1995]

[50] vgl. RODE [1996], *S. 44ff*

[51] vgl. RODE [1996], *S. 45*. Das einflußreichste Modell dieser Kategorie ist das Anker-Adjustierungsmodell von EINHORN UND HOGARTH [1985]. Gemäß dieses Modells ordnen Entscheider einer unsicheren Situation zunächst einen vorläufigen Wahrscheinlichkeitswert zu („Anker"). Der endgültige Wert der Wahrscheinlichkeit ist das Ergebnis einer (nicht-linearen) Transformation („Adjustierung"), die durch diejenige Vorstellung des Entscheiders bestimmt wird, welche Wahrscheinlichkeiten außer der Ankerwahrscheinlichkeit der Situation noch zugeordnet werden können.

[52] vgl. RODE [1996], *S. 46*

[53] vgl. RODE [1996], *S. 60ff*, vgl. auch CURLEY ET AL. [1986], *S. 231ff*

[54] vgl. CURLEY ET AL. [1986], *S. 231f*

besten zu rechtfertigen ist. Andererseits beinhaltet diese Hypothese auch die Vorwegnahme einer zukünftigen Selbstbewertung der getroffenen Entscheidung. Da in einer Situation, die mit weniger Ambiguität behaftet ist, Entscheidungen besser begründet werden können, meiden Entscheider Situationen unter Ambiguität.

ii) Gemäß der Kompetenzhypothese wird die Entscheidung für eine bestimmte Wahlalternative von der subjektiv erfahrenen Kompetenz in der Entscheidungssituation bestimmt.[55] Kompetenz bezieht sich hier auf das Wissen über das Verhältnis zwischen den Informationen, die der Entscheider in dieser Situation als relevant erachtet, und den Informationen, über die er tatsächlich verfügt. Ambiguität verursacht nach dieser Hypothese ein Gefühl der Inkompetenz, das als mittelbarer Faktor zu einem Vermeiden solcher Situationen führt.

iii) Die Informationshypothese schließlich beruht auf der allgemeinen Definition von Ambiguität als fehlende Information (vgl. Abschnitt 3.3.1, S. 156). Gemäß der Informationshypothese meiden Entscheider generell solche Situationen, in denen entscheidungsrelevante Informationen fehlen. Hier stellt also die fehlende Information den mittelbaren Faktor dar, der das Entscheidungsverhalten aus unterschiedlichen Gründen beeinflußt. So können Entscheider bspw. ambiguitätsbehaftete Wahlalternativen meiden, weil die Möglichkeit besteht, auf zusätzliche Information zu warten, oder weil sie einem Vorwurf entgehen wollen, die fehlende Information nicht beschaffen zu können.[56] Insgesamt stellt die Informationshypothese eher die Quintessenz verschiedener motivationaler Erklärungsansätze dar, als daß sie eine eigenständige Erklärungsgrundlage bietet,[57] und faßt die Gemeinsamkeiten verschiedenster Erklärungsansätze zusammen.[58]

Experimentelle Studien zur Überprüfung der verschiedenen Erklärungsansätze und der damit verbundenen Hypothesen werden im folgenden danach unterschieden, ob ausschließlich das individuelle Entscheidungsverhalten in isolierten Entscheidungssituationen betrachtet wird, oder ob das Entscheidungsverhalten in Abhängigkeit anderer Entscheider, d.h. auf Märkten, untersucht wird.

Empirische Studien zum individuellen Entscheidungsverhalten unter Ambiguität

Empirische Studien zum individuellen Entscheidungsverhalten bestätigen in der Wiederholung der von ELLSBERG [1961] vorgeschlagenen Versuchsanordnung einerseits das mit den Ellsberg-Paradoxa postulierte Verhalten der Ambiguitätsaversion.[59] Andererseits ist das Verhalten auch in Studien mit erweiterten Versuchsanordnungen untersucht worden, um so ein differenzierteres Bild

[55]vgl. HEATH UND TVERSKY [1991]
[56]vgl. FRISCH UND BARON [1988], *S. 153*
[57]RODE [1996] spricht von einem „Konglomerat an Theorien" (RODE [1996], *S. 66*).
[58]vgl. auch FRISCH UND BARON [1988], *S. 153*
[59]vgl. bspw. BECKER UND BROWNSON [1964], CURLEY ET AL. [1986], EINHORN UND HOGARTH [1986]

von den Reaktionen auf Ambiguität zu gewinnen und darüber hinaus jene Faktoren zu isolieren, die einen Einfluß auf die Ambiguitätsaversion ausüben.[60] In der folgenden Darstellung werden Studien zur Überprüfung kognitiver Erklärungsansätze von solchen Studien unterschieden, die motivationale Erklärungsansätze überprüfen.

- Kognitive Theorien operationalisieren Ambiguität auf der Ebene der Wahrscheinlichkeit (vgl. Abschnitt 3.3.2, S. 158). Die empirische Überprüfung wird dabei durch die Manipulation dreier Variablen möglich, die in den angenommenen Erkenntnisprozeß eingehen.[61] Wie im folgenden dargelegt, kann erstens das Ausmaß der Ambiguität über die Bandbreite möglicher Wahrscheinlichkeiten manipuliert werden. Zweitens ist eine Einflußnahme auf die Höhe der Wahrscheinlichkeit möglich, und drittens kann die Art der möglichen Konsequenzen einer Entscheidung variiert werden.

  i) Bei der Operationalisierung von Ambiguität über die Bandbreite möglicher Wahrscheinlichkeiten wird von verschieden großen Intervallen um den gegebenen Mittelwert dieser Wahrscheinlichkeiten ausgegangen. Die Ergebnisse der Studie von BECKER UND BROWNSON [1964], die nach ELLSBERG [1961] als erste den Ambiguitätseffekt getestet haben, zeigen, daß Entscheider neben dem ambiguitätsaversen Verhalten auch bereit sind, für die Vermeidung von Ambiguität eine *Ambiguitätsprämie* zu zahlen:[62] Bei einem gleichbleibenden Mittelwert steigt mit einem größer werdenden Intervall die Bereitschaft, eine solche Ambiguitätsprämie zu zahlen.[63] Allerdings zeigen die Ergebnisse der Studie von YATES UND ZUKOWSKI [1976], daß die Ergebnisse nicht repliziert werden können. In ihren Experimenten präferierten die Versuchspersonen eine Urne mit unbekannter Verteilung von zehn Chips verschiedener Farbe gegenüber einer Urne, in der null bis zehn Chips mit gleicher Wahrscheinlichkeit enthalten sein konnten.[64] In den Experimenten von CURLEY UND YATES [1985] wurden die Intervallgrößen von zwei zur Wahl stehenden Lotterien variiert. Die Ergebnisse deuten darauf hin, daß die Entscheider ebenfalls die Lotterie mit dem kleineren Intervall um die Wahrscheinlichkeit vorziehen. Ferner konnten die Autoren aber die ausschließliche Abhängigkeit der Ambiguitätsvermeidung von der Differenz der Intervallgrößen nicht feststellen. Dies deutet auch darauf hin, daß die Reaktion auf Ambiguität von der Höhe der Wahrscheinlichkeit abhängt, um die das Intervall konstruiert wird.[65]

[60] Obwohl der Einfluß von Ambiguität hauptsächlich über ambiguitätsbehaftete Wahrscheinlichkeiten untersucht ist, bleiben dennoch Befunde, die einen Einfluß auf die Präferenzen nachweisen (vgl. Fußnote 46, S. 156).
[61] vgl. RODE [1996], *S. 51*
[62] vgl. BECKER UND BROWNSON [1964], *S. 70*
[63] Das Intervall wurde über die mögliche Anzahl von Kugeln in einer Urne operationalisiert (vgl. BECKER UND BROWNSON [1964], *S. 65*).
[64] vgl. YATES UND ZUKOWSKI [1976], *S. 24*
[65] vgl. CURLEY UND YATES [1985], *S. 283f*

ii) Der Einfluß der Höhe einer mit Ambiguität behafteten Wahrscheinlichkeit auf das Verhalten gegenüber Ambiguität ist ebenfalls Gegenstand der Untersuchung von CURLEY UND YATES [1985]. Die Autoren konnten bei einer Wahl zwischen einer ambiguitätsbehafteten und einer eindeutigen Lotterie mit steigender Gewinnwahrscheinlichkeit eine Zunahme des ambiguitätsaversen Verhaltens beobachten,[66] d.h. für niedrige Gewinnwahrscheinlichkeiten ist das ambiguitätsaverse Verhalten weniger ausgeprägt. Auch in der Replikation des ELLSBERGschen Drei-Farben Problems von MACCRIMMON UND LARSON [1979] nimmt mit sinkender Wahrscheinlichkeit die Anzahl der Entscheider ab, die Aversion gegenüber Ambiguität zeigen.[67] In einer weiteren Untersuchung von CURLEY UND YATES [1989] ergibt sich darüber hinaus bei der niedrigsten mittleren Gewinnwahrscheinlichkeit einer Lotterie sogar eine Umkehrung der Ambiguitätsaversion in die Präferenz von Ambiguität.[68]

iii) Die Umkehrung der Vermeidung von Ambiguität in die Präferenz von Ambiguität ist auch ein Ergebnis der Studien, die die Art der Konsequenz auf das Verhalten untersuchen. In den Experimenten von EINHORN UND HOGARTH [1986], in denen zwei Urnen mit einer bekannten bzw. unbekannten Anzahl von Gewinnkugeln zur Auswahl standen, wählte mit sinkender Wahrscheinlichkeit eines potentiellen Gewinns der signifikant größere Teil der Entscheider das mehrdeutige Ereignis. Dieser Teil der Entscheider zeigte damit also eine Präferenz für Ambiguität. Umgekehrt war bei den Experimenten mit niedriger Verlust- bzw. hoher Gewinnwahrscheinlichkeit der Anteil der Entscheider größer, die sich gegen das mehrdeutige Ereignis entschieden und somit Ambiguitätsaversion zeigten.[69]

- Auch Aussagen über die Gültigkeit motivationaler Erklärungsansätze sind in verschiedenen experimentellen Versuchsanordnungen bestätigt worden. Dabei können Studien danach unterschieden werden, welcher der Hypothesen (Rechtfertigungs-, Kompetenz- oder Informationshypothese) sie überprüfen.

  i) In den Experimenten von CURLEY ET AL. [1986] stieg die Aversion von Ambiguität, falls bekannt war, daß die wahre Wahrscheinlichkeit im Anschluß an eine Entscheidung vor anderen Versuchsteilnehmern offenbart wurde.[70] Dies kann als ein Hinweis auf die Gültigkeit der Hypothese gedeutet werden, nach der eine mögliche Rechtfertigung vor anderen Individuen eine Ursache der Ambiguitätsvermeidung darstellt.

[66] vgl. CURLEY UND YATES [1985], *S. 281*
[67] vgl. MACCRIMMON UND LARSON [1979], *S. 375*
[68] vgl. CURLEY UND YATES [1989], *S. 423*; vgl. aber auch CURLEY UND YATES [1985], die für ein solches Verhalten keine signifikanten Ergebnisse erhielten (CURLEY UND YATES [1985], *S. 281f*).
[69] vgl. auch COHEN ET AL. [1985], KAHN UND SARIN [1988]
[70] vgl. CURLEY ET AL. [1986], *S. 247f*

ii) In Experimenten, in denen Entscheider Wettsituationen mit realen Ereignissen zur Auswahl haben, zeigen Entscheider ebenfalls Aversion gegenüber Ambiguität. Insbesondere wird in solchen Situationen deutlich, daß der Grad der Ambiguitätsaversion von der subjektiv eingeschätzten Kompetenz der Entscheider bei der Beurteilung der Situation bestimmt wird.[71] In einer Replikation der Experimente von HEATH UND TVERSKY [1991] untersuchten KEPPE UND WEBER [1995] den Einfluß der Selbsteinschätzung der Kenntnisse aus vier Wissensgebieten. Der Einfluß wurde dabei anhand der von den Entscheidern angegebenen Sicherheitsäquivalente für Lotterien mit Ereignissen aus den Wissensgebieten und Lotterien mit Ereignissen gemessen, die auf anderen Zufallsmechanismen beruhen.[72] Zur Überprüfung der Kompetenzhypothese wurden für Wetten auf komplementäre Ereignisse die Summe der Sicherheitsäquivalente betrachtet. Gemäß SEU sollte deren Höhe unabhängig von den über die Selbsteinschätzung vermittelten Ambiguitätseffekten sein. Die Ergebnisse der Untersuchung zeigen allerdings, daß die Höhe der (summierten) Sicherheitsäquivalente mit sinkender Selbsteinschätzung ebenfalls sinkt. Die Autoren folgern daher, daß die Ambiguitätsaversion mit steigender Selbsteinschätzung des Wissens über die zugrundeliegenden Ereignisse abnimmt, und sehen die Ergebnisse als eine Bestätigung der Kompetenzhypothese.

iii) Fehlende Information als Erklärung für das Vermeiden von Ambiguität wurde in einer Versuchsanordnung von RITOV UND BARON [1990] getestet.[73] Probanden wurden gefragt, ob sie ihr Kind gegen eine möglicherweise tödlich verlaufende Grippeerkrankung impfen lassen würden oder nicht. Ein Teil der Probanden erhielt darüber hinaus die zusätzliche Information, daß mit der Impfung ein bestimmtes Risiko verbunden ist. Diese Information erhöhte allerdings gleichzeitig das Ausmaß an fehlender Information und führte damit zu einem Anstieg der Ambiguität, da entscheidungsrelevante Information - nämlich die Wahrscheinlichkeit, mit der das Kind dem Risiko der Impfung ausgesetzt ist - vorenthalten wurde, ohne daß sich das tatsächliche Gesamtrisiko einer Impfung verändert hat. Die Ergebnisse zeigen innerhalb der Gruppe, die ohne zusätzliche Information über das Impfrisiko entschied, ein höhere Impfbereitschaft, als in der Gruppe, der diese Information gegeben wurde, so daß insgesamt auf die Wirksamkeit von fehlender Information (über das genaue Ausmaß des Riskos) geschlossen werden kann. Auch die Ergebnisse der Experimente von HEATH UND TVERSKY [1991] bzw. KEPPE UND WEBER [1995] können unter diesem Erklärungsansatz betrachtet werden: Situationen, in denen sich Entscheider nicht kompetent fühlen, d.h. ein subjektives Gefühl fehlender Informationen haben, sind mit Ambiguitätsaversion verbunden.

[71] vgl. HEATH UND TVERSKY [1991], KEPPE UND WEBER [1995]

[72] Da hier Wahrscheinlichkeiten explizit angegeben werden, sind diese Befunde auch mit einem Einfluß auf die Präferenzen vereinbar.

[73] vgl. RITOV UND BARON [1990], *S. 271ff*

Ein für den Status der Ambiguitätsaversion insgesamt wichtiger Aspekt ergibt sich aus der Resistenz der Entscheider gegenüber Aufklärung. Aversion gegenüber Ambiguität bleibt selbst dann bestehen, wenn bei Ambiguitätsaversion von einer unbewußten Fehlentscheidung der Entscheider ausgegangen wird, und sie mit dem Hinweis auf den Verstoß gegen die Axiome der Erwartungsnutzentheorie aufgeklärt werden könnten.[74] So blieb in den Experimenten von SLOVIC UND TVERSKY [1974] die große Mehrheit ambiguitätsaverser Entscheider auch trotz des expliziten Hinweises auf das *sure-thing-principle* von SEU in einer nochmaligen Wahl bei ihrer Entscheidung.[75] Im Vergleich zu der Situation, in der zwischen zwei Wahlmöglichkeiten keine Hinweise gegeben wurden, zeigte sich kein Effekt der Aufklärung.[76] Aus psychologischer Perspektive ist Ambiguitätsaversion damit ein eigenständiger Effekt und kein *Artefakt* anderer Faktoren.[77]

Empirische Studien zum Entscheidungsverhalten auf Märkten unter Ambiguität

Im Gegensatz zu den Situationen, in denen ausschließlich das individuelle Verhalten in isolierten Entscheidungssituationen untersucht wird, treffen Individuen reale ökonomische Entscheidungen vor allem auf Märkten, auf denen das individuelle Entscheidungsverhalten auch von dem Verhalten anderer Marktteilnehmer beeinflußt wird. In verschiedenen Untersuchungen experimenteller Märkte, die im folgenden dargestellt werden, wurde überprüft, ob Ambiguitätseffekte auch unter diesen Gegebenheiten zu beobachten sind.[78]

- SARIN UND WEBER [1993] untersuchten in ihren Experimenten den Einfluß von Ambiguität auf die in Auktionen gezahlten Preise für Lotterien.[79] Die einzelnen Lotterien unterschieden sich dabei durch ihre mittleren Gewinnwahrscheinlichkeiten.[80] Eindeutige Ambiguitätseffekte konnten nur bei den Lotterien mit den höheren Gewinnwahrscheinlichkeiten beobachtet werden.[81] Bei diesen Lotterien lag der durchschnittlich gezahlte Preis ohne Ambiguität über dem entsprechenden Preis mit Ambiguität. Für die Lotterien mit der niedrigeren Gewinnwahrscheinlichkeit wurden dagegen keine eindeutigen Ambiguitätseffekte festgestellt, so daß die Ergebnisse insgesamt mit dem Verhalten unter Ambiguität in Einklang stehen, bei dem Ambiguitätsaversion bei hohen Wahrscheinlichkeiten stärker ist (vgl. Abschnitt 3.3.2, S. 161).

[74] vgl. SLOVIC UND TVERSKY [1974], MACCRIMMON UND LARSON [1979], CURLEY ET AL. [1986]

[75] vgl. SLOVIC UND TVERSKY [1974], *S. 371*

[76] Andererseits führt aber die geänderte Reihenfolge der Präsentation der relevanten Information zu einer mit der Erwartungsnutzentheorie konsistenten Wahl (vgl. MAHER UND KASHIMA [1997]).

[77] vgl. RODE [1996], *S. 32ff*

[78] vgl. CAMERER UND KUNREUTHER [1989], HOGARTH UND KUNREUTHER [1989], KEPPE UND WEBER [1993], SARIN UND WEBER [1993], EISENBERGER UND WEBER [1995]; vgl. auch EISENBERGER [1996], *S. 81ff*

[79] Ein Teil der Lotterien wurde in wechselseitigen, mündlichen Auktionen gehandelt, der andere Teil in *sealed bid* Auktionen (vgl. SARIN UND WEBER [1993], *S. 609f*).

[80] Es wurden Lotterien mit den Gewinnwahrscheinlichkeiten $p = 0.5$ bzw. $p = 0.05$ verglichen.

[81] Ambiguität wurde als Wahrscheinlichkeit zweiter Ordnung, d.h. als Wahrscheinlichkeitsverteilung über die einzelnen Wahrscheinlichkeiten, modelliert, indem der Wert durch Ziehen aus einer Urne mit unbekannter Ballanzahl bestimmt wurde (vgl. SARIN UND WEBER [1993], *S. 606*).

- In den Experimenten von HOGARTH UND KUNREUTHER [1989] zur Ermittlung des Angebots von und der Nachfrage nach Versicherungen wirkte sich Ambiguität ebenfalls auf die Preise aus. Waren die Wahrscheinlichkeiten für einen drohenden Verlust mit Ambiguität behaftet,[82] waren die Versicherungsnachfrager bereit, sich zu einem höheren Preis dagegen zu versichern als ohne Ambiguität. Umgekehrt forderten in diesem Fall auch die Versicherungsanbieter einen höheren Preis. Bezogen auf die Allokation der Versicherungen bedeutet dies insgesamt, daß die Bereitschaft sinkt, eine mit Ambiguität behaftete Position zu halten.[83]

- Zu entgegengesetzten Ergebnissen bezüglich der Wirkungen von Ambiguität auf die Marktpreise von Lotterien gelangten KEPPE UND WEBER [1993].[84] Ihre Experimente führten zu keiner Auswirkung von Ambiguität auf die Preise.[85] Als mögliche Ursache geben sie selbst den Einsatz des Computerhandelssystems an, das in ihren Experimenten die mündliche Durchführung der Auktionen ersetzte.[86] Eine Auswirkung von Ambiguität stellen sie allerdings in ihren Experimenten zur Allokation von Lotterien fest. Die Anzahl der Lotterien ohne Ambiguität im Endbestand der Mehrheit der Teilnehmer war höher als die Anzahl der mit Ambiguität behafteten Lotterien. Als Ergebnis halten die Autoren fest, daß Ambiguität zwar so stark wahrgenommen wird, daß es eine Bestrebung gibt, Ambiguität in Risiko umzuwandeln, die Wahrnehmung aber dennoch zu gering ist, als daß sie sich auch in den Preisen niederschlägt.[87]

Wie die Ergebnisse der empirischen Studien zeigen, ergeben sich bei Entscheidungen unter Ambiguität eine Reihe von Auswirkungen auf das Verhalten der beteiligten Akteure. Die empirischen Studien zum individuellen Verhalten unter Ambiguität zeigen vor allem die Stabilität des Ambiguitätsvermeidungseffekts. Zu den stabilen Effekten des Verhaltens unter Ambiguität gehört auch, daß die Ambiguitätsaversion von der Höhe der ambiguitätsbehafteten Wahrscheinlichkeit abhängig ist: Mit abnehmender Gewinnwahrscheinlichkeit nimmt auch die Aversion gegenüber Ambiguität ab, und kehrt sich bei sehr niedrigen Gewinnwahrscheinlichkeiten in das Gegenteil, die Präferenz von Ambiguität, um.[88]

---

[82] Ambiguität wurde hier nicht durch die Vorgabe einer Wahrscheinlichkeitsverteilung zweiter Ordnung modelliert, sondern durch die verbale Information, daß die Information über die Wahrscheinlichkeit sicher bzw. unsicher sei.

[83] vgl. HOGARTH UND KUNREUTHER [1989], *S. 22f*

[84] vgl. auch SARIN UND WEBER [1993]

[85] vgl. auch CAMERER UND KUNREUTHER [1989]. Diese Autoren konnten in ihren Experimenten ebenfalls keinen Einfluß von Ambiguität auf die Marktpreise von Versicherungen nachweisen.

[86] vgl. KEPPE UND WEBER [1993], *S. 207*. Die Anonymität des Computersystems verhindert die Bewertung durch andere Versuchsteilnehmer (Rechtfertigungshypothese, vgl. S. 158).

[87] vgl. KEPPE UND WEBER [1993], *S. 213*

[88] Allerdings ist mit diesem Effekt gleichzeitig auch eine Einschränkung der Erklärungskraft der beiden dargelegten, generellen Erklärungsansätze für das Verhalten unter Ambiguität gegeben, da keiner dieser Ansätze einen möglichen Effekt von der Höhe der Wahrscheinlichkeit abhängig macht (vgl. RODE [1996], *S. 68*).

Im Gegensatz dazu sind die Ergebnisse der Marktexperimente insgesamt für eine eindeutige und allgemeine Bewertung der Ambiguitätseffekte nicht ausreichend.[89] Im Hinblick auf die formale Abbildung von Entscheidungen unter Ambiguität, die Gegenstand des folgenden Abschnitts 3.4 ist, lassen allerdings besonders die beobachtbaren Allokationseffekte bereits den Ausschluß von solchen Ansätzen zu, die Ambiguitätsaversion durch die Abschwächung der Vollständigkeit der Präferenzen erweitern.[90] In diesen Ansätzen wird Ambiguität durch eine Menge möglicher Wahrscheinlichkeitsverteilungen abgebildet, die mit den Präferenzen des Entscheiders vereinbar sind. Eine Aktion f wird gegenüber einer Aktion g präferiert, wenn bezüglich einer Menge von Wahrscheinlichkeitsverteilungen alle möglichen Erwartungsnutzenwerte der Aktion f diejenigen der Aktion g übersteigen.[91] Eine solche Entscheidungsregel ist nicht vollständig, da die Aktionen f und g nicht miteinander vergleichbar sind, falls der Erwartungswert der Aktion f bezüglich einer Teilmenge von Wahrscheinlichkeitsverteilungen größer und für eine andere Teilmenge kleiner als der entsprechende Erwartungsnutzenwert der Aktion g ist. In solchen Fällen müssen zusätzlich Annahmen über das Entscheidungsverhalten getroffen werden. Im Modell von BEWLEY [1986] sorgt die eingeführte „*inertia assumption*" (Beharrungsannahme) für die Beibehaltung des aktuellen Zustands, falls mögliche Aktionen nicht miteinander vergleichbar sind.[92] Als Konsequenz für die Analyse von Märkten ergibt sich daraus, daß mit steigender Ambiguität die Handlungsbereitschaft abnimmt und damit auch der Umfang der Transaktionen.[93] Wie die Ergebnisse der Experimente von HOGARTH UND KUNREUTHER [1989] bzw. KEPPE UND WEBER [1993] im Gegensatz dazu aber zeigen, sind Besitzer einer ambiguitätsbehafteten Position bereit, ihre Position zu verkaufen. Für die Tendenz zur Beibehaltung des aktuellen Zustandes findet sich somit insgesamt keine experimentelle Bestätigung.

Eine weitere Möglichkeit, das Verhalten unter Ambiguität in formalen Modellen der Entscheidungstheorie zu berücksichtigen, ist die Abschwächung der Unabhängigkeitsbedingung an die Präferenzen. Dieser Ansatz ist Gegenstand des folgenden Abschnitts 3.4.

[89] vgl. auch EISENBERGER [1996], *S. 72ff & S. 93*
[90] vgl. hierzu EISENBERGER [1996], *S. 104f*, s.a. EISENBERGER UND WEBER [1995]
[91] vgl. bspw. BEWLEY [1986], *S. 2 & S. 19ff*
[92] vgl. BEWLEY [1986]; vgl. auch EISENBERGER [1996], *S. 73*
[93] vgl. EISENBERGER [1996], *S. 75*

3.4 Modellierung von Entscheidungen unter Ambiguität

Die Subjektive Erwartungsnutzentheorie mit ihrer Repräsentation von Glaubenseinschätzungen über (subjektive) Wahrscheinlichkeiten stößt mit dem Phänomen der Ambiguitätsaversion sowohl an die Grenzen ihrer deskriptiven als auch an die Grenzen ihrer normativen Gültigkeit.

Die Subjektive Erwartungsnutzentheorie erfaßt die Einstellung gegenüber Ambiguität nicht, da die formale Repräsentation der Einschätzungen des Entscheiders durch ein additives Wahrscheinlichkeitsmaß den Einfluß von Ambiguität nicht berücksichtigt.[94] Es ist daher naheliegend sich an diesem Sachverhalt zu orientieren und solche Alternativen zu SEU zu wählen, die bei der Berücksichtigung von Ambiguität auf der Ebene der Wahrscheinlichkeitseinschätzungen ansetzen.[95] Aus dieser Perspektive heraus können die modelltheoretische Alternativen zur Subjektiven Erwartungsnutzentheorie in die drei folgenden Klassen eingeteilt werden.[96]

i) In die erste Klasse fallen diejenigen Modelle, in denen zwar subjektive Wahrscheinlichkeitseinschätzungen herangezogen werden, die die gewöhnlich geforderten Eigenschaften besitzen (Additivität). Doch sind diese Wahrscheinlichkeiten nicht eindeutig, und die Einschätzungen des Entscheiders sind durch eine konvexe Menge von Wahrscheinlichkeiten gegeben.[97] Die einzelnen Modelle dieser Klasse unterscheiden sich durch die Entscheidungsregel, nach der zwischen den Erwartungsnutzenwerten bezüglich der möglichen Verteilungen entschieden wird. So axiomatisieren GILBOA UND SCHMEIDLER [1989] ein Modell, in dem eine Aktion f einer Aktion g vorgezogen wird, falls der minimal mögliche Erwartungsnutzenwert der Aktion f den entsprechenden Erwartungsnutzenwert der Aktion g übersteigt („Maxmin-Erwartungsnutzenmaximierung").[98] Das Verhalten in den Ellsberg-Paradoxa kann dann auf die Annahme zurückgeführt werden, daß die Entscheider den minimalen Erwartungsnutzen maximieren, der sich aus den möglichen Alternativen in Abhängigkeit von den zugeordneten, subjektiven Wahrscheinlichkeiten ergibt.[99] In diese Klasse von Modellen lassen sich auch jene Ansätze einordnen, die auf die Vollständigkeit der Präferenzen verzichten (vgl. Abschnitt 3.3.2, S. 163), sowie insbesondere diejenigen Modellansätze, die von der Existenz einer Wahrscheinlichkeitsverteilung zweiter Ordnung auf der Menge der möglichen Wahrscheinlichkeiten ausgehen.[100] In Modellansätzen mit einer Wahrscheinlichkeitsverteilung zweiter Ordnung wird Ambiguität über ein Ereignis zunächst ebenfalls

[94] vgl. SCHMEIDLER [1989], *S. 571*; vgl. auch Kapitel 3.2.2, S. 151ff

[95] Eine weitere Möglichkeit ist die nutzenbasierte Repräsentation der Einstellungen gegenüber Ambiguität (vgl. SARIN UND WINKLER [1992], WINKLER [1991]; s.a. CAMERER UND WEBER [1992], *S. 343*)

[96] vgl. KELSEY UND QUIGGIN [1992], *S. 136*

[97] vgl. GÄRDENFORS UND SAHLIN [1982], GÄRDENFORS UND SAHLIN [1983], GILBOA UND SCHMEIDLER [1989]

[98] vgl. GILBOA UND SCHMEIDLER [1989], *S. 145*

[99] vgl. auch ELLSBERG [1961], *S. 657ff*

[100] vgl. KAHN UND SARIN [1988], BECKER UND SARIN [1990], QUIGGIN [1993]; s.a. CAMERER UND WEBER [1992], *S. 343ff*

durch eine Menge möglicher Wahrscheinlichkeiten ausgedrückt. Zusätzlich existiert aber eine Wahrscheinlichkeitsverteilung (Wahrscheinlichkeit zweiter Ordnung) über die dem Ereignis zugeordneten, möglichen Wahrscheinlichkeiten, so daß Unsicherheit prinzipiell wieder in Risiko überführt wird.[101] Da in all diesen Ansätzen die Wahrscheinlichkeiten die problematische Additivitätseigenschaft erfüllen, werden sie im Rahmen dieser Arbeit nicht betrachtet.

ii) Die zweite Klasse umfaßt Modelle, die generell ohne subjektive Wahrscheinlichkeitseinschätzungen auskommen.[102] Entscheidungen werden auf der Grundlage von Entscheidungsregeln getroffen, die wie das Maxmin-Kriterium nur in Bezug zu den Nutzenwerten stehen.[103] Da diese Ansätze die Formulierung von Wahrscheinlichkeitseinschätzungen ganz ausblenden, werden auch sie in dieser Arbeit nicht betrachtet.

iii) Zur dritten Klasse gehören diejenigen Modelle, in denen zwar eindeutig bestimmte Glaubenseinschätzungen der Entscheider existieren, diese Glaubenseinschätzungen aber nicht die für klassische Wahrscheinlichkeiten gewöhnlich geforderten Eigenschaften besitzen. Dazu gehören zum einen die Modelle, die von einer additiven Wahrscheinlichkeitseinschätzung ausgehen und sie gemäß der Ambiguitätseinstellung des Entscheiders transformieren.[104] Zum anderen fallen darunter insbesondere auch diejenigen Modelle, die ganz auf additive Wahrscheinlichkeitsmaße verzichten und die Repräsentation von Glaubenseinschätzungen durch *nicht-additive* Wahrscheinlichkeiten zulassen.[105] Sie werden im weiteren Verlauf zur Analyse der Entscheidungen unter Ambiguität herangezogen.

Insbesondere kann über die Nicht-Additivität der Glaubenseinschätzungen ambiguitätsaverses Verhalten repräsentiert werden. Mit Aufgabe der Additivitätseigenschaft lassen sich bspw. im Zwei-Farben Ellsberg-Paradox (vgl. Abschnitt 3.2.2, S. 153) die Präferenzen unmittelbar dadurch erklären, daß den komplementären Ereignissen r_1 bzw. w_1 die Wahrscheinlichkeitseinschätzungen $P(r_1) = P(w_1) = 0.5$, den komplementären Ereignissen r_2 bzw. w_2 aber die nicht-additiven Wahrscheinlichkeitseinschätzungen $P(r_2) = P(w_2) = 0.4$ mit $P(r_2) + P(w_2) = 0.8 < 1$ zugeordnet werden. In diesem Fall gilt $P(r_1) > P(r_2)$ sowie $P(w_1) > P(w_2)$, und die Einschätzungen stehen somit nicht im Widerspruch zu den gezeigten Präferenzen gemäß (3.12f) (vgl. S. 154).[106]

[101] vgl. CAMERER UND WEBER [1992], *S. 343*

[102] In der Entscheidungstheorie werden solche Situationen als Entscheidungen unter vollständiger Ignoranz bezeichnet (vgl. KELSEY UND QUIGGIN [1992], *S. 139*).

[103] Ein Überblick über solche Kriterien findet sich bspw. in FRENCH [1986], *S. 36ff*

[104] vgl. bspw. KAHNEMAN UND TVERSKY [1979], EINHORN UND HOGARTH [1985]

[105] vgl. GILBOA [1987], SCHMEIDLER [1989]

[106] Als Alternative zu Wahrscheinlichkeiten bei der Repräsentation von Glaubenseinschätzungen werden in der Entscheidungstheorie auch Glaubensfunktionen (vgl. SHAFER [1976]; s.a. DEMPSTER [1967]) diskutiert (vgl. JAFFRAY [1989], HENDON ET AL. [1994]). Sie können als spezielle nicht-additive Wahrscheinlichkeiten interpretiert werden. Eine Verallgemeinerung der Repräsentation von Glaubenseinschätzungen stellen auch Fuzzy-Maße dar (vgl. KLIR UND FOLGER [1988]), die ebenfalls im Sinne nicht-additiver Wahrscheinlichkeiten interpretiert werden können (vgl. WAKKER [1990a]; s.a. BILLOT [1992]).

Aus axiomatischer Sicht ist es sinnvoll, die Berücksichtigung von Ambiguität in den Glaubenseinschätzungen mittels einer Modifizierung der Axiomatik von SEU als der Standardtheorie für Entscheidungsverhalten unter Unsicherheit zu erreichen. Der so formulierte Ansatz der *Choquet-Erwartungsnutzentheorie* („Choquet expected-utility", *CEU*) geht zurück auf die Modelle von GILBOA [1987] und SCHMEIDLER [1989]. Ausdrücklicher Ausgangspunkt der Choquet-Erwartungsnutzentheorie ist dabei die gewöhnliche Erwartungsnutzentheorie. Die Modifizierung der Axiomatik der Subjektiven Erwartungsnutzentheorie setzt unmittelbar an den durch die beiden Ellsberg-Paradoxa aufgezeigten und in den experimentellen Studien präzisierten Grenzen von SEU an, das Phänomen der Ambiguitätsaversion nicht abbilden zu können. Als Erweiterung von SEU werden dabei in der Axiomatisierung der Choquet-Erwartungsnutzentheorie diejenigen Axiome abgeschwächt, die die Additivität der abgeleiteten Wahrscheinlichkeitseinschätzung implizieren.

Im folgenden Abschnitt 3.4.1 wird mit der Axiomatisierung der Choquet-Erwartungsnutzentheorie eine Entscheidungstheorie unter Ambiguität eingeführt. Aus der gezeigten Identifizierung der Entscheidungssituation unter Ambiguität mit der Entscheidungssituation mit Bezug auf Vertrauensgüter (vgl. Abschnitt 3.1) ergibt sich damit auch der entscheidungstheoretisch fundierte Analyserahmen für das Entscheidungsverhaltens bei Vertrauensgütern.

Wie auf der Grundlage dieser Theorie Entscheidungssituationen analysiert werden können, die Gegenstand der Spieltheorie sind, wird in Abschnitt 3.4.2 aufgezeigt. Im Hinblick auf die Formalisierung des Informationstransfers durch Signaling wird hierbei insbesondere ein Gleichgewichtskonzept für Signalspiele unter Ambiguität dargelegt.

3.4.1 Die Choquet-Erwartungsnutzentheorie (CEU)

Den Ansatzpunkt der Choquet-Erwartungsnutzentheorie bilden die aus den Wahlhandlungen abgeleiteten Glaubenseinschätzungen. Die in den Ellsberg-Paradoxa bekundeten, ambiguitätsaversen Präferenzen verdeutlichen, daß eine Herleitung eines additiven Wahrscheinlichkeitsmaßes nicht möglich ist (vgl. Abschnitt 3.2.2, S. 153). Die Choquet-Erwartungsnutzentheorie als Erweiterung der Erwartungsnutzentheorie um den Aspekt der Ambiguität repräsentiert die Präferenzen daher auf der Grundlage *nicht*-additiver Wahrscheinlichkeiten.[107] Unter Ausnutzung der Eigenschaften des sogenannten *Choquet-Integrals* ist damit die Möglichkeit einer zur Erwartungsnutzentheorie analogen Axiomatisierung bzw. Repräsentation der Präferenzen gegeben.

Bevor eine Axiomatisierung von CEU dargestellt wird, werden im folgenden zunächst das Konzept der nicht-additiven Wahrscheinlichkeiten und das Choquet-Integral eingeführt.

[107] vgl. SCHMEIDLER [1989], *S. 582f*

Nicht-Additive Wahrscheinlichkeiten und das Choquet-Integral
Glaubenseinschätzungen werden in der Choquet-Erwartungsnutzentheorie nicht wie in SEU durch gewöhnliche Wahrscheinlichkeiten repräsentiert, sondern durch nicht-additive Wahrscheinlichkeiten, sogenannte Kapazitäten.

Die Eigenschaften nicht-additiver Wahrscheinlichkeiten legt die folgende Definition 3.4.1 fest.[108]

Definition 3.4.1 (Kapazität) *Gegeben sei eine Zustandsmenge Ω und ein System $\mathcal{A}$ von Teilmengen von Ω mit $\Omega \in \mathcal{A}$ und $\emptyset \in \mathcal{A}$. Ein nicht-additives Wahrscheinlichkeitsmaß oder eine Kapazität ist eine Funktion $\nu : \mathcal{A} \to \mathbb{R}$, die folgende Bedingungen erfüllt:*

$$\nu(\emptyset) = 0 \quad \textit{und} \quad \nu(\Omega) = 1 \tag{3.13a}$$
$$E \subseteq F \Longrightarrow \nu(E) \leq \nu(F) \quad \forall E, F \in \mathcal{A} \tag{3.13b}$$

Eine nicht-additive Wahrscheinlichkeit ist also eine Funktion auf einer Zustandsmenge Ω, die der leeren Mengen den Wert 0 (unmögliches Ereignis) und der Gesamtmenge Ω die gesamte Masse von 1 (sicheres Ereignis) zuordnet. Bedingung (3.13b) formalisiert die Monotoniebedingung, daß einem Ereignis, welches in einem anderen Ereignis enthalten ist, kein größerer Wert zugeordnet wird.

Die beschriebene Ambiguitätsaversion kann durch solche Kapazitäten repräsentiert werden, bei denen die Eigenschaft (3.13b) durch die Eigenschaft der *Konvexität* konkretisiert wird, wie sie Definition 3.4.2 einführt.

Definition 3.4.2 (Konvexität) *Ein nicht-additives Wahrscheinlichkeitsmaß $\nu : \mathcal{A} \to \mathbb{R}$ heißt konvex, falls*

$$\nu(E) + \nu(F) \leq \nu(E \cup F) + \nu(E \cap F) \quad \forall E, F \in \mathcal{A} \tag{3.14a}$$

In der angegebenen Form (3.14a) ist die Definition der Konvexität unübersichtlich. Der Gehalt der Definition wird offensichtlicher, wenn Komplementärereignisse betrachtet werden. Für ein Ereignis $A \in \mathcal{A}$ folgt aus der Konvexität

$$\nu(A) + \nu(A^C) \leq 1 \qquad (A^C = \Omega \setminus A) \tag{3.14b}$$

Für Komplementärereignisse addieren sich also die jeweiligen Werte der Kapazität nicht zu Eins, wie es für eine gewöhnliche Wahrscheinlichkeit der Fall ist. Diese Eigenschaft erhellt auch die Bedeutung des Namens *nicht-additive* Wahrscheinlichkeiten.

[108] vgl. hierzu bspw. GILBOA [1987], *S. 69*

Addieren sich die Kapazitätswerte für ein Ereignis und sein Komplementärereignis nicht zu Eins, verteilt ein Entscheider nicht die gesamte Masse des Wahrscheinlichkeitsmaßes auf diese beiden Ereignisse. Es bleibt ein Rest an Unsicherheit über die Zuordnung der Einschätzungen bestehen, und die Summe der Kapazitätswerte kann als ein Grad des Vertrauens in die Einschätzungen bezüglich dieses Ereignisses interpretiert werden. Der über alle möglichen Ereignisse gebildete Maximalwert dieser Summe wird daher gemäß Definition 3.4.3 als *Grad des Vertrauens* einer Kapazität definiert.[109]

Definition 3.4.3 (Grad des Vertrauens) *Für eine Kapazität* $\nu : \mathcal{A} \rightarrow \mathbb{R}$ *ist der Grad des Vertrauens* $\gamma(\nu)$ *gegeben durch*

$$\gamma(\nu) \;=\; \max_{E \subset S}\{\nu(E) + \nu(E^C)\} \tag{3.15}$$

Gilt $\gamma(\nu) = 0$ *so besteht vollständige Unsicherheit bezüglich aller Ereignisse.*

Analog kann der *Grad der Ambiguität* bzw. der Grad der Unsicherheitsaversion definiert werden. Der Grad der Ambiguität gibt die größte Abweichung zwischen der Summe der Kapazitätswerte von Komplementärereignissen und der Einschätzung des sicheren Ereignisses an, was in Definition 3.4.4 formalisiert wird.[110]

Definition 3.4.4 (Grad der Ambiguität) *Für eine Kapazität* $\nu : \mathcal{A} \rightarrow \mathbb{R}$ *ist der Grad der Ambiguität bzw. der Grad der Unsicherheitsaversion* $\lambda(\nu, E)$ *von* ν *bezüglich eines Ereignisses* $E \in \mathcal{A}$ *gegeben durch*

$$\lambda(\nu, E) \;=\; 1 - \nu(E) - \nu(E^C) \tag{3.16}$$

Der Grad der Unsicherheitsaversion $\lambda(\nu)$ *der Kapazität* ν *ist dann gegeben durch*

$$\lambda(\nu) = 1 - \min_{E \subset S}\{\nu(E) + \nu(E^C)\} \tag{3.17}$$

Gilt für eine konvexe Kapazität $\lambda(\nu) = 0$, *so ist* ν *ein additives Wahrscheinlichkeitsmaß.*

Eine spezielle Klasse von Kapazitäten sind solche Kapazitäten, bei denen sowohl der Grad des Vertrauens als auch der Grad der Ambiguität *konstant* sind. Hierbei spielen sogenannte *einfache Kapazitäten* eine besondere Rolle.[111] Sie ergeben sich aus einer vorgegebenen, additiven Wahrscheinlichkeit und einem Gewichtungsparameter $\gamma \in [0, 1]$. Der Wert der einfachen Kapazität für

[109] vgl. Eichberger und Kelsey [1994a], *S. 5*
[110] vgl. Eichberger und Kelsey [1994a], *S. 5*; Eichberger und Kelsey [1994b], *S. 4*
[111] vgl. Eichberger und Kelsey [1994a], *S. 7*

ein Ereignis ergibt sich aus der Multiplikation der additiven Wahrscheinlichkeit dieses Ereignisses und dem Gewichtungsfaktor, wie es in Definition 3.4.5 formalisiert wird.

Definition 3.4.5 (Einfache Kapazität) *Eine Kapazität $\nu : \mathcal{A} \longrightarrow [0,1]$ heißt einfach, falls mit einer additiven Wahrscheinlichkeitsverteilung $\pi : \mathcal{A} \longrightarrow [0,1]$ und einem Parameter $\gamma \in [0,1]$ gilt*

$$\nu(A) = \begin{cases} \gamma \cdot \pi(A) & A \subset \Omega \\ & \textit{falls} \\ 1 & A = \Omega \end{cases} \tag{3.18}$$

Mit (3.17) gilt für eine einfache Kapazität $\lambda(\nu) = 1 - \gamma$. Der Parameter γ kann daher als ein Maß für das Vertrauen des Entscheiders in die additive Wahrscheinlichkeitsverteilung π interpretiert werden. Je kleiner γ ist, desto unsicherer ist sich der Entscheider bezüglich der Richtigkeit der gegebenen Wahrscheinlichkeitsverteilung π, d.h. der Entscheider zeigt eine stärkere Ambiguitätsaversion.

Die speziellen Eigenschaften von einfachen Kapazitäten können im Hinblick auf die Analyse des Entscheidungsverhaltens bei Vertrauensgütern nutzbar gemacht werden. In der Darstellung einfacher Kapazitäten repräsentiert der Parameter γ das Vertrauen in die zur Verfügung stehende Information, die in Gestalt von vorgegebenen Wahrscheinlichkeiten über die verborgen bleibenden Eigenschaften vorliegt. Für Erfahrungsgüter ist demnach das Vertrauen in die Information maximal, da die Information selbst verifiziert werden kann. In diesem Fall ergibt sich $\gamma = 1$ (vgl. Tabelle 3.7). Die unterschiedliche Grade des Vertrauens, das bei Vertrauensgütern die fehlende Verifikationsmöglichkeit der Informationen ersetzen muß, führt hingegen zu $\gamma \in [0,1)$. Insbesondere repräsentiert $\gamma = 0$ die Situation des vollständigen Fehlens von Vertrauen in die Information.

Gütertyp	Grad des Vertrauens
Erfahrungsgut	$\gamma = 1$
Vertrauensgut	$\gamma \in [0,1)$

Tabelle 3.7: *Einfache Kapazität und Gütertyp*
Quelle: eigene Darstellung

Die Repräsentation ambiguitätsaverser Präferenzen durch ein Funktional analog zur Nutzenrepräsentation (3.1) erfordert die Integration einer (reellwertigen) Nutzenfunktion bezüglich einer Kapazität. Wegen der Nicht-Additivität des Integrationsmaßes ist die bloße Aufsummierung der mit der Kapazität gewichteten Nutzenwerte im Sinne der üblichen Integration reellwertiger Funktionen von der Zerlegung des Zustandsraums abhängig (vgl. Bemerkung 3.4.1).

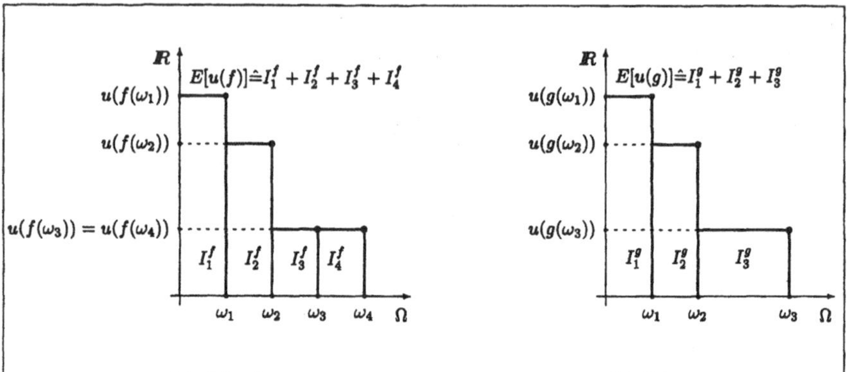

(a) Aktion f (b) Aktion g

Abbildung 3.2: *Die Abhängigkeit des Erwartungsnutzen von der Zerlegung des Zustandsraums bei nicht-additiven Wahrscheinlichkeiten*
Quelle: eigene Darstellung in Anlehnung an WAKKER *[1989], S. 110*

Bemerkung 3.4.1 *Abbildung 3.2 illustriert den Zusammenhang zwischen Integration und Zerlegung des Zustandsraums Ω am Beispiel zweier identischer Alternativen f und g. Die Nutzenfunktion u ordnet jeder Konsequenz $f(\omega)$ bzw. $g(\omega)$ denselben Nutzenwert zu. Die gewöhnliche Integration der Funktion $u \circ f : \Omega \rightarrow I\!R$ bzw. $u \circ g : \Omega \rightarrow I\!R$ als Addition der Produkte $u(f(\omega_i)) \cdot \nu(\omega_i)$ bzw. $u(g(\omega_i)) \cdot \nu(\omega_i)$, die in Abbildung 3.2 durch die Rechtecke I_i^f bzw. I_i^g repräsentiert werden, führt bei einem nicht-additiven Integrationsmaß ν je nach Zerlegung von Ω zu unterschiedlichen Erwartungsnutzenwerten $E[u(f)]$ bzw. $E[u(g)]$, da wegen (3.14a) nicht notwendigerweise gilt $\nu(\omega_3 \cup \omega_4) = \nu(\omega_3) + \nu(\omega_4)$ bzw. $I_3^f + I_4^f = I_3^g$.*

Das Integral einer Funktion u bezüglich eines nicht-additiven Maßes wird daher gemäß folgender Definition über das sogenannte Choquet-Integral definiert:[112]

Definition 3.4.6 (Choquet-Integral) *Das Integral einer (Nutzen-) Funktion $u : \Omega \rightarrow I\!R$ bezüglich eines nicht-additiven Wahrscheinlichkeitsmaßes ν auf Ω ist gegeben durch*

$$\begin{aligned} CE[u] &= \int_{\Omega} u(\omega) d\nu \\ &= \int_0^{\infty} \nu(\{\omega : u(\omega) \geq x\}) dx + \int_{-\infty}^{0} [\nu(\{\omega : u(\omega) \geq x\}) - 1] dx \end{aligned} \tag{3.19}$$

Für ein additives ν entspricht dies der gewöhnlichen Definition der Integration.

[112] Diese Definition geht auf CHOQUET [1953] zurück (vgl. auch SCHMEIDLER [1986], GROES ET AL. [1998]). Eine ausführliche Darstellung des Choquet-Integrals findet sich in WAKKER [1989], *S. 108ff.*

Im Falle einer Funktion $u : \Omega \longrightarrow I\!R$ mit einem endlichen Zustandsraum $\Omega = \{\omega_1, \dots, \omega_n\}$ und $u(\omega_1) \geq u(\omega_2) \geq \dots \geq u(\omega_n)$[113] ergibt sich (3.19) zu

$$CE[u] = \sum_{i=1}^{n-1}[u(\omega_i) - u(\omega_{i+1})] \cdot \nu(\bigcup_{j=1}^{i}\omega_j) + u(\omega_n) \quad (3.20a)$$

$$= \sum_{i=1}^{n} u(\omega_i) \cdot [\nu(\bigcup_{j=1}^{i}\omega_j) - \nu(\bigcup_{j=1}^{i-1}\omega_j)] \quad (3.20b)$$

Darstellung (3.20b) zeigt, daß die Berechnung des Choquet-Integrals auch als Addition gewichteter Funktionswerte erfolgen kann. Allerdings entspricht in diesem Fall ein Gewicht, das einem Zustand zugeordnet wird, nicht der ihm zugeordneten nicht-additiven Wahrscheinlichkeit.

Das Choquet-Integral einer Funktion $u : \Omega \rightarrow I\!R$ bezüglich einer einfachen Kapazität $\nu = \gamma \cdot \pi$ ist in diesem Fall mit $E[u] := \int_\Omega u(\omega)d\pi(\omega)$ gegeben durch[114]

$$CE[u] = \gamma \cdot E[u] + (1-\gamma) \cdot \min_{\omega_i \in \Omega}\{u(\omega_i)\} \quad (3.21)$$

Das Verhalten eines Entscheiders, der seinen Nutzen gemäß einer einfacher Kapazitäten maximiert, kann daher als eine Kombination des gewöhnlichen Erwartungsnutzenverhaltens und eines pessimistischen Minimumsverhaltens interpretiert werden.

Bemerkung 3.4.2 *Abbildung 3.3 auf der nächsten Seite illustriert die Berechnung des Choquet-Integrals für eine Funktion* $u : \Omega \rightarrow I\!R$ *mit* $\Omega = \{\omega_1, \omega_2, \omega_3, \omega_4\}$ *und* $u(\omega_1) > u(\omega_2) > u(\omega_3) > u(\omega_4) > 0$. *Das Integral wird entweder gemäß (3.20a) bestimmt durch die Addition der Produkte* $[u(\omega_i) - u(\omega_{i+1})] \cdot \nu(\bigcup_{j=1}^{i}\omega_j)$, *in Abbildung 3.3(a) repräsentiert durch die Flächeninhalte der* waagrechten *Rechtecke der Höhe* $[u(\omega_i) - u(\omega_{i+1})]$ *und der gewichteten Breite* $\nu(\bigcup_{j=1}^{i}\omega_j)$, *oder gemäß (3.20b) durch die Addition der Produkte* $u(\omega_i) \cdot \left[\nu(\bigcup_{j=1}^{i}\omega_j) - \nu(\bigcup_{j=1}^{i-1}\omega_j)\right]$, *in Abbildung 3.3(b) repräsentiert durch die Flächeninhalte der senkrechten Rechtecke mit Höhe* $u(\omega_i)$ *und der gewichteten Breite* $\left[\nu(\bigcup_{j=1}^{i}\omega_j) - \nu(\bigcup_{j=1}^{i-1}\omega_j)\right]$. *Die Gewichte* $P_i^u := \nu(\bigcup_{j=1}^{i}\omega_j) - \nu(\bigcup_{j=1}^{i-1}\omega_j)$ *in (3.20b) entsprechen nicht der nicht-additiven Wahrscheinlichkeit* $\nu(\omega_i)$ *eines Zustandes* ω_i, *addieren sich aber zu Eins. Sie hängen davon ab, wie die Funktion* u *die einzelnen Zustände* ω_i *anordnet. Damit kann auch ein Zustand, der mit der Einschätzung Null belegt ist, die Ermittlung des Choquet-Integrals beeinflussen.*

[113]Eine solche Anordnung kann als Anwendung einer Permutation $\phi : \Omega \rightarrow \Omega$ mit $u(\phi(\omega_1)) \geq u(\phi(\omega_2)) \geq \dots \geq u(\phi(\omega_n))$ und der Definition $\omega_i := \phi(\omega_i)$ interpretiert werden (vgl. WAKKER [1989], *S. 109*).

[114]vgl. EICHBERGER UND KELSEY [1994a], *S. 7f*

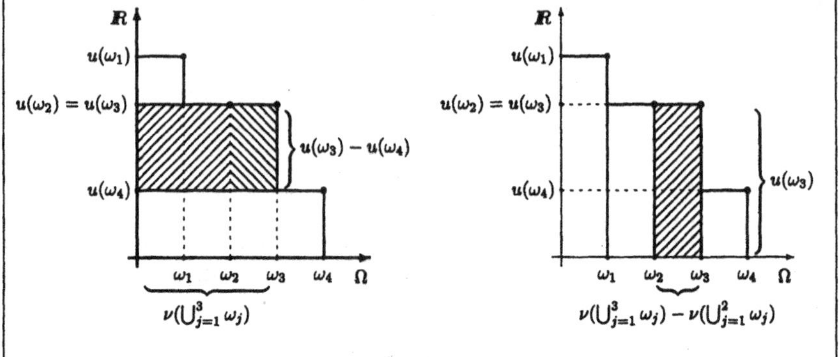

Abbildung 3.3: *Die Berechnung des Choquet-Integrals*
Quelle: eigene Darstellung in Anlehnung an WAKKER *[1989], S. 110*

Die Axiomatisierung von CEU

Analog zu der Erwartungsnutzenrepräsentation (3.1) besitzt eine Präferenzordnung $\succeq$ auf der Menge der Aktionen eine Choquet-Erwartungsnutzenrepräsentation, falls eine nicht-additive Wahrscheinlichkeit ν und eine Funktion $u : X \rightarrow \mathbb{R}$ existieren, mit denen für alle $f, g \in F$ gilt

$$f \succeq g \Leftrightarrow \int\limits_{\omega \in \Omega} u(f(\omega))\, d\nu(\omega) \geq \int\limits_{\omega \in \Omega} u(g(\omega))\, d\nu(\omega) \tag{3.22}$$

Dies bedeutet, daß eine Aktion f einer Aktion g genau dann vorgezogen wird, falls der mit der Aktion f verbundene Erwartungsnutzen bezüglich der nicht-additiven Wahrscheinlichkeit ν, ermittelt über das Choquet-Integral (Choquet-Erwartungsnutzen), größer ist als der entsprechende Choquet-Erwartungsnutzen der Aktion g.

Das mit dem Ellsberg-Paradox gegebene Verhalten zeigt vor allem die Verletzung der Unabhängigkeitsbedingung gemäß des *Sure Thing Prinzips* aus der Axiomatisierung von SAVAGE [1954]. In der Axiomatisierung der Choquet-Erwartungsnutzentheorie von GILBOA [1987],[115] an der sich die folgende Darstellung eines Axiomensystems für CEU orientiert, wird daher der Geltungsbereich des *Sure Thing Prinzips* auf *komonotone* Aktionen eingeschränkt (vgl. Definition 3.4.7).[116]

[115] SCHMEIDLER [1989] wählt einen anderen Ansatz (vgl. Bemerkung 3.4.3, S. 177).

[116] Der Unterschied zwischen der Erwartungsnutzentheorie und der Choquet-Erwartungsnutzentheorie läßt sich im wesentlichen auf die Gültigkeit des *Sure Thing Prinzips* zurückführen (vgl. WAKKER [1996]).

Definition 3.4.7 (Komonotone Aktionen) *Zwei Aktionen $f, g \in F$ heißen genau dann komonoton, wenn es* keine *Zustände $\omega_1, \omega_2 \in \Omega$ gibt, für die gilt*

$$f(\omega_1) \succ f(\omega_2) \quad und \quad g(\omega_1) \prec g(\omega_2) \tag{3.23}$$

Sind zwei Aktionen komonoton, ordnen sie die Zustände in derselben Reihenfolge, von dem am meisten präferierten bis zu dem am wenigsten präferierten, an (vgl. Bemerkung 3.4.3 auf S. 177).

Das Axiomensystem von GILBOA [1987] besteht aus den Axiomen CEU-1 bis CEU-6. Dabei wird zunächst die übliche Forderung an die Präferenzrelation $\succeq \in F \times F$ gestellt, die notwendig für die Existenz einer reellwertigen Repräsentation der Präferenzen ist (vgl. Axiom SEU-1, S. 148).

Axiom CEU-1 *Die Präferenzordnung $\succeq$ ist eine schwache Ordnung.*

Mit Definition 3.4.7 ergibt sich folgendes, abgeschwächte *Sure Thing Prinzip*

Axiom CEU-2 *Für alle Aktionen $f_1, f_2, g_1, g_2 \in F$, alle Ereignisse $A, B \subseteq \Omega$ und alle Konsequenzen $x_1, x_2, y_1, y_2 \in X$ mit $y_1 \succ x_1$ und $y_2 \succ x_2$, für die gilt*

i) Die Aktionen $(x_1, A; f_1, A^C), (y_1, A; f_1, A^C), (x_2, A; g_1, A^C), (y_2, A; g_1, A^C)$ und die Aktionen $(x_1, B; f_2, B^C), (y_1, B; f_2, B^C), (x_2, B; g_2, B^C), (y_2, B; g_2, B^C)$ sind jeweils paarweise komonoton.

ii) $(x_1, A; f_1, A^C) \sim (x_1, B; f_2, B^C)$, $(x_2, A; g_1, A^C) \sim (x_2, B; g_2, B^C)$ und $(y_1, A; f_1, A^C) \succeq (y_1, B; f_2, B^C)$

gilt insgesamt

$$(y_2, A; g_1, A^C) \succeq (y_2, B; g_2, B^C) \tag{3.24}$$

Ohne die Einschränkung der Voraussetzungen von Axiom CEU-2 auf komonotone Aktionen folgt aus Axiom CEU-2 das gewöhnliche *Sure Thing Prinzip* gemäß Axiom SEU-2.[117] In Axiom CEU-2 bedeutet Bedingung ii) zunächst, daß einer Verbesserung von x_1 zu y_1 auf dem Ereignis A mehr Gewicht zukommt als auf dem Ereignis B. Nach Folgerung (3.24) dürfen dann keine Aktionen existieren, für die eine Verbesserung auf dem Ereignis B mehr Gewicht hat als eine Verbesserung auf dem Ereignis A. Die Einschränkung auf komonotone Aktionen stellt sicher, daß die Ereignisse in jeder Aktion gleich eingeschätzt werden und mit einer nicht-additiven Wahrscheinlichkeit belegt werden können, ohne die Implikation des Axioms zu verletzen.[118]

[117] vgl. GILBOA [1987], *S. 73*
[118] vgl. CAMERER UND WEBER [1992], *S. 348*

Axiom CEU-3 (Schwaches Sure Thing Prinzip II) *Für alle $A \subseteq \Omega$, $x, y \in X$ und $f \in F$ gilt*

$$x \prec y \implies (x, A; f, A^C) \preceq (y, A; f, A^C) \tag{3.25}$$

Axiom CEU-3 ist eine abgeschwächte Version von Axiom SEU-3 (vgl. S. 148). Bezogen auf das zu konstruierende nicht-additive Wahrscheinlichkeitsmaß ist die Schlußfolgerung aus Axiom SEU-3, nach der für $A, B \subseteq \Omega$ und die Wahrscheinlichkeitsrelation $\succeq^*$ mit $A \succeq^* \emptyset$ und $A \cap B = \emptyset$ auch gilt $A \cup B \succeq^* B$, nicht notwendigerweise gültig, wodurch dieses Axiom entsprechend abgeschwächt wird.[119]

Für die Ableitung einer Nutzenrepräsentation sind noch die drei folgenden Axiome notwendig.

Axiom CEU-4 *Es gibt mindestens drei Konsequenzen $x, y, z \in X$ für die gilt*

$$x \prec y \prec z \tag{3.26}$$

Axiom CEU-5 *Für $x, y \in X$, $f, g \in F$ und $A \subseteq \Omega$ gelte $(x, A; f, A^C) \succ g \succ (y, A; f, A^C)$, wobei $(x, A; f, A^C)$ und $(y, A; f, A^C)$ komonoton sind. Dann existiert ein Ereignis $B \subset S$ mit*

$$(y, B; x, A \setminus B; f, A^C) \sim g \tag{3.27}$$

Axiom CEU-6 *Erfüllt eine Folge $\{f_n\}_{n \geq 1} \subseteq F$ für $x, y \in X$ mit $x \succ y$ und $A \subseteq \Omega$*

1. *$\forall \omega \in \Omega, \forall n \geq 1$ gilt $f_n(\omega) \preceq y$*
2. *$(x, A; f_n, A^C) \sim f_{n+1}$*

so gilt mit der Wahrscheinlichkeitsrelation $\succeq^*$ die Beziehung $A \sim^* \emptyset$

Die sechs Axiome CEU-1 bis CEU-6 reichen aus, um die Existenz einer eindeutig bestimmten Kapazität auf Ω und einer bis auf positiv-lineare Transformationen eindeutig bestimmten Nutzenfunktion zu gewährleisten, die die Präferenzordnung auf der Menge der Alternativen mit endlich vielen Ergebnissen gemäß (3.22) repräsentieren.[120] Mit dem zusätzlichen Axiom CEU-7 gilt die entsprechende Repräsentation für beliebige Alternativen.[121]

Axiom CEU-7 *Sei für $f \in F$ ein Ereignis A gegeben, für das aus $\omega_1, \omega_2 \in A$ und $\omega_3 \in \Omega$ mit $f(\omega_1) \prec f(\omega_3) \prec f(\omega_2)$ folgt, daß $\omega_3 \in A$, und gelte für ein $g \in F$, daß $(f(s), A; f, A^C) \preceq (\succeq) g$, dann gilt $f \preceq (\succeq) g$.*

[119] vgl. GILBOA [1987], S. 73
[120] vgl. GILBOA [1987], Theorem 4.2.6, S. 86
[121] vgl. GILBOA [1987], Theorem 4.3.4, S. 87

Bemerkung 3.4.3 SCHMEIDLER *[1989] hat die Choquet-Erwartungsnutzentheorie auf der Grundlage der Erwartungsnutzentheorie in der Formulierung von* ANSCOMBE UND AUMANN *[1963] axiomatisiert (vgl. Bemerkung 3.2.1, S. 151).*[122] *Dabei reicht es aus, die Gültigkeit des für die Axiomatisierung zentralen Unabhängigkeitsaxioms (3.11) auf komonotone Aktionen zu beschränken.*[123] *Gemäß (3.11) wird das Unabhängigkeitsaxiom für komonotone Aktionen formuliert:*

Komonotones Unabhängigkeitsaxiom *Für alle paarweise komonotonen Aktionen $f, g, h \in F$ und alle $\lambda \in [0,1]$ gilt*

$$f \succeq g \implies \lambda f + (1-\lambda)h \succeq \lambda g + (1-\lambda)h \tag{3.28}$$

Die komonotone Unabhängigkeit verdeutlicht die Berücksichtigung des in den Ellsberg-Paradoxa auftretenden Phänomens des „hedging", d.h. der Absicherung gegen die empfundene Unsicherheit. Diese Absicherung wird durch die unterschiedliche Anordnung der Zustände bezüglich der einzelnen Aktionen möglich. Die Entscheidungssituation gemäß Tabelle 3.8 verdeutlicht diesen Punkt.[124] *Für die Zustände ω_1 und ω_2 stehen keine Informationen zur Verfügung, die den einen Zustand wahrscheinlicher erscheinen lassen als den anderen, und die Aktionen g und h sind nicht komonoton. Die zusammengesetzte Aktion $f = \frac{1}{2}g + \frac{1}{2}h$ führt hier zu einer Reduktion der Unsicherheit über die Zustände ω_1 und ω_2. Da die Aktionen nicht komonoton sind, heben sich in ihrer Kombination zur Aktion f die Unsicherheiten der einzelnen Aktionen gegenseitig auf. Für komonotone Aktionen ist ein solches gegenseitiges Absichern nicht möglich, da sie auf der Menge der Zustände dieselbe Reihenfolge der Konsequenzen bewirken. Die gewöhnliche Forderung des Unabhängigkeitsaxioms gemäß (3.11) ist ausreichend. Die unterschiedliche Präferenz der Aktionen relativ zu der Kombination und eine damit verbundene ambiguitätsaverse Einstellung sind dann gerade über die Repräsentation der Einschätzungen durch nicht-additive Wahrscheinlichkeiten gegeben.*[125] *Für die Darstellung einer Präferenzordnung gemäß (3.22), die die Wertschätzung*

	f	g	h
ω_1	0	1	-1
ω_2	0	-1	1

Tabelle 3.8: *Komonozität und Hedging*
Quelle: vgl. WAKKER, *[1990a], S. 335*

[122] Diese Axiomatisierung ermöglicht somit auch die Betrachtung von endlichen Zustandsräumen. Je nach den getroffenen Voraussetzungen bezüglich der Strukturen der Mengen X und Ω sind auch alternative Axiomatisierungen möglich. Für eine Erweiterung des topologischen Ansatzes vgl. WAKKER [1989]. Ein algebraischer Ansatz findet sich bei NAKAMURA [1990] (vgl. auch DIEDRICH [1999], *S. 120ff*).

[123] Der Verstoß der Ellsberg-Paradoxa gegen das *Sure Thing Prinzip* beinhaltet auch die Verletzung des Unabhängigkeitsaxioms (vgl. MACHINA [1989]).

[124] vgl. WAKKER [1990a], *S. 335f*, s.a. CAMERER UND WEBER [1992], *S. 348f*

[125] vgl. WAKKER [1990b]

$g \succeq h$ und $f \succeq g$ (ambiguitätsaverse Einstellung) repräsentiert,[126] *ist eine Kapazität, die die Einschätzungen über die Zustände repräsentiert, in Übereinstimmung mit den Voraussetzungen zu Definition 3.16 notwendigerweise konvex.*[127]

Insgesamt liegt mit der Choquet-Erwartungsnutzentheorie eine axiomatisch fundierte, geschlossene Theorie vor, die das Entscheidungsverhalten unter Ambiguität abbildet. Gemäß der Identifizierung von Vertrauensgütern mit Entscheidungen unter Unsicherheit bzw. Ambiguität ist damit auch die Grundlage der formalen Analyse der Informationsprobleme bei Vertrauensgütern gelegt. In Abschnitt 3.4.2 werden diejenigen spieltheoretischen Konzepte eingeführt, die für eine formale Analyse der Qualitätsungewißheit benötigten werden.

3.4.2 Spieltheorie und Ambiguität

Anwendungen von CEU liegen für das individuelle Entscheidungsverhalten auf Finanzmärkten[128] oder für strategische Entscheidungen in der Spieltheorie[129] vor. In Zusammenhang mit dem hier im Vordergrund stehenden Informationsproblem und dessen Überwindung ist die Anwendung von EICHBERGER UND KELSEY [1994b] auf Signalspiele von Bedeutung. Signalspiele erfassen prinzipiell den Informationstransfer von einem besser informierten Marktteilnehmer zu einem schlechter informierten Marktteilnehmer (vgl. Abschnitt 1.5.2, S. 40f), wobei allerdings die notwendigen Voraussetzungen für die Anwendbarkeit nur bei Erfahrungsgütern, also bei Entscheidungen unter Risiko, erfüllt sind (vgl. Abschnitt 2.3.1, S. 81f). Das von EICHBERGER UND KELSEY [1994b] auf der Grundlage der Choquet-Erwartungsnutzentheorie abgeleitete Gleichgewichtskonzept für Signalspiele ermöglicht die Modellierung von Unsicherheit unter Berücksichtigung der Dimension des Vertrauens in die Einschätzungen über die Typen. Dies ist gerade der Aspekt, der für die Modellierung von Entscheidungen mit Bezug auf Vertrauensgüter als Entscheidungen unter Ambiguität wesentlich ist (vgl. Abschnitt 3.1.1 und 3.1.2).

Das verwendete Gleichgewichtskonzept für Signalspiele unter Unsicherheit bzw. Ambiguität basiert auf dem Konzept des Nash-Gleichgewichts unter Unsicherheit bei der Analyse statischer Spiele. Im folgenden wird daher zunächst das Nash-Gleichgewichtskonzept unter Unsicherheit eingeführt, um daran die Prinzipien der Spieltheorie unter Unsicherheit zu erläutern. Anschließend wird das darauf aufbauende Gleichgewichtskonzept für Signalspiele dargelegt.

[126] Eine Präferenzordnung repräsentiert Aversion gegenüber Ambiguität, falls für alle f, g und h und jedes $\lambda \in [0,1]$ gilt $f \succeq g \Rightarrow \lambda f + (1-\lambda f)g \succeq g$ (vgl. SCHMEIDLER [1989], *S. 582*). Eine Aktion, die nicht ambiguitätsbehaftet ist, wird präferiert. In diesem Fall gilt für ein nicht-additives Wahrscheinlichkeitsmaß die Konvexitätseigenschaft.

[127] vgl. WAKKER [1990b], *S. 560*. Entsprechend gilt für eine Kapazität ν, die die Präferenz von Ambiguität repräsentiert, notwendigerweise $\nu(E) + \nu(F) \geq \nu(E \cup F) + \nu(E \cap F) \;\; \forall E, F \in \mathcal{A}$

[128] vgl. DOW UND WERLANG [1992], EISENBERGER [1996]

[129] vgl. DOW UND WERLANG [1994], EICHBERGER UND KELSEY [1994a], EICHBERGER UND KELSEY [1994b]

Statische Spiele unter Unsicherheit

Die Definition des Nash-Gleichgewichts bei Unsicherheit orientiert sich an der entsprechenden Definition des Nash-Gleichgewichts in gemischten Strategien bei additiven Wahrscheinlichkeitseinschätzungen.[130] Zum Verständnis des Nash-Gleichgewichts bei Unsicherheit ist es daher zweckdienlich, zunächst das Nash-Gleichgewichts in gemischten Strategien zu erläutern.

Das Grundprinzip, welches generell hinter dem Nash-Gleichgewicht steht, ist das Konzept der wechselseitig besten Antwort, wie es in Definition 3.4.8 formalisiert wird.[131]

Definition 3.4.8 *Die beste-Antwort Abbildung von Spieler $i \in I$ ist die Abbildung $\mathcal{R}_i$, die jeder Strategiekombination $s \in S$[132] die Menge der besten Antwortstrategien von Spieler i zuordnet, d.h.*

$$\mathcal{R}_i(s) = \arg\max_{s_i \in S_i} r_i(s_i, s_{-i}) \qquad (3.29)$$

$\mathcal{R}(s) = \mathcal{R}_1(s) \times \ldots \mathcal{R}_I(s)$ *ist die Beste-Antwort-Abbildung.*

Ein Nash-Gleichgewicht in reinen Strategien liegt vor, wenn alle Spieler wechselseitig beste Antworten spielen. Formal ergibt sich die Charakterisierung eines Nash-Gleichgewichts damit durch Satz 3.4.1.[133]

Satz 3.4.1 *Eine Strategiekombination $s^* \in S$ ist ein Nash-Gleichgewicht genau dann, wenn $s^* \in \mathcal{R}(s^*)$.*

Die Betrachtung von gemischten Strategien garantiert in der Regel die Existenz eines Nash-Gleichgewichts.[134] Darüber hinaus erlaubt die Formulierung des Gleichgewichts in gemischten Strategien eine explizite Berücksichtigung der durch Wahrscheinlichkeiten repräsentierten Einschätzungen der Spieler über das Verhalten der Mitspieler.[135]

Die Formulierung der Gleichgewichtsdefinition in gemischten Strategien wird im folgenden anhand eines Zwei-Personen Spiels mit endlichen Strategiemengen $S_1 = \{s_1^1, \ldots, s_1^N\}$ und $S_2 = \{s_2^1, \ldots, s_1^K\}$ ($N, K \in \mathbb{N}$) herausgearbeitet und dargestellt.[136] Spielt in einem solchen Spiel

[130] vgl. DOW UND WERLANG [1994], EICHBERGER UND KELSEY [1994a]. Die Autoren verwenden statt des Begriffs Ambiguität den Begriff Unsicherheit.

[131] vgl. EICHBERGER [1993], *S. 89*

[132] Eigentlich ist hier $s_{-i} \in S_{-i}$ ausreichend. Wegen der Vereinfachung der Notation wird aber $s \in S$ verwendet.

[133] vgl. EICHBERGER [1993], *S. 89*

[134] vgl. EICHBERGER [1993], *S. 90*

[135] vgl. EICHBERGER [1993], *S. 109f*

[136] vgl. auch MYERSON [1991], *S. 99ff*

der zweite Spieler die gemischte Strategie $m_2 \in M_2$, so ist eine gemischte Strategie $m_1 \in M_1$ von Spieler 1 eine beste Antwort auf m_2, falls mit

$$E_1[m_1, m_2] \quad := \quad \sum_{n=1}^{N} m_1(s_1^n) \cdot \sum_{k=1}^{K} m_2(s_2^k) \cdot r_1(s_1^n, s_2^k) \tag{3.30}$$

gilt

$$m_1 \in \hat{\pi}_1(m_2) \quad := \quad \arg \max_{m_1 \in M_1} E_1[m_1, m_2] \tag{3.31}$$

Eine reine Strategie $s_1^n \in S_1$ ist dann eine beste Antwort auf die gemischte Strategie m_2, falls für alle $s_1 \in S_1$ gilt

$$\sum_{k=1}^{K} m_2(s_2^k) \cdot r_1(s_1^n, s_2^k) \quad \geq \quad \sum_{k=1}^{K} m_2(s_2^k) \cdot r_1(s_1, s_2^k) \tag{3.32}$$

oder mit $E_1[s_1, m_2] := \sum_{k=1}^{K} m_2(s_2^k) \cdot r_1(s_1, s_2^k)$ entsprechend

$$s_1^n \in \arg \max_{s_1 \in S_1} E_1[s_1, m_2] \tag{3.33}$$

Der Erwartungsnutzen von Spieler 1 muß also bei Wahl der Strategie s_1^n mindestens so hoch sein wie der Erwartungsnutzen bei Wahl jeder anderen Strategie $s_1 \in S_1$.[137]

Soll eine gemischte Strategie m_1 von Spieler 1 eine beste Reaktion auf m_2 sein, so müssen die reinen Strategien, auf die m_1 eine positive Wahrscheinlichkeit legt, selbst beste Antworten auf m_2 sein. Wird eine nicht-maximierende Strategie mit positiver Wahrscheinlichkeit gespielt, ist der Erwartungsnutzen dieser gemischten Strategie nicht maximal (vgl. Bemerkung 3.4.4).

Bemerkung 3.4.4 *Soll (3.31) gelten, muß umgekehrt eine reine Strategie $s_1^{n_0} \in S_1$, die von m_1 mit einer positiven Wahrscheinlichkeit belegt wird, selbst beste Antwort auf m_2 sein, d.h. es muß für alle $s_1^{n_1} \in S_1$ die Ungleichung $E_1[s_1^{n_0}, m_2] \geq E_1[s_1^{n_1}, m_2]$ erfüllt sein.*

Existiert nämlich eine Strategie $s_1^{n_1} \in S_1$ mit $E_1[s_1^{n_0}, m_2] < E_1[s_1^{n_1}, m_2]$, dann führt die gemischte Strategie m_1' mit

$$m_1' = \left(m_1(s_1^1), \ldots, m_1(s_1^{n_0-1}), 0, m_1(s_1^{n_0+1}), \ldots, m_1(s_1^{n_1-1}), m_1(s_1^{n_1}) + m_1(s_1^{n_0}), m_1(s_1^{n_1+1}), \ldots\right)$$

zu einem höheren Erwartungsnutzen. Entgegen der ursprünglichen Annahme ist dann m_1 keine beste Antwort, d.h. $m_1 \notin \hat{\pi}_1(m_2)$. Hat umgekehrt Spieler 1 mehrere Strategien $s_1 \in S_1$, die beste

[137] Für je zwei reine Strategien $s_1^i, s_1^{i'} \in S_i$, die jeweils eine beste Antwort auf m_2 darstellen, gilt in diesem Fall daher $\sum_{k=1}^{K} m_2(s_2^k) \cdot r_1(s_1^i, s_2^k) = \sum_{k=1}^{K} m_2(s_2^k) \cdot r_1(s_1^{i'}, s_2^k)$

Antworten auf die Strategie m_2 sind, dann gilt für eine gemischte Strategie m_1, die alle oder einige dieser Strategien mit jeweils einer positiven Wahrscheinlichkeit belegt, $m_1 \in \hat{\mathfrak{R}}_1(m_2)$. Denn sind ohne Beschränkung der Allgemeinheit zwei reine Strategien $s_1^{n_0}$ und $s_1^{n_1}$ beste Antworten auf m_2, gilt $E_1[s_1^{n_0}, m_2] = E_1[s_1^{n_1}, m_2]$. Die Summe der Wahrscheinlichkeiten m_i beträgt stets 1, so daß $\forall\lambda \in [0,1]$ und die Strategie $m_1 = (0,\ldots,0,m_1(s_1^{n_0}) = \lambda, 0,\ldots,0,m_1(s_1^{n_1}) = (1-\lambda),0,\ldots 0)$ der Erwartungsnutzen $E_1[m_1, m_2]$ maximal ist. Es gilt daher $m_1 \in \hat{\mathfrak{R}}_1(m_2)$.

Mit dem Träger $\text{supp}[m_1]$ der gemischten Strategie m_1 gilt dann insgesamt

$$s_1 \in \text{supp}[m_1] \implies s_1 \in \arg\max_{s_1 \in S_1} \sum_{k=1}^{K} m_2(s_2^k) \cdot r_1(s_1, s_2^k) \tag{3.34}$$

Mit der Reaktionsabbildung $\mathfrak{R}_1 : M_2 \to S_1$ gemäß

$$\mathfrak{R}_1(m_2) := \arg\max_{s_1 \in S_1} \sum_{k=1}^{K} m_2(s_2^k) \cdot r_1(s_1, s_2^k) \tag{3.35}$$

bedeutet dies nichts anderes als

$$\text{supp}[m_1] \subseteq \mathfrak{R}_1(m_2) \tag{3.36}$$

Hat umgekehrt Spieler 1 mehrere reine Strategien, die beste Reaktionen auf m_2 sind, so ist jede gemischte Strategie, die ihre gesamte Wahrscheinlichkeitsmasse auf alle oder einen Teil[138] dieser reinen Strategien legt, selbst eine beste Antwort auf m_2.

Die Ausführungen gelten analog auch für den umgekehrten Fall, woraus sich insgesamt die folgende Definition 3.4.9 für ein Nash-Gleichgewicht in gemischten Strategien ergibt.[139]

Definition 3.4.9 *Eine Strategiekombination $m^* \in M$ ist ein Nash-Gleichgewicht, wenn gilt*

$$\textit{supp}[m_1^*] \subseteq \mathfrak{R}_1(m_2^*) \quad \textit{und} \quad \textit{supp}[m_2^*] \subseteq \mathfrak{R}_2(m_1^*)$$

Definition 3.4.9 bildet den Ausgangspunkt für die Definition des Nash-Gleichgewichts unter Ambiguität, wie sie im folgenden eingeführt wird. Die eingeführte Definition 3.4.9 basiert auf den Wahrscheinlichkeiten der gemischten Strategien, die die Einschätzungen der Spieler über das Verhalten der Mitspieler repräsentieren. Gemäß dieser Interpretation repräsentieren die Wahrscheinlichkeiten der gemischten Strategie m_1 die Einschätzungen, die Spieler 2 über das Verhalten von

[138] Das ist der Grund, warum in Gleichung (3.36) nicht die Gleichheit gilt.
[139] vgl. DOW UND WERLANG [1994], *S. 311f*

Spieler 1 hält, und die gemischte Strategie m_2 repräsentiert die Einschätzungen, die Spieler 1 über das Verhalten von Spieler 2 hält.[140]

Diese Interpretation der gemischten Strategien als Einschätzungen über das Verhalten der Mitspieler führt unmittelbar zur Verallgemeinerung auf Einschätzungen, die durch nicht-additive Wahrscheinlichkeitseinschätzungen repräsentiert werden und somit die Berücksichtigung von Ambiguitätseffekten ermöglichen. Im folgenden sind daher die Strategien der Spieler durch die nicht-additiven Wahrscheinlichkeiten ν_1 und ν_2 gegeben. Strategie ν_1 repräsentiert dabei die Einschätzungen, die Spieler 1 über das Verhalten von Spieler 2 hält ($\nu_1 : S_2 \rightarrow [0,1]$), und die Strategie ν_2 repräsentiert die Einschätzungen, die Spieler 2 über das Verhalten von Spieler 1 hält ($\nu_2 : S_1 \rightarrow [0,1]$).[141]

Für die Gleichgewichtsdefinition bei nicht-additiven Wahrscheinlichkeiten müssen sowohl die Reaktionsabbildung als auch die Definition des Trägers einer Wahrscheinlichkeitseinschätzung entsprechend angepaßt werden.

Die Reaktionsabbildung $\mathfrak{R}_i^\nu(\nu_i)$ ergibt sich über die Definition des Choquet-Integrals gemäß (3.20b) wie folgt.[142] Für Spieler i sei $r_i^k(s_i)$ die k-höchste Auszahlung aus einer Strategiewahl $s_i \in S_i$, d.h. mit $r_i^k(s_i) = r_i(s_i, s_{-i}^k)$ gilt $r_i^1(s_i) > r_i^2(s_i) > \ldots > r_i^{r-1}(s_i) > r_i^r(s_i)$. Mit

$$S^k(s_i) \quad := \quad \{s_{-i} \in S_{-i} | r_i(s_i, s_{-i}) \geq r_i^k(s_i)\} \tag{3.37}$$

und der erwarteten Auszahlung

$$R_i(s_i, \nu_i) \quad := \quad \sum_{k=1}^{K} r^k(s_i) \cdot \left[\nu_i(S^k(s_i)) - \nu_i(S^{k-1}(s_i))\right] \tag{3.38}$$

ergibt sich für die Reaktionsabbildung unter Unsicherheit dann

$$\mathfrak{R}_i^\nu(\nu_i) \quad := \quad \arg\max_{s_i \in S_i} R_i(s_i, \nu_i) \tag{3.39}$$

Der Träger einer Kapazität ν wird in Definition 3.4.10 eingeführt.[143]

Definition 3.4.10 *Der Träger supp*$[\nu]$ *einer Kapazität* $\nu : \mathcal{A} \rightarrow [0,1]$ *ist ein Ereignis* $A \subseteq S$*, für das gilt* $\nu(A^C) = 0$ *und* $\nu(B^C) > 0$ *für alle Ereignisse* $B \subset A$.

[140] Eine Interpretation gemischter Strategien als irgendwie geartete Randomisierung entspricht nicht der Unsicherheit, die durch die Verallgemeinerung auf Kapazitäten repräsentiert wird (vgl. DOW UND WERLANG [1994], *S. 312*). Gleichwohl stimmen im Gleichgewicht die Einschätzungen mit dem tatsächlichen Verhalten überein, das in einer objektiven Interpretation der Wahrscheinlichkeiten in der Randomisierung gemäß der Wahrscheinlichkeiten besteht.

[141] Dies entspricht im Vergleich zu den gemischten Strategien m_1 bzw. m_2 einer Vertauschung der Indizes.

[142] vgl. EICHBERGER UND KELSEY [1994a], *S. 6 & S. 9*

[143] vgl. DOW UND WERLANG [1994], *S. 310*; EICHBERGER UND KELSEY [1994a], *S. 9*

Für additive Wahrscheinlichkeiten ist diese Definition des Trägers über die kleinste Menge, deren Komplementärmenge die Wahrscheinlichkeit Null hat, äquivalent zu der gewöhnlichen Definition des Trägers über die kleinste Menge, die die Wahrscheinlichkeit Eins hat. Für nicht-additive Wahrscheinlichkeiten gilt dies nicht, da das Komplementärereignis eines Ereignisses mit Wahrscheinlichkeit Null nicht notwendigerweise ein Ereignis mit Wahrscheinlichkeit Eins ist. Der so definierte Träger berücksichtigt, daß die Ermittlung des Choquet-Erwartungsnutzens bezüglich nicht-additiver Wahrscheinlichkeiten von der Rangfolge der Zustände abhängig ist (vgl. Bemerkung 3.4.2, S. 173) und enthält nur solche Zustände, die unabhängig von ihrem zugeordneten Rang stets in die Ermittlung des Choquet-Erwartungsnutzens eingehen.[144]

Ein Nash-Gleichgewicht unter Unsicherheit ist dann mit der folgenden Definition 3.4.11 analog zu der Definition 3.4.9 gegeben.[145] Ein Gleichgewicht unter Unsicherheit ist allerdings ausschließlich ein Gleichgewicht in Einschätzungen. Es legt nicht fest, welche der reinen Strategien im Gleichgewicht tatsächlich gespielt werden.[146]

Definition 3.4.11 (Nash-Gleichgewicht unter Unsicherheit) *Ein Paar (ν_1, ν_2) von nicht-additiven Wahrscheinlichkeitsverteilungen über den Strategiemengen S_1 bzw. S_2 ist ein Nash-Gleichgewicht unter Unsicherheit, falls es einen Träger von ν_1 und einen Träger von ν_2 gibt, so daß gilt*

$$supp[\nu_1] \in \mathfrak{R}_2^{\nu}(\nu_2) \quad und \quad supp[\nu_2] \in \mathfrak{R}_1^{\nu}(\nu_1) \tag{3.40}$$

Bemerkung 3.4.5 *Da der Träger einer nicht-additiven Wahrscheinlichkeitsverteilung nicht notwendigerweise eindeutig bestimmt sein muß, ist es für eine Anwendung diese Konzeptes aus diesem Grund zweckmäßig, einfache Kapazitäten zu betrachten (vgl. Definition 3.4.5, S. 171), für die die Eindeutigkeit des Trägers gewährleistet ist.*

Bevor das eingeführte Gleichgewichtskonzept auf Signalspiele erweitert wird, wird das Konzept des Nash-Gleichgewichts unter Unsicherheit in Beispiel 3.4.1 auf der nächsten Seite illustriert.

Beispiel 3.4.1 *Der Unterschied zwischen dem Nash-Gleichgewicht in gemischten Strategien und dem Nash-Gleichgewicht unter Unsicherheit zeigt sich besonders deutlich, falls ein Spieler über eine dominante Strategie verfügt. Im Spiel, dessen Auszahlungsstruktur durch die Auszahlungsmatrix in Abbildung 3.4 auf der nächsten Seite gegeben ist,*[147] *sei m_1 die gemischte Strategie von Spieler 1 und m_2 die gemischte Strategie des zweiten Spielers. Die Eliminierung von dominierten Strategien (Strategie a dominiert Strategie b) führt zu dem (einzigen) Nash-Gleichgewicht*

[144] vgl. EICHBERGER UND KELSEY [1994b], *S. 5*

[145] vgl. EICHBERGER UND KELSEY [1994a], *S. 10f*; vgl. auch DOW UND WERLANG [1994], *S. 312*, deren Definition sich auf allgemeine n-Personen Spiele bezieht

[146] vgl. EICHBERGER UND KELSEY [1994a], *S. 10*

[147] vgl. DOW UND WERLANG [1994], *S. 314f*, siehe dazu auch EICHBERGER UND KELSEY [1994a], *S. 12ff*

		Spieler 2	
		a	*b*
Spieler 1	*u*	*10, 10*	*−10, 10 − α*
	d	*10 − ε, 10*	*10 − ε, 10 − α*

Abbildung 3.4: *Die Auszahlungsmatrix für ein Spiel mit einem Nash-Gleichgewicht unter Unsicherheit*
Quelle: vgl. DOW UND WERLANG *[1994], S. 315*

in additiven gemischten Strategien, nämlich die (reine) Strategiekombination (u, a): Strategie b wird von Spieler 2 nicht gespielt ($m_2(b) = 0$), so daß er Strategie a mit der Wahrscheinlichkeit $m_2(a) = 1 - m_2(b) = 1$ spielt bzw. Spieler 1 die Einschätzung $m_2 = (1, 0)$ hält. Spieler 1 reagiert als Maximierer seiner erwarteten Auszahlung auf jeden Fall mit der Strategiewahl u.

Sind die Einschätzungen der Spieler durch die nicht-additiven Wahrscheinlichkeiten ν_1 bzw. ν_2 gegeben, folgt für Spieler 1 aus der Tatsache, daß Strategie b von Strategie a dominiert wird, Spieler 2 sie also nicht spielt, nicht zwangsläufig die Einschätzung $\nu_1(a) = 1$. Es gilt lediglich $0 \leq \nu_1(a) \leq 1$ bzw. bei strikter Unsicherheitsaversion $0 < \nu_1(a) < 1$. Durch die Strategiewahl a maximiert Spieler 2 unabhängig von seiner Einschätzung ν_2 seine Auszahlung, so daß gilt $\mathfrak{R}_2^\nu(\nu_2) = \{a\}$. Mit $R_1(u, \nu_1) = 10 \cdot \nu_1(a) - 10 \cdot (1 - \nu_1(a))$ und $R_1(d, \nu_1) = 10 - \epsilon$ gilt $\mathfrak{R}_1^\nu(\nu_1) = \{u\}$ für $\nu_1(a) > 1 - \frac{\epsilon}{20}$ und $\mathfrak{R}_1^\nu(\nu_1) = \{d\}$ für $\nu_1(a) \leq 1 - \frac{\epsilon}{20}$. Die beiden Wahrscheinlichkeitseinschätzungen $\nu_1 = (\kappa, 0)$ mit $\kappa \leq 1 - \frac{\epsilon}{20}$ mit Träger $supp[\nu_1] = \{a\}$ und $\nu_2 = (0, \kappa)$ mit $\kappa > 0$ mit Träger $supp[\nu_2] = \{d\}$ bilden somit ein Gleichgewicht unter Unsicherheit. Das Verhalten der Spieler, das durch dieses Gleichgewicht bestimmt wird, entspricht nicht dem Nash-Gleichgewicht in additiven Wahrscheinlichkeiten. Nur die Annahme, daß Spieler 1 unsicher über das im Sinne des Dominanzprinzips rationale Verhalten von Spieler 2 und avers gegenüber dieser Unsicherheit ist, macht die Wahl von d plausibel.

Daß die getroffene Verhaltensannahme auch empirisch gerechtfertigt ist, zeigen BEARD UND BEIL JR. *[1994] in ihrer experimentellen Studie des Spiels, dessen Auszahlungsstruktur durch die Auszahlungsmatrix in Abbildung 3.5 auf der nächsten Seite gegeben ist.*[148] *Spieler 2 hat mit Strategie r eine (schwach) dominante Strategie. Falls Spieler 1 mit Sicherheit glaubt, daß Spieler 2 dem Dominanzprinzip folgt und diese Strategie spielt, ist es für ihn optimal die Strategie R zu wählen.*

[148] vgl. auch CAMERER UND KARJALAINEN [1994], *S. 329ff.* Entgegen der statischen Darstellung in Abbildung 3.5 formulieren BEARD UND BEIL JR. [1994] ihr Spiel als dynamisches Spiel, in dem erst Spieler 1 und dann Spieler 2 eine Wahl trifft. Da allein die Glaubenseinschätzungen von Spieler 1 Gegenstand der Betrachtungen sind, ist das Wissen von Spieler 2 über das Verhalten von Spieler 1 nicht relevant. Eine statische Darstellung ist daher ausreichend.

		Spieler 2	
		r	l
Spieler 1	R	$10, 5$	$3, 4\frac{3}{4}$
	L	$9, 3$	$9, 3$

Abbildung 3.5: *Die Auszahlungsmatrix für ein Spiel mit Aversion gegenüber strategischer Unsicherheit*
Quelle: vgl. CAMERER UND KARJALAINEN *[1994], S. 330*

Ist er allerdings im oben genannten Sinne unsicher über die Rationalität von Spieler 2, kann die Wahl von L plausibel sein. Im Experiment wählten 67% der Spieler 1 die Strategie L und zeigten damit unter der Annahme, daß sie gemäß SEU entscheiden, eine Glaubenseinschätzung, die einem Verhalten von Spieler 2 gemäß $m_2(l) > \frac{1}{7}$ *entsprach.*[149] *Tatsächlich aber spielte kein Spieler 2 die Strategie l. Geht man zu nicht-additiven Einschätzungen über, ist eine Einschätzung* $\nu_1(l) = 0$, *die mit dem tatsächlichen Verhalten von Spieler 2 übereinstimmt, mit der Wahl von L vereinbar. Für die erwartete Auszahlung insgesamt wird die Auszahlung an Spieler 1 bei Spielen der Kombination* (R, l) *nicht mit* $\nu_1(l)$ *gewichtet, sondern es gilt für die Auszahlung* $\nu_1(r) \cdot 10 + (1 - \nu_1(r)) \cdot 3$. *Vor dem Hintergrund der Einschätzung* $\nu_1(r) < \frac{6}{7}$ *ist die Wahl von L also plausibel.*

Signalspiele unter Unsicherheit

Die Definition des Nash-Gleichgewichts unter Unsicherheit (vgl. Definition 3.4.11) berücksichtigt für *statische* Spiele mit vollständiger Information den Einfluß, den Unsicherheit bezüglich der Einschätzungen über das Verhalten des Mitspielers auf die Lösung des Spiels hat. In Signalspielen als dynamische Spiele mit unvollständiger Information kann darüber hinaus Unsicherheit über die Einschätzungen bestehen, die die Spieler über die Typen der Mitspieler haben. Die Erweiterung der Verteilung der Typen auf nicht-additive Wahrscheinlichkeiten und eine entsprechende Anpassung des Lösungskonzepts für Signalspiele ermöglichen die Berücksichtigung dieser Unsicherheit.

Die im folgenden eingeführte Definition des Gleichgewichts für ein Signalspiel unter Unsicherheit ist eine Erweiterung der in Abschnitt 1.5.2 eingeführten Definition des perfekten Bayes-Nash Gleichgewichts. Während darin das Verhalten der Spieler durch Verhaltensstrategien repräsentiert wird, basiert die Gleichgewichtsdefinition unter Unsicherheit auf dem Strategiekonzept der Verteilungsstrategie. Daher wird zunächst das Konzept des perfekten Bayes-Nash-Gleichgewichts in Verteilungsstrategien erläutert und daran anschließend das sich daraus ergebende Konzept des perfekten Bayes-Nash-Gleichgewichts unter Unsicherheit bzw. Ambiguität.

[149] $L > R \Leftrightarrow 3 \cdot m_2(l) + 10 \cdot (1 - m_2(l)) < 9 \Leftrightarrow m_2(l) > \frac{1}{7}$

Verteilungsstrategien fassen die Wahrscheinlichkeitseinschätzungen über die Strategiewahl und die Typen der Mitspieler zusammen und stellen eine weitere Möglichkeit dar, das Verhalten der Spieler zu erfassen (vgl. dazu auch Abschnitt 1.5.1, S. 35). Sie ermöglichen so eine allgemeine Repräsentation von gemischten Strategien bzw. Verhaltensstrategien.[150]

Definition 3.4.12 (Verteilungsstrategie) *In einem Spiel mit unvollständiger Information ist eine Verteilungsstrategie für Spieler i eine Wahrscheinlichkeitsverteilung* $\pi^i : S_i \times T_i \longrightarrow [0,1]$ *auf dem Kreuzprodukt der Menge* S_i *der reinen Strategien und der Menge* T_i *der Typen, deren Randverteilung über die Menge der Typen der Anfangsverteilung* μ_i^A *über die Typen entspricht, d.h. es gilt für alle Spieler* $\pi^i(S_i \times T) = \mu_i^A(T)\ \forall T \subseteq T_i$.

In einem Signalspiel als Zwei-Personen Spiel besitzt nur Spieler 1 verschiedene Typen. Die Wahrscheinlichkeitsverteilung π^1 ist durch $\pi^1 : S_1 \times T_1 \longrightarrow [0,1]$ gegeben. Für Spieler 2 ist für jede (reine) Strategie $s_1^n \in S_1$ von Spieler 1 eine Wahrscheinlichkeitsverteilung π_n^2 auf der Menge S_2 eine Verteilungsstrategie.

Bemerkung 3.4.6 *Das Verhalten der Spieler in einem Signalspiel läßt sich sowohl durch Verhaltensstrategien als auch durch Verteilungsstrategien beschreiben. Für eine Verteilungsstrategiekombination* $(\pi^1, (\pi_n^2)_{1 \le n \le N})$ *(*$N = |S_1|$*) und eine Verhaltensstrategiekombination* $b = (b_1, b_2)$ *mit einer Anfangsverteilung* μ^A *gilt die formale Beziehung (*$s^1, s_1^n \in S_1, s_2 \in S_2, t \in T_1$*)*[151]

$$\pi^1(s^1, t) = b_t(s^1) \cdot \mu^A(t) \tag{3.41a}$$

$$\pi_n^2(s_2) = b_{s_1^n}(s_2) \tag{3.41b}$$

Eine Gleichgewichtsdefinition in Verteilungsstrategien orientiert sich zunächst an den erwarteten Auszahlungen E_i ($i \in \{1,2\}$) der Spieler. Mit den Verteilungsstrategien $(\pi^1, (\pi_n^2)_{1 \le n \le N})$ folgt

$$E_1[\pi^1, \pi_n^2] = \sum_{t \in T_1} \sum_{s_1^n \in S_1} \pi^1(s_1^n, t) \cdot \sum_{s_2 \in S_2} \pi_n^2(s_2) \cdot r_1(s_1^n, s_2, t) \tag{3.42a}$$

$$E_2[\pi^1, \pi_n^2] = \sum_{s_2 \in S_2} \sum_{s_1^n \in S_1} \pi_n^2(s_2) \cdot \sum_{t \in T_1} \mu(t|s_1^n) \cdot r_2(s_1^n, s_2, t) \tag{3.42b}$$

In einem Signalspiel besitzt Spieler 2 nur einen Typ. Eine Addition über den Typ von Spieler 2 entfällt. Da Spieler 2 die Strategiewahl von Spieler 1 beobachten kann, bildet er den erwarteten Nutzen mit der revidierten Anfangsverteilung $\mu(t|s_1^n)$ über die möglichen Typen von Spieler 1.[152]

[150] vgl. MILGROM UND WEBER [1985], *S. 620*; s.a. Bemerkung 3.4.6

[151] vgl. auch MILGROM UND WEBER [1985], *S. 624*

[152] Im einfachen Bayes-Nash-Gleichgewicht benutzt er nur die Information über seinen eigenen Typ, um die Wahrscheinlichkeit des Typs für Spieler 1 zu ermitteln, da er die Strategiewahl, die weitere Information darstellt, nicht beobachten kann (simultanes Spielen).

Eine Kombination $(\hat{\pi}^1, (\hat{\pi}^2_n)_{1\leq n\leq N})$ von Verteilungsstrategien und (bedingten) Verteilungen $\mu(\cdot|s^n_1)$ $(1 \leq n \leq N)$ bilden ein perfektes Bayes-Nash-Gleichgewicht, falls für beide Spieler ein Abweichen von den Gleichgewichtsstrategien die Auszahlungen verringert, d.h. falls gilt

$$E_1[\hat{\pi}^1, \hat{\pi}^2_n] \geq E_1[\pi^1, \hat{\pi}^2_n] \qquad \forall \pi^1 \tag{3.43a}$$

$$E_2[\hat{\pi}^1, \hat{\pi}^2_n] \geq E_2[\hat{\pi}^1, \pi^2_n] \qquad \forall n \text{ und } \forall \pi^2_n \tag{3.43b}$$

Als Basis für die Definition des Gleichgewichtskonzepts unter Unsicherheit ist eine alternative Formulierung zweckmäßiger, die sich direkt auf die durch Verteilungsstrategien bestimmten Wahrscheinlichkeiten bezieht und durch folgende Überlegung motiviert wird. Wird in einem Gleichgewicht $(\hat{\pi}^1, (\hat{\pi}^2_n)_{1\leq n\leq N})$ die Kombination (s^n_1, t) gespielt, d.h. mit einer Wahrscheinlichkeit $\hat{\pi}^1(s^n_1, t) > 0$ belegt, so muß gemäß Gleichung (3.42a) für den Index n der Erwartungswert $\sum_{s_2\in S_2} \hat{\pi}^2_n(s_2) \cdot r_1(s^n_1, s_2, t)$ maximal sein. Wäre dies nicht der Fall, und würde die Kombination (s^n_1, t) dennoch gespielt, so gäbe es einen Index n_0 $(n_0 \neq n)$ mit $\sum_{s_2\in S_2} \hat{\pi}^2_{n_0}(s_2) \cdot r_1(s^{n_0}_1, s_2, t) > \sum_{s_2\in S_2} \hat{\pi}^2_n(s_2) \cdot r_1(s^n_1, s_2, t)$. Im Sinne der Auszahlungsmaximierung wäre es dann optimal, die Wahrscheinlichkeitsmasse $\hat{\pi}^1(s^n_1, t) > 0$ von der Strategie s^n_1 abzuziehen und zusätzlich Strategie $s^{n_0}_1$ damit zu belegen. Für diese Strategie ist die abgezogene Wahrscheinlichkeit das Gewicht eines größeren Erwartungswerts und führt so insgesamt zu einem höheren Ergebnis. Es würde gelten $\hat{\pi}^1(s^n_1, t) = 0$, was im Widerspruch zur Annahme steht, daß die Kombination (s^n_1, t) gespielt wird.

Die analogen Überlegungen gelten für die Strategien $s_2 \in S_2$. Insgesamt können die Gleichgewichtsbedingungen daher gemäß Definition 3.4.13 formuliert werden.[153]

Definition 3.4.13 (Perfektes Bayes-Nash-Gleichgewicht in Verteilungsstrategien) *Für ein Signalspiel bilden eine Kombination $(\hat{\pi}^1, (\hat{\pi}^2_n)_{1\leq n\leq N})$ von Verteilungsstrategien und die (bedingten) Verteilungen $\mu(\cdot|s^1_n)$ $(1 \leq n \leq N)$ ein perfektes Bayes-Nash-Gleichgewicht in Verteilungsstrategien, falls gilt*

$$i) \qquad (s^n_1, t) \in supp[\hat{\pi}^1] \implies n \in \arg\max_{1\leq i\leq N} \sum_{s_2\in S_2} \hat{\pi}^2_n(s_2) \cdot r_1(s^n_1, s_2, t) \tag{3.44a}$$

$$ii) \qquad \hat{s}_2 \in supp[\hat{\pi}^2_n] \implies \hat{s}_2 \in \arg\max_{s_2\in S_2} \sum_{t\in T_1} \mu(t|s^1_n) \cdot r_2(s^n_1, s_2, t) \tag{3.44b}$$

$$iii) \qquad \mu(t|s^n_1) = \begin{cases} \dfrac{\hat{\pi}^1(s^n_1, t)}{\sum\limits_{t'\in T_1} \hat{\pi}^1(s^n_1, t')} & \textit{falls} \quad \sum\limits_{t'\in T_1} \hat{\pi}^1(s^n_1, t') > 0 \\ \textit{beliebig} & \textit{sonst} \end{cases} \tag{3.44c}$$

Definition 3.4.13 fordert also, daß der Träger von π^1 aus den besten Antworten auf die Glaubenseinschätzung über die Strategiewahl von Spieler 2 besteht. Umgekehrt muß der Träger von

[153] vgl. EICHBERGER UND KELSEY [1994b], S. 8

π^2 die besten Antworten auf die revidierten Glaubenseinschätzungen über den Typ von Spieler 1 enthalten. Die Glaubenseinschätzungen werden gemäß der Regel von Bayes revidiert.

In Definition 3.4.13 werden die Gleichgewichtsbedingungen über die Wahrscheinlichkeitseinschätzungen der Spieler formuliert. Die Formulierung läßt sich somit unmittelbar auf nicht-additive Wahrscheinlichkeitseinschätzungen erweitern. Seien im folgenden ν^1 und $(\nu_n^2)_{1\leq n\leq N}$ *nicht-additive* Wahrscheinlichkeitsverteilungen. Der Zustandsraum, auf dem die nicht-additiven Wahrscheinlichkeitseinschätzungen ν_n^2 von Spieler 1 definiert sind, ist der Strategieraum S_2 des zweiten Spielers, d.h. $\nu_n^2 : S_2 \longrightarrow [0,1]$. Sie geben an, welche Einschätzungen Spieler 1 über die Strategiewahl von Spieler 2 hat, falls Spieler 1 die Strategie s_1^n spielt. Der Zustandsraum der nicht-additiven Wahrscheinlichkeitseinschätzungen ν^1 von Spieler 2 ist das Produkt $S_1 \times T_1$ aus der Menge der reinen Strategien und der Typmenge T_1 von Spieler 1, d.h. $\nu^1 : S_1 \times T_1 \longrightarrow [0,1]$. Die Wahrscheinlichkeiten ν^1 repräsentieren die Einschätzungen von Spieler 2 über den Typ und die Strategiewahl von Spieler 1.

Die Erweiterung von Definition 3.4.13 führt damit zur Formulierung der Gleichgewichtsbedingungen für eine Signalspiel unter Unsicherheit gemäß Definition 3.4.14.[154]

Definition 3.4.14 (Perfektes Bayes-Nash-Gleichgewicht unter Unsicherheit) *In einem Signalspiel bildet eine Kombination $(\nu^1, (\nu_n^2)_{1\leq n\leq N})$ von nicht-additiven Wahrscheinlichkeitsverteilungen auf $S_1 \times T_1$ bzw. S_2 ein perfektes Bayes-Nash-Gleichgewicht unter Unsicherheit (Dempster-Shafer Gleichgewicht (DSE)),*[155] *falls gilt*[156]

$$i) \qquad (s_1^n, t) \in supp[\nu^1] \Longrightarrow n \in \arg\max_{1\leq i\leq N} \int r_1(s_1^n, s_2, t)d\nu_n^2(s_2) \qquad (3.45a)$$

$$ii) \qquad \hat{s}_2 \in supp[\nu_n^2] \Longrightarrow \hat{s}_2 \in \arg\max_{s_2\in S_2} \int r_2(s_1^n, s_2, t)d\nu^1(t|s_1^n) \qquad (3.45b)$$

wobei die Einschätzungen über den Typ gemäß

$$\nu^1(t|s_1^n) = \frac{\nu^1\left((t, s_1^n) \cup \neg s_1^n\right) - \nu^1(\neg s_1^n)}{1 - \nu^1(\neg s_1^n)} \qquad (3.45c)$$

revidiert werden ($\neg s_1^n := \{(s,t) \in S_1 \times T_1 : s \neq s_1^n\}$).[157]

In einem Gleichgewicht gemäß Definition 3.4.14 glaubt Spieler 2 nur dann, daß ein Spieler 1 vom Typ $t \in T_1$ die Strategie s_1^n spielt, wenn diese Strategie den Choquet-Erwartungsnutzen dieses

[154] vgl. EICHBERGER UND KELSEY [1994b], *S. 9*

[155] Wegen der Revidierung der Einschätzungen über den Typ gemäß (3.45c) bezeichnen EICHBERGER UND KELSEY [1994b] dieses Gleichgewichtskonzept als *Dempster-Shafer Gleichgewicht (DSE)* (vgl. Fußnote 157, S. 188).

[156] Der Erwartungsnutzen wird über die Choquet-Integration bestimmt. Die Integralschreibweise umgeht die in einer Summendarstellung notwendige Darstellung der Rangordnung der Auszahlungswerte (vgl. Bemerkung 3.4.2, S. 173).

[157] Diese Revidierungsregel für nicht-additive Wahrscheinlichkeiten entspricht der aus der Kombinationsregel für Glaubensfunktionen (vgl. DEMPSTER [1967], *S. 335ff*) abgeleiteten Revidierungsregel für Glaubensfunktionen (vgl. SHAFER [1976], *S. 66f*). In der axiomatischen Grundlegung von Revidierungsregeln stellt sie eine Verallgemeinerung der Revidierung gemäß der Regel von Bayes dar und drückt ambiguitätsaverses Verhalten aus (vgl. GILBOA UND SCHMEIDLER [1993], *S. 41f*).

Spielertyps bei gegebenen Einschätzungen über das Spiel von Spieler 2 maximiert. Im Gegenzug glaubt Spieler 1 im Gleichgewicht nur dann, daß Spieler 2 die Strategie $\hat{s}_2 \in S_2$ spielt, wenn die Strategie $\hat{s}_2$ den Choquet-Erwartungsnutzen von Spieler 2 bei gegebener revidierter Einschätzung von Spieler 2 über den Typ von Spieler 1 maximiert.

Im Gegensatz zur Definition 1.5.3 des perfekten Bayes-Nash-Gleichgewichts mit additiven Wahrscheinlichkeiten und der Revidierung der Wahrscheinlichkeiten gemäß (1.4c) ist hier auch dann eine Revidierung gemäß (3.45c) möglich, falls eine Strategiewahl mit der Wahrscheinlichkeitseinschätzung Null beobachtet wird.

Abschließend wird eine Existenzaussage für ein perfektes Bayes-Nash-Gleichgewicht unter Unsicherheit angegeben.[158] Dazu ist zunächst Definition 3.4.15 notwendig.

Definition 3.4.15 *Ein perfektes Bayes-Nash-Gleichgewicht unter Unsicherheit* $(\nu^1, (\nu^2_n)_{1 \leq n \leq N})$ *ist kompatibel mit der Anfangsverteilung* μ^A *auf* T_1*, falls mit* $F_t := \{(s_1, t) : s_1 \in S_1\}$ *für alle* $T' \subseteq T_1$ *gilt:* $\nu^1(F_t : t \in T') = \mu^A(T')$. *Das heißt die Randverteilung der Glaubenseinschätzung über die Typen stimmt mit der Anfangsverteilung* μ^A *auf* T_1 *überein.*[159]

Eine Existenzaussage für ein perfektes Bayes-Nash-Gleichgewicht macht dann Satz 3.4.2.

Satz 3.4.2 *Für jedes* $\gamma \in [0, 1]$ *und jede additive Anfangsverteilung* μ^A *auf* T_1 *gibt es im Zwei-Personen Signalspiel ein perfektes Bayes-Nash-Gleichgewicht unter Unsicherheit, das kompatibel mit der einfachen Kapazität* $\gamma \cdot \mu^A$ *auf* T_1 *ist, und in dem die Spieler 1 bzw. 2 die Unsicherheitsaversionen* $c_2 \in I\!R$ *und* $c_1 \in I\!R$ *mit* $c_1 \geq 1 - \gamma$ *haben.*

Mit CEU und ihrer Anwendung auf die Spieltheorie steht damit ein Rahmen bereit, der das Entscheidungsproblem bei Vertrauensgütern adäquat abbildet, und die formale Analyse der sich daraus ergebenden Konsequenzen ermöglicht. Bevor dies im nächsten Kapitel geschieht, werden die zentralen Gedankengänge des Kapitels zusammenfassend dargestellt.

3.5 Vertrauensgüter als Gegenstand der Entscheidungstheorie - Fazit

Ausgangspunkt des Kapitels war das im zweiten Kapitel aufgezeigte Defizit bestehender Modelansätze bei der formalen Analyse der Qualitätsungewißheit bei Vertrauensgütern. Um Aussagen über den Markt für Vertrauensgüter treffen zu können, galt es zunächst einen formalen Modellrahmen zu entwickeln, auf dessen Grundlage diese Defizite behoben werden können.

[158] vgl. EICHBERGER UND KELSEY [1994b], S. 10f

[159] Die Wahrscheinlichkeitsverteilung μ kann auch nicht-additiv sein.

Im Hinblick auf diese Zielsetzung erwies sich der Gedanke, die Informationsprobleme, die durch die informationsökonomischen Gütertypen charakterisiert werden, als Probleme der Entscheidungstheorie zu identifizieren (vgl. Abschnitt 3.1), als der zentrale Ausgangspunkt. Gemäß dieser Identifizierung entsprechen Kaufentscheidungen bezüglich Suchgüter Entscheidungen unter Sicherheit, Erfahrungsgüter stellen Entscheidungen unter Risiko dar, und die Wahl von Vertrauensgütern findet als Entscheidung unter Unsicherheit statt (vgl. Abschnitt 3.1.2, Tabelle 3.4, S. 144). Als Basis des formalen Rahmens zur Analyse von Vertrauensgütern rückte somit ausdrücklich die Entscheidungstheorie unter Unsicherheit in den Vordergrund.

Die Analyse der Standardtheorie für Entscheidungen unter Unsicherheit, die Subjektive Erwartungsnutzentheorie (SEU) in der Axiomatisierung von SAVAGE [1954], hat allerdings deutlich gemacht, daß damit zwar eine axiomatisch fundierte Theorie vorliegt, diese Theorie aber für die Modellierung der Unsicherheit im Sinne der Wahl eines Vertrauensgutes ungeeignet ist. Innerhalb von SEU werden nämlich ohne Bezug zur konkreten Informationslage der Entscheider subjektive Wahrscheinlichkeiten abgeleitet und damit Entscheidungssituationen unter Unsicherheit prinzipiell auf Situationen unter Risiko zurückgeführt. Wie aber insbesondere die Ellsberg-Paradoxa belegen, zeigen Entscheider aber gerade in solchen Situationen, in denen Informationen für die Ableitung einer Wahrscheinlichkeitsverteilung fehlen, ein Verhalten, das nicht dem von SEU vorhergesagten Verhalten entspricht. Da Vertrauensgüter als Entscheidung unter Unsicherheit gerade durch ein derartiges Fehlen von Information charakterisiert sind, wird ein wesentlicher Aspekt im Unterschied zu Erfahrungsgütern als Entscheidungen unter Risiko nicht erfaßt.

Der damit offenliegenden, spezifischen Unsicherheit bei der Wahl von Vertrauensgütern wurde durch die Einführung des Konzepts der Ambiguität Rechnung getragen (vgl. Abschnitt 3.3), mit dem das Bewußtsein fehlender Information in Entscheidungssituationen erfaßt wird. Entscheidungen bezüglich Vertrauensgüter konnten so als Entscheidungen unter Unsicherheit im Sinne von Ambiguität von den Entscheidungen bezüglich Erfahrungsgüter, die Entscheidungen unter Risiko darstellen, abgegrenzt und begrifflich präzisiert werden.

Zur formalen Repräsentation des Entscheidungsproblems bei Vertrauensgüter konnte mit der Choquet-Erwartungsnutzentheorie (CEU) auf eine axiomatisch fundierte Theorie zurückgegriffen werden (vgl. Abschnitt 3.4), die SEU um den Aspekt der Ambiguität erweitert. In CEU wird der Einfluß von Ambiguität berücksichtigt, indem Glaubenseinschätzungen durch *nicht*-additive Wahrscheinlichkeiten (Kapazitäten) repräsentiert werden. Dadurch kann der für Vertrauensgüter zentrale Aspekt des Vertrauens in Information ausdrücklich formalisiert werden. Damit ergab sich die Lösung des Problems der formalen Repräsentation von Vertrauensgütern und der Operationalisierung des damit verbundenen Vertrauensaspekts, und die Grundlage für eine adäquate formale Analyse der Auswirkungen von Qualitätsungewißheit bei Vertrauensgütern ist gegeben. Eine solche Analyse ist Gegenstand des nächsten Kapitels.

4 Märkte für Vertrauensgüter als Märkte unter Ambiguität

Im vorangegangen Kapitel wurde gezeigt, daß die Informationssituation bei der Transaktion eines Vertrauensgutes einer Entscheidungssituation unter Unsicherheit entspricht (vgl. Abschnitte 3.1.1, 3.1.2). Die auch nach der Transaktion fehlende Information über die transaktionsrelevanten Vertrauenseigenschaften führt zu einer Unsicherheit, die nicht durch die klassische Subjektive Erwartungsnutzentheorie im Sinne von SAVAGE [1954] erfaßt werden kann (vgl. Abschnitt 3.2.2). Qualitätsungewißheit bei Vertrauensgütern führt vielmehr zu Unsioherheit im Sinne von *Ambiguität*, bei der das Entscheidungsverhalten sowohl von dem Informationsstand des Entscheiders selbst als auch von dem Vertrauen des Entscheiders *in* die Information bestimmt wird (vgl. Abschnitt 3.3.1). In solchen Situationen können die Präferenzen der Entscheider durch die Choquet-Erwartungsnutzentheorie (vgl. Abschnitt 3.4.1) repräsentiert werden, wobei der Vertrauensaspekt der Situation berücksichtigt wird, indem Einschätzungen über das Vorhandensein der Vertrauenseigenschaft durch nicht-additive Wahrscheinlichkeiten repräsentiert werden.

Im folgenden wird nun diese Repräsentation für die formale Analyse der Entscheidungssituation bei Vertrauensgütern herangezogen. Im Gegensatz zu den vorhandenen Modellansätzen (vgl. Abschnitt 2.3) ist auf dieser Grundlage der explizite Bezug auf die Vertrauensdimension der Situation möglich. So können spezifische Phänomene und ihre Ursachen aufgedeckt werden, und die Frage, in welcher Weise dieser Vertrauensaspekt das Marktgeschehen beeinflußt, kann beantwortet werden. Inbesondere im Hinblick auf die Rolle des Marktmechanismus bei der Bereitstellung eines Gutes, der bereits bei Erfahrungsgütern versagen kann, soll überprüft werden, inwiefern ein Marktversagen auch unter Qualitätsungewißheit bei Vertrauensgütern droht und wie sich die gütertypspezifischen Voraussetzungen auf die Möglichkeiten der Überwindung des Informations- und Vertrauensproblems auswirken

Für die Entwicklung eines modell-theoretischen Rahmens eröffnet die eingeführte theoretische Basis die Möglichkeit der Analyse der Qualitätsungewißheit bei Vertrauensgütern mit solchen Modellansätzen, deren entscheidungstheoretischee Voraussetzungen ihre Anwendbarkeit bislang nur auf die Analyse von Erfahrungsgütern zuließ. So wird zum einen in Abschnitt 4.1 das für Erfahrungsgüter eingeführte Modell der Adversen Selektion (vgl. Abschnitt 2.2.1, S. 55ff) um den Vertrauensaspekt erweitert, um so ein entsprechendes Referenzmodell zu gewinnen, anhand dessen die Folgen der Qualitätsungewißheit abgeleitet werden können. Dieses Modell ermöglicht dann die Analyse des individuellen Verhaltens bei der Bereitstellung von Vertrauensgütern (vgl. Abschnitt 4.1.1) und die sich daraus ergebenden Auswirkungen von Qualitätsungewißheit auf das Marktgeschehen insgesamt (vgl. Abschnitt 4.1.2). Zum anderen eröffnet in Abschnitt 4.2 die Anwendung von CEU auf den Signaling-Ansatz auch die formale Analyse der Möglichkeiten des Informationstransfers, die sich den Marktteilnehmern zur Überwindung der Qualitätsungewißheit bieten. Auf der Grundlage beider Anwendungen von CEU können jeweils konkrete Schlußfolgerungen für die Beurteilung von Qualitätsungewißheit gezogen werden (vgl. Abschnitt 4.1.3 bzw. 4.2.2).

4.1 Qualitätsungewißheit und ihre Folgen

Qualitätsungewißheit stellt das spezifische Informationsproblem bei Vertrauensgütern dar (vgl. Abschnitt 1.3). Entsprechend der im Rahmen der Arbeit entwickelten Identifizierung von Gütertyp und Entscheidungssituation ist bei der Analyse des Problems der Qualitätsungewißheit die Orientierung an der Situation der Qualitätsunsicherheit bei Erfahrungsgütern möglich (vgl. Abschnitt 2.2.1, S. 54ff). Um hier der Frage nachzugehen, welche Auswirkungen der spezifische Vertrauensaspekt auf ein mögliches Marktversagen hat, soll insbesondere der Frage nachgegangen werden, inwiefern die im Zusammenhang mit Qualitätsunsicherheit auftretende Adverse Selektion bei Qualitätsungewißheit wirkt. Dazu wird in Abschnitt 4.1.1 zunächst das Phänomen der Adversen Selektion in einem spieltheoretischen Signaling-Modell untersucht, in dem das Verhalten *eines* Anbieters und *eines* Nachfragers betrachtet wird, um anschließend in Abschnitt 4.1.2 Aussagen über die Wirkung dieses Phänomens auf einem Markt mit *vielen* Anbietern und Nachfragern ableiten zu können.

4.1.1 Adverse Selektion unter Ambiguität

Im folgenden wird ein formaler Rahmen entwickelt, der die Auswirkungen der Qualitätsungewißheit auf das individuelle Angebots- und Nachfrageverhalten aufzeigen soll. Die entscheidungstheoretische Kategorisierung von Informationszuständen macht es möglich, als Bezugspunkt die Modellierung der Entscheidungssituation unter Qualitäts*unsicherheit* heranzuziehen, die sich auf Entscheidungen unter Risiko bezieht (vgl. Abschnitt 2.2.1). Die Modellierung der Entscheidungssituation unter Qualitätsungewißheit bei Vertrauensgüter ergibt sich gemäß der eingeführten Kategorisierung aus der Formulierung der zugrundeliegenden Informationssituation als Entscheidungssituation unter Ambiguität.

Das Modell des individuellen Verhaltens unter Qualitätsungewißheit

Die strukturelle Grundlage des Modells ist die Formulierung der Entscheidungssituation als Signalspiel zwischen einem Anbieter und einem Nachfrager. Dazu wird ein Markt betrachtet, auf dem Güter in drei unterschiedlichen, exogen vorgegebenen Qualitäten angeboten werden können. Ein Gut kann von niedriger Qualität (L), mittlerer Qualität (M) oder von hoher Qualität (H) sein. Da nur der Anbieter vor einer Transaktion die wahre Qualität des von ihm zum Kauf angebotenen Gutes kennt, liegt asymmetrisch verteilte Information vor. Dem Nachfrager steht als einzige Informationen die Verteilung der Qualität auf dem Markt zu Verfügung, die durch die exogen bestimmten Wahrscheinlichkeiten $\mu^A(H) = q_H$, $\mu^A(M) = q_M$ bzw. $\mu^A(L) = q_L$ gegeben ist. Da es sich um ein Vertrauensgut handelt, kann der Nachfrager auch nach dem Kauf die Qualität nicht beurteilen und diesbezüglich erhaltene Information verifizieren, so daß die Wahrscheinlichkeiten im Sinne der eingeführten Charakterisierung mit Ambiguität behaftet sind (vgl. Abschnitt 3.3.1).

Im Modell unterscheiden sich Anbieter und Nachfrager durch ihre Wertschätzung der einzelnen Qualitätsstufen. Mit den Wertschätzungsparametern a_V bzw. a_K ($a_V, a_K \in I\!R$) liegt die Wertschätzung einer Qualität $t \in \{L, M, H\}$ für den Anbieter bei $a_V \cdot t$ bzw. für den Nachfrager bei $a_K \cdot t$.[1] Dabei schätzt der Nachfrager jede Qualität höher ein als der Anbieter, d.h. $a_V < a_K$. Ein Kauf wäre also erstrebenswert, wenn der Nachfrager die wahre Qualität kennen würde.

In der Formulierung der Entscheidungssituation als Signalspiel entsprechen die Anbietertypen den möglichen Qualitätsstufen, d.h. für die Menge der Typen gilt $T_1 = \{L, M, H\}$. Die einzelnen Anbietertypen können entweder eine Preisforderung $p \in I\!R^+$ spielen oder sich vom Markt zurückziehen (n_p). Für die Strategiemenge S_1 des Anbieters gilt damit insgesamt $S_1 = I\!R^+ \cup \{n_p\}$. Der Nachfrager kann die Preisforderung beobachten und entscheidet sich daraufhin für oder gegen einen Kauf, d.h. die Menge S_2 der Strategiewahlen des Nachfragers ist durch $S_2 = \{ja, nein\}$ gegeben. Lehnt der Nachfrager eine Preisforderung p ab, erzielt er einen Nutzen in Höhe von Null und der Anbieter einen Nutzen in Höhe der Wertschätzung der angebotenen Qualität $a_V \cdot t$ ($t \in T_1$). Akzeptiert der Nachfrager eine Preisforderung erzielt er bei einer Qualität t einen Nutzen von $a_K \cdot t - p$, und der Anbieter erhält den Preis p. Bietet der Anbieter für ein Qualität t nicht auf dem Markt an, so erzielt der Nachfrager stets einen Nutzen von Null, und der Anbieter erzielt einen Nutzen von $a_V \cdot t$.

Gemäß der Formulierung eines Signalspiels unter Ambiguität (vgl. Abschnitt 3.4.2) werden die Glaubenseinschätzungen des Nachfragers über die Wahlmöglichkeiten des Anbieters durch die Kapazität $\nu^1 : S_1 \times T_1 \longrightarrow [0, 1]$ repräsentiert. Da es sich um die Formulierung der Qualitätsungewißheit handelt, bei der nur der Nachfrager unvollständige Information über die Anbieterseite hat, werden die Glaubenseinschätzungen des Anbieters über das Verhalten des Nachfragers weiterhin

[1]Zusätzlich gelte, daß der Nachfrager ein bestimmtes Qualitätsniveau nicht höher bewertet als der Anbieter das nächst höhere Qualitätsniveau, d.h. $\frac{a_K}{a_V} < \frac{M}{L}$ und $\frac{a_K}{a_V} < \frac{H}{M}$.

über additive Wahrscheinlichkeiten repräsentiert, d.h. $\nu^2(ja) \in \{0, 1\}$ bzw. $\nu^2(nein) \in \{0, 1\}$ mit $\nu^2(ja) + \nu^2(nein) = 1$.

Für die Anwendung des Konzepts der Ambiguität auf die spieltheoretische Analyse der Qualitätsungewißheit bietet es sich vor allem aus aus zwei Gründen an, die Glaubenseinschätzungen ν^1 durch eine einfache Kapazität abzubilden (vgl. auch Bemerkung 3.4.5, S. 183). Zum einen repräsentiert der in der Definition einfacher Kapazitäten benutzte Parameter γ das Vertrauen in die vorhandene Information und ermöglicht somit eine Analyse des Einflußes dieses Vertrauens auf das Verhalten der Akteure. Zum anderen können bei der Analyse des Spiels für die Bestimmung des Gleichgewichts in einfachen Kapazitäten diejenigen Wahrscheinlichkeitseinschätzungen herangezogen werden, die sich in der Analyse des Spiels mit additiven Wahrscheinlichkeiten ergeben,[2] d.h. in dem Spiel, das Qualitätsunsicherheit bei Erfahrungsgütern abbildet (vgl. Abschnitt 2.2.1, S. 55ff). Letzteres ermöglicht insbesondere den direkten Vergleich des Informationsproblems bei Vertrauensgütern mit dem entsprechenden Problem bei Erfahrungsgütern: Während für Vertrauensgüter der Vertrauensparameter γ, mit dem die Wahrscheinlichkeitseinschätzungen gewichtet werden, im Intervall $[0, 1)$ liegt, entspricht die Wahl $\gamma = 1$ der Situation bei Erfahrungsgütern (vgl. auch Abschnitt 3.4.1, S. 171).

Für die Darstellung der Glaubenseinschätzungen ν^1 als einfache Kapazität gilt gemäß Definition 3.4.5 (vgl. S. 171) mit einer additiven Wahrscheinlichkeitsverteilung $\pi : S_1 \times T_1 \longrightarrow [0, 1]$ und einem Parameter $\gamma \in [0, 1]$

$$\nu^1(A) = \begin{cases} \gamma \cdot \pi(A) & A \subset S_1 \times T_1 \\ & \text{falls} \\ 1 & A = S_1 \times T_1 \end{cases} \tag{4.1}$$

Die gemeinsame Wahrscheinlichkeitsverteilung π über die Aktionen und die Typen des Anbieters erfüllt zusätzlich $\pi(\{(s_1, t) : s_1 \in S_1\}) = q_t \ (t \in T_1)$, d.h. die Randverteilung von π stimmt mit der Verteilung über die Typen überein. Da sich die Wahrscheinlichkeiten π aus der Analyse des Spiels mit additiven Wahrscheinlichkeiten ergeben, entsprechen sie den in einem Gleichgewicht gespielten (additiven) Verteilungsstrategien. Als ein Maß für das Vertrauen des Spielers in die Wahrscheinlichkeiten π repräsentiert der Parameter γ gleichzeitig das Vertrauen in die einzig verfügbare, externe Information über die Verteilung der Anbietertypen und somit über das Vorhandensein der Vertrauenseigenschaft.

[2]vgl. EICHBERGER UND KELSEY [1996], *S. 13*

Die Gleichgewichtsbedingungen

Die möglichen Gleichgewichte können danach unterschieden werden, ob Anbietertypen jeweils dieselbe Preisforderung erheben (poolendes bzw. semi-poolendes Gleichgewicht) oder unterschiedliche Preise fordern (trennendes Gleichgewicht). Da bereits im Spiel mit additiven Glaubenseinschätzungen kein trennendes Gleichgewicht vorliegt (vgl. Abschnitt 2.2.1, S. 57), folgt unmittelbar, daß auch in der hier betrachteten Erweiterung kein solches Gleichgewicht vorliegt.[3] Die Analyse bleibt daher auf poolende bzw. semi-poolende Preisforderungen des Anbieters beschränkt.

Die Entscheidung des Nachfragers für oder gegen einen Kauf hängt von den Glaubenseinschätzungen ab, nach Beobachtung einer Preisforderung p eine bestimmte Qualität zu erhalten. Lehnt der Nachfrager eine Preisforderung p ab, so erzielt er stets ein Nutzen von Null. Er lehnt daher eine Preisforderung p ab, falls diese den Choquet-Erwartungsnutzen der auf dem Markt angebotenen Qualität übersteigt, d.h. er wählt seine Strategien gemäß der Entscheidungsregel

$$\begin{array}{lcl} \text{Akzeptieren } (ja) & \Longleftrightarrow & p \;\leq\; a_K \cdot CE_p[t] \\ \text{Ablehnen } (nein) & \Longleftrightarrow & p \;>\; a_K \cdot CE_p[t] \end{array} \tag{4.2}$$

mit (vgl. Definition 3.4.6, S. 172)

$$\begin{aligned} CE_p[t] \;=\; & \nu^1(H|p) \cdot H + [\nu^1(t \in \{H,M\}|p) - \nu^1(H|p)] \cdot M \\ & + [1 - \nu^1(t \in \{H,M\}|p)] \cdot L) \end{aligned} \tag{4.3}$$

Poolendes Gleichgewicht Spielt der Anbieter die poolende Preisforderung p, akzeptiert der Nachfrager gemäß (4.2) die Preisforderung, falls[4]

$$p \;\leq\; a_K \cdot CE_p[t] \tag{4.4}$$

Im Gegenzug ist für den Anbieter das Spielen einer solchen Preisforderung nur dann eine optimale Wahl, falls die Preisforderung p für alle Qualitätsstufen zu einem höheren Nutzen führt als ein Rückzug vom Markt, d.h. wenn gilt $p \geq a_V \cdot L$, $p \geq a_V \cdot M$ und $p \geq a_V \cdot H$.

---

[3] Spielt der Anbieter für jeden Typ $\hat{t} \in \{L, M, H\}$ eine unterschiedliche Preisforderung $p_{\hat{t}}$, gilt gemäß (3.45c) (vgl. S. 188) für die revidierten Glaubenseinschätzungen

$$\nu^1(t|p_{\hat{t}}) \;=\; \begin{cases} \frac{\gamma \cdot q_t}{1-\gamma\cdot(1-q_t)} & \text{falls } t = \hat{t} \\ 0 & \text{sonst} \end{cases}$$

Der Nachfrager kann also zwischen den einzelnen Anbietertypen unterscheiden und würde ein hohe Preisforderung akzeptieren. Für die Anbietertypen niedriger und mittlerer Qualität bestünde dann aber ein Anreiz von ihren Preisforderungen abzuweichen und ebenfalls die hohe Preisforderung zu spielen (vgl. auch Abschnitt 2.2.1, S. 57).

[4] Eine Preisforderung $p < a_K \cdot L$ bzw. $p > a_K \cdot H$ wird nie akzeptiert.

Insgesamt führt dies für eine optimale Preisforderung zu der Bedingung

$$p \geq a_V \cdot H \tag{4.5}$$

Beobachtet der Nachfrager eine Preisforderung p, die (4.4) und (4.5) erfüllt, folgt für die Glaubenseinschätzungen gemäß der Revidierungsregel (3.45c) (vgl. S. 188)

$$\begin{aligned}
\nu^1(H|p) &= \frac{\nu^1((p,H)\cup\neg p) - \nu^1(\neg p)}{1-\nu^1(\neg p)} \\
&= \frac{\gamma\cdot\pi((p,H)\cup\neg p) - \gamma\cdot\pi(\neg p)}{1-\gamma\cdot\pi(\neg p)} \\
&= \frac{\gamma\cdot\pi(p,H)}{1-\gamma\cdot\pi(\neg p)}
\end{aligned} \tag{4.6}$$

bzw.

$$\begin{aligned}
\nu^1(t\in\{H,M\}|p) &= \frac{\nu^1(\{(p,t):t\in\{H,M\}\}\cup\neg p) - \nu^1(\neg p)}{1-\nu^1(\neg p)} \\
&= \frac{\gamma\cdot\pi(\{(p,t):t\in\{H,M\}\}\cup\neg p) - \gamma\cdot\pi(\neg p)}{1-\gamma\cdot\pi(\neg p)} \\
&= \frac{\gamma\cdot(\pi(p,H)+\pi(p,M))}{1-\gamma\cdot\pi(\neg p)}
\end{aligned} \tag{4.7}$$

In einem Gleichgewicht ist die Wahrscheinlichkeitsverteilung π die Gleichgewichtsverteilungsstrategie des Anbieters im Spiel mit additiven Verteilungsstrategien und entspricht der Wahrscheinlichkeitseinschätzung des Nachfragers über das Verhalten des Anbieters. Mit den Verhaltensstrategien $b_t^*(p^*) = 1$ und $b_t^*(p) = 0$ für $p^* \in S_1$ und $p \neq p^*$ $(t \in \{L, M, H\})$ gemäß der Gleichgewichtsdefinition (2.8c) aus Abschnitt 2.2.1 (vgl. S. 59) gilt daher (vgl. Bemerkung 3.4.6, S. 186)

$$\pi(p^*,H) = b_H^*(p^*)\cdot q_H = q_H \tag{4.8a}$$

$$\pi(\neg p^*) = \pi(\{(s_1,t):(s_1,t)\in S_1\setminus\{p^*\}\times T_1\}) = \sum_{s_1\in S_1\setminus\{p^*\}}\sum_{t\in T_1} b_t^*(s_1)\cdot q_t = 0 \tag{4.8b}$$

Die revidierten Wahrscheinlichkeitseinschätzungen (4.6) und (4.7) ergeben sich in einem Gleichgewicht damit insgesamt zu

$$\nu^1(H|p^*) = \gamma\cdot q_H \tag{4.9a}$$

$$\nu^1(t\in\{H,M\}|p^*) = \gamma\cdot(q_H+q_M) \tag{4.9b}$$

Für den Choquet-Erwartungsnutzen folgt dann aus (4.3)

$$CE_{p^*}[t] = \gamma\cdot(q_H\cdot H + q_M\cdot M + q_L\cdot L) + (1-\gamma)\cdot L \tag{4.10}$$

Die Qualitätserwartung des Nachfragers für ein Vertrauensgut entspricht also nicht der durchschnittlichen Qualität $\bar{t}$ auf dem Markt, für die gilt $\bar{t} = q_H \cdot H + q_M \cdot M + q_L \cdot L$. Vielmehr liegt sie aufgrund der Berücksichtigung des Vertrauensaspekts stets zwischen der vorhandenen Minimalqualität L und der tatsächlich vorhandenen Durchschnittsqualität. Nur bei vollem Vertrauen in die Information ($\gamma = 1$) entspricht die Qualitätserwartung des Nachfragers der Durchschnittsqualität.

Zusammen mit der Preisforderung p^* bilden dann folgende Glaubenseinschätzungen ein poolendes Gleichgewicht

$$\nu^1(S,T) = \begin{cases} 1 & \text{falls } S = S_1, T = T_1 \\ \gamma \cdot \sum_{s_1 \in S} \sum_{t \in T} b_t^*(s_1) \cdot q_t & \phantom{\text{falls }} S \subset S_1, T \subset T_1 \end{cases} \tag{4.11a}$$

$$\text{mit } b_t^*(p^*) = 1 \text{ und } b_t^*(p) = 0 \ (p \neq p^*) \ \forall t \in T_1$$

$$\nu_{p^*}^2(ja) = \begin{cases} 1 & \text{falls } a_V \cdot H \leq p^* \leq a_K \cdot CE_{p^*}[t] \\ 0 & \phantom{\text{falls }} a_K \cdot CE_{p^*}[t] < p^* \leq a_K \cdot H \end{cases} \tag{4.11b}$$

$$\nu_{p^*}^2(nein) = 1 - \nu_{p^*}^2(ja)$$

Beobachtet der Nachfrager eine Preisforderung $p \leq a_K \cdot H$ mit $p \neq p^*$, die außerhalb des durch (4.11a) und (4.11b) gegebenen Gleichgewichts liegt, gilt wegen $\pi(p, H) = b_H^*(p) \cdot q_H = 0 \cdot q_H$ für die revidierte Einschätzung $\nu^1(H|p) = 0$.[5] Eine solche Strategie wird nur akzeptiert, falls mit (4.4) gilt $p \leq a_K \cdot L$. In diesem Fall ist aber nur der Anbietertyp niedriger Qualität bereit zu verkaufen, so daß eine solche Preisforderung in einem poolenden Gleichgewicht, bei dem alle Anbietertypen auf dem Markt vertreten sind, nicht gespielt wird.

Die Gleichgewichtsbedingungen (4.11a) und (4.11b) machen für das Zustandekommen einer Transaktion bei Qualitätsungewißheit deutlich, daß im Gegensatz zu Qualitätsunsicherheit nicht ausschließlich die auf dem Markt angebotene Durchschnittsqualität $\bar{t} = q_L \cdot L + q_M \cdot M + q_H \cdot H$ maßgeblich ist, sondern über den Vertrauensparameter γ auch die auf dem Markt angebotene Minimalqualität L die Entscheidung des Nachfragers für oder gegen einen Kauf beeinflußt.

Eine Preisforderung des Anbieters führt nur dann zu einem Kauf, wenn gemäß (4.10) die Kombination $\bar{t}_\gamma := CE_p[t] = \gamma \cdot (q_L \cdot L + q_M \cdot M + q_H \cdot H) + (1 - \gamma) \cdot L$ aus Durchschnittsqualität und Minimalqualität eine ausreichend hohe Wertschätzung beim Nachfrager genießt. Je weniger der Nachfrager der zur Verfügung stehenden Qualitätsinformation bzw. der Wahrscheinlichkeitsverteilung über die Typen vertraut, d.h. je kleiner der Vertrauensparameter γ ist, desto mehr orientiert er sich nur an der auf dem Markt vorhandenen Minimalqualität L. Die Preisforderung, die eine Transaktion überhaupt ermöglicht, muß daher entsprechend angepaßt werden. Da für $\gamma \in [0, 1]$

[5] Hier wird die Eigenschaft ausgenutzt, daß eine Revidierung auch nach einem Ereignis mit Wahrscheinlichkeit Null möglich ist. Die Einschätzungen werden auch außerhalb des Gleichgewichts durch die Revidierungsformel (3.45c) bestimmt (vgl. S. 188).

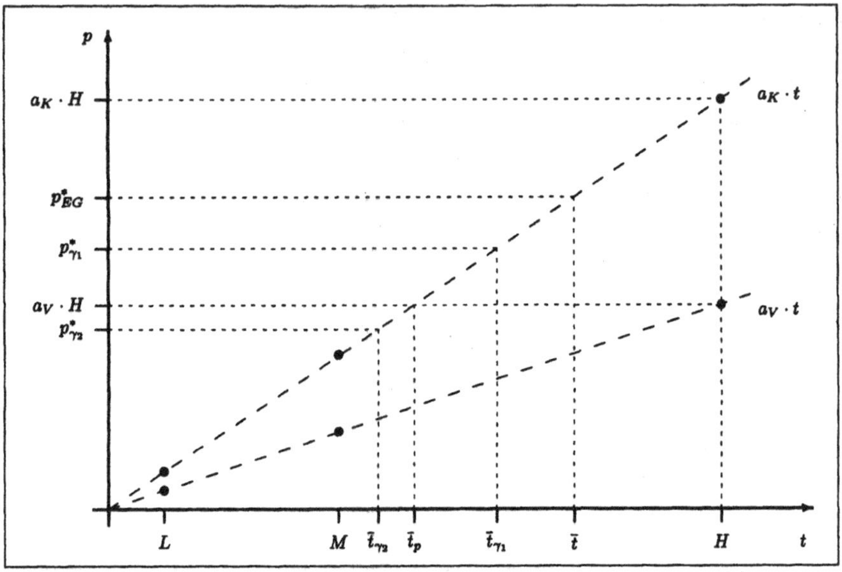

Abbildung 4.1: *Poolendes Gleichgewicht unter Qualitätsungewißheit*
Für ein Gleichgewichtspreis p^*_{EG} eines Erfahrungsgutes und ein hinreichend hohes Vertrauen γ_1 mit $\bar{t}_p \leq \bar{t}_{\gamma_1} \leq \bar{t}$ existiert eine Preisforderung p mit $a_V \cdot H \leq p \leq p^*_{\gamma_1}$, die zu einem poolenden Gleichgewicht führt, in dem alle Anbietertypen anbieten und eine Transaktion stattfindet. Der Gewinn des Anbieters wird für $p = p^*_{\gamma_1} = a_K \cdot \bar{t}_{\gamma_1}$ maximiert. Für ein Vertrauen γ_2 mit $\bar{t}_{\gamma_2} \leq \bar{t}_p$ existiert kein Gleichgewicht, in dem eine solche Preisforderung existiert.
Quelle: eigene Darstellung

stets gilt $\bar{t}_\gamma \leq \bar{t}$, hat dies zur Folge, daß der Gleichgewichtspreis, der für ein Vertrauensgut erzielt werden kann, stets kleiner ist als der Gleichgewichtspreis für ein Erfahrungsgut entsprechender Qualität. Besteht vollständiges Vertrauen in die Information, d.h. $\gamma = 1$, gilt für die Qualitätserwartung $\bar{t}_\gamma = \bar{t}$, und die Preisforderung kann den maximalen Wert $p^*_{EG} = a_K \cdot \bar{t}$ annehmen, wobei p^*_{EG} der Preisforderung für ein Erfahrungsgut entspricht (vgl. Abschnitt 2.2.1, S. 59).

Die graphische Darstellung der Gleichgewichtsbedingungen in Abbildung 4.1 veranschaulicht, daß ein Kauf überhaupt nur dann zustande kommen kann, wenn der Preis p, den der Anbieter für das Vertrauensgut fordert, die Wertschätzung des Nachfragers für die tatsächliche Durchschnittsqualität $\bar{t}$ nicht übersteigt, d.h. falls gilt $p \in [a_V \cdot H, p^*_{EG}]$. Gilt gemäß Abbildung 4.1 für den Vertrauensparameter $\gamma = \gamma_1$, d.h. das Vertrauen in die Information ist hinreichend groß, gibt es gemäß der Gleichgewichtsbedingung (4.11b) ein Intervall $[a_V \cdot H, p^*_{\gamma_1}]$, in dem ein Preis p liegen kann, der eine Transaktion ermöglicht. Um den maximal möglichen Nutzen aus der Transaktion zu erzielen, fordert der Anbieter den Preis $p^*_{\gamma_1} > a_V \cdot H$. Gilt hingegen $\gamma = \gamma_2$ (vgl. Abbildung 4.1), d.h. das

Vertrauen in die Information ist zu gering, ergibt sich $p^*_{\gamma_2} < a_V \cdot H$, und es existiert kein Intervall möglicher Preisforderungen, die zu einem Kauf führen, da im Gleichgewicht für das Akzeptieren der Preisforderung gemäß (4.11b) gelten muß $p \geq a_V \cdot H$.

Semi-Poolende Gleichgewichte In den Situationen, in denen nicht alle Anbietertypen dieselbe Entscheidung treffen, können zwei Gleichgewichtskonstellationen unterschieden werden:[6]

a) Die Anbietertypen niedriger und mittlerer Qualität poolen bezüglich einer Preisforderung p, während der Anbietertyp hoher Qualität die davon abweichende Wahl n_p trifft, also nicht auf dem Markt anbietet.

b) Die Anbietertypen hoher und mittlerer Qualität poolen mit der Wahl n_p, d.h. sie bieten nicht an, während der Anbietertyp niedriger Qualität auf dem Markt anbietet und die Preisforderung p spielt.

ad a) Für eine Preisforderung, bei der keine hohe Qualität auf dem Markt angeboten wird, muß der mögliche Nutzen des Anbietertyps hoher Qualität kleiner als Null sein, d.h. es muß gelten

$$p < a_V \cdot H \tag{4.12}$$

Da nur niedrige und mittlere Qualität auf dem Markt angeboten wird, akzeptiert der Nachfrager eine solche Preisforderung, falls

$$p \leq a_K \cdot M \quad \text{und} \quad p \leq a_K \cdot CE_p[t] \tag{4.13}$$

Für den Anbieter ist die Preisforderung optimal, wenn für die beiden Anbietertypen L und M die Preisforderung die optimale Wahl ist, d.h. falls für die Preisforderung gilt $p \geq a_V \cdot L$ und $p \geq a_V \cdot M$ und damit insgesamt

$$p \geq a_V \cdot M \tag{4.14}$$

Auch hier basieren die revidierten Glaubenseinschätzungen auf den Gleichgewichtsstrategien des Spiels mit additiven Wahrscheinlichkeiten. Da nur die Anbieter niedriger und mittlerer Qualität auf dem Markt anbieten, gilt für die benötigten Gleichgewichtsstrategien, daß $b^*_H(p^*) = 0$ und $b^*_H(n_p) = 1$ bzw. $b^*_L(p^*) = b^*_M(p^*) = 1$ für $p^* \in [a_V \cdot M, a_K \cdot M]$ (vgl. Abschnitt 2.2.1, S. 62).

[6]Insbesondere wird auch hier davon ausgegangen, daß die Anbietertypen nur zu einem niedrigeren Preis als ihre Wertschätzung den Rückzug aus dem Markt präferieren; das Spielen einer Preisforderung, die über ihrer Wertschätzung liegt, wird auch dann präferiert, wenn der Preis abgelehnt wird (vgl. Abschnitt 2.2.1, S. 60).

Mit

$$\begin{aligned}\pi(\neg p^*) &= \pi(\{(s_1,t):(s_1,t)\in S_1\setminus\{p^*\}\times T_1\})\\ &= \sum_{s_1\in S_1\setminus\{p^*\}}\sum_{t\in T_1} b_t^*(s_1)\cdot q_t\\ &= b_H^*(n_p)\cdot q_H \end{aligned} \tag{4.15}$$

ergeben sich die revidierten Glaubenseinschätzungen bei Beobachtung einer Preisforderung p^* dann zu

$$\nu^1(H|p^*) = 0 \tag{4.16a}$$

$$\nu^1(t\in\{H,M\}|p) = \frac{\gamma\cdot q_M}{1-\gamma\cdot q_H} \tag{4.16b}$$

Mit diesen Glaubenseinschätzungen gilt für den Choquet-Erwartungsnutzen

$$\begin{aligned}CE_{p^*}[t] &= \nu^1(t\in\{H,M\}|p^*)\cdot M + [1-\nu^1(t\in\{H,M\}|p^*)]\cdot L\\ &= \frac{\gamma\cdot q_M}{1-\gamma\cdot q_H}\cdot M + [1-\frac{\gamma\cdot q_M}{1-\gamma\cdot q_H}]\cdot L\\ &= \gamma\cdot(L+q_M\cdot\frac{M-L}{1-\gamma\cdot q_H}) + (1-\gamma)\cdot L\\ &= \begin{cases} E_{p^*}[t] & \text{falls } \gamma=1\\ L & \phantom{\text{falls }} \gamma=0\end{cases}\end{aligned} \tag{4.17}$$

Damit bilden die folgenden Glaubenseinschätzungen zusammen mit der Preisforderung p^* ein Gleichgewicht, in dem die Anbietertypen mittlerer und niedriger Qualität anbieten

$$\nu^1(S,T) = \begin{cases} 1 & \text{falls } S=S_1, T=T_1\\ \gamma\cdot\sum_{s_1\in S}\sum_{t\in T} b_t^*(s_1)\cdot q_t & \phantom{\text{falls }} S\subset S_1, T\subset T_1\end{cases} \tag{4.18a}$$

$$\text{mit}\quad \begin{aligned} b_t^*(p^*) &= 1 \text{ falls } t\in\{L,M\}\\ b_t^*(n_p) &= 1 \text{ falls } t=H\end{aligned}$$

$$\nu^2_{p^*}(ja) = \begin{cases} 1 & \text{falls } a_V\cdot M \le p^* \le a_K\cdot CE_{p^*}[t]\\ 0 & \phantom{\text{falls }} a_K\cdot CE_{p^*}[t] < p^* \le a_K\cdot M\end{cases} \tag{4.18b}$$

$$\nu^2_{p^*}(nein) = 1-\nu^2_{p^*}(ja)$$

Eine Preisforderung $p\neq p^*$ mit $p < a_V\cdot H$, die außerhalb des durch (4.18a) und (4.18b) gegebenen Gleichgewichts liegt, führt zu $\nu^1(t\in\{H,M\}|p)=0$. Eine solche Preisforderung wird demnach nur akzeptiert, falls mit (4.13) gilt $p\le a_K\cdot L$. Bei diesem Preis bietet der

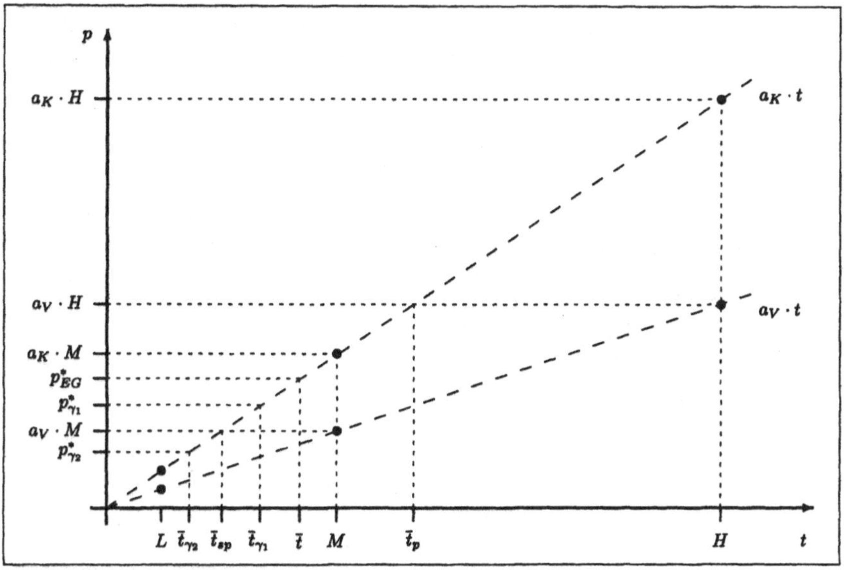

Abbildung 4.2: *Semi-Poolendes Gleichgewicht mit zwei Anbietertypen unter Qualitätsungewißheit Für die Gleichgewichtspreisforderung p^*_{EG} eines Erfahrungsgutes und einen hinreichend großen Vertrauensparameter γ_1 mit $\bar{t}_{sp} \leq \bar{t}_{\gamma_1} \leq \bar{t}$ existiert eine Preisforderung mit $a_V \cdot M \leq p \leq p^*_{\gamma_1}$, die zu einem semi-poolenden Gleichgewicht führt, in dem nur die Anbietertypen niedriger und mittlerer Qualität auf dem Markt anbieten und der Nachfrager akzeptiert. Der Gewinn des Anbieters wird für $p = p^*_{\gamma_1} = a_K \cdot \bar{t}_{\gamma_1}$ maximiert. Für ein Vertrauen γ_2 mit $\bar{t}_{\gamma_2} \leq \bar{t}_{sp}$ existiert kein Gleichgewicht, in dem eine solche Preisforderung existiert.*
Quelle: eigene Darstellung

Anbietertyp mittlerer Qualität nicht an, was letztlich dazu führt, daß diese Preisforderung nicht gespielt wird. Gilt hingegen $p \geq a_V \cdot H$ kann die Preisforderung akzeptiert werden, falls die Gleichgewichtsbedingungen (4.11a) und (4.11b) für ein poolendes Gleichgewicht erfüllt sind.

Abbildung 4.2 veranschaulicht die Gleichgewichtsbedingungen graphisch. Eine Preisforderung $p < a_V \cdot H$ kann nur dann ein Gleichgewicht bilden falls p die Wertschätzung des Nachfragers für die angebotene Durchschnittsqualität $\bar{t} = \frac{1}{q_L + q_M}(q_L \cdot L + q_M \cdot M)$ nicht übersteigt, d.h. falls mit dem Gleichgewichtspreis p^*_{EG} für ein Erfahrungsgut gilt $p \in [a_V \cdot M, p^*_{EG}]$. Ist das Vertrauen in die Information hinreichend groß ($\gamma = \gamma_1$, vgl. Abbildung 4.2), gibt es gemäß der Gleichgewichtsbedingung (4.18b) ein Intervall $[a_V \cdot M, p^*_{\gamma_1}]$, in dem ein Preis p liegen kann, der eine Transaktion ermöglicht. Um den maximal möglichen Gewinn zu erzielen, fordert der Anbieter einen Preis $p = p^*_{\gamma_1} > a_V \cdot M$. Ist hingegen das Vertrauen in die Information zu gering ($\gamma = \gamma_2$, vgl. Abbildung 4.2), ergibt sich $p^*_{\gamma_2} < a_V \cdot M$. Da für eine Preisforderung im Gleichgewicht gemäß (4.18b) gelten muß, daß $p \geq a_V \cdot M$, existiert ein Gleichgewicht mit solchen Preisforderungen nicht.

ad b) Es wird nur dann ausschließlich niedrige Qualität angeboten, falls für die Anbieter mittlerer und hoher Qualität der Rückzug vom Markt optimal ist, d.h. falls für eine Preisforderung p gilt $p < a_V \cdot M$. Der Nachfrager lehnt eine solche Preisforderung ab, falls $p > a_K \cdot L$, und akzeptiert sie, falls $p \leq a_K \cdot L$ und $p \leq CE_p[t]$. Die Preisforderung ist für den Anbieter optimal, wenn für den einzig auf dem Markt verbleibenden Anbietertyp gilt $p \leq a_K \cdot L$.

Für eine Preisforderung p^* erfüllen die zur Ermittlung der revidierten Glaubenseinschätzungen benötigten Gleichgewichtsstrategien im Spiel unter Qualitätsunsicherheit dann $b^*_L(p^*) = 1$ und $b_M(p^*) = b^*_H(p^*) = 0$ bzw. $b^*_M(n_p) = b^*_H(n_p) = 1$ (vgl. Abschnitt 2.2.1, S. 63). Damit gilt für die Glaubenseinschätzungen des Nachfragers

$$\begin{aligned} \pi(\neg p^*) &= \pi(\{(s_1,t) : (s_1,t) \in S_1 \setminus \{p^*\} \times T_1\}) \\ &= \sum_{s_1 \in S_1 \setminus \{p^*\}} \sum_{t \in T_1} b^*_t(s_1) \cdot q_t \\ &= b^*_H(n_p) \cdot q_H + b^*_M(n_p) \cdot q_M \end{aligned} \tag{4.19}$$

Es ergeben sich daher insgesamt folgende Glaubenseinschätzungen ($p^* \in [a_V \cdot L, a_K \cdot L]$)

$$\nu^1(H|p^*) = 0 \tag{4.20a}$$

$$\nu^1(q \in \{H,M\}|p^*) = 0 \tag{4.20b}$$

Für die Qualitätserwartung folgt daraus

$$\begin{aligned} CE_{p^*}[t] &= [1 - \nu^1(t \in \{H,M\}|p^*)] \cdot L \\ &= L \end{aligned} \tag{4.21}$$

Zusammen mit der Preisforderung p^* bilden daher folgende Glaubenseinschätzungen ein Gleichgewicht, in dem nur der Anbietertyp niedriger Qualität auf dem Markt anbietet

$$\nu^1(S,T) = \begin{cases} 1 & \text{falls } S = S_1, T = T_1 \\ \gamma \cdot \sum_{s_1 \in S} \sum_{t \in T} b^*_t(s_1) \cdot q_t & \text{falls } S \subset S_1, T \subset T_1 \end{cases} \tag{4.22a}$$

$$\text{mit } \begin{aligned} b^*_t(p^*) &= 1 \text{ falls } t = L \\ b^*_t(n_p) &= 1 \text{ falls } t \in \{H,M\} \end{aligned}$$

$$\begin{aligned} \nu^2_{p^*}(ja) &= 1 \text{ falls } a_V \cdot L \leq p^* \leq a_K \cdot L \\ \nu^2_{p^*}(nein) &= 1 - \nu^2_{p^*}(ja) \end{aligned} \tag{4.22b}$$

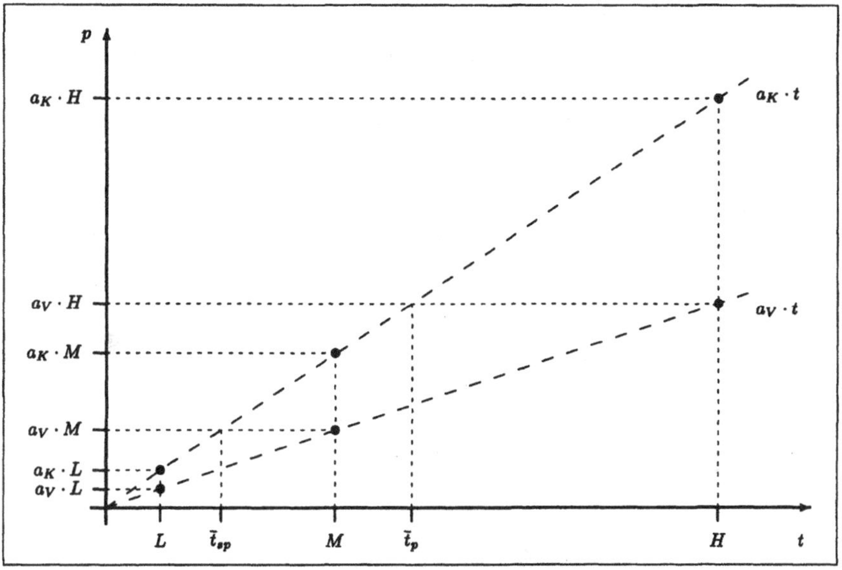

Abbildung 4.3: *Semi-Poolendes Gleichgewicht mit einem Anbietertyp unter Qualitätsungewißheit Unabhängig vom Vertrauen in die Qualitätsinformation existieren Preisforderungen p mit $p \in [a_V \cdot L, a_K \cdot L]$, die zu einem semi-poolenden Gleichgewicht führen, in dem nur der Anbietertyp niedriger Qualität anbietet. Der Gewinn des Anbieters wird für $p^* = a_K \cdot L$ maximiert.*
Quelle: eigene Darstellung

Unabhängig vom Vertrauen in die Information wird in einem solchen Gleichgewicht, in dem nur niedrige Qualität angeboten wird, eine Preisforderung mit $p^* \in [a_V \cdot L, a_K \cdot L]$ stets akzeptiert (vgl. Abbildung 4.3). Zur Maximierung des Gewinns spielt der Anbieter den Preis $p^* = a_K \cdot L$.

Eine Preisforderung $p \neq p^*$ mit $p < a_V \cdot M$, die außerhalb des durch (4.22a) und (4.22b) gegebenen Gleichgewichts liegt, wird nicht akzeptiert. Eine Preisforderung $p \geq a_V \cdot M$ hingegen wird akzeptiert, falls die Bedingungen (4.11a) und (4.11b) für ein poolendes bzw. (4.18a) und (4.18b) für ein semi-poolendes Gleichgewicht erfüllt sind.

Diskussion der Gleichgewichtsbedingungen

In den Gleichgewichtsbedingungen (4.11a) und (4.11b), (4.18a) und (4.18b) bzw. (4.22a) und (4.22b) repräsentiert der Parameter γ den Einfluß, den das Vertrauen des Nachfragers in die Qualitätsinformation auf das Zustandekommen einer Transaktion hat. So kann anhand der Gleichgewichtsbedingungen insgesamt analysiert werden, welchen Einfluß auf einem Markt für ein Vertrauensgut das Vertrauen in die zur Verfügung stehende Information hat. Wie im folgenden herausgearbeitet wird, entscheidet generell allein die Höhe des Vertrauensparameters γ darüber, ob unter Qualitätsungewißheit eine Transaktion stattfindet oder nicht. Dabei wird ausgenutzt, daß der Parameter γ den Vergleich der Qualitätsunsicherheit bei Erfahrungsgütern mit der Qualitätsungewißheit bei Vertrauensgütern ermöglicht: Je nach Wahl von γ lassen sich so verschiedene Situationen abbilden, die von der Situation vollen Vertrauens in die Information ($\gamma = 1$), wie sie bei Erfahrungsgütern vorliegt, bis hin zu der Situation völligen Mißtrauens ($\gamma = 0$) reichen.

a) *Volles Vertrauen in die Information ($\gamma = 1$)*

Hat der Nachfrager volles Vertrauen in die Qualitätsinformation, entsprechen die Glaubenseinschätzungen im Modell der Qualitätsungewißheit gerade den additiven Wahrscheinlichkeiten aus dem Modell der Qualitätsunsicherheit. Die vom Nachfrager eingeschätzte Qualitätserwartung entspricht daher der angebotenen Durchschnittsqualität auf dem Markt. Dies bedeutet insbesondere, daß auch die Gleichgewichtsbedingungen in den beiden Modellen identisch sind. In diesem Fall ergibt sich daher auf dem Markt für ein Vertrauensgut das gewöhnliche Problem der Adversen Selektion, bei der es kein Vertrauensproblem gibt: Ist für eine Preisforderung die auf dem Markt tatsächlich angebotene Durchschnittsqualität $\bar{t}$ zu gering, existiert kein Gleichgewicht, in dem es zu einer Transaktion kommt.

b) $q_t = 1$ *für genau ein* $t \in \{L, M, H\}$ *und* $\gamma \in (0,1)$

Ist auf dem Markt ein Gut von nur einer einzigen Qualität vorhanden ($q_t = 1$ für genau ein $t \in \{L, M, H\}$), akzeptiert der Nachfrager bei einem vollen Vertrauen ($\gamma = 1$) den vom Anbieter geforderten Preis $p^*_{EG} = a_K \cdot t$, der der maximalen Preisforderung für ein entsprechendes Erfahrungsgut entspricht. Eine Transaktion kommt in diesem Fall stets zustande, da weder ein Informationsproblem noch ein Vertrauensproblem besteht (vgl. Abbildung 4.4 auf der nächsten Seite), d.h. insbesondere, daß kein Problem der Adversen Selektion existiert.

Gilt hingegen $\gamma \neq 1$ ergibt sich allerdings aus dem möglichen Vertrauenscharakter des Angebots eine neue Quelle des Marktversagens.[7] In einem Gleichgewicht kommt ein Kauf nämlich nur dann zustande, wenn für den geforderten Preis p^* und ein $\gamma \in [0,1)$ gilt ($t \in \{M, H\}$)

$$a_V \cdot t \;\leq\; p^* \;\leq\; \bar{t}_\gamma = a_K \cdot (\gamma \cdot t + (1-\gamma) \cdot L) \tag{4.23}$$

Ist γ_1 das mindestens erforderliche Vertrauensniveau, das eine solche Preisforderung ermöglicht, so gilt

$$\gamma_1 \;=\; \frac{a_V \cdot t - a_K \cdot L}{a_K \cdot t - a_K \cdot L} \tag{4.24}$$

[7] Da für $t = L$ die Gleichgewichtsbedingungen unabhängig vom Vertrauen in die Qualitätsinformation sind, gilt dies nur für $t \in \{M, H\}$.

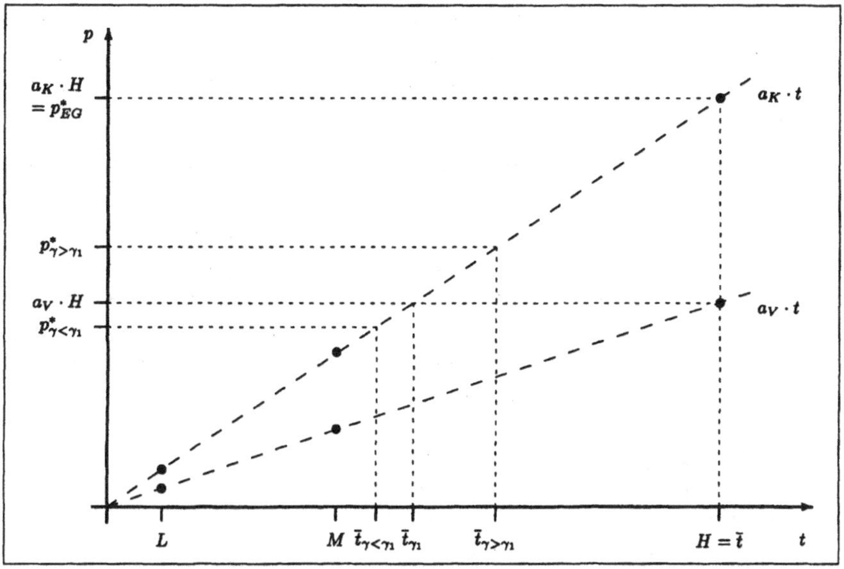

Abbildung 4.4: *Adverse Selektion bei einem Vertrauensgut einer Qualitätsstufe ($q_H = 1$)*
Wird nur hohe Qualität auf dem Markt angeboten, existiert eine Preisforderung, die eine Transaktion zustande kommen läßt, falls das Vertrauen in diese Qualitätsinformation größer ist als das Vertrauensniveau γ_1 gemäß (4.24). Fällt das Vertrauen geringer aus, existiert eine solche Preisforderung nicht.
Quelle: eigene Darstellung

Für ein Vertrauensniveau γ mit

$$\gamma \in [0, \gamma_1) \tag{4.25}$$

gibt es damit *keine* Preisforderung p^*, die einen Kauf zustande kommen läßt (vgl. Abbildung 4.4), d.h. der Nachfrager akzeptiert einen Preis p^* nur dann, falls[8] (vgl. Abbildung 4.4)

$$\gamma \in [\gamma_1, 1] \tag{4.26}$$

Dies bedeutet daher insgesamt, daß das Zustandekommen eines Kaufs ausschließlich von dem Vertrauensniveau abhängt, das der Nachfrager den zur Verfügung stehenden Information entgegenbringt. Fällt dieses Vertrauen zu gering aus, kommt es zu einem nur für Vertrauensgüter möglichen Marktversagen bei der Bereitstellung der Qualität.

Da der Anbieter zur Maximierung seines Gewinnes stets einen Preis $p^* = a_K \cdot \bar{t}_\gamma$ fordern wird, steigt der Gewinn aus einer Preisforderung mit einem steigenden Vertrauen in die

[8] Mit $a_K \cdot t - a_K \cdot L > 0$ für $t \in \{M, H\}$ und $\frac{a_K}{a_V} \geq \frac{H}{L}$ gilt $0 \leq \frac{a_V \cdot t - a_K \cdot L}{a_K \cdot t - a_K \cdot L} \leq 1$.

Qualitätsinformation.[9] Umgekehrt muß für eine erfolgreiche Transaktion das Vertrauen des Nachfragers in die Information über die angebotene Qualität um so höher sein, je geringer die Differenz zwischen den Wertschätzungen von Anbieter und Nachfrager für eine Qualitätsstufe ausfällt.[10]

Der Zusammenhang zwischen Vertrauen in die Qualitätsinformation und der Wertschätzung der Qualität durch den Nachfrager wird besonders für $a_V = const$ deutlich. In diesem Fall wird mit wachsender Wertschätzung des Nachfragers auch das Intervall $[a_V \cdot t, \gamma \cdot a_K \cdot t + (1-\gamma) \cdot a_K \cdot L]$ größer, in dem eine akzeptierte Preisforderung liegen kann. Das minimale Vertrauen γ_1, das zu einer erfolgreichen Transaktion führt, kann daher insgesamt geringer ausfallen:[11] Die höhere Wertschätzung führt hier auch bei geringem Vertrauen zu einem positiven Nutzen des Nachfragers. Die höherer Wertschätzung der Qualität durch den Nachfrager kompensiert demnach ein Verlust an Vertrauen in die Information.

c) $0 < q_t < 1$ *für* $t \in \{L, M, H\}$ *und* $\gamma \in (0,1)$
Sind alle Qualitätsstufen mit einer Wahrscheinlichkeit $q_t \neq 0$ $(t \in \{L, M, H\})$ auf dem Markt vorhanden, ergibt sich bei vollem Vertrauen $(\gamma = 1)$ das gewöhnliche Problem der Adversen Selektion unter Qualitätsunsicherheit. Für einen beliebigen Vertrauensparameter $\gamma \in (0,1)$ hingegen kommt eine Transaktion nur unter zwei Bedingungen zustande.[12]

Zum einen ergibt sich ein poolendes Gleichgewicht, falls alle Qualitäten auf dem Markt angeboten werden und für die Preisforderung p^* gilt

$$a_V \cdot H \quad \leq \quad p^* \quad \leq \quad a_K \cdot [\gamma \cdot (q_H \cdot H + q_M \cdot M + q_L \cdot L) + (1-\gamma) \cdot L] \qquad (4.27)$$

Zum anderen ergibt sich ein semi-poolendes Gleichgewicht, falls die hohe Qualität nicht angeboten wird und für die Preisforderung p^* gilt

$$a_V \cdot M \quad \leq \quad p^* \quad \leq \quad a_K \cdot \left[\gamma \cdot \left(L + q_M \cdot \frac{M-L}{1-\gamma \cdot q_H}\right) + (1-\gamma) \cdot L\right] \qquad (4.28)$$

Ist γ_2 das minimale Vertrauensniveau, das bei einer gegebenen Qualitätsverteilung mit $q_t \neq 0$ $(t \in \{L, M, H\})$ in einem Gleichgewicht eine Transaktion ermöglicht, so gilt in einem poolenden Gleichgewicht

$$\gamma_2 = \gamma_2^p \quad := \quad \frac{a_V \cdot H - a_K \cdot L}{a_K \cdot (q_H \cdot H + q_M \cdot M + q_L \cdot L) - a_K \cdot L} \qquad (4.29)$$

[9]Mit $a_K \cdot \bar{t}_\gamma \leq a_K \cdot \bar{t}$ für $\gamma \in [0,1]$ und $t_{\gamma=1} = \bar{t}$ ist der Gewinn für $\gamma = 1$ maximal.
[10]Für $a_K = a_V$ gilt $\gamma_1 = 1$.
[11]Es gilt $\frac{\partial}{\partial a_K}\left(\frac{a_V \cdot t - a_K \cdot L}{a_K \cdot t - a_K \cdot L}\right) < 0$.
[12]Da für $t = L$ die Gleichgewichtsbedingungen unabhängig vom Vertrauen in die Qualitätsinformation sind, wird folgende Überlegung nur für $t \in \{M, H\}$ angestellt.

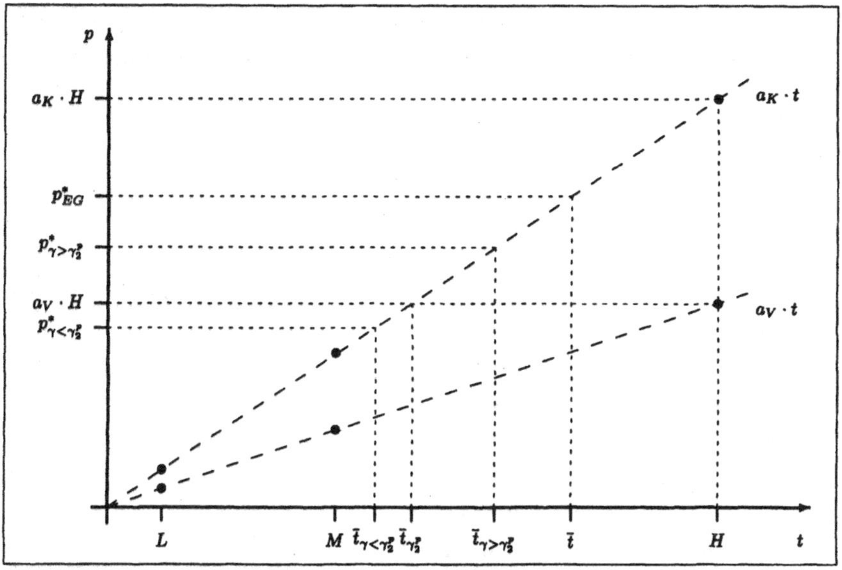

Abbildung 4.5: *Adverse Selektion bei einem Vertrauensgut verschiedener Qualitätsstufen*
Werden alle Qualitätsstufen angeboten, existiert eine poolende Preisforderung, die eine Transaktion zustande kommen läßt, falls das Vertrauen in diese Qualitätsinformation größer ist als das Vertrauensniveau γ_2^p gemäß (4.29). Fällt das Vertrauen geringer aus, existiert eine solche Preisforderung nicht.
Quelle: eigene Darstellung

und in einem semi-poolenden Gleichgewicht

$$\gamma_2 = \gamma_2^{sp} := \frac{a_V \cdot M - a_K \cdot L}{(a_K \cdot M - a_K \cdot L) \cdot q_M + (a_V \cdot H - a_V \cdot L) \cdot q_H} \tag{4.30}$$

Eine *poolende* Preisforderung, bei der aller Anbietertypen anbieten, existiert damit nur dann, wenn für das Vertrauensniveau gilt (vgl. Abbildung 4.5)[13]

$$\gamma \in [\gamma_2^p, 1] \tag{4.31}$$

Der Vergleich mit der Situation, in der ausschließlich hohe Qualität auf dem Markt vorhanden ist (vgl. 4.4), zeigt, daß aus (4.24) mit $t = H$ und (4.29) folgt

$$\gamma_2^p > \gamma_1 \tag{4.32}$$

[13] Es gilt $\gamma_2^p \leq 1$ für $\frac{a_V}{a_K} \leq \frac{\bar{t}}{H}$.

Dies bedeutet zum einen, daß bei Angebot aller Qualitätsstufen ein höheres Vertrauen für eine erfolgreiche Transaktion notwendig ist, als bei ausschließlich angebotener hoher Qualität. Zum anderen bedeutet dies umgekehrt für die Situation, in der alle Qualitätsstufen auf dem Markt angeboten werden und es bei einem entsprechenden niedrigen Vertrauensniveau zu keiner Transaktion kommt, aber auch, daß die Gewährleistung einer entsprechend hohen Qualität, d.h. hier die ausschließliche Gewährleistung von $t = H$, ein derartig niedriges Vertrauensniveau kompensiert und eine Transaktion ermöglicht.

Insgesamt kann hier also als Schlußfolgerung festgehalten werden, daß Maßnahmen, die auf die Gewährleistung der Qualität eines Gutes Einfluß nehmen, solche Maßnahmen ersetzen können, die auf die Gewinnung bzw. Erhöhung von Vertrauen abzielen.

Den maximalen Gewinn erzielt der Anbieter bei einem Preis $p_\gamma = a_K \cdot t_\gamma$ mit $p_\gamma < p^*_{EG}$. Je größer das Vertrauen in die Wahrscheinlichkeiten der Qualitätsverteilung ist, desto höher wird dieser Preis ausfallen. Daraus folgt, daß eine Preisforderung und somit die möglichen Gewinne grundsätzlich niedriger ausfallen als im Fall des vollen Vertrauens in die Information ($\gamma = 1$), d.h. bei Erfahrungsgütern.

Umgekehrt muß auch hier - wie bei einem Angebot ausschließlich einer Qualitätsstufe - bei relativer Zunahme des Wertschätzungsparameters a_V das Vertrauen des Nachfragers in die Qualitätsverteilung steigen, wenn eine Transaktion stattfinden soll. Zudem muß das Vertrauen in die Qualitätsverteilung um so höher sein, je geringer die Wahrscheinlichkeit ist, daß auf dem Markt nur hohe Qualität existiert.[14] Sinkt die durchschnittlich angebotene Qualität, macht bereits eine geringe Abweichung von einem vollständigen Vertrauen in die Qualitätsverteilung eine Transaktion unmöglich.

Eine *semi-poolende* Preisforderung, bei der nur die Anbieter niedriger und mittlerer Qualität auf dem Markt anbieten, existiert nur dann, wenn[15]

$$\gamma \in [\gamma_2^{sp}, 1] \tag{4.33}$$

Auch hier zeigt der Vergleich mit der Situation, in der ausschließlich eine Qualität angeboten wird, daß aus (4.24) mit $t = M$ und (4.30) folgt

$$\gamma_2^{sp} > \gamma_1 \tag{4.34}$$

Im Vergleich zu der Situation, in der nur mittlerer Qualität auf dem Markt angeboten wird, folgt damit also, daß ein höheres Vertrauen in die Qualitätsinformation nötig ist, um eine Transaktion zu ermöglichen. Umgekehrt führt dies analog zur oben analysierten Situation

[14]Es gilt $\frac{\partial(\gamma_2^{p})}{\partial q_H} < 0$.

[15]Für $\frac{a_V}{a_K} \leq \frac{L+q_M(M-L)}{M-q_H(H-L)}$ gilt $\gamma_2^{sp} \leq 1$.

einer poolenden Preisforderung wiederum zu einer möglichen Kompensation vertrauensbildender Maßnahmen durch Maßnahmen zur Gewährleistung höherer Qualität. Diese bestehen hier in der Gewährleistung einer ausschließlichen Qualität $t = M$.

d) *Völliges Mißtrauen* $(0 < q < 1 \wedge \gamma = 0)$
Vertraut der Nachfrager dem Anbieter überhaupt nicht ($\gamma = 0$), so findet auf keinen Fall eine Transaktion statt, in der eine höhere Qualität als die niedrige Qualität L angeboten wird (vgl. auch Abbildung 4.3 auf Seite 203). Denn der Nachfrager akzeptiert eine Preisforderung p nur dann, wenn der Anbieter einen Preis $p^{\gamma=0}$ mit $p^{\gamma=0} \leq a_K \cdot L$ fordert. Bei dieser Forderung ist aber für den Anbieter mittlerer bzw. hoher Qualität der Rückzug vom Markt optimal. Somit existiert lediglich ein Gleichgewicht, in dem ausschließlich der Anbieter niedriger Qualität auf dem Markt anbietet. In diesem Sinne kommt es zu einem vollständigen, vertrauensbedingten Marktversagen bei der Bereitstellung mittlerer und hoher Qualität.

Zusammenfassend lassen sich folgende Schlußfolgerungen festhalten:

- Auf einem Markt unter Qualitätsungewißheit bei Vertrauensgütern hängt das Zustandekommen einer Transaktion nicht nur von der angebotenen Qualität ab, sondern auch von dem Vertrauen in die zur Verfügung stehende Qualitätsinformation.

- Während bei einem Erfahrungsgut ausschließlich die auf dem Markt vorhandene Durchschnittsqualität $\bar{t}$ für das Zustandekommen einer Transaktion maßgeblich ist, führt bei Vertrauensgütern die Orientierung an der Qualitätserwartung t_γ, die wegen des Vertrauenscharakters des Angebotes *stets* geringer ausfällt als die tatsächliche Durchschnittsqualität, zu einer neuen Quelle des Marktversagens (*Marktversagen durch vertrauensbedingte Adverse Selektion*): Ist das Vertrauen des Nachfragers in die Qualitätsinformation zu niedrig, besteht nur für die Anbietertypen der unteren Qualitätsstufen ein Anreiz das Gut anzubieten, und die höhere Qualität wird vom Markt verdrängt.[16]

- Unter Qualitätsungewißheit verschärft sich damit das bei Qualitätsunsicherheit gegebene Qualitätsproblem in dem Sinne, als daß es bei Vertrauensgütern wegen eines Mangels an Vertrauen in die Information bereits dann zu Marktversagen kommen kann, wenn dies bei Erfahrungsgütern entsprechender Qualität nicht der Fall wäre.

- Der Gleichgewichtspreis, der für ein Vertrauensgut erzielt werden kann, ist stets kleiner als der Gleichgewichtspreis für ein Erfahrungsgut entsprechender Qualität.

[16] So können semi-poolendes Gleichgewichte bestehen, in denen nur die Anbietertypen niedriger und mittlerer Qualität anbieten bzw. nur der Anbietertyp niedriger Qualität anbietet.

- Kommt es aufgrund eines zu geringen Vertrauens zur Verdrängung hoher Qualität vom Markt, können vertrauensbildende Maßnahmen durch Qualitätsgewährleistungsmaßnahmen ersetzt werden (vgl. hierzu auch Abschnitt 1.4.2, S. 32): Sowohl auf Märkten, auf denen das Angebot einer höheren Qualität gewährleistet ist, als auch auf Märkten, auf denen die Nachfrager einer höherer Wertschätzung für die Qualität haben, ist für das Zustandekommen einer Transaktion insgesamt ein niedrigeres Vertrauen in die Qualitätsinformation nötig.

4.1.2 Marktversagen bei Vertrauensgütern

Im vorangegangen Abschnitt wurde anhand eines Zwei-Personen Spiels das Prinzip der Adversen Selektion für Vertrauensgüter analysiert. Zur weiteren Annäherung an die Angebots- und Nachfragesituation auf realen Märkten werden im folgenden die sich daraus ableitbaren Verhaltensweisen in die Analyse eines Marktes mit vielen Anbietern und Nachfragern integriert, um so eine Wohlfahrtsbetrachtung des Vertrauensproblems durchzuführen.

Das Modell eines Marktes unter Qualitätsunsicherheit

Es wird von einem Markt mit asymmetrischer Informationsverteilung ausgegangen, auf dem ein Vertrauensgut in unterschiedlichen Qualitätsniveaus angeboten wird (vgl. auch Abschnitt 2.2.1, S. 65). Während die Anbieter die Qualität des Gutes kennen, steht den Nachfragern als einzig mögliche Information lediglich eine Wahrscheinlichkeitsverteilung der Qualität zur Verfügung. Ohne Beschränkung der Allgemeinheit sei die Qualität q des Gutes gleichverteilt im Intervall $[0, 1]$.

Die Angebotsseite Von jedem Qualitätsniveau wird maximal eine Einheit des Gutes angeboten. Damit repräsentiert ein vorgegebenes Qualitätsniveau $q \in [0, 1]$ auch den Anteil des Angebots an Qualität, die im Intervall $[0, q]$ liegt, und für die angebotene Menge Q_A gilt

$$Q_A = q \tag{4.35}$$

Die für den Anbieter als relevant angenommenen Opportunitätskosten des Angebots einer Einheit des Qualitätsniveaus q werden repräsentiert durch die Funktion

$$K(q) = q \tag{4.36}$$

Sei $\hat{q}$ das maximale Qualitätsniveau, das auf dem Markt angeboten wird. Für die Bestimmung des angebotenen Qualitätsniveaus ist derjenige Preis p^A maßgeblich, der eine Transaktion überhaupt ermöglicht. Gemäß der Analyse des individuellen Verhaltens wird das Qualitätsniveau $\hat{q}$ nur dann auf dem Markt angeboten, wenn der Preis p^A mindestens so hoch ist wie die Kosten, d.h. dieses Qualitätsniveau induziert einen Angebotspreis p^A, für den gilt

$$p^A(\hat{q}) = K(\hat{q}) \tag{4.37}$$

Der so festgelegte Angebotspreis unterstützt die Maximalqualität in dem Sinne, daß Anbieter einer Qualität $q \leq \hat{q}$ bei einem solchen Angebotspreis das Gut anbieten werden, während Anbieter einer Qualität $q > \hat{q}$ das Gut nicht anbieten werden und sich vom Markt zurückziehen.[17]

Nachfrageseite Die Zahlungsbereitschaft p^N der Nachfrager für das Qualitätsniveau $\hat{q}$ hängt von der Angebotsmenge Q_A und der (eingeschätzten) Qualität $\overline{q}$ des Angebots ab, d.h. es gilt

$$p^N(Q_A, \overline{q}) = a - c \cdot Q_A + b \cdot \overline{q} \qquad a, b, c \in I\!R^+ \tag{4.38}$$

Da ein Vertrauensgut angeboten wird, handelt es sich für die Nachfrager um eine Entscheidung unter Ambiguität (vgl. Abschnitt 3.3.1), d.h. die Einschätzungen über die Verteilung der Qualität auf dem Markt sind mit Ambiguität behaftet. Die Qualitätserwartung, daß eine Qualität $q \leq \hat{q}$ auf dem Markt angeboten wird, entspricht wegen (4.35) dem bedingten Choquet-Erwartungswert $CE_{\hat{q}}[q]$. Aus (4.38) folgt daher

$$\begin{aligned} p^N = p^N(\hat{q}) &= p^N(\hat{q}, CE_{\hat{q}}[q]) \\ &= a - c \cdot \hat{q} + b \cdot CE_{\hat{q}}[q] \end{aligned} \tag{4.39}$$

Die Einschätzungen der Nachfrager werden auch hier durch eine einfache Kapazität repräsentiert (vgl. Abschnitt 4.1, S. 194), die auf der gegebenen (additiven) Wahrscheinlichkeitsverteilung der Qualität basiert. Der Choquet-Erwartungswert ergibt sich daher zu (vgl. Anhang B)

$$CE_{\hat{q}}[q] = \frac{1}{2} \cdot \frac{\gamma \cdot \hat{q}^2}{1 - \gamma \cdot (1 - \hat{q})} \tag{4.40}$$

Damit ist die Nachfragefunktion für die Wahl der Parameter b und c mit

$$b \leq 2c \tag{4.41}$$

monoton fallend.[18]

[17] Die Preisforderung p^A entspricht in dem spieltheoretischen Modell aus Abschnitt 4.1 der (semi-)poolenden Preisforderung, bei der die Anbietertypen höherer Qualität nicht auf dem Markt anbieten.

[18] Es gilt $\frac{dp^N}{d\hat{q}} < 0 \Leftrightarrow b \leq 2c \frac{(1-\gamma+\gamma q)^2}{(2-2\gamma+\gamma q)\cdot\gamma q}$ für alle $\gamma \in [0,1]$.

Gleichgewicht Im Marktgleichgewicht sind Angebots- und Nachfragepreis identisch, d.h. die maximal angebotene Qualität $\hat{q}^*$ ist bestimmt durch

$$p^A(\hat{q}^*) \quad = \quad p^N(\hat{q}^*, CE_{\hat{q}^*}[q]) \tag{4.42}$$

Mit (4.40) und (4.42) muß im Gleichgewicht damit insgesamt gelten

$$\hat{q}^* \quad = \quad a - c \cdot \hat{q}^* + b \cdot \left(\frac{1}{2} \cdot \frac{\gamma \cdot (\hat{q}^*)^2}{1 - \gamma \cdot (1 - \gamma)} \right) \tag{4.43}$$

Da für die angebotene Qualität stets gilt $q \in [0,1] \subset \mathbb{R}^+$, ergibt sich daraus für die maximal angebotene Qualität[19]

$$\hat{q}^* = \hat{q}_1^*(\gamma) = \max\left(\min\left(\frac{1}{2\gamma(c - \frac{b}{2} + 1)} \cdot \left((c+1+a)\gamma - (c+1) + \sqrt{D(\gamma)}\right), 1\right), 0\right) \tag{4.44}$$

$$\begin{aligned} \text{mit } D(\gamma) \quad &= \quad (1 + a^2 - 2a + c^2 + 2c - 2ca + 2ba) \cdot \gamma^2 + \\ & \quad\quad (2a - 4c - 2 + 2ca - 2ba - 2c^2) \cdot \gamma + c^2 + 2c + 1 \end{aligned}$$

Aus (4.44) folgt unmittelbar, daß vollständiges Vertrauen in die Einschätzungen über die Qualitätsverteilung ($\gamma = 1$) zu dem Qualitätsniveau führt, das sich im Gleichgewicht eines Marktes für Erfahrungsgüter ergibt (vgl. Abschnitt 2.2.1, S. 66), d.h.

$$\hat{q}^*(1) \quad = \quad \hat{q}^*_{EG} \quad = \quad \frac{a}{c - \frac{b}{2} + 1} > 0 \quad \text{für } b < 2(c+1) \tag{4.45}$$

Ohne Vertrauen in die Qualitätseinschätzung ($\gamma = 0$) gilt für das im Gleichgewicht angebotene Qualitätsniveau $\hat{q}^*(0)$

$$\hat{q}^*(0) \quad := \quad \lim_{\gamma \to 0} \hat{q}^*(\gamma) \quad = \quad \frac{a}{c+1} \quad < \quad \hat{q}^*(1) \tag{4.46}$$

Wie das Vertrauen die im Gleichgewicht angebotene Maximalqualität insgesamt beeinflußt, kann anhand des Steigungsverhaltens von $\hat{q}^*(\gamma)$ aufgezeigt werden.

[19]Die Lösung der Gleichgewichtsbedingung (4.43) führt zunächst zu

$$\begin{aligned} \hat{q}^*_{1,2} = \hat{q}^*_{1,2}(\gamma) \quad &= \quad \frac{1}{2\gamma(c - \frac{b}{2} + 1)} \cdot \left((c+1+a)\gamma - (c+1) \pm \sqrt{D(\gamma)}\right) \\ \text{mit } D(\gamma) \quad &= \quad (1 + a^2 - 2a + c^2 + 2c - 2ca + 2ba) \cdot \gamma^2 + \\ & \quad\quad (2a - 4c - 2 + 2ca - 2ba - 2c^2) \cdot \gamma + c^2 + 2c + 1 \end{aligned}$$

Es gilt aber $q_2^*(\gamma) < 0 \; \forall \gamma \in [0,1]$ und $b < 2(c+1)$ sowie $\exists \gamma \in [0,1]$: $q_2^*(\gamma) \notin \mathbb{R}$ für $b > 2(c+1)$.

Die erste Ableitung von $\hat{q}^*(\gamma)$ nach γ ergibt sich aus der impliziten Ableitung von (4.43) zu

$$\frac{d\hat{q}^*(\gamma)}{d\gamma} = \frac{b \cdot \frac{1}{2} \frac{(\hat{q}^*(\gamma))^2}{(1-\gamma+\gamma q^*(\gamma))^2}}{c - b \cdot \frac{1}{2}\gamma\hat{q}^*(\gamma)\frac{2-2\gamma+\gamma\hat{q}^*(\gamma)}{(1-\gamma+\gamma\hat{q}^*(\gamma))^2} + 1} \qquad (4.47)$$

Damit gilt[20]

$$b < 2(c+1) \Rightarrow \frac{d\hat{q}^*(\gamma)}{d\gamma} > 0 \qquad (4.48)$$

Das angebotene Qualitätsniveau ist also gemäß (4.48) monoton steigend in γ, d.h. mit einem zunehmenden Vertrauen in die Qualitätsinformation steigt das angebotene Qualitätsniveau. Daraus folgt, daß die maximale Qualität eines Vertrauensgutes stets unter der maximalen Qualität eines entsprechenden Erfahrungsgutes liegt, d.h.

$$\hat{q}^*(0) \leq \hat{q}^*(\gamma) \leq \hat{q}^*(1) =: \hat{q}^*_{EG} \qquad \forall\gamma \in [0,1] \qquad (4.49)$$

Aus dem bisher aufgezeigten ergeben sich folgende Schlußfolgerungen:

- Auf Märkten für Vertrauensgütern verschärft sich das Qualitätsproblem: Im Vergleich zu Märkten für Erfahrungsgüter stellen Märkte für Vertrauensgüter grundsätzlich ein *geringeres* Maß an Qualität bereit (vgl. (4.49)).
- Zu einem vollständigen Marktversagen, bei dem keine Qualität auf dem Markt angeboten wird, d.h. $\hat{q}^* = 0$, kommt es auf jeden Fall dann, wenn $a = 0$ oder $c \to \infty$, d.h. für Qualitätsstufen größer Null keine Zahlungsbereitschaft vorhanden ist.

Das folgende Beispiel 4.1.1 illustriert die Abhängigkeit der angebotenen Qualität von dem Vertrauen in die Qualitätsinformation.

Beispiel 4.1.1 *Sei $a = c = 1$ und $0 < b < 2$ (vgl. (4.41)). Dann gilt*

$$q^*(\gamma) = \begin{cases} \frac{1}{\gamma\cdot(4-b)}\left(3\gamma - 2 + \sqrt{(\gamma-2)^2 - 2b\gamma + 2b\gamma^2}\right) & \textit{falls} \quad \gamma \in (0,1] \\ \frac{1}{2} & \quad \gamma = 0 \end{cases} \qquad (4.50)$$

Wie Abbildung 4.6 auf der nächsten Seite zeigt, steigt die angebotene Qualität mit einem zunehmenden Vertrauensparameter γ. Darüber hinaus wird deutlich, daß die Qualität für jedes Vertrauensniveau um so höher ist, je höher die Wertschätzung b der erwarteten Qualität ist.

[20] Für $\gamma \in (0,1]$ folgt aus $b \cdot \frac{1}{2}\gamma\hat{q}^*(\gamma)\frac{2-2\gamma+2\gamma\hat{q}^*(\gamma)-\gamma\hat{q}^*(\gamma)}{(1-\gamma+\gamma\hat{q}^*(\gamma))^2} = b\left[\frac{\gamma\hat{q}^*(\gamma)}{(1-\gamma+\gamma\hat{q}(\gamma))} - \frac{1}{2}\frac{(\gamma\hat{q}^*(\gamma))^2}{(1-\gamma+\gamma\hat{q}^*(\gamma))^2}\right] < b\left[1 - \frac{1}{2}1\right] = \frac{1}{2}b$, daß $c - b \cdot \frac{1}{2}\gamma\hat{q}^*(\gamma)\frac{2-2\gamma+\gamma\hat{q}^*(\gamma)}{(1-\gamma+\gamma\hat{q}^*(\gamma))^2} + 1 > c - \frac{1}{2}b + 1$.

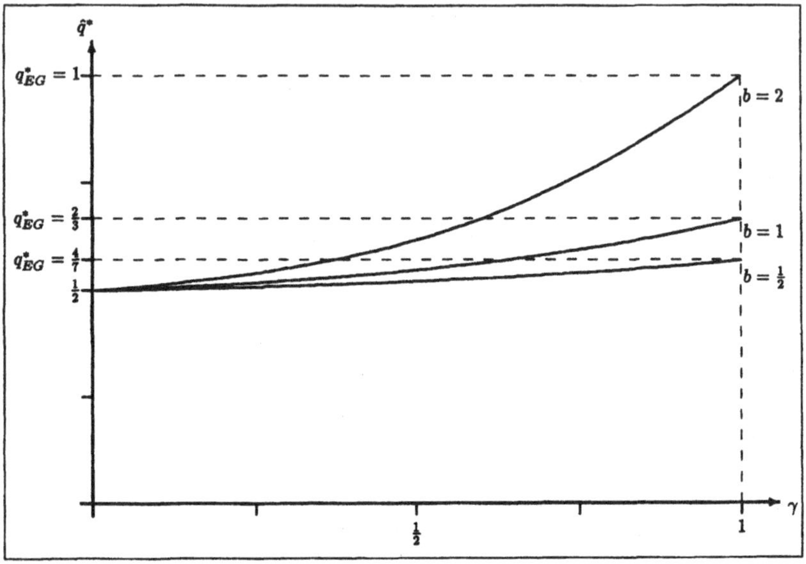

Abbildung 4.6: *Die maximal angebotene Qualität eines Vertrauensgutes (a = c = 1)*
Das maximale Qualitätsniveau, das auf einem Markt für ein Vertrauensgut angeboten wird, steigt mit zunehmenden Vertrauen in die Qualitätsinformation. Für volles Vertrauen ($\gamma = 1$) ergibt sich das Qualitätsniveau, das auf einem Markt für ein Erfahrungsgut angeboten wird. Je höher die Wertschätzung b der Qualitätserwartung $CE_{\hat{q}^*}[q]$ ist, desto höher ist die tatsächlich angebotene Maximalqualität $\hat{q}^*$.
Quelle: eigene Darstellung

Wohlfahrtsbetrachtung

Im folgenden werden die wohlfahrtstheoretischen Auswirkungen des Vertrauenscharakters der angebotenen Qualität analysiert. Als Wohlfahrtsmaß W wird die Summe aus aggregierter Konsumentenrente (KR) und aggregierter Produzentenrente (PR) verwendet. Für die Ermittlung der Konsumentenrente sind diejenigen Zahlungsbereitschaften von Bedeutung, die sich bei Kenntnis der auf dem Markt tatsächlich angebotenen Maximalqualität $\hat{q}$ ergeben würden. Die Wohlfahrt hängt sowohl von der angebotenen Menge als auch vom Vertrauen in die zur Verfügung stehende Information über die Verteilung der Qualität auf dem Markt ab. Für eine maximal auf dem Markt angebotene Qualität $\hat{q} = \hat{q}(\gamma)$ ergibt sich die Soziale Wohlfahrt zu[21]

$$\begin{aligned} W(\hat{q}) &= KR(\hat{q}) + PR(\hat{q}) \\ &= \underbrace{\int_0^{\hat{q}} p^N(x, CE_{\hat{q}}[q])dx}_{ZB(\hat{q})} - \underbrace{\int_0^{\hat{q}} K(x)dx}_{OK(\hat{q})} \end{aligned} \tag{4.51}$$

[21] Der Umfang des Angebotes an Qualität $\hat{q}$ wird durch $\hat{q}$ selbst repräsentiert (vgl. (4.35), S. 210).

Die Wohlfahrt entspricht also der Differenz zwischen der aggregierten Zahlungsbereitschaft (ZB) für x Einheiten des Gutes bei der eingeschätzten Qualität $CE_{\hat{q}}[q]$ und den aggregierten Opportunitätskosten (OK) der Bereitstellung.

Ausgangspunkt der Wohlfahrtsbetrachtung ist die Situation, in der volles Vertrauen in die Qualitätsinformation herrscht ($\gamma = 1$), und die im Gleichgewicht erzielte Wohlfahrt der Wohlfahrt entspricht, die für Erfahrungsgüter erzielt wird (vgl. Abschnitt 2.2.1, S. 67), d.h.

$$W(\hat{q}^*(1)) = \frac{2a^2 \cdot (c+1)}{(2c-b+2)^2} \tag{4.52}$$

Der Einfluß eines Vertrauensniveaus $\gamma < 1$ auf die Wohlfahrt ergibt sich aus dem Steigungsverhalten der Wohlfahrtsfunktion $W = W(\gamma)$. Mit der Ableitung der Qualitätserwartung gemäß

$$\frac{dCE_{\hat{q}}[q]}{d\hat{q}} = \frac{1}{2}\gamma\hat{q}\frac{2-2\gamma+\gamma\hat{q}}{(1-\gamma+\gamma\hat{q})^2} > 0 \tag{4.53}$$

gilt im Gleichgewicht

$$\begin{aligned}
\left.\frac{dW(\hat{q})}{d\gamma}\right|_{\hat{q}=\hat{q}^*} &= \left.\frac{d\hat{q}(\gamma)}{d\gamma}\right|_{\hat{q}=\hat{q}^*} \cdot \left.\frac{\partial W}{\partial \hat{q}}\right|_{\hat{q}=\hat{q}^*} \\
&= \underbrace{\left.\frac{d\hat{q}}{d\gamma}\right|_{\hat{q}=\hat{q}^*}}_{>0} \cdot \Bigg(\underbrace{\left.\frac{dCE_{\hat{q}}[q]}{d\hat{q}}\right|_{\hat{q}=\hat{q}^*}}_{>0 \text{ (vgl. (4.53))}} \cdot \underbrace{\int_0^{\hat{q}} \left.\frac{\partial}{\partial \hat{q}} p^N(x, CE_{\hat{q}}[q])dx\right|_{\hat{q}=\hat{q}^*}}_{>0} \\
&\qquad + \underbrace{\left.(p^N(\hat{q}, CE_{\hat{q}}[q]) - K(\hat{q}))\right|_{\hat{q}=\hat{q}^*}}_{=0 \text{ (wg. (4.43))}} \Bigg) \\
\Rightarrow \left.\frac{dW(\hat{q})}{d\gamma}\right|_{\hat{q}=\hat{q}^*} &> 0
\end{aligned} \tag{4.54}$$

Die Soziale Wohlfahrt ist also (streng) monoton steigend in γ, d.h. eine Erhöhung des Vertrauens in die zur Verfügung gestellte Qualitätsinformation kann zu Wohlfahrtsgewinnen führen.[22] Die Erhöhung des Vertrauens ist darüber hinaus mit einer Erhöhung der im Marktgleichgewicht angebotenen Qualität verbunden (vgl. Ungleichung (4.48), S. 213). Das Optimum der Sozialen Wohlfahrt bezüglich des Vertrauensparameters γ wird für das Vertrauensniveau $\gamma = 1$ erreicht, welches der Situation bei Erfahrungsgütern entspricht. Die wohlfahrtssteigernde Erhöhung des Vertrauens ergibt sich allerdings nur dann, wenn erhöhtes Vertrauen der Nachfrager die Anbieter auch zum

[22] Wohlfahrtsgewinne ergeben sich auf jeden Fall dann, solange die Grenzkosten entsprechender vertrauensbildender Maßnahmen kleiner sind als die marginalen Wohlfahrtsgewinne $\frac{dW(\hat{q})}{d\gamma}$.

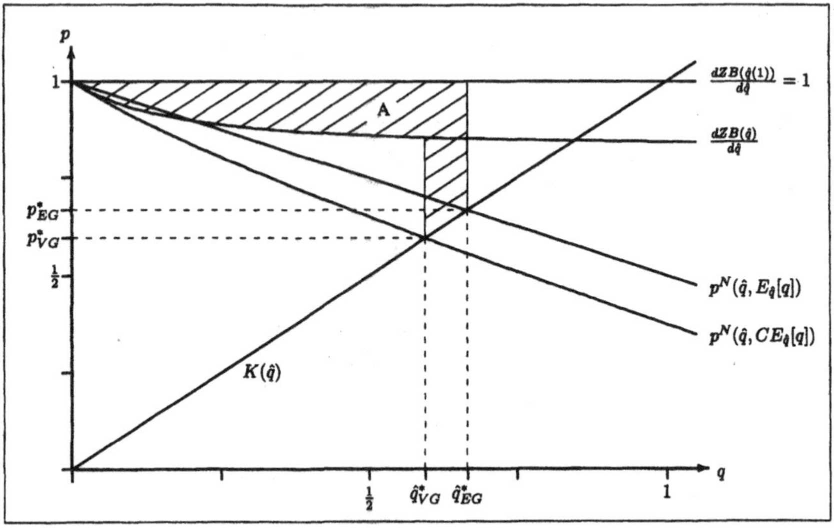

Abbildung 4.7: *Wohlfahrtsverluste auf einem Markt für ein Vertrauensgut* $(a = b = c = 1, \gamma = \frac{3}{4})$
Der Vertrauenscharakter des Angebots führt zu einem Rückgang der angebotenen Qualität von $\hat{q}^*_{EG}$ auf $\hat{q}^*_{VG}$. Die sich dadurch ergebenden Wohlfahrtsverluste werden durch die schraffierte Fläche A repräsentiert.
Quelle: eigene Darstellung

Anbieten höhere Qualität veranlaßt. Eine Vertrauenserhöhung, die auf Täuschung der Nachfrager beruht, ist in diesem Fall ausgeschlossen.

Die Wohlfahrtsverluste, die sich aus dem Vertrauenscharakter der angebotenen Qualität ergeben, veranschaulicht Abbildung 4.7 graphisch. Auf einem Markt für ein Erfahrungsgut wird im Marktgleichgewicht die maximale Qualität $\hat{q}^*_{EG} = \hat{q}^*(1)$ angeboten. Handelt es sich hingegen um ein Vertrauensgut, sinkt die angebotene Maximalqualität im Gleichgewicht auf das Niveau $\hat{q}^*_{VG} = \hat{q}^*(\gamma)$. Die Wohlfahrt im Marktgleichgewicht $\hat{q}^*_{VG}$ wird durch die Fläche zwischen der Kurve der Funktion $\frac{dZB(\hat{q})}{d\hat{q}}$ und der Kurve der Kostenfunktion K bis zur Qualität $\hat{q}^*_{VG}$ repräsentiert.[23] Der Qualitätsrückgang auf einem Markt für ein Vertrauensgut führt damit zu einem Wohlfahrtsverlust, der in Abbildung 4.7 durch die schraffierte Fläche A repräsentiert wird.

Somit lassen sich insgesamt folgende Schlußfolgerungen formulieren:

- Die geringere Qualität, die auf einem Markt für Vertrauensgüter im Vergleich zu einem Markt für Erfahrungsgüter maximal bereitgestellt wird, führt zu Wohlfahrtsverlusten (vgl. Abbildung 4.7).

[23]Die damit gegebene Darstellung der Wohlfahrt gemäß $W(\hat{q}) = \int_0^{\hat{q}} \frac{dZB(x)}{dx} dx - \int_0^{\hat{q}} K(x) dx$ ist für die graphische Darstellung von Wohlfahrtseffekten geeigneter als die Darstellung gemäß (4.51).

- Die Erhöhung des Vertrauens in die bereitgestellte Qualitätsinformation führt zu einer Erhöhung der Wohlfahrt (vgl. Ungleichung (4.54), S. 215).

Wie folgende Argumentation zeigt, ist allerdings die Erhöhung des Vertrauens nicht die einzige Maßnahme, die auf Märkten für Vertrauensgüter zu Wohlfahrtsgewinnen führen kann.

Die Wohlfahrt ist im Marktgleichgewicht auch monoton steigend in der maximal angebotenen Qualität, d.h.

$$\begin{aligned} \left.\frac{dW(y)}{dy}\right|_{y=\hat{q}^*} &= \underbrace{\left.\frac{dCE_y[q]}{dy}\right|_{y=\hat{q}^*}}_{>0} \cdot \underbrace{\left.\int_0^y \frac{d}{dq} p^N(x, CE_{\hat{q}}[q])dx\right|_{y=\hat{q}^*}}_{>0} \\ &\quad + \underbrace{p^N(y, CE_y[q]) - K(y))\Big|_{y=\hat{q}^*}}_{=0} \\ \Rightarrow \quad \left.\frac{dW(y)}{dy}\right|_{y=\hat{q}^*} &> 0 \end{aligned} \tag{4.55}$$

Im Marktgleichgewicht wird daher nicht die maximale Wohlfahrt erreicht, und für jedes vorgegebene Vertrauensniveau kann eine Erhöhung der Sozialen Wohlfahrt durch die Gewährleistung einer Maximalqualität herbeigeführt werden, die größer ist als die vom Markt bereitgestellte Maximalqualität (vgl. auch Abschnitt 2.2.1, S. 68).

Sei daher $\hat{q}_\gamma$ das Qualitätsniveau, das bei einem festen Vertrauensniveau γ die Soziale Wohlfahrt maximiert. Dann muß die Wohlfahrtsfunktion für $\hat{q}_\gamma$ die notwendige Bedingung erster Ordnung erfüllen, d.h. es muß gelten

$$\frac{dW(\hat{q}_\gamma)}{d\hat{q}_\gamma} = 0 \tag{4.56a}$$

$$\Leftrightarrow \quad \left.\left(\frac{dCE_{\hat{q}}[q]}{d\hat{q}} \cdot \int_0^{\hat{q}} \frac{\partial}{\partial q} p^N(x, CE_{\hat{q}}[q])dx + p^N(\hat{q}, CE_{\hat{q}}[q]) - \hat{q}\right)\right|_{\hat{q}=\hat{q}_\gamma} = 0$$

$$\Leftrightarrow \quad \frac{1}{2}b\gamma \cdot \hat{q}_\gamma^2 \cdot \frac{2-2\gamma+\gamma\hat{q}_\gamma}{(1-\gamma+\gamma\hat{q}_\gamma)^2} + a - c\cdot\hat{q}_\gamma + \frac{1}{2}b\gamma \cdot \frac{\hat{q}_\gamma^2}{1-\gamma(1-\hat{q}_\gamma)} - \hat{q}_\gamma = 0 \tag{4.56b}$$

Die allgemeine Lösung von (4.56b) für $\hat{q}_\gamma$ hängt von der Nachfragefunktion ab und ist in der Regel nicht eindeutig bestimmt (vgl. Anhang C). Aus Gründen der Anschaulichkeit werden daher die Möglichkeit einer Qualitätserhöhung und deren Auswirkungen vor allem an dem folgenden Beispiel 4.1.1 analysiert und entsprechend illustriert.

Beispiel 4.1.1 (Fortsetzung) *Bei Wahl der Parameter $a = c = 1$ und $0 < b < 2$ ergibt sich gemäß Anhang C eine eindeutige Lösung von (4.56b) genau dann, wenn für $D_1(\gamma)$ aus C-3 (vgl. Anhang C, S. 251) gilt $D_1(\gamma) > 0$.*

Damit muß gelten[24]

$$\left(27\gamma^3 - 54\gamma^2 + 27\gamma\right) b^2 + \left(-36\gamma^3 + 72\gamma^2 - 18\gamma - 18\right) b - 4\gamma^3 + 24\gamma^2 - 48\gamma + 32 \quad > \quad 0$$

Mit der Einschränkung $\gamma \in [0,1]$ *folgt daraus für den Parameter* b*, daß* $b < b_+(\gamma)$ *und* $b > b_-(\gamma)$*, wobei*

$$b_\pm(\gamma) \quad = \quad \frac{1}{18\gamma} \frac{12\gamma^2 - 12\gamma - 6 \pm 2\sqrt{(48\gamma^4 - 144\gamma^3 - 60\gamma + 9 + 144\gamma^2)}}{\gamma - 1} \tag{4.57}$$

Es gilt $D_1(\gamma) > 0$ *für* $\gamma \in [\frac{1}{2}, 1]$ *und* $D_1(\gamma) > 0$ *für* $\gamma \in [0, \frac{1}{2}]$ *und* $b < b_+(\gamma)$*.*[25] *Für die Wahl von* b *mit* $2 > b \geq \frac{1}{18\gamma} \frac{12\gamma^2 - 12\gamma - 6 + 2\sqrt{(48\gamma^4 - 144\gamma^3 - 60\gamma + 9 + 144\gamma^2)}}{\gamma - 1}$ *und* $\gamma \in [0, \frac{1}{2}]$ *ist zwar* $D \leq 0$*, aber für die Lösungen* $q_{1\gamma}$*,* $q_{2\gamma}$ *und* $q_{3\gamma}$ *aus C-4 (vgl. Anhang C, S. 251) gilt* $q_{2\gamma} \leq 0$*,* $q_{3\gamma} \leq 0$ *und* $q_{1\gamma} > 0$*. Da auf dem Markt keine Qualität angeboten werden kann, für die gilt* $q > 1$*, ergibt sich die Lösung damit aus (C-4a) (vgl. Anhang C, S. 251) zu*

$$\hat{q}_\gamma \quad = \quad \max\left(\min\left(\hat{q}_{1\gamma}, 1\right), 0\right) \tag{4.58}$$

Abbildung 4.8 auf der nächsten Seite veranschaulicht graphisch den damit gegebenen Unterschied zwischen der Maximalqualität, die sich aus der Maximierung der Wohlfahrt ergibt, und der Maximalqualität, die im Marktgleichgewicht gemäß (4.50) angeboten wird. Für ein vorgegebenes Vertrauensniveau γ *entspricht die für ein beliebiges Qualitätsniveau* $\hat{q}$ *erzielte Wohlfahrt der Fläche zwischen der Kurve der Funktion* $\frac{dZB}{d\hat{q}}$ *und der Kurve* K *der Kostenfunktion bis zu diesem Qualitätsniveau* $\hat{q}$*. Das Marktgleichgewicht stellt sich bei einem Qualitätsniveau* $\hat{q}^*_{VG} = \hat{q}^*(\gamma)$ *ein, wohingegen das Qualitätsniveau* $\hat{q}_\gamma$ *gemäß (4.58) die Wohlfahrt maximiert. Die Fläche* $B \cup C$ *repräsentiert den Wohlfahrtsgewinn, der durch die Erhöhung der Qualität von* q^*_{VG} *auf* $\hat{q}_\gamma$ *erzielt werden kann. Die Fläche* $A \cup B$ *repräsentiert den Wohlfahrtsgewinn, der aus der Erhöhung des Vertrauens auf das optimale Niveau* $\gamma = 1$ *resultiert, bei dem die Qualität* $\hat{q}^*_{EG}$ *angeboten wird.*

Zusammenfassend lassen sich die folgenden Schlußfolgerungen festhalten:

- Für jedes vorgegebene Vertrauensniveau führt der Marktmechanismus zu einem Angebot an Qualität, das im Vergleich zu der wohlfahrtsmaximierenden Qualität eine Unterversorgung an Qualität darstellt (vgl. Ungleichung (4.55)).

[24] Für $a = c = 1$ gilt $D_1(\gamma) = -\frac{1}{216} b\,(\gamma - 1)^3 \frac{\left(27\gamma^3 - 54\gamma^2 + 27\gamma\right)b^2 + \left(-18 - 18\gamma + 72\gamma^2 - 36\gamma^3\right)b - 4\gamma^3 + 24\gamma^2 - 48\gamma + 32}{\gamma^6 (b-2)^4}$.
[25] Dabei gilt $b_+(0) := \lim_{\gamma \to 0} b_+(\gamma) = \frac{16}{9}$.

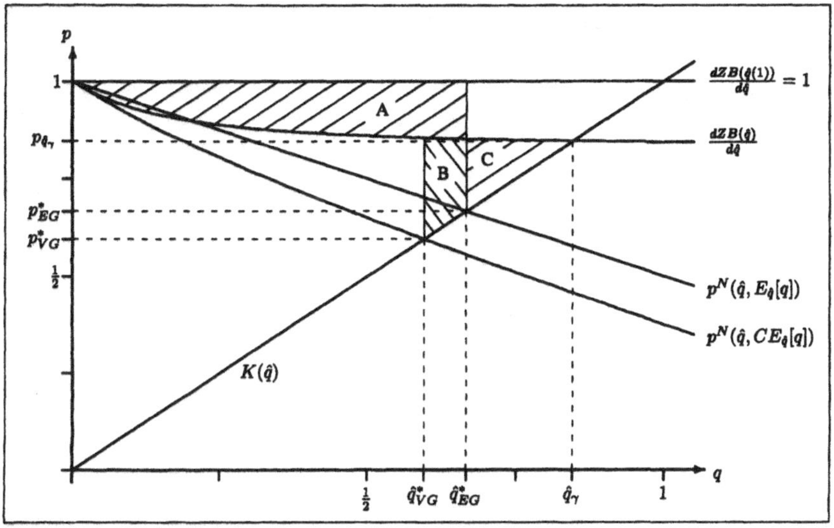

Abbildung 4.8: *Das wohlfahrtsmaximierende Qualitätsniveau auf einem Markt für ein Vertrauensgut ($a = b = c = 1, \gamma = \frac{3}{4}$)*
Die Erhöhung der Qualität von $\hat{q}^*_{VG}$ auf das wohlfahrtsmaximierende Qualitätsniveau $\hat{q}_\gamma$ führt zu einem Wohlfahrtsgewinn, der durch die Fläche $B \cup C$ repräsentiert wird. Die Fläche $A \cup B$ repräsentiert den Wohlfahrtsgewinn, der sich aus der Erhöhung des Vertrauens auf das optimale Niveau $\gamma = 1$ ergibt.
Quelle: eigene Darstellung

- Die Wohlfahrtsverluste können sowohl durch vertrauensbildende Maßnahmen ausgeglichen werden als auch durch solche Maßnahmen, die zu einer Gewährleistung einer höheren Qualität auf dem Markt führen (vgl. auch Abschnitt 2.2.1, Fußnote 37).

Ob bei einem vorgegebenen Vertrauensniveau γ die möglichen Wohlfahrtsgewinne durch die Erhöhung des Vertrauens oder durch die Gewährleistung einer höheren Maximalqualität realisiert werden sollen, kann daran gemessen werden, welche der beiden Maßnahmen insgesamt zu einer höheren Wohlfahrt führt.[26] So führt etwa eine Maßnahme zur Gewährleistung einer höheren Qualität dann zu einer höheren Wohlfahrt, wenn gilt

$$W(\hat{q}_\gamma) \quad > \quad W(\hat{q}^*(1)) \tag{4.59}$$

Sei γ_0 dasjenige Vertrauensniveau, das die Schwelle darstellt, ab der (4.59) für alle $\gamma > \gamma_0$ erfüllt ist. Das Vertrauensniveau γ_0 gibt damit an, für welche Vertrauensniveaus eine Qualitätsmaßnahme eine höhere Wohlfahrt zur Folge hat als ein vertrauensbildende Maßnahme.

[26] Dieser Bewertung der unterschiedlichen Maßnahmen liegt die Annahme zugrunde, daß beide Maßnahmen mit identischen Kosten verbunden sind.

Bei der Ermittlung von γ_0 wird im folgenden berücksichtigt, daß für das wohlfahrtsmaximierende Qualitätsniveau $\hat{q}_\gamma$ gemäß (4.51) bzw. (4.56a) die marginale Zahlungsbereitschaft der Nachfrager gleich den anfallenden Angebotskosten ist. Da die Qualität im Intervall $[0,1]$ liegt, gilt $\hat{q}_\gamma = 1$, falls die marginale Zahlungsbereitschaft für das Qualitätsniveau $\hat{q} = 1$ größer als 1 ist, d.h. falls

$$\frac{d}{d\hat{q}} ZB(\hat{q})\Big|_{\hat{q}=1} \geq 1 \tag{4.60a}$$

$$\Leftrightarrow \quad -\frac{1}{2}b\gamma^2 + \frac{3}{2}b\gamma + a - c \geq 1 \tag{4.60b}$$

Mit $\gamma_\pm = \frac{1}{2b}\left(3b \pm \sqrt{(9b^2 - 8b + 8ba - 8bc)}\right)$ gilt für das Vertrauensvieau γ, das (4.60b) erfüllt

$$\gamma \in [\gamma_-, \gamma_+] \cap [0,1] \qquad (b > \frac{8}{9} \cdot (1 + c - a)) \tag{4.61}$$

In diesem Fall ergibt sich Bedingung (4.59) zu

$$W(1) > W(\hat{q}^*(1)) \tag{4.62a}$$

$$\Longleftrightarrow \quad \gamma > \frac{1}{b} \cdot \left(\frac{4a^2(c+1)}{(b-2c-2)^2} - 2a + c + 1\right) \tag{4.62b}$$

Gilt im Gegensatz zu (4.61), daß $0 < b \leq \frac{8}{9} - \frac{8}{9}a + \frac{8}{9}c$, so folgt $\hat{q}_\gamma < 1$ und Bedingung (4.59) muß mit $\hat{q}_\gamma$ aus (C-4a) (vgl. Anhang C, S. 251) erfüllt sein.

Beispiel 4.1.1 (Fortsetzung) *Bei der Wahl der Parameter $a = c = 1$ ergibt sich der Vertrauensbereich, in dem gilt $\hat{q}^*_\gamma = 1$, gemäß (4.61) zu*

$$\gamma \in [\frac{1}{2b}\left(3b - \sqrt{(9b^2 - 8b)}\right), \frac{1}{2b}\left(3b + \sqrt{(9b^2 - 8b)}\right)] \cap [0,1] \tag{4.63}$$

für $b \geq 1$.[27] *Für $b \leq 1$ liegt die wohlfahrtsmaximierende Qualität $\hat{q}_\gamma$ im Intervall $[0,1]$. Aus (4.62b) ergibt sich damit*[28]

$$\gamma_0 := \gamma_0(b) = \frac{8}{b\,(b-4)^2} \tag{4.64}$$

Tabelle 4.1 auf der nächsten Seite und Abbildung 4.9 auf Seite 222 veranschaulichen die Abhängigkeit des Vertrauensniveaus γ_0 von der Wertschätzung b der Qualitätserwartung der Nachfrager. Die durch (4.64) gegebene Funktion für das Vertrauensniveau γ_0 hat an der Stelle $b_{min} = \frac{4}{3}$ ein Mi-

[27] Für $\frac{8}{9} \leq b < 1$ gilt $\gamma > 1$.

[28] Es gilt $\frac{1}{2b}\left(3b + \sqrt{(9b^2 - 8b)}\right) \geq \gamma_0(b) \geq \frac{1}{2b}\left(3b - \sqrt{(9b^2 - 8b)}\right)$ für $b \geq 1$, d.h. γ_0 liegt in dem Bereich, in dem die Maximalqualität gleich 1 gesetzt werden kann.

b	γ_0	$\hat{q}^*(\gamma)$	$\hat{q}_{\gamma_0}$	$\hat{q}^*(1)$	$W(\hat{q}^*(1))$
$\frac{1}{4}$	0.982	0.532	0.570	$0.5\overline{3}$	$0.28\overline{4}$
$\frac{1}{2}$	0.958	0.566	0.659	$0.\overline{571428}$	0.326
$\frac{3}{4}$	0.925	0.599	0.776	$0.\overline{615384}$	0.379
1	$0.\overline{8}$	0.632	0.938	$0.\overline{6}$	$0.\overline{4}$
$\frac{5}{4}$	0.846	0.662	1	$0.\overline{72}$	0.53
$\frac{4}{3}$	0.84375	0.677	1	0.75	0.5625
$\frac{3}{2}$	$0.85\overline{3}$	0.717	1	0.8	0.64
$\frac{7}{4}$	0.903	0.815	1	$0.\overline{8}$	0.790
2	1	1	1	1	1

Tabelle 4.1: *Das Vertrauensniveau γ_0 ($a = c = 1$)*
Für $b = \frac{4}{3}$ ergibt sich ein Minimum für γ_0.
Quelle: eigene Berechnung (Für $b < 1$ ergibt sich γ_0 aus der Lösung von (4.59); für $b \geq 1$ ist γ_0 gegeben durch (4.64))

nimum (vgl. auch Abbildung 4.9 auf der nächsten Seite). Für Wertschätzungen im Intervall $[0, b_{\min}]$ nimmt daher die Schwelle γ_0, bis zu der vertrauensbildende Maßnahmen sinnvoll sind, ab. Dies bedeutet, daß in diesem Bereich qualitätsgewährleistende Maßnahmen zur Behebung des Vertrauensproblems im Sinne einer Wohlfahrtssteigerung an Bedeutung gewinnen. Für Wertschätzungen im Intervall $[b_{\min}, 2]$ hingegen gewinnen vertrauensbildende Maßnahmen bei der Steigerung der Wohlfahrt wieder an Bedeutung. Zwar steigt die Wertschätzung der durchschnittlichen Qualität, doch die Qualität kann wegen der Einschränkung $q \in [0, 1]$ nicht auf das sich theoretisch ergebende wohlfahrtsmaximierende Niveau gesteigert werden. Daraus folgt, daß Qualitätsmaßnahmen nur auf der Grundlage eines bereits hinreichend hohen Vertrauensniveaus zu einer Steigerung der Wohlfahrt führen.

Aus der Analyse von Beispiel 4.1.1 lassen sich somit folgende Schlußfolgerungen ziehen:

- Auf Märkten für Vertrauensgüter können zwei unabhängige Maßnahmen zur Erhöhung der Sozialen Wohlfahrt unterschieden werden. Zum einen können Maßnahmen auf die Erhöhung des Vertrauens abzielen und zum anderen können Maßnahmen die Erhöhung der angebotenen Qualität zum Ziel haben.
- Ob Qualitätsmaßnahmen oder vertrauensbildende Maßnahmen zu einer höheren Wohlfahrt führen, ist von der Wertschätzung der Qualitätserwartung abhängig (vgl. Tabelle 4.1 und Abbildung 4.9 auf der nächsten Seite).
- In Abhängigkeit von der Wertschätzung der Qualitätserwartung ändert sich das Vertrauensniveau, ab dem Qualitätsmaßnahmen zu einer höheren Wohlfahrt führen als vertrau-

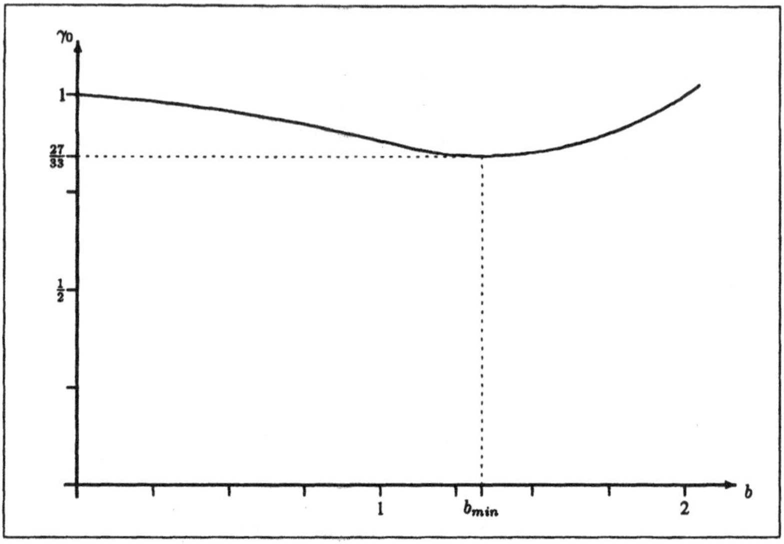

Abbildung 4.9: *Das Vertrauensniveau γ_0 ($a = c = 1$)*
Für Wertschätzungen b der Qualitätserwartung mit $b < b_{min}$ gewinnen qualitätsgewährleistende Maßnahmen an Bedeutung, während für Wertschätzungen $b > b_{min}$ vertrauensbildende Maßnahmen bedeutsam werden.
Quelle: eigene Darstellung

ensbildende Maßnahmen. Eine hohe Wertschätzung der durchschnittlichen Qualität macht daher vertrauensbildende Maßnahmen nicht überflüssig (vgl. hierzu die Ergebnisse aus Abschnitt 4.1.1, S. 210). Übersteigt nämlich die Wertschätzung einen Wert b_{min}, gewinnen die Möglichkeiten vertrauensbildender Maßnahmen im Vergleich zu Qualitätsmaßnahmen bei der Erhöhung der Wohlfahrt wieder an Bedeutung, da das Vertrauensniveau, ab dem eine Qualitätsmaßnahme zu einer höheren Wohlfahrt führt, wieder steigt.

4.1.3 Qualitätsungewißheit und ihre Folgen - Fazit

Wie im folgenden erläutert wird, zeigen die in Abschnitt 4.1.1 und 4.1.2 analysierten Modelle insgesamt, daß sich das Informationsproblem bei Vertrauensgütern grundlegend von dem Informationsproblem bei Erfahrungsgütern unterscheidet.

- Die spezifischen Ursachen für Marktversagen auf einem Markt für Vertrauensgüter unterscheiden sich von den Ursachen für Marktversagen bei Erfahrungsgütern. Nicht nur die *fehlende Informationen* über die Qualitätsverteilung kann bei Vertrauensgütern zu einem Marktversagen führen. Zusätzlich stellt die *Ambiguität der eigenen Einschätzungen* über die Qualitätsverteilung bzw. über das Vorhandensein der Vertrauenseigenschaft einen gänzlich neuen Faktor dar, der Marktversagen bewirken kann. Das über die Ambiguität der Einschätzungen zum Ausdruck gebrachte Vertrauen in die Information bedingt selbst im Falle einer objektiv gleichen Qualität eines Vertrauensgutes und eines Erfahrungsgutes eine geringere Qualitätserwartung für das Vertrauensgut. Der Vertrauenscharakter des Gutes kann daher selbst dann zu Marktversagen führen, wenn es auf einem Markt für das Erfahrungsgut zu einer Transaktion käme. Nur wenn Nachfrager volles Vertrauen in die ihnen zur Verfügung stehende Information haben, sind die Qualitätserwartungen der Nachfrager gleich, und auch die Ursachen der Informationsprobleme auf Märkten für Erfahrungs- und Vertrauensgüter sind identisch.

Kommt es nicht zu einem Marktversagen, so wird unter Qualitätsungewißheit bei Vertrauensgütern immer ein Qualitätsniveau angeboten, das geringer ausfällt als das Qualitätsniveau unter Qualitätsunsicherheit bei Erfahrungsgütern. Mit diesem geringer ausfallenden Qualitätsniveau ist darüber hinaus auch stets ein Wohlfahrtsverlust verbunden.

- Für eine Beurteilung von Informationsmaßnahmen, die das Informationsproblem beheben sollen, ist dessen unterschiedliche Ausprägung bei Erfahrungs- und Vertrauensgütern von zentraler Bedeutung.

  Ordnungspolitische Maßnahmen konzentrieren sich vornehmlich auf solche Mittel, die zu einer direkten Bereitstellung von Informationen führen (vgl. Abschnitt 1.4.2). Den Nachfragern sollen damit die Informationen an die Hand gegeben werden, die es ihnen ermöglichen sollen, die auf dem Markt angebotenen Qualitätsniveaus voneinander zu unterscheiden. Die Wirksamkeit solcher Maßnahmen, ein drohendes Marktversagen unterbinden zu können, basiert dabei auf der Annahme, daß ein Marktversagen (im Sinne der Adversen Selektion) durch eine von den Nachfragern falsch eingeschätzte Qualitätsverteilung bestimmt wird. Mit der zur Verfügung gestellten Informationen sollen die Nachfrager gemäß dieser Annahme in der Lage sein, die wahre Qualitätsverteilung abzuleiten, wodurch ein Marktversagen unterbunden wird.

  Wie dies im konkreten Einzelfall aussieht, kann besonders am Beispiel der BSE-Krise des Rindfleischmarktes veranschaulicht werden. So betrug in den Jahren 1991 bis 1995[29] der Anteil britischen Rindfleischs an den deutschen Gesamtimporten maximal 0,57%, was einem Gesamtanteil am Rindfleischverbrauch von 0,15% entsprach.[30] Bei Kenntnis dieser Größenverhältnisse wäre nicht von einem BSE-Problem in Deutschland auszugehen. Das Informationsproblem, wie es in der Einleitung anhand der BSE-Problematik geschildert wurde, könnte somit durch die Bekanntgabe der Qualitätsverteilung gelöst werden,[31] falls im Hin-

[29] Im Jahr 1996 verfügte die EU ein Exportverbot für britisches Rindfleisch (vgl. EUROPÄISCHE UNION [1996]).
[30] eigene Berechnung; vgl. SCHLINDWEIN ET AL. [1995], SCHLINDWEIN ET AL. [1996]
[31] Die Qualitätsverteilung entspricht in diesem Fall den Anteilen britischen Rindfleischs am Import bzw. Verbrauch.

blick auf BSE die Qualität von Rindfleisch Erfahrungscharakter aufweisen würde: Mittels einer entsprechenden Regelung über die Angabe der Herkunft von Rindfleisch könnten die Nachfrager über die bloße Kenntnis der Herkunft ableiten, ob das Fleisch frei von BSE ist oder nicht. So nahm auch tatsächlich die EU die Situation auf dem Rindfleischmarkt zum Anlaß, ein System zur Kennzeichnung und Registrierung von hochwertigem Rindfleisch und Rindfleischerzeugnissen zu etablieren.[32] Zusammen mit der Verordnung (EG) Nr. 2071/98 des Rates vom 28. September 1998 über Informationskampagnen über die Kennzeichnung von Rindfleisch,[33] die die Unterrichtung des Verbrauchers über die Etikettierungsregelung festlegt, ist ein solches Informationsinstrumentarium in der Tat gegeben. Da es sich aber bei der Herkunft prinzipiell um eine Vertrauenseigenschaft handelt, folgt aus der obigen Analyse, daß die bloße Bekanntgabe der Herkunft nicht zwangsläufig ausreicht, um dem Problem der Adversen Selektion entgegenzuwirken (vgl. Abschnitt 4.1.1, S. 204f). Denn selbst wenn durch entsprechende Kennzeichnung sichtbar wäre, daß nur noch Fleisch angeboten wird, das aus vermeintlich gesicherten Viehbeständen stammt, könnte das mangelnde Vertrauen in die Korrektheit der Deklaration trotzdem zu einem Marktversagen durch Adverse Selektion führen.

Informationen als solche, die dem Nachfrager zusätzlich zur Verfügung gestellt werden, führen demnach nicht zwangsläufig zu einer Verbesserung der Marktsituation. Nachfrager werden Informationen nur in dem Maße zur Beurteilung von Gütern heranziehen, wie sie die übermittelnde Informationsquelle als glaubwürdig erachten (vgl. auch Abschnitt 2.4.1, S. 124f). Je nach Art der Informationsquelle werden zur Verfügung gestellte Informationen allein nicht ausreichen, um dem Informationsproblem selbst begegnen zu können. Die mögliche Wirkung von direkt übermittelten Informationen muß daher stets im Kontext von Maßnahmen gesehen werden, die über die reine Informationsbereitstellung hinausgehen und auch auf die Förderung des Vertrauens in die Informationsquelle abzielen. Dieser Aspekt wird aber in den von der EU verordneten Richtlinien nicht erfüllt, da es sich dabei lediglich um Maßnahmen zur Etikettierung (d.h. eine reine Informationsbereitstellung) handelt, über die der Nachfrager informiert wird.[34]

Auch wenn davon ausgegangen wird, daß die Herkunftskennzeichnung tatsächlich mit der Gewährleistung von BSE-freiem Rindfleisch verbunden ist und damit auf einer Qualitätsmaßnahme beruht, dient eine solche Maßnahme nur eingeschränkt einer Wohlfahrtssteigerung (vgl. Abschnitt 4.1.1, 220f). Wie gezeigt werden konnte, ist eine Qualitätsmaßnahme

[32] vgl. Verordnung (EG) Nr. 820/97 des Rates zur Einführung eines Systems zur Kennzeichnung und Registrierung von Rindern und über die Etikettierung von Rindfleisch und Rindfleischerzeugnissen (vgl. EUROPÄISCHE UNION [1997])

[33] vgl. EUROPÄISCHE UNION [1998]

[34] Die im Rahmen dieser Arbeit im Vordergrund stehende formale Analyse der Vertrauensproblematik bei der Information von Konsumenten wird in ihren hier aufgezeigten Ursachen und ihren Konsequenzen auf den Lebensmittelbereich ausführlich in BENNER [2001] diskutiert.

einer vertrauensbildenden Maßnahme nämlich nur dann überlegen, wenn das Vertrauen, das die Nachfrager den mit der Maßnahme verbundenen Qualitätsinformationen entgegenbringen, hinreichend hoch ist. Ansonsten ist auch hier die Konzentration auf vertrauensbildende Maßnahmen notwendig. In diesem Sinne kann daher nicht generell davon die Rede sein, daß sich Qualitätsmaßnahmen und solche Informationsmaßnahmen gegenseitig ersetzen können (vgl. Abschnitt 1.4.2, S. 32).

Darüber hinaus bleibt auch der Vertrauenswert, den der Nachfrager der Herkunft als Indikator für die Qualität des Fleischs zuschreibt (vgl. Abschnitt 2.4.1, S. 125), von der bloßen Bereitstellung der Information über die Herkunft unberührt. Ohne zusätzliche Maßnahmen, die über die Informationsbereitstellung hinaus gehen und die es dem Nachfrager ermöglichen die relevanten Zusammenhänge zwischen Herkunft und Qualität zu erfahren, wird sein Mißtrauen in die Qualität von Rindfleisch nicht durch Herkunftskennzeichnungen beseitigt.

Zur Schaffung von Vertrauen können hier die Anbieter selbst beitragen. So ist es bspw. für Anbieter mit regional begrenzten Absatzgebieten möglich, eine enge Bindung zwischen Anbieter und Nachfrager herzustellen, indem ein persönlicher Kontakt zu den Nachfragern geschaffen wird. Wie es bereits landwirtschaftliche Betriebe tun, die ihren Hof für ihre Kunden öffnen und somit die Transparenz ihrer Produktion herstellen („gläserne Produktion"), können sich Anbieter allgemein an die Nachfrager wenden und damit eine Vertrauensbasis schaffen. Allerdings bleibt offen, ob auf Massenmärkten Maßnahmen, die bspw. die Möglichkeit zu regelmäßigen Unternehmensbesuchen für ausgewählte Konsumenten bieten,[35] einen ähnlichen Effekt erzielen können. Hier fehlt dem überwiegenden Teil der Konsumenten prinzipiell das Moment der unmittelbaren Erfahrung, das für den Aufbau von Vertrauen notwendig ist.

4.2 Signaling bei Vertrauensgütern

Bereits in Abschnitt 2.3.1 wurde auf der Grundlage von theoretischen Ansätzen analysiert, inwieweit marktendogene Signalaktivitäten eine Verbesserung der Informationssituation bei Vertrauensgütern darstellen. Die Vertrauensproblematik konnte in den betrachteten Ansätzen nur indirekt berücksichtigt werden, indem einerseits davon ausgegangen wurde, daß Signale im Sinne von *Cheap Talk* ohne Folgekosten für den Anbieter bleiben, und andererseits Aktivitäten, die nicht ausdrücklich Informationsaktivitäten des Anbieters darstellen, als Signale interpretiert wurden. Durch die eingeführte entscheidungstheoretische Kategorisierung der gütertypspezifischen Informationssituationen ist nun eine explizite Berücksichtigung des Vertrauensaspekts möglich. Auf der Basis des Signaling-Ansatzes kann damit untersucht werden, inwiefern Marktsignale Informationen

[35] vgl. KAAS [1992], *S. 481*

übermitteln und auf einem Markt für Vertrauensgüter zur Überwindung des Informations- und Vertrauensproblems beitragen, d.h. unter welchen Umständen Marktsignale in der spieltheoretischen Formulierung der Informationssituation ein trennendes Gleichgewicht etablieren können.

Für die Analyse der Signalaktivitäten ist die Betrachtung solcher Situationen ausreichend, in denen Signale direkt vom Sender zum Empfänger übermittelt werden, da durch das Dazwischenschalten einer dritten Instanz das eigentliche Informationsproblem lediglich auf diese dritte Instanz verlagert wird (vgl. Abschnitt 2.3.2). Daher steht die Analyse direkter Signalaktivitäten im Vordergrund, die im folgenden exemplarisch anhand von Werbung als Signal durchgeführt wird.

4.2.1 Werbung als Signal für ein Vertrauensgut

Der Ausgangspunkt der Analyse ist das Modell von MILGROM UND ROBERTS [1986], das die Signalwirkung von Werbung für ein Erfahrungsgut analysiert (vgl. Abschnitt 2.2.2, S. 75f). Werbung ist in diesem Modell ein Signal, das ein trennendes Gleichgewicht etablieren kann. Eine wesentliche Annahme des Modells besteht darin, daß der Erlös des Anbieters von der Einschätzung ρ abhängt, mit der der Nachfrager den Anbieter für einen Anbieter hoher Qualität hält. Die Erweiterung des Modells auf Vertrauensgüter, d.h. die Berücksichtigung von Unsicherheit bezüglich der Einschätzungen über die Qualitätsverteilung, wird in der Analyse ermöglicht, indem diese Glaubenseinschätzungen über die bereitgestellte Vertrauenseigenschaft durch nicht-additive Wahrscheinlichkeiten repräsentiert werden. Analog zu den Voraussetzungen bei der Modellierung der Adversen Selektion unter Qualitätsungewißheit werden auch hier die Glaubenseinschätzungen durch eine einfache Kapazität mit Vertrauensparameter γ repräsentiert (vgl. Abschnitt 4.1, S. 194). Damit basieren auch hier die Einschätzungen in einem möglichen Gleichgewicht auf den Verteilungsstrategien π, die sich aus den Einschätzungen im Spiel mit additiven Wahrscheinlichkeiten ergeben.

Das Modell

Entsprechend der Modellierung für ein Erfahrungsgut wird ein Markt betrachtet, auf dem ein Anbieter ein Gut anbietet, dessen Qualität q entweder hoch (H) oder niedrig (L) ist. Als einzig zugängliche Information steht dem Nachfrager die Wahrscheinlichkeit zur Verfügung, mit der ein Gut von hoher Qualität (q_H) bzw. von niedriger Qualität (q_L) ist.[36] Wegen des Vertrauenscharakters sind diese Wahrscheinlichkeiten mit Ambiguität behaftet, die durch den Vertrauensparameter γ der einfachen Kapazität repräsentiert wird. Der Anbieter fordert einen Preis p und investiert w in die Werbung. Der Nachfrager beobachtet ausschließlich die Preisforderung und die Werbeausgaben und bildet die Einschätzung $\rho = \rho(p, w)$, daß es sich bei dem Anbieter um einen Anbietertyp hoher Qualität handelt. Der Erlös des Anbieters ist durch $U(p, q, \rho)$ gegeben, und es gilt $\frac{\partial}{\partial \rho}U(p, q, \rho) > 0$,

[36] Diese Wahrscheinlichkeiten entsprechen den Wahrscheinlichkeiten, gemäß der die Natur die Anbietertypen festlegt.

d.h. der Erlös ist steigend in ρ. Der Gewinn des Anbieters ist damit gegeben durch $U(p,q,\rho) - w$, und entsprechend dem Erlös steigt auch der Gewinn mit steigender Einschätzung ρ, daß es sich um einen Anbietertyp hoher Qualität handelt. Kennt der Nachfrager die wahre Qualität, ist es für den Anbieter optimal, nicht in Werbung zu investieren, und die Preise p_H^H bzw. p_L^L als Maximalstellen der Erlösfunktionen unter vollständiger Information ($U(p,H,1)$ bzw. $U(p,L,0)$) zu fordern. Unter unvollständiger Information ist eine Fehleinschätzung der Qualität möglich. In diesem Fall maximieren die Preise p_L^H bzw. p_H^L die Erlösfunktionen unter unvollständiger Information ($U(p,H,0)$ bzw. $U(p,L,1)$).

Die Gleichgewichtsbedingungen

Die für die Analyse der Gleichgewichtsbedingungen entscheidenden Glaubenseinschätzungen des Nachfragers über das Verhalten des Anbieters und die bereitgestellte Qualität seien durch die einfache Kapazität ν^1 gegeben, wobei ν^1 entsprechend (4.1) definiert ist (vgl. S. 194).

Der Preis und die Werbung übermitteln genau dann Informationen, die dem Nachfrager die Unterscheidung der Qualitätsniveaus bzw. Anbietertypen ermöglicht, wenn sie ein trennendes Gleichgewicht etablieren. Für die Ermittlung der Gleichgewichtsbedingungen sind die Einschätzungen $\rho(p,w)$ in einem solchen Gleichgewicht notwendig. Mit der trennenden Gleichgewichtsstrategie π aus dem Spiel in additiven Wahrscheinlichkeiten (vgl. Abschnitt 2.2.2, S. 75) ergibt sich die Einschätzung $\rho(p,w)$ in einem trennenden Gleichgewicht unter Ambiguität zunächst zu

$$
\begin{aligned}
\rho(p,w) &= \frac{\nu^1\left(((p,w),H) \cup \neg(p,w)\right) - \nu^1(\neg(p,w))}{1-\nu^1(\neg(p,w))} \\
&= \frac{\gamma\cdot\pi\left(((p,w),H) \cup \neg(p,w)\right) - \gamma\cdot\pi(\neg(p,w))}{1-\gamma\cdot\pi(\neg(p,w))} \\
&= \frac{\gamma\cdot\pi\left((p,w),H\right)}{1-\gamma\cdot\pi(\neg(p,w))} \qquad (4.65)
\end{aligned}
$$

(4.66)

Da die unterschiedlichen Typen in einem trennenden Gleichgewicht unterschiedliche Strategien (p_H, w_H) bzw. (p_L, w_L) mit $(p_H, w_H) \neq (p_L, w_L)$ spielen, gilt für die zur Ermittlung der revidierten Glaubenseinschätzung ρ benötigten Gleichgewichtsstrategien im Spiel mit additiven Wahrscheinlichkeiten, daß $b_H^*((p_H, w_H)) = 1$ bzw. $b_H^*((p_L, w_L)) = 0$. Damit folgt

$$
\pi\left((p_H, w_H), H\right) = b_H^*\left((p_H, w_H)\right)\cdot q_H = q_H \qquad (4.67a)
$$

$$
\pi\left((p_L, w_L), H\right) = b_H^*\left((p_L, w_L)\right)\cdot q_L = 0 \qquad (4.67b)
$$

Mit $(\hat{p}, \hat{w}) := \{(p,w) \in I\!R \times I\!R : (p,w) \neq (p_H, w_H)\}$ folgt weiterhin

$$
\pi\left(\neg(p_H, w_H)\right) = q_L \qquad (4.68)
$$

Damit ergeben sich insgesamt folgende Einschätzungen

$$\rho_\gamma := \rho(p,w) \;=\; \begin{cases} \dfrac{\gamma \cdot q_H}{1-\gamma \cdot q_L} & \text{falls} \quad (p,w) = (p_H, w_H) \\ 0 & \text{sonst} \end{cases} \tag{4.69}$$

Der Nachfrager kann gemäß (4.69) zwar anhand des Signals zwischen den beiden Anbietertypen unterscheiden, doch führt das mangelnde Vertrauen in die Ausgangswahrscheinlichkeiten dazu, daß stets Unsicherheit bestehen bleibt, ob der Anbietertyp das dem Signal entsprechende Angebot auch tatsächlich bereitstellt. Beobachtet der Nachfrager eine Preis-Werbungskombination (p_H, w_H), so hält er im Gegensatz zur entsprechenden Situation bei Erfahrungsgütern, d.h. unter vollem Vertrauen, keine Einschätzung $\rho = 1$, sondern lediglich eine Einschätzung ρ_γ für die gilt $\rho_\gamma = \frac{\gamma \cdot q_H}{1-\gamma \cdot q_L} \leq 1$. Nur falls gilt $\gamma = 1$, gilt auch $\rho_\gamma = 1$.

Die für die Formulierung der Gleichgewichtsbedingungen benötigte Erlösfunktion $U(p,q,\rho)$ ist steigend in der Einschätzung ρ, d.h. $\frac{\partial}{\partial \rho} U(p,q,\rho) > 0$, und es gilt

$$U(p_H, H, \rho_\gamma) \;\leq\; U(p_H, H, \rho_\gamma = 1) \quad \text{(additiver Fall)} \tag{4.70a}$$

$$U(p_H, L, \rho_\gamma) \;\leq\; U(p_H, L, \rho_\gamma = 1) \tag{4.70b}$$

Daraus ergibt sich gemäß (2.43c) (vgl. S. 77) die notwendige Bedingung für ein trennendes Gleichgewicht unter Ambiguität zu

$$U(p_H, H, \rho_\gamma) - U(p_L^H, H, 0) \;\geq\; w_H \;\geq\; U(p_H, L, \rho_\gamma) - U(p_L^L, L, 0) \tag{4.71}$$

Zusammen mit (4.70) fordert die Bedingung (4.71) somit, daß der Anbieter für eine Trennung der Qualitätsstufen eines Vertrauensgutes einen geringeren Werbeaufwand betreiben muß als für ein entsprechendes Erfahrungsgut.[37] Nur wenn der Nachfrager volles Vertrauen in seine Qualitätseinschätzungen hat, entspricht die Gleichgewichtsbedingung (4.71) der Bedingung (2.43c) für Erfahrungsgüter.

Allerdings existiert wegen $\frac{d\rho(\gamma)}{d\gamma} = \frac{q_H}{(1-\gamma(q_L))^2} > 0$ eine untere Grenze $\rho_H^0(\gamma)$, für die gilt $U(p_H, H, \rho_H^0) - U(p_L^H, H, 0) = 0$. Für ein Vertrauensniveau γ mit $\rho(\gamma) < \rho_H^0$ existiert daher für keine Preisforderung p_H ein (positiver) Werbeaufwand, der hohe Qualität signalisieren kann. Umgekehrt bedeutet dies nichts anderes, als daß Werbung nur dann hohe Qualität signalisiert, wenn mit dem Vertrauen γ, das der Nachfrager in die Qualitätsinformation hat, gilt

$$\rho(\gamma) \;\geq\; \rho_H^0 \tag{4.72}$$

Für die Wirksamkeit von Werbung als Signal muß daher das Vertrauen hinreichend hoch sein.

[37] Für die Rolle der Glaubwürdigkeit des Senders von Signalen vgl. Abschnitt 2.4.1, S. 131 und S. 129

4.2.2 Signaling bei Vertrauensgütern - Fazit

Der durch die Gleichgewichtsbedingung (4.71) gegebene Zusammenhang zwischen Signalwirkung und dem Vertrauen in die Glaubenseinschätzungen des Nachfragers zeigt die Unterschiede im Einsatz von Signalen bei Erfahrungs- und Vertrauensgütern auf.

- Bei Vertrauensgütern hängt der Einfluß der Signalaktivitäten auf die Kaufbereitschaft in einem besonderen Maße von dem Vertrauen der Nachfrager ab, anhand des Signals überhaupt auf die Qualität des Gutes schließen zu können. Während die Analyse zeigt, daß bei Erfahrungsgütern der Vertrauenswert (vgl. Abschnitt 2.4.1, S. 122) eines Signals keine Bedeutung hat ($\gamma = 1$), hängt die Signalwirkung bei Vertrauensgütern von der Höhe des Vertrauenswerts ab. An diesem Zusammenhang müssen sich die Signalaktivitäten eines Anbieters orientieren, wenn Signalaktivitäten auch bei Vertrauensgütern die Information zur Überwindung der Informationsasymmetrie bereitstellen sollen. Nur bei einem hinreichend hohen Vertrauenswert (vgl. (4.72), S. 228) besteht weiterhin überhaupt die Möglichkeit, hohe Qualität signalisieren zu können. Ist das Vertrauen zu gering, fehlt einem Anbieter hoher Qualität somit diese Möglichkeit, sich gegenüber Anbietern niedriger Qualität abgrenzen zu können. Der im Analysebeispiel mit geringeren Kosten verbundene Werbeaufwand, der ein trennendes Gleichgewicht etablieren könnte, kann in einem solchen Fall auch von Anbietern niedrigerer Qualität realisiert werden, und eine Trennung ist nicht mehr möglich.

- Die abgeleitete Gleichgewichtsbedingung hängt vom Wissen der Nachfrager über die vorhandene Qualitätsverteilung ab (vgl. (4.71), S. 228). Der Einfluß der Glaubwürdigkeit dieser Information auf die Wirkung von Signalaktivitäten entspricht den Ergebnissen der von Boulding und Kirmani [1993] durchgeführten Experimente (vgl. Abschnitt 2.3.1, S. 131), und macht sie einer entscheidungstheoretischen Analyse zugänglich. So ließ in ihren Experimenten die Signalwirkung von Garantien mit einem steigenden Werbeaufwand nach, wenn es sich um einen Anbieter handelte, dem die Konsumenten kein Vertrauen bei der Bereitstellung des Gutes entgegenbrachten. Dies entspricht gerade der Bedingung (4.71), nach der ein hoher Werbeaufwand nur dann ein trennendes Gleichgewicht herbeiführt, wenn das Vertrauen der Nachfrager entsprechend hoch ist.

  Darüber hinaus fügt der abgeleitet Zusammenhang zwischen Signalwirkung und Vertrauen auch den Ergebnissen von Kirmani und Wright [1989] einen entscheidungstheoretischen Erklärungsaspekt hinzu (vgl. Abschnitt 2.4.1, S. 129). In ihren Untersuchungen führte ein erhöhter Werbeaufwand nicht zwangsläufig zu einer Wahrnehmung hoher Qualität seitens der Nachfrager. Nach dem im Rahmen dieser Arbeit formal abgeleiteten Ergebnis werden zwei Aspekte dieses Sachverhaltes deutlich. Einerseits liegt die Ursache für dieses Verhalten der Nachfrager darin, daß der Werbetreibende das Vertrauen, das die Nachfrager in ihn setzen, überschätzt und daher seinen Werbeaufwand nicht entsprechend anpaßt: Bei einem geringen Vertrauen ist eine entsprechende Verringerung des Werbeaufwands für eine Signalwirkung notwendig. Das zeigt aber andererseits, daß eine Signalwirkung auch bei einem mangelnden Vertrauen nicht generell ausgeschlossen ist. Solange das Vertrauen, das der Anbieter bei den Nachfrager genießt, hinreichend groß ist, und der Anbieter den Werbeaufwand entsprechend diesem Vertrauen wählen kann, kann er sich auch gegenüber anderen Anbietern abgrenzen.

- Die formale Analyse macht insbesondere deutlich, daß ein Signal immer über das bereits aufgebaute Vertrauen in die Informationen Einfluß auf die Beurteilung der Eigenschaft nimmt. Dies bedeutet, daß ein Signal nicht Information übermitteln und gleichzeitig die Aufgabe übernehmen kann, Vertrauen in die Information aufzubauen. Das Signal stellt in diesem Sinne keine zusätzliche Information dar, die eine Neubewertung bereits vorhandener Information (bspw. über die Qualitätsverteilung) zuläßt bzw. das Vertrauen in diese vorhandene Information beeinflußt. Vertrauensbildende Maßnahmen, mit denen die Wirkung des Signals beeinflußt werden soll, müssen daher grundsätzlich über *zusätzliche* Aktivitäten aufgebaut werden und sind unabhängig vom eigentlichen Signal zu betrachten.

  Eine solche Aktivität kann bspw. aus dem Zusammenschluß von Anbietern zu einer Produktionsgemeinschaft bestehen, in der sich die einzelnen Anbieter gegenseitig auf die Einhaltung bestimmter Produktionsrichtlinien und Produktionsstandards verpflichten und sich gegenseitig kontrollieren. Durch die Verwendung von Gütesiegeln, wie sie bspw. im ökologischen Landbau benutzt werden, kann so - über das damit generell verfolgte Ziel der Absatzförderung hinaus - beim Nachfrager das benötigte Vertrauen in die mit einem Gütesiegel als Signal bereitgestellte Information geschaffen werden.

  Für die generelle Bewertung von Werbemaßnahmen, die bspw. wie die EU-geförderten Werbekampagne gemäß die Verordnung (EWG) Nr. 2067/92 des Rates vom 30. Juni 1992 über Maßnahmen zur Förderung des Absatzes und des Verbrauchs von hochwertigem Rindfleisch[38] das Vertrauen der Nachfrager in die Qualität von Rindfleisch zurückgewinnen sollen, folgen aus den Ergebnissen ähnliche Konsequenzen wie bei der Bewertung der Herkunftskennzeichnung (vgl. Abschnitt 4.1.3, S. 223f). Im Lichte der Analyse kann eine solche Werbekampagne das beabsichtigte Ziel, das Vertrauen der Nachfrager in Rindfleisch wieder herzustellen, nicht erreichen. Diese Aktivitäten berücksichtigen nämlich nicht, daß Vertrauen und Information getrennt zu betrachten sind, und versuchen das Vertrauen stets ausschließlich über den Informationsgehalt der Werbung aufzubauen. Die Wirkung der damit bereitgestellten Information ist aber an das davon unabhängige Vertrauen in den Werbetreibenden gebunden, so daß die Wirkung der Werbekampagne selbst von diesem Vertrauen abhängig

[38]vgl. EUROPÄISCHE UNION [1992]

ist. Es ist daher fraglich, ob die EU-geförderten Werbekampagnen zur Wiederherstellung von Vertrauen überhaupt einen Nutzen haben können. Um die beabsichtigte Zielsetzung zu erreichen, müssen in Abgrenzung zu Werbekampagnen daher grundsätzlich umfassendere Informationskampagnen eingesetzt werden, die neutrale Information auf eine klare und eindeutige Weise vermitteln können.[39]

[39] Für eine umfassende Analyse der Anforderungen an solche Informationskampagnen und die sich daraus ergebenden Wirkungen vgl. BENNER [2001]

5 Resümee

Den Ausgangspunkt der Arbeit bildete die für Nachfrager bei vielen Gütern anzutreffende Schwierigkeit, die Qualität eines Gutes umfassend beurteilen zu können. Im Vordergrund standen dabei jene Güter, bei denen Nachfrager weder *vor* noch *nach* einer Transaktion in der Lage sind, die dafür relevanten Eigenschaften *selbst* beurteilen zu können, wie bspw. die Herkunft von Lebensmitteln aus ökologischer Produktion.

Während das Marketing und die konsumentenorientierte Verhaltensforschung das sich daraus ergebende Informationsproblem in ihren Modellansätzen berücksichtigen, fehlen mikroökonomische Modellansätze, die die grundlegenden Aspekte des damit gegebenen Informationsproblems aufgreifen. Die Zielsetzung der Arbeit bestand daher in der Entwicklung eines solchen modelltheoretischen Rahmens zur formalen Analyse dieses Informationsproblems, um auf dieser Basis sich ergebende Konsequenzen für das Marktgeschehen abzuleiten.

Hierzu war es zunächst notwendig, das erkannte Informationsproblem in einen theoretischen Begriffsrahmen einzuordnen und darzustellen. Innerhalb dieses Begriffsrahmens konnte die Besonderheit des Informationsproblems herausgestellt und gegenüber anderen Informationssituationen abgegrenzt werden. Im Hinblick auf die Analyse dieses Informationsproblems galt es im Anschluß zu untersuchen, inwiefern bereits mit bestehenden Modellansätzen ein geeigneter Analyserahmen gegeben ist. Diese theoretische Grundlage ermöglichte es dann, die charakteristischen Aspekte des Problems zu operationalisieren und sich daraus ergebende Konsequenzen für das Marktgeschehen aufzuzeigen.

Der informationsökonomische Analyserahmen

Als theoretischer Begriffsrahmen wurde im **ersten Kapitel** die Informationsökonomie zugrunde gelegt (vgl. Abschnitt 1.1). Ein Ausgangspunkt des informationsökonomischen Ansatzes ist, Transaktionen aus der Perspektive der ihnen zugrundeliegenden asymmetrischen Informationsverteilung zwischen den Transaktionspartnern zu analysieren.

Je nach Zeitpunkt und Umfang der Möglichkeit, eine bestehende Informationsasymmetrie abzubauen, werden Gütereigenschaften gemäß der auf NELSON [1970], NELSON [1974] und DARBY UND KARNI [1973] zurückgehenden Typologie als Such-, Erfahrungs- oder Vertrauenseigenschaften charakterisiert (vgl. Abschnitt 1.2.1). Gemäß dieser Typologie kann auf die drei Gütertypen Such-, Erfahrungs- bzw. Vertrauensgüter geschlossen werden, die als *idealtypische* Repräsentanten von Gütern mit Such-, Erfahrungs- bzw. Vertrauenseigenschaften aufgefaßt werden. Wie die Analyse empirischer Studien zeigte, können damit die tatsächlichen Einschätzungen von Konsumenten über das Ausmaß der Informationsasymmetrie bei einem Güterkauf grundsätzlich erfaßt werden (vgl. Abschnitt 1.2.2). Entsprechend dieser Typologie tritt die in der Arbeit im Vordergrund stehende Informationssituation, in der weder *vor* noch *nach* einem Güterkauf eine Beurteilung möglich ist, bei Gütern mit Vertrauenseigenschaften auf, die ihrerseits je nach Zustandekommen der Informationssituation als *gebündelte, versteckte, standardisierte* und *stochastische* Vertrauenseigenschaften charakterisiert werden können (vgl. Abschnitt 1.2.1, S. 14f).

Vor dem Hintergrund der verschiedenen Gütertypen konnten die Informationsprobleme bei einem Güterkauf identifiziert und begrifflich gegeneinander abgegrenzt werden: Während Suchgüter zum Problem der optimalen *Informationssuche* führen, ergibt sich bei Erfahrungsgütern das Problem der *Qualitätsunsicherheit.* Zur Charakterisierung des mit Vertrauensgütern verbundenen Informationsproblems wurde der Begriff der *Qualitätsungewißheit* in Abgrenzung zum Begriff der Qualitätsunsicherheit neu in die informationsökonomische Diskussion eingeführt, da das damit erfaßte Problem in der informationsökonomischen Literatur in seiner Besonderheit bislang nicht berücksichtigt wird. Vertrauensgüter werden in der Literatur vornehmlich unter dem alleinigen Aspekt der *Informationsbeschaffung* betrachtet, wie es bspw. bei der Interpretation von Vertrauensgütern als Expertendienstleistungen der Fall ist, bei denen ein Experte sowohl den Umfang der Leistung bestimmt als auch die Leistung selbst durchführt (WOLINSKY [1995], EMONS [1996], EMONS [1997]). Neben dem eigentlichen Informationsproblem existiert bei Vertrauensgütern aber auch ein spezifisches *Vertrauensproblem*: Ohne die Möglichkeit der eigenen Überprüfung von zur Verfügung stehender Information muß das Vertrauen in die Wahrhaftigkeit der Information die eigene Verifikation ersetzen. Qualitätsungewißheit kennzeichnet demnach solche Informationssituationen, in denen Nachfrager die für sie relevanten Informationen nicht selbst beurteilen können und sie daher auf deren Richtigkeit vertrauen müssen.

Anhand der informationsökonomischen Typologie konnte daher das im Rahmen dieser Arbeit betrachtete Informationsproblem als das Problem der **Qualitätsungewißheit bei Gütern mit Vertrauenseigenschaften** identifiziert und in den Zusammenhang der Informationsökonomie gestellt werden.

In Hinblick auf die formale Analyse der Qualitätsungewißheit bei Vertrauensgütern rückten mit der erfolgten Problemidentifikation diejenigen Möglichkeiten in den Vordergrund, die in der Informationsökonomie generell zur Analyse von Informationsproblemen herangezogen werden. Die Informationsökonomie orientiert sich dabei an Aktivitäten der Informationsermittlung und des Informationstransfers (vgl. Abschnitt 1.4), und es können marktendogene Informationsaktivitäten von ordnungspolitischen Informationsaktivitäten des Staates unterschieden werden. Die marktendogenen Aktivitäten Screening und Signaling unterscheiden sich dadurch, welche Marktseite einen Informationstransfer initiiert. Es wurde herausgearbeitet, daß beide Aktivitäten zum einen eng an die Erfahrungsmöglichkeiten der Nachfrager gebunden sind (vgl. Abschnitt 1.4.1) und zum anderen im Rahmen der Spieltheorie als Spiel mit unvollständiger Information formalisiert werden können (vgl. Abschnitt 1.5). Unter die ordnungspolitischen Informationsaktivitäten fallen sowohl Instrumente, die sich ausdrücklich auf die aktive Bereitstellung derjenigen Information beziehen, die die Informationsmängel beseitigen sollen (Einführung von Informationspflichten, Bereitstellung von Information), als auch staatliche Regulierungsmaßnahmen (Standards, Garantie- und Haftungsregelungen), die indirekt Einfluß auf die Eigenschaften der bereitgestellten Güter nehmen und so Informationsasymmetrien schon im Vorfeld einer Transaktion beseitigen sollen (vgl. Abschnitt 1.4.2).

Informationsprobleme auf Gütermärkten

Im **zweiten Kapitel** wurde im Hinblick auf die Analyse der Qualitätsungewißheit bei Vertrauensgütern überprüft, inwiefern bestehende Modellansätze herangezogen werden können, um die gütertypspezifischen Informationsprobleme und deren Möglichkeiten der Überwindung zu analysieren.

Bei Suchgütern können sich die Nachfrager bereits vor dem Kauf durch bloße Inspektion des Gutes die benötigte Information beschaffen und so ihr Informationsdefizit prinzipiell durch Screening beheben. Berücksichtigt man allerdings, daß die Informationsbeschaffung mit Kosten verbunden ist, wird sich ein rational verhaltender Nachfrager nur in dem Umfang Informationen beschaffen, in dem die (steigenden) Grenzkosten der Informationsbeschaffung den (sinkenden) Grenznutzen der Information nicht übersteigen. Wie der Überblick über die Ergebnisse der auf STIGLER [1961] zurückgehenden Suchkostenansätze zeigte (vgl. Abschnitt 2.1), liegt der Hauptaspekt des Informationsproblems bei Suchgütern auf der Seite der Anbieter in der Bereitstellung der nachgefragten Eigenschaft bzw. Qualität. Es verbleibt in diesem Fall lediglich ein solches Entscheidungs- und Informationsproblem, das nicht durch anfangs ungleich verteilte Information hervorgerufen wird, sondern stets ein Problem der Suchkosten darstellt.

Erfahrungsgüter können vor einem Kauf prinzipiell nicht beurteilt werden. Das eigentliche Problem asymmetrisch verteilter Information tritt somit in den Vordergrund und nimmt Einfluß auf das Marktgeschehen. Von zentraler Bedeutung ist hier das Phänomen der Adversen Selektion, wie es AKERLOF [1970] in seinem *„lemons model"* des Gebrauchtwagenmarktes beschrieben hat. Die formale Analyse der Adversen Selektion anhand eines spieltheoretischen Modells zeigte, daß Qualitätsunsicherheit dann zu Marktversagen führen kann, wenn keine zusätzlichen Informationsmöglichkeiten zur Verfügung stehen (vgl. Abschnitt 2.2.1, S. 55ff). Die Nachfrager können sich in diesem Fall nur an der durchschnittlichen Qualität der auf dem Markt angebotenen Güter orientieren. Im Vergleich zu der Situation unter vollständiger Information zeigte die modell-theoretische Analyse, daß es auf einem Markt für Erfahrungsgüter insgesamt zu einem wohlfahrtsmindernden Angebot an Qualität kommt (vgl. Abschnitt 2.2.1, S. 65ff).

Die weitergehende Analyse der Informationsmöglichkeiten bei Erfahrungsgütern zeigte, daß Erfahrungsgüter diejenigen Bedingungen erfüllen, die für den Einsatz von Marktsignalen gemäß des Signaling-Konzepts notwendig erfüllt sein müssen:

- Zwischen dem ausgesendeten Signal und der nicht beobachtbaren Eigenschaft muß ein Zusammenhang bestehen, der es den Anbietern von Gütern unterschiedlicher Eigenschaften unmöglich macht, Signale nachzuahmen. Ein solcher Zusammenhang wird in der Regel über die Kosten für das Aussenden des Signals hergestellt, die von der Eigenschaft abhängig sind. Da Investitionen in Signalaktivitäten bei einem Marktaustritt versunkene Kosten darstellen, haben die Anbieter einen Anreiz, diesen Verlust durch wahrheitsgemäße Signale zu vermeiden.

- Nachfrager müssen für einen erfolgreichen Rückschluß von dem Signal auf die verborgene Eigenschaft den Zusammenhang zwischen Signal und Eigenschaft auch tatsächlich erkennen können. Nur wenn sie *selbst* in der Lage sind, die Eigenschaft nach der Transaktion zu überprüfen, können sie Einschätzungen über diesen Zusammenhang und das Vorhandensein der Eigenschaft ableiten.

Auf der Grundlage des Signaling-Ansatzes konnten daher zum einen die Möglichkeiten der Anbieter dargelegt werden, sich mit dem Aussenden von Signalen voneinander abzugrenzen. Zum anderen konnten die Möglichkeiten der Nachfrager dargelegt werden, anhand der Signale Einschätzungen über die nicht beobachtbaren Eigenschaften zu bilden. Es wurden Modelle herangezogen, die Preise, Werbung und Garantien als Signale für Qualität betrachten (vgl. Abschnitt 2.2.2):

- Preise signalisieren über einen Reputationsmechanismus die gewünschte Eigenschaft. Ein *hoher* Preis garantiert dem Anbieter hoher Qualität eine Preisprämie über mehrere Marktperioden hinweg, welche die Bereitstellungskosten deckt und über den möglichen Gewinnen aus einer einmaligen Qualitätsverschlechterung liegt. Zusammen mit spezifischen Investitionen signalisiert ein *hoher* Preis dem Nachfrager die hohe Qualität. Solche Investitionen können bspw. aus den Aufwendungen für das Design eines Firmenlogos oder aus den Aufwendungen für eine Verkaufsförderungsaktion bestehen, d.h. insgesamt aus Maßnahmen die zu der Etablierung eines Markennamens beitragen. *Niedrige* Preise hingegen signalisieren hohe Qualität, wenn der Anbieter zugunsten zukünftiger Gewinne, die er wegen seiner hohen Qualität erzielen wird, in der Einführungsperiode auf mögliche Gewinne verzichtet, um so Nachfrager zu einem Kauf zu bewegen.

- Werbung kann in zweierlei Hinsicht als Signal eingesetzt werden. Zum einen kann Werbung ein Signal für das Verhältnis von Preis und Qualität sein und zum anderen für die Qualität selbst. Sind die Herstellungskosten für ein Gut im Vergleich zum Nutzen, den es bereitstellt, verhältnismäßig niedrig, kann ein entsprechend niedriger Preis pro Nutzeneinheit gefordert werden. Zusammen mit hohen Werbeausgaben stellt dieser Preis insgesamt ein Signal hoher Qualität bei einem niedrigen Preis dar. Wird die Beziehung zwischen Werbekosten und Qualität direkt betrachtet, kann Werbung ein direktes Signal für hohe Qualität sein. Allerdings besteht hierbei die Möglichkeit, daß hohe Werbeausgaben niedrige Qualität signalisieren, falls von einem Einfluß der Werbung auf das Verhalten der Nachfrager ausgegangen wird. Insgesamt fallen auch diese Werbeausgaben unter die spezifischen Investitionen, die zur Schaffung eines Markennamens führen können.

- Garantien erfüllen ihren Signalcharakter prinzipiell über die erwarteten Folgekosten, die eine Gewährung im Falle einer Inanspruchnahme nach sich zieht: Je niedriger die Qualität des angebotenen Gutes ist, desto wahrscheinlicher ist das Eintreten eines Garantiefalls. Allerdings wird insbesondere die Wirksamkeit von Garantien als Signal durch das Problem des *Moralischen Risikos* sowohl auf Anbieter- als auch auf Nachfragerseite eingeschränkt. Da die Garantiefolgekosten unmittelbar mit der aufgebrachten Sorgfalt der Benutzung des Gutes zusammenhängen, wird den Nachfragern mit steigendem Garantieumfang der Anreiz einer umfassenden Sorgfalt genommen. Die vermehrte Inanspruchnahme führt zu höheren Kosten, die ihrerseits zu einer Einschränkung der Garantieleistungen führen, so daß insgesamt die Signalwirkung von Garantien eingeschränkt wird. Andererseits werden Garantien von den Nachfragern nicht immer geltend gemacht, so daß Anbieter den Umfang der gewährten Garantien ohne Rücksicht auf die Folgekosten bestimmen können. Eine Garantie kann damit unabhängig von der Qualität gewährt werden und verliert somit auch aus diesem Grund ihren Signalcharakter.

Im Gegensatz zu Such- bzw. Erfahrungsgütern konnte für die Analyse der Qualitätsungewißheit bei Vertrauensgütern auf keinen einheitlichen Modellansatz zurückgegriffen werden, da sich bestehende Modelle, die sich ausdrücklich auf Vertrauensgüter beziehen, nur auf bestimmte Teilaspekte konzentrieren (CARTER [1988], SCHMUTZLER [1992], EMONS [1996] FEDDERSEN UND GILLIGAN [1996], KROUSE [1990]). Daher wurden die spezifischen Aspekte des Informationstransfers und der Überwindung der Informationsasymmetrie auf der Basis unterschiedlicher Ansätze herausgearbeitet, die sich auch indirekt (FARRELL UND RABIN [1996], HORSTMANN UND MACDONALD [1994], EASLEY UND O'HARA [1983]) auf Vertrauensgüter beziehen lassen (vgl. Abschnitt 2.3).

Für die Analyse der Wirkungsweise von Marktsignalen wurde die Unterscheidung in *direkte* und *indirekte* Signale getroffen (vgl. Abschnitt 2.3.1). Da bei Vertrauensgütern die relevanten Eigenschaften auch nach der Transaktion nur unzureichend überprüft werden können, sind im Gegensatz zu Erfahrungsgütern die Bedingungen für den *direkten* Einsatz von Marktsignalen seitens der Anbieter nur *eingeschränkt* gültig: Der Zusammenhang zwischen Signal und Eigenschaft kann zwar prinzipiell vorhanden sein, kann aber wegen der mangelnden Erfahrungsmöglichkeiten vom Nachfrager nicht *selbst* abgeleitet werden. Für den Fall, daß die Erfahrungsmöglichkeiten gänzlich fehlen, wurde daher im Rahmen dieser Arbeit davon ausgegangen, daß Signale unverbindliche Behauptungen im Sinne des *Cheap Talk* darstellen (vgl. Abschnitt 2.3.1, S. 81ff). Auf dieser Grundlage wurde gezeigt, daß ein Signal nur dann die relevante Information über ein Vertrauensgut glaubwürdig übermitteln kann, wenn die Motivationen und Präferenzen des Senders mit denen des Empfängers übereinstimmen. Allerdings muß dabei stets berücksichtigt werden, daß Informationen bezüglich der Motivationen der Transaktionspartner nicht Inhalt des Signals selbst sind und diesbezüglichen Informationen stets Vertrauen entgegengebracht werden muß.

Auch wenn die extreme Ausprägung eines Vertrauensgutes abgemildert wird, und eine Erfahrungsmöglichkeit unterstellt wird, kann lediglich eine im Vergleich zu Erfahrungsgütern *imperfekte* Erfahrungsmöglichkeit angenommen werden (vgl. Abschnitt 2.3.1, S. 85ff). Unter diesen Bedingungen wurde aufgezeigt, daß Werbeausgaben, die bei Erfahrungsgütern eine Unterscheidung der Anbieter ermöglichen, bei Vertrauensgütern zu keiner direkten Möglichkeit der Informationsübermittlung führen. Werbung erhält vielmehr den Charakter täuschender Werbung, die ausschließlich zur Deckung anfallender Kosten eingesetzt wird (vgl. Abschnitt 2.3.1, S. 89ff).

Die Analyse *indirekter* Marktsignale zeigte ebenfalls nur eine bedingte Möglichkeit des Informationstransfers (vgl. Abschnitt 2.3.1, S. 93ff). Zwar kann bei Expertendienstleistungen die Wahl des Arbeitsumfangs als indirektes Signal gedeutet werden, und die Orientierung daran zu einer Bereitstellung der gewünschten Eigenschaft führen. Diese Möglichkeit versagt jedoch gerade bei der unter Qualitätsungewißheit charakteristischen Unmöglichkeit der Verifikation dieses Signals.

Eine weitere Möglichkeit, dem Informationsproblem zu entgegnen, wurde mit den Modellen zur Einbindung dritter Instanzen analysiert (vgl. Abschnitt 2.3.2). Im Rahmen dieser Modelle können sich die Nachfrager an Aktivitäten unabhängiger Dritter orientieren, die im Gegensatz zu den Nachfragern in der Lage sind, die relevanten Eigenschaften zu überprüfen. Es zeigte sich zwar, daß die so erhaltene Information die Bereitstellung der gewünschten Eigenschaft gewährleisten kann. Doch wurde insbesondere deutlich, daß das spezifische Vertrauensproblem der Qualitätsungewißheit in diesen Modellen nicht berücksichtigt wird, da es lediglich von den Anbietern auf die dritten Instanzen verlagert wird und damit einer ausdrücklichen Betrachtung entzogen wird.

Steht nicht der direkte Informationstransfer zur Behebung des Informationsdefizits im Vordergrund, konnte gezeigt werden, daß durch Vorgabe der Unternehmensstruktur an das Unternehmen, das die Leistung erbringen soll, das Informationsproblems behoben wird (vgl. Abschnitt 2.3.3): Die fixe Entlohnung, die im betrachteten Modell *gemeinnützige* Unternehmen kennzeichnet, nimmt den Unternehmen den Anreiz, die Informationssituation zu Ungunsten der Nachfrager auszunutzen.

Als Ergebnis der Untersuchung der gütertypspezifischen Informationsprobleme konnte für die Zielsetzung der Arbeit insgesamt festgehalten werden, daß sämtliche Modellansätze zur Analyse der Qualitätsungewißheit bei Vertrauensgütern zwar das spezifische Vertrauensproblem implizit enthalten, es aber nicht direkt in ihre Voraussetzungen integrieren: Alle Ansätze konzentrieren sich im wesentlichen auf das reine *Informations*problem und können daher nicht zur direkten Analyse der Auswirkungen des mit der Qualitätsungewißheit verbundenen *Vertrauens*aspekts von Information herangezogen werden.

Die Wahl von Vertrauensgütern als Gegenstand der Entscheidungstheorie

Das aufgedeckte Defizit, mit den bisherigen Modellansätzen die spezifischen Dimensionen der Qualitätsungewißheit bei Vertrauensgütern erfassen zu können, erforderte eine explizite Operationalisierung des Vertrauensaspekts. Diese Operationalisierung wurde im **dritten Kapitel** auf der Grundlage der Entscheidungstheorie eingeführt (vgl. Abschnitt 3.1). Dabei wurde gemäß der spieltheoretischen Formalisierung *unvollständigen* Wissens ausgenutzt, daß die Entscheidungssituation bei der Güterwahl unter asymmetrischer Information durch das *unvollkommene* Wissen über die Gütereigenschaften ausreichend beschrieben ist (vgl. Abschnitt 3.1.1). Damit konnte die *entscheidungstheoretische Typologisierung* der gütertypspezifischen Informationszustände abgeleitet werden (vgl. Abschnitt 3.1.2):

- Bei Suchgütern kennt der Nachfrager zu jedem Zeitpunkt die Ausprägung der relevanten Eigenschaften des Gutes. Er trifft eine Entscheidung unter Sicherheit.
- Die Eigenschaften von Erfahrungsgütern können erst nach einem Kauf beurteilt werden. Vor dem Kauf nutzt der Nachfrager sein Erfahrungswissen zur Ableitung einer Wahrscheinlichkeitseinschätzung über die Verteilung der Eigenschaften. Er trifft eine Entscheidung unter Risiko.
- Vertrauensgüter sind dadurch charakterisiert, daß der Nachfrager auch nach dem Kauf die Eigenschaften des Gutes nicht erfahren kann. Dem Nachfrager ist es nicht möglich, *selbst* eine Wahrscheinlichkeitseinschätzung über die Verteilung der Eigenschaften abzuleiten. Er trifft eine Entscheidung unter Unsicherheit.

Somit konnte das Informationsproblem *ausdrücklich* auf eine entscheidungstheoretische Basis gestellt werden, und die Formalisierung des Konzepts des Vertrauensgutes entsprach der Frage, wie das Entscheidungsproblem bei Vertrauensgütern *innerhalb* der Entscheidungstheorie formalisiert werden kann (vgl. Abschnitt 3.2). Wie aufgezeigt wurde, läßt sich das Standardmodell für Entscheidungen unter Unsicherheit, die Subjektive Erwartungsnutzentheorie (SEU) im Sinne von SA-

VAGE [1954] (vgl. Abschnitt 3.2.1), dafür nicht heranziehen, da das innerhalb von SEU benutzte Unsicherheitskonzept die spezifische Vertrauensdimension der Qualitätsungewißheit nicht enthält. In SEU wird davon ausgegangen, daß Glaubenseinschätzungen über das Eintreten der Umweltzustände durch subjektive Wahrscheinlichkeiten repräsentiert werden können, die von den informationellen Bedingungen ihrer Ableitung *unabhängig* sind. Wie jedoch insbesondere die durch die Axiomatisierung von SEU motivierten, sogenannten Ellsberg-Paradoxa zeigen (vgl. Abschnitt 3.2.2), ergibt sich gerade aus dem für Vertrauensgüter typischen Bewußtsein fehlender oder ungenauer Information über entscheidungsrelevante Sachverhalte ein Widerspruch zu der Repräsentation der Einschätzungen durch Wahrscheinlichkeiten: Die von Entscheidern offenbarten Präferenzen, gerade diejenigen Situationen zu meiden, in denen *eindeutige* Informationen fehlen, lassen sich nicht durch *additive* Wahrscheinlichkeiten repräsentieren, wie sie durch SEU eingeführt und axiomatisiert werden. Dieser Widerspruch führte zu dem Unsicherheitskonzept der *Ambiguität*, mit welchem gerade solche Situationen charakterisiert werden, in denen ein Bewußtsein für das Fehlen entscheidungsrelevanter Informationen vorhanden ist (vgl. Abschnitt 3.3). Damit konnte die Entscheidungssituation bezüglich Vertrauensgüter als eine Entscheidung unter Unsicherheit im Sinne von Ambiguität präzisiert werden.

Als theoretische Grundlage einer Formalisierung des Verhaltens unter Ambiguität konnte dann die auf GILBOA [1987] und SCHMEIDLER [1989] zurückgehende *Choquet-Erwartungsnutzentheorie (CEU)* als eine axiomatisch fundierte Erweiterung von SEU um den Aspekt der Ambiguität herangezogen werden (vgl. Abschnitt 3.4). Für die Operationalisierung des Vertrauenskonzepts wurde dabei ausgenutzt, daß die Choquet-Erwartungsnutzentheorie von Glaubenseinschätzungen der Entscheider ausgeht, die durch *nicht-additive* Wahrscheinlichkeiten (sogenannte *Kapazitäten*) repräsentiert werden können (vgl. Abschnitt 3.4.1). Die auch experimentell bestätigte *Aversion gegenüber Ambiguität* wird hierbei durch Kapazitäten ν repräsentiert, die sich für Komplementärereignisse nicht zu Eins addieren ($\nu(A) + \nu(A^C) \leq 1$), und so eine Berücksichtigung des Vertrauens der Entscheider in ihre Einschätzungen ermöglichen: Je nach Vertrauen in die Einschätzungen fällt die Summe unterschiedlich aus und beträgt nur bei einem vollem Vertrauen den Maximalwert Eins. Der Vertrauensaspekts bei Entscheidungen bezüglich Vertrauensgüter kann vor allem durch sogenannte *einfache Kapazitäten* erfaßt werden. Eine einfache Kapazität ν ergibt sich aus einer vorgegebenen, additiven Wahrscheinlichkeitsverteilung π auf einem Zustandsraum Ω und einem Gewichtungsparameter $\gamma \in [0, 1]$ gemäß

$$\nu(A) = \begin{cases} \gamma \cdot \pi(A) & A \subset \Omega \\ & \text{falls} \\ 1 & A = \Omega \end{cases} \tag{5.1}$$

In dieser Darstellung repräsentiert der Parameter γ das Vertrauen in die zur Verfügung gestellte Information, die in Gestalt der vorgegebenen Wahrscheinlichkeitsverteilung π vorliegt. Bei Erfahrungsgüter ist das Vertrauen in die Information wegen der Verifikationsmöglichkeiten maximal und kann durch die Wahl $\gamma = 1$ repräsentiert werden. Die unterschiedlichen Grade an Vertrauen in Information, die sich bei Vertrauensgüter ergeben, können dann durch die Wahl $\gamma \in [0, 1)$ repräsentiert werden, wobei $\gamma = 0$ das vollständige Fehlen von Vertrauen repräsentiert.

Insgesamt ergab sich mit der Einführung der nicht-additiven Wahrscheinlichkeiten zur Repräsentation der Glaubenseinschätzungen in Entscheidungssituationen bezüglich Vertrauensgüter der angestrebte Analyserahmen und die Operationalisierung des Vertrauenskonzepts wurde erreicht.

Märkte für Vertrauensgüter als Märkte unter Ambiguität

Auf der Grundlage der eingeführten Operationalisierung des Vertrauenskonzepts konnte im **vierten Kapitel** schließlich Qualitätsungewißheit bei Vertrauensgütern *erstmals* unter expliziter Berücksichtigung des Vertrauensaspekts analysiert werden. Damit wurde der angestrebte formale Rahmen gesetzt, innerhalb dessen die Folgen der Qualitätsungewißheit für das Marktgeschehen (vgl. Abschnitt 4.1) untersucht und darüber hinaus die Bedingungen für einen erfolgreichen Informationstransfer beurteilt werden können (vgl. Abschnitt 4.2).

Für die generelle Bewertung des Informationsproblems bei Vertrauensgütern wurde dabei von der bereits bei Erfahrungsgütern gegebenen Möglichkeit eines Marktversagens ausgegangen, das die extremste Folge der Qualitätsungewißheit darstellt und gleichzeitig die grundsätzliche Dimension des Problems hervorhebt. Die entwickelte Modellierung führte dabei zur Ableitung von Phänomenen, die auf Märkten für Erfahrungsgüter *nicht* zu beobachten sind.

So tritt etwa auf Märkten für Erfahrungsgüter das Problem der Adversen Selektion nur dann auf, wenn *verschiedene* Qualitätsniveaus auf dem Markt angeboten werden. Sobald nur ein *einziges* Qualitätsniveau angeboten wird, verschwindet dieses Phänomen. Die Analyse der Adversen Selektion unter Qualitätsungewißheit anhand eines Signalspiels unter Ambiguität zeigte (vgl. Abschnitt 4.1.1), daß bei Vertrauensgütern mangelndes Vertrauen in die Qualitätsinformation generell zu einer *Verschärfung* der Adversen Selektion führt. Im Extremfall kann es daher sogar dann zu Marktversagen kommen, wenn zwar nur ein einziges Qualitätsniveau angeboten wird, das Vertrauen der Nachfrager in die Qualitätsinformation aber zu gering ausfällt.

Weiterhin wurde gezeigt, das ein mögliches Marktversagen unter Qualitätsungewißheit im Sinne einer Wohlfahrtsmaximierung stets auch zu einem suboptimalen Angebot an Qualität führt (vgl. Abschnitt 4.1.2): Auf einem Markt für Vertrauensgüter wird eine Qualität angeboten, die sowohl im Vergleich zu Erfahrungsgütern als auch im Vergleich zu der bei einem vorgegebenen Vertrauensniveau wohlfahrtsmaximierenden Qualität geringer ausfällt. Eine Wohlfahrtssteigerung kann daher sowohl durch vertrauensbildende Maßnahmen als auch durch Maßnahmen erzielt werden, die einen Anreiz setzen, höhere Qualität auf dem Markt anzubieten.

Das Vertrauen in die zur Verfügung gestellte Information beeinflußt im Sinne des Signaling auch die Möglichkeiten, Anbieter unterschiedlicher Qualitäten zu erkennen: Der für eine Unterscheidung notwendige Signalaufwand nimmt in einem Gleichgewicht mit einem geringer werdenden Vertrauen in die zur Verfügung stehende Information ab (vgl. Abschnitt 4.2) und muß entsprechend angepaßt werden, damit die Signalkosten nicht zu einem Verlust führen. Insbesondere wird damit ein Phänomen erklärt, das den Ergebnissen der verhaltenswissenschaftlichen Forschung zur Signalwirkung von Garantien und Werbung entspricht.

Insgesamt lassen sich auf der Basis der im Rahmen der Arbeit entwickelten Modellansätze folgende Aspekte als zentrale Ergebnisse der formalen Analyse der Qualitätsungewißheit bei Vertrauensgütern hervorheben:

- Vertrauensgüter führen grundsätzlich zu einer *neuen* Quelle des Marktversagens, die bislang bei der Analyse von Entscheidungssituationen bezüglich Vertrauensgüter nicht berücksichtigt wurde: Da das Vertrauen der Nachfrager in Qualitätsinformation die Höhe der Qualitätserwartung beeinflußt, kommt es nur bei einem hinreichend hohen Vertrauen zu einer Transaktion; fällt das Vertrauen zu gering aus, wird hohe Qualität vom Markt verdrängt (vgl. Abschnitt 4.1.1). Das heißt, daß nicht nur - wie bei Erfahrungsgütern - die Verteilung der Qualität auf dem Markt über das Zustandekommen eines Güterkaufs entscheidet, sondern auch das Vertrauen in die zur Verfügung stehende Information über die Qualitätsverteilung.

- Im Vergleich zu Erfahrungsgütern bedeutet diese zusätzliche Quelle des Marktversagens eine Verschärfung des Informationsproblems: Mangelndes Vertrauen in die Information führt bereits dann zu Marktversagen, wenn dies bei Erfahrungsgütern entsprechender Qualität nicht der Fall wäre (vgl. Abschnitt 4.1.1).

- Auf einem Markt für Vertrauensgüter fällt das angebotene Qualitätsniveau stets geringer aus als auf einem entsprechenden Markt für Erfahrungsgüter: Es kommt zu einer *„Qualitätserosion"*, die im Vergleich zu Erfahrungsgütern stärker ausfällt.

- Die auf einem Markt für Vertrauensgüter zu beobachtende Qualitätserosion führt stets auch zu Wohlfahrtsverlusten (vgl. Abschnitt 4.1.2). Die formale Analyse machte deutlich, daß diese Verluste prinzipiell sowohl durch Maßnahmen zur Erhöhung des Vertrauens als auch durch Maßnahmen zur Gewährleistung höherer Qualität ausgeglichen werden können. Allerdings machte die Analyse weiterhin deutlich, daß die ordnungspolitischen Maßnahmen zur Qualitätsgewährleistung den vertrauensbildenden Maßnahmen nur dann überlegen sind, wenn das generell vorhandene Vertrauen in zur Verfügung stehende Informationen hoch genug ist. Die Analyse der Qualitätsungewißheit bei Vertrauensgütern konnte somit formal zeigen, daß auch die Bedeutung von solchen Qualitätsgewährleistungsmaßnahmen, die mit einer direkten Information der Nachfrager einhergehen, *immer* im Zusammenhang mit dem Vertrauen der Konsumenten in die bereitgestellte Information zu betrachten ist (vgl. Abschnitt 4.1.3).

- Der Einfluß des Vertrauens auf die Informationsübermittlung durch Marktsignale wurde am Beispiel von Werbung analysiert (vgl. Abschnitt 4.2), die bei Erfahrungsgütern in der Regel hohe Qualität signalisieren kann. Es wurde aufgezeigt, daß der Werbeaufwand, der bei Vertrauensgütern eine hohe Qualität signalisieren kann, insgesamt geringer ausfallen muß als bei Erfahrungsgütern, da die Einschätzungen der Nachfrager, auf einen Anbieter hoher Qualität zu treffen, von ihrem Vertrauen in die Qualitätsinformation abhängen. Im Hinblick auf die Bedeutung von marktendogenen Informationsaktivitäten zur Behebung des spezifischen Informationsproblems bei Vertrauensgütern konnte somit gefolgert werden, daß Signale nicht Information übermitteln und gleichzeitig die Aufgabe übernehmen können, Vertrauen in die Information aufzubauen. Signale stellen in diesem Sinne keine zusätzliche Information dar, die das Vertrauen in vorhandene Information beeinflußt. Vertrauensbildende Maßnahmen, mit denen die Wirkung des Signals beeinflußt werden soll, müssen daher grundsätzlich über zusätzliche Aktivitäten aufgebaut werden und sind unabhängig vom eigentlichen Signal zu betrachten.

Die formale Analyse macht insgesamt die weitreichende Dimension des bei Vertrauensgütern stets gegebenen Vertrauensproblems deutlich. Darüber hinaus gibt sie Anhaltspunkte, die bei der Konzeption von Maßnahmen zur Behebung dieses Problems berücksichtigt werden sollten.

Gerade aus Sicht der Nachfrager müssen sich im Lichte der Vertrauensproblematik staatliche Kontrollinstanzen ihrer Verantwortung bewußt werden, die Nachfrager vor den Gefahren einer Täuschung durch opportunistische Anbieter zu schützen. Als neutrale Instanzen können sie prinzipiell als Vertrauensträger agieren und durch eine Kontrolle der Anbieter die Einhaltung von Mindeststandards bei einem Angebot von Vertrauensgütern sicherstellen. Allerdings zeigt hier die Analyse einen generell gültigen Aspekt auf, der bei der Wahl solcher Maßnahmen Beachtung finden muß: Selbst die mit solchen, *staatlichen* Maßnahmen bereitgestellten Informationen entfalten ihre beabsichtigte Wirkung nur im Rahmen des Vertrauens, das ihnen entgegengebracht wird, so daß sich mit solchen Maßnahmen grundsätzlich nur bedingt eine Lösung des Problems erreichen läßt.

Auch die Anbieter selbst können zur Behebung des Vertrauensproblems beitragen. So ist es insbesondere für Anbieter mit regional begrenzten Absatzgebieten möglich, eine enge Bindung zwischen Anbieter und Nachfrager herzustellen, indem ein persönlicher Kontakt zu den Nachfragern geschaffen wird. Wie es bereits landwirtschaftliche Betriebe tun, die ihren Hof für ihre Kunden öffnen und somit die Transparenz ihrer Produktion herstellen („gläserne Produktion"), können sich Anbieter allgemein an die Nachfrager wenden und damit eine Vertrauensbasis schaffen. Allerdings bleibt offen, wie derartige Maßnahmen auf Massenmärkten wirken können, um auch dort einen ähnlichen Effekt erzielen zu können. Hier könnte die Schaffung einer engeren Bindung unter den Anbietern selbst dem Vertrauensproblem entgegenwirken. Durch einen Zusammenschluß zu einer Produktionsgemeinschaft können sich einzelne Anbieter auf die gemeinsame Einhaltung bestimmter Produktionsrichtlinien und Produktionsstandards verpflichten und sich gegenseitig kontrollieren. Durch die Verwendung von Gütesiegeln, wie sie bspw. im ökologischen Landbau benutzt werden, kann so über das damit verfolgte Ziel der Absatzförderung hinaus beim Nachfrager das benötigte Vertrauen geschaffen werden, auf dessen Basis solche Gütesiegel als Signale auch zuverlässig Informationen übermitteln können. Einzelnen Anbieter bietet die Möglichkeit, durch die Zusammenfassung verschiedener Produktgruppen unter einem Markennamen Vertrauen bei den Nachfragern zu gewinnen: Durch die Gewährleistung einer hohen Qualität bei Such- oder auch bei Erfahrungsgütern kann sich so das damit erworbene Vertrauen auf Vertrauensgüter derselben Marke übertragen.

Abschließend läßt sich festhalten, daß mit dieser Arbeit die formale Analyse der Qualitätsungewißheit und deren Auswirkungen auf Märkten für Vertrauensgüter gelungen ist. Der entwickelte Rahmen bietet einerseits einen geeigneten Ansatzpunkt, von dem aus die spezifischen Informationsprobleme bei Qualitätsungewißheit auf realen Märkten identifiziert und analysiert werden können. Andererseits kann der entwickelte Rahmen auch einen Beitrag zur Klärung der Rolle von staatlichen Markteingriffen bei Transaktionen von Gütern mit Vertrauenseigenschaften leisten.

Anhang

A Signaling auf dem Arbeitsmarkt

Die Möglichkeiten des Signaling auf dem Arbeitsmarkt werden in dem klassischen Signaling-Modell von SPENCE untersucht.[1]

Das Modell

Im Vordergrund des Modells stehen dabei Signale, die ein arbeitsplatzsuchender Arbeiter einem Unternehmen übermitteln kann. Als Signal wählt der Arbeiter ein Ausbildungsniveau $\hat{e}$ und fordert von dem Unternehmen einen Lohn $\hat{w}$, d.h. für die Strategiemenge des Arbeiters gilt $S_1 = \{(\hat{w}, \hat{e}) \in I\!R^2\}$. Es gibt zwei Typen von Arbeitern ($t \in \{L, H\}$, $L < H$), die sich durch ihre Produktivität unterscheiden. Eine optimale Strategiewahl des Unternehmens, die aus dem Annehmen oder Ablehnen des Arbeiters besteht, muß daher den Erwartungsnutzen bei gegebener Strategiewahl der beiden Typen des Arbeiters maximieren.

Die Anfangsverteilung μ^A auf der Menge der Typen des Arbeiters ist gegeben durch $\mu^A(L) = q_L$ bzw. $\mu^A(H) = q_H$.

Die Auszahlung des Unternehmens (Spieler 2) ist gegeben durch

$$r_2(\hat{w}, \hat{e}, t) = \begin{cases} t - \hat{w} & \text{falls Unternehmen akzeptiert} \\ 0 & \text{falls Unternehmen lehnt ab} \end{cases} \tag{A-1}$$

Mit den revidierten Wahrscheinlichkeiten $\mu(L) = P(L|(\hat{w}, \hat{e}))$ und $\mu(H) = P(H|(\hat{w}, \hat{e}))$, daß der Arbeiter vom Typ L bzw. H ist, falls er eine Lohn-Ausbildung-Kombination $(\hat{w}, \hat{e})$ beobachtet, gilt für die beste Reaktion des Unternehmens auf die Strategiekombination $(b_L(\hat{w}_L, \hat{e}_L), b_H(\hat{w}_H, \hat{e}_H))$

$$\begin{aligned} \text{Akzeptieren} &\iff \mu(L) \cdot (L - \hat{w}_L) + \mu(H) \cdot (H - \hat{w}_H) \geq 0 \\ \text{Ablehnen} &\iff \mu(L) \cdot (L - \hat{w}_L) + \mu(H) \cdot (H - \hat{w}_H) < 0 \end{aligned} \tag{A-2}$$

[1] vgl. SPENCE [1973], SPENCE [1974]; für eine spieltheoretische Formulierung, der hier im wesentlichen gefolgt wird, vgl. auch TIROLE [1995], S. 1005ff

Die Gleichgewichtsbedingungen

Das Unternehmen akzeptiert eine poolende Lohn-Ausbildung-Kombination[2] immer dann, wenn gilt

$$\hat{w} \;\leq\; \mu(L) \cdot L + \mu(H) \cdot H \tag{A-3}$$

und eine trennende Lohn-Ausbildung-Kombination,[3] falls

$$\hat{w}_H \;\leq\; H + \frac{\mu(L)}{\mu(H)} \cdot (L - \hat{w}_L) \qquad \mu(H) \neq 0 \tag{A-4}$$

Die Auszahlung des Arbeiters ist gegeben durch

$$r_1(\hat{w}, \hat{e}, t) \;=\; \begin{cases} \hat{w} - \frac{\hat{e}}{t} & \text{falls Unternehmen akzeptiert} \\ 0 & \text{falls Unternehmen lehnt ab} \end{cases}$$

Für den Arbeiter herrscht keine Unsicherheit bezüglich des Unternehmenstyps, da es nur einen Typ von Unternehmen gibt. Eine optimale Reaktion auf die Strategiewahl der Firma maximiert daher den Nutzen des betreffenden Arbeitertyps. Spielen beide Typen dieselbe Kombination, so liegen wechselseitig beste Antworten vor, wenn Bedingung (A-3) und die beiden Ungleichungen

$$\hat{w} - \frac{\hat{e}}{L} \;\geq\; L \quad \text{und} \quad \hat{w} - \frac{\hat{e}}{H} \;\geq\; L \tag{A-5}$$

erfüllt sind. Da sich beide Typen stets mindestens L sichern können, wenn sie einen Lohn $\hat{w} = L$ fordern und nichts in ihre Bildung investieren ($\hat{e} = 0$),[4] stellen die Ungleichungen sicher, daß sowohl der H-Typ als auch der L-Typ mit jeder ihrer Kombinationen jeweils mindestens eine Auszahlung von L erzielt.

Poolendes Gleichgewicht In einem poolenden Gleichgewicht (in reinen Strategien) gilt für die Wahrscheinlichkeiten $\mu(L)$, daß der Anbieter vom Typ L ist[5]

$$\mu(L) = P(L|(\hat{w}, \hat{e})) \;=\; \frac{P((\hat{w}, \hat{e})|L) \cdot P(t = L)}{P((\hat{w}, \hat{e}))}$$

[2]d.h. eine Strategiekombination mit $(\hat{w}_L, \hat{e}_L) = (\hat{w}_H, \hat{e}_H) = (\hat{w}, \hat{e})$

[3]d.h. eine Strategiekombination mit $(\hat{w}_L, \hat{e}_L) \neq (\hat{w}_H, \hat{e}_H)$

[4]Eine Lohnforderung L wird immer akzeptiert, denn im ungünstigsten Fall ergibt sich für die Auszahlung der Firma $t - \hat{w} = L - L = 0$. Und bei Gleichheit der Auszahlungen wird davon ausgegangen, das das Akzeptieren stets besser ist als das Ablehnen.

[5]Für die Verhaltensstrategien gilt somit für die gespielte Strategie $b_t(\hat{w}, \hat{e}) = 1$ und $b_t(\hat{w}', \hat{e}') = 0$ für $(\hat{w}', \hat{e}') \neq (\hat{w}, \hat{e})$ $(t \in \{L, H\})$.

$$\begin{aligned} &= \frac{b_L(\hat{w},\hat{e})\cdot q_L}{b_L(\hat{w},\hat{e})\cdot q_L + b_H(\hat{w},\hat{e})\cdot q_H} \\ &= \frac{1\cdot q_L}{1\cdot q_L + 1\cdot q_H} \\ &= q_L \end{aligned}$$

Entsprechend gilt $\mu(H) = q_H$. Für eine poolende Gleichgewichtsstrategie folgt damit aus Gleichung (A-3), daß gelten muß

$$\hat{w} \leq q_L \cdot L + q_H \cdot H \tag{A-6a}$$

Zusätzlich folgt aus den beiden Ungleichungen (A-5), daß auch

$$\hat{w} - \frac{\hat{e}}{L} \geq L \tag{A-6b}$$

erfüllt sein muß (vgl. Abbildung 5.1(a) auf der nächsten Seite). Im Gleichgewicht werden nicht alle Strategien gespielt. Für Strategien außerhalb des Gleichgewichtspfads[6] können die Glaubenseinschätzungen nicht durch die Regel von Bayes ermittelt werden. Sie können somit beliebig festgelegt werden. Damit sie das Gleichgewicht stützen, muß für alle beobachteten Nicht-Gleichgewichtsstrategien gelten, daß $\mu(L) = 1$.[7] Gilt dies nicht, so kann mit (A-3) gelten, daß die Firma eine Strategie außerhalb des Gleichgewichtspfads akzeptiert[8]. Dann aber würde diese Strategie zum Gleichgewicht gehören, in dem die poolenden Strategien stets akzeptiert werden, und die Wahrscheinlichkeiten $\mu(L)$ und $\mu(H)$ würden sich aus der Revidierung durch die Regel von Bayes entlang des Gleichgewichtspfads ergeben. Mit diesen Wahrscheinlichkeiten würde aber eine (eigentlich) außerhalb des Gleichgewichts liegende Strategie nicht mehr die Bedingungen (A-6a) und (A-6b) erfüllen. Außerhalb des Gleichgewichts muß also stets abgelehnt werden, was durch $\mu(L) = 1$ sichergestellt wird.

Trennendes Gleichgewicht Trennt der Arbeiter seine Strategien bezüglich der Typen, so muß es sowohl für den Arbeiter vom Typ L keinen Anreiz geben, das Bildungsniveau des Arbeiters vom Typ H zu investieren, als es auch umgekehrt für den Arbeiter vom Typ H keinen Anreiz geben darf, dasselbe Ausbildungsniveau wie der Arbeiter vom Typ L zu investieren. Jede Lohn-Ausbildung-Kombination mit $w_L \neq w_H$ muß also die folgenden Ungleichungen gemäß (A-7a) und (A-7b) erfüllen.

$$\hat{w}_L - \frac{\hat{e}_L}{L} \geq L \quad \text{und} \quad \hat{w}_H - \frac{\hat{e}_H}{L} \leq L \tag{A-7a}$$

[6] Für solche Strategien gilt $b_H(\hat{w},\hat{e}) = b_L(\hat{w},\hat{e}) = 0$.
[7] Das Unternehmen glaubt mit Sicherheit, daß eine Abweichung vom Gleichgewicht von einem L-Typ-Arbeiter stammt.
[8] $\hat{w} \leq \mu(L)\cdot L + \mu(H)\cdot H$ kann erfüllt sein. Nur $\mu(L) = 1$ stellt sicher, daß dies nicht erfüllt ist.

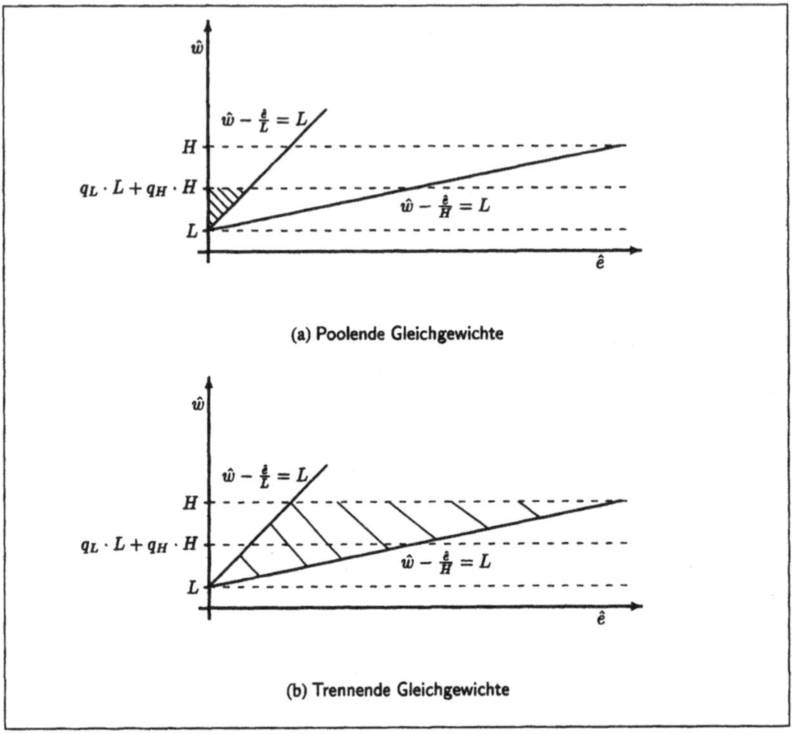

Abbildung A.1: *Signaling auf dem Arbeitsmarkt*
Die schraffierten Flächen geben die Bereiche an, in denen in einem Gleichgewicht die zulässigen Lohn-Ausbildung-Kombinationen liegen.
Quelle: eigene Darstellung

$$\hat{w}_H - \frac{\hat{e}_H}{H} \geq L \quad \text{und} \quad \hat{w}_L - \frac{\hat{e}_L}{H} \leq L \tag{A-7b}$$

Daraus ergibt sich zunächst

$$\hat{w}_L = L \quad \text{und} \quad \hat{e}_L = 0 \tag{A-8a}$$

$$L + \frac{\hat{e}_H}{H} \leq \hat{w}_H \leq L + \frac{\hat{e}_H}{L} \tag{A-8b}$$

In einem Gleichgewicht (in reinen Strategien), das diese Bedingungen erfüllt, gelten für die revidierten Wahrscheinlichkeiten $\mu(L)$ bzw. $\mu(H)$ die folgenden Beziehungen.

$$\begin{aligned}
\mu(L) &= P(L|(\hat{w},\hat{e})) \\
&= \frac{P((\hat{w},\hat{e})|L)\cdot P(t=L)}{P((\hat{w},\hat{e}))} \\
&= \frac{b_L(\hat{w},\hat{e})\cdot p_L}{b_L(\hat{w},\hat{e})\cdot q_L + b_H(\hat{w},\hat{e})\cdot q_H} \\
&= \begin{cases} \dfrac{1\cdot q_L}{1\cdot q_L + 0\cdot q_H} = 1 & (\hat{w},\hat{e}) = (L,0) \\ & \text{falls} \\ \dfrac{0\cdot q_L}{0\cdot q_L + 1\cdot q_H} = 0 & (\hat{w},\hat{e}) = (\hat{w}_H,\hat{e}_H) \text{ mit } \hat{w}_H \text{ gemäß (A-8b) und } \hat{e}_H \neq 0 \end{cases}
\end{aligned}$$

und

$$\mu(H) = \begin{cases} \dfrac{1\cdot q_H}{0\cdot q_L + 1\cdot q_H} = 1 & (\hat{w},\hat{e}) = (\hat{w}_H,\hat{e}_H) \text{ mit } \hat{w}_H \text{ gemäß (A-8b) und } \hat{e}_H \neq 0 \\ & \text{falls} \\ \dfrac{0\cdot q_H}{1\cdot q_L + 0\cdot q_H} = 0 & (\hat{w},\hat{e}) = (L,0) \end{cases}$$

Gemäß (A-2) akzeptiert die L-Typ Kombination $(L,0)$, wenn zusätzlich gilt $L \geq \hat{w}_L$, und die H-Typ Kombinationen, wenn zusätzlich gilt $\hat{w}_H \leq H$. Somit bilden die Strategien ein trennendes Gleichgewicht, in dem das Unternehmen akzeptiert, falls insgesamt gilt (vgl. Abbildung 5.1(b) auf der vorigen Seite)

$$w_L = L \quad \text{und} \quad w_H \leq H \tag{A-9a}$$

$$L + \tfrac{e_H}{H} \leq w_H \leq L + \tfrac{e_H}{L} \tag{A-9b}$$

Auch hier werden im Gleichgewicht nicht alle Strategien gespielt. Beobachtet die Firma eine Strategie außerhalb des Gleichgewichts, so stützt die Wahrscheinlichkeitseinschätzung $\mu(L) = 1$ das Gleichgewicht. Nur dann wird nach (A-2) die Strategie abgelehnt. Würde die Strategie akzeptiert, so gehörte sie auch zum Gleichgewicht, würde aber auch gleichzeitig Bedingung (A-8b) nicht erfüllen. Strategien außerhalb des Gleichgewichts müssen daher stets abgelehnt werden.

B Der bedingte Choquet-Erwartungswert

Im folgenden sei die reellwertige Zufallsvariable $q : \Omega \to I\!R^+$ gemäß der Wahrscheinlichkeitsverteilung $\mu : I\!R^+ \to [0,1]$ gleichverteilt im Intervall $[L, H] \subset I\!R^+$, d.h. für $x \in I\!R^+$ gilt

$$\mu(q \leq x) = \frac{x-L}{H-L} \qquad \text{(B-1)}$$

Auf der Basis dieser Verteilung sei die einfache Kapazität $\nu = \gamma \cdot \mu$ gegeben. Für den bedingten Choquet-Erwartungswert $CE[q|q \leq p]$ ($p \in [L, H]$) gilt dann

$$\begin{aligned}
CE[q|q \leq p] &= \int_0^\infty \nu(q > x|q \leq p)dx \\
&= \int_0^\infty \frac{\nu\left((q > x) \cup (q > p)\right) - \nu(q > p)}{1 - \nu(q > p)}dx \\
&= \int_0^p \frac{\nu(q > x) - \nu(q > p)}{1 - \nu(q > p)}dx + \int_p^\infty \frac{\nu(q > p) - \nu(q > p)}{1 - \nu(q > p)}dx \\
&= \int_0^L \frac{1 - \nu(q > p)}{1 - \nu(q > p)}dx + \int_L^p \frac{\nu(q > x) - \nu(q > p)}{1 - \nu(q > p]}dx \\
&= L + \gamma \int_L^p \frac{\mu(q > x) - \mu(q > p)}{1 - \nu(q > p)}dx \\
&= L + \frac{\gamma}{1 - \gamma \cdot \mu(q > p]} \cdot \left(\int_L^p \mu(p > q > x)dx\right) \\
&= L + \frac{\gamma}{1 - \gamma \cdot \frac{H-p}{H-L}} \cdot \left(\int_L^p \frac{p-x}{H-L}dx\right) \qquad \text{(B-2)}
\end{aligned}$$

C Das wohlfahrtsmaximierende Qualitätsniveau

Auf einem Markt für ein Vertrauensgut (vgl. Abschnitt 4.1.2) ergibt sich die notwendige Bedingung für das wohlfahrtsmaximierende Qualitätsniveau $\hat{q}_\gamma$ zu

$$\frac{1}{2}b\gamma \cdot \hat{q}_\gamma^2 \cdot \frac{2-2\gamma+\gamma\hat{q}_\gamma}{(1-\gamma+\gamma\hat{q}_\gamma)^2} + a - c\cdot\hat{q}_\gamma + \frac{1}{2}b\gamma \cdot \frac{\hat{q}_\gamma^2}{1-\gamma(1-\hat{q}_\gamma)} - \hat{q}_\gamma = 0 \qquad \text{(C-1)}$$

Gleichung (C-1) führt im Fall $b \neq c+1$ zur Bedingung

$$\hat{q}_\gamma^3 + r(\gamma)\cdot\hat{q}_\gamma^2 + s(\gamma)\cdot\hat{q}_\gamma + t(\gamma) = 0 \qquad \text{(C-2)}$$

mit

$$\begin{aligned} r(\gamma) &= \frac{(4c-3b+2a+4)\,\gamma^2 + (-4c+3b-4)\,\gamma}{\gamma^2\,(2b-2c-2)} \\ s(\gamma) &= \frac{(-2c-4a-2)\,\gamma^2 + (4c+4+4a)\,\gamma - 2c - 2}{\gamma^2\,(2b-2c-2)} \\ t(\gamma) &= \frac{2a\,(\gamma^2-2\gamma+1)}{\gamma^2\,(2b-2c-2)} \end{aligned}$$

Die allgemeine Lösung der kubischen Gleichung (C-2) ergibt sich mit[9]

$$\begin{aligned} n_1(\gamma) &= \frac{3\cdot s(\gamma) - r(\gamma)^2}{3} \\ n_2(\gamma) &= \frac{2r(\gamma)^3}{27} - \frac{r(\gamma)\cdot s(\gamma)}{3} + t(\gamma) \end{aligned}$$

und

$$\begin{aligned} D_1(\gamma) &= \left(\frac{n_1(\gamma)}{3}\right)^3 + \left(\frac{n_2(\gamma)}{2}\right)^2 \qquad \text{(C-3)} \\ u(\gamma) &= \sqrt[3]{-\frac{n_2(\gamma)}{2} + \sqrt{D(\gamma)}} \\ v(\gamma) &= -\frac{n_1(\gamma)}{3\cdot u(\gamma)} \end{aligned}$$

zu ($i = \sqrt{-1}$)

$$\hat{q}_{1\gamma} = u(\gamma) + v(\gamma) - \frac{r(\gamma)}{3} \qquad \text{(C-4a)}$$

[9] vgl. bspw. BRONSTEIN UND SEMENDJAEW [1989], *S. 131*

$$\hat{q}_{2\gamma} = -\frac{u(\gamma)+v(\gamma)}{2} + \frac{u(\gamma)-v(\gamma)}{2} i\sqrt{3} - \frac{r(\gamma)}{3} \qquad \text{(C-4b)}$$

$$\hat{q}_{3\gamma} = -\frac{u(\gamma)+v(\gamma)}{2} - \frac{u(\gamma)-v(\gamma)}{2} i\sqrt{3} - \frac{r(\gamma)}{3} \qquad \text{(C-4c)}$$

Das Lösungsverhalten von (C-2) hängt von dem Vorzeichen der Diskriminante $D_1(\gamma)$ ab, das seinerseits von der Parameterwahl abhängt. Eine eindeutige Lösung $\hat{q}_\gamma \in I\!R$ existiert für $D_1(\gamma) > 0$.

Literaturverzeichnis

ADLER, J. (1996): *Informationsökonomische Fundierung von Austauschprozessen*. Gabler, Wiesbaden.

AKERLOF, G. A. (1970): „The Market for 'Lemons': Quality Uncertainty and the Market Mechanism". In: *Quarterly Journal of Economics*, 84, 488 – 500.

ALCHIAN, A. A. und WOODWARD, S. (1988): „The Firm is Dead; Long Live the Firm - A Review of Oliver E. Williamson's The Economic Institutions of Capitalism". In: *Journal of Economic Literature*, 26, 65 – 79.

ANDERSEN, E. S. (1994): „The Evolution of Credence Goods: A Transaction Approach to Product Specification and Quality Control". Arbeitspapier, MAPP Centre for Market Surveillance, Research and Strategy for the Food Sector, Aarhus School of Business.

ANDERSEN, E. S. und PHILIPSEN, K. (1998): „The Evolution of Credence Goods in Customer Markets: Exchanging 'pigs in pokes'". Arbeitspapier, MAPP Centre for Market Surveillance, Research and Strategy for the Food Sector, Aarhus School of Business.

ANSCOMBE, F. J. und AUMANN, R. J. (1963): „A Definition of Subjective Probability". In: *Annals of Mathematical Statistics*, 34, 199 – 205.

ARNOLDT, A. (1996): „Garantiezusagen und Qualitätsunsicherheit von Konsumenten". In: *Jahrbuch der Absatz- und Verbrauchsforschung*, 2, 147 – 163.

ARNTHORSSON, A., BERRY, W. E. und URBARNY, J. E. (1991): „Difficulty of Pre-Purchase Quality Inspection: Conceptualization and Measurement". In: *Advances in Consumer Research*, 18, 217 – 224.

BAGWELL, K. und RIORDAN, M. H. (1991): „High and Declining Prices Signal Product Quality". In: *American Economic Review*, 81, 224 – 239.

BAIRD, D. G., GERTNER, R. H. und PICKER, R. C. (1995): *Game Theory and the Law*. Harvard University Press, Cambridge (Massachusetts).

BARON, J. und FRISCH, D. (1994): „Ambiguous Probabilities and the Paradoxes of Expected Utility". In: WRIGHT, G. und AYTON, P. (Hrsg.), *Subjective Probability*, S. 273 – 294. Jon Wiley & Sons, Chichester.

BATRA, R., MYERS, J. G. und AAKER, D. A. (1996): *Advertising Management*. Prentice Hall, Upper Saddle River (New Jersey).

BEARD, T. R. und BEIL JR., R. O. (1994): „Do People Rely on the Self-Interested Maximization of Others?". In: *Management Science*, 40, 252 – 262.

BEARDEN, W. O. und SHIMP, T. A. (1982): „The Use of Extrinsic Cues to Facilitate Product Adoption". In: *Journal of Marketing Research*, 19, 229 – 239.

BECKER, J. L. und SARIN, R. K. (1990): „Economics of Ambiguity in Probability". Arbeitspapier, Graduate School of Management.

BECKER, S. W. und BROWNSON, F. O. (1964): „What Price Ambiguity? Or the Role of Ambiguity in Decision Making". In: *Journal of Political Economy*, 72, 62 – 73.

BECKER, T. (1997): „Quality Policy and Consumer Behavior". In: SCHIEFER, G. und HELBIG, R. (Hrsg.), *Quality Management and Process Improvement for Competitive Advantage in Agriculture and Food. Proceedings of the 49th Seminar of the European Association of Agricultural Economics.*

BECKER, T. (1999): „The Economics of Food Quality Standards". Arbeitspapier, Institut für Agrarpolitik und Landwirtschaftliche Marktlehre, Universität Hohenheim.

BENNER, E. (2001): *Generische Werbung und staatliche Informationspolitik - Die Absatzförderungs- und Informationspolitik der Europäischen Union* -. Dissertation, Universität Hohenheim, Institut für Agrarpolitik und Landwirtschaftliche Marktlehre (*in Vorbereitung*).

BEWLEY, T. F. (1986): „Knightian Decision Theory: Part I". Arbeitspapier, Cowles Foundation Discussion Paper No. 807, Cowles Foundation for Research in Economics, Yale University.

BIEDERMANN, R. und EHRMANN, T. (1990): „Informationsökonomie und Gemeinnützigkeit - Ein Beitrag zur Unternehmenstheorie". In: *Jahrbuch für Sozialwissenschaft*, 41, 243 – 263.

BILLOT, A. (1992): „From Fuzzy Set Theory to Non-Additive Probabilities: How Have Economists Reacted?". In: *Fuzzy Sets and Systems*, 14, 75 – 90.

BINMORE, K. (1992): *Fun and Games - A Text on Game Theory*. D.C. Heath and Company, Lexington (Massachusetts).

BITZ, M. (1981): *Entscheidungstheorie*. Verlag Vahlen, München.

BÖSSMANN, E. (1996): „Informationsökonomie". In: WOLL, A. (Hrsg.), *Wirtschaftslexikon*, S. 334 – 336. Oldenbourg, München.

BOULDING, W. und KIRMANI, A. (1993): „A Consumer-Side Experimental Examination of Signaling Theory: Do Consumers Perceive Warranties as Signals of Quality?". In: *Journal of Consumer Research*, 20, 111 – 122.

BOWBRICK, P. (1992): *The Economics of Quality, Grades and Brands*. Rotledge, London.

BRAVERMAN, A., GUASCH, J. L. und SALOP, S. (1983): „Defects in Disneyland: Quality Control as a Two Part Tariff". In: *Review of Economic Studies*, 50, 121 – 131.

BRONSTEIN, I. N. und SEMENDJAEW, K. A. (1989): *Taschenbuch der Mathematik*. 24. Auflage, Harry Deutsch, Frankfurt.

BUREAU, J.-C., MARETTE, S. und SCHIAVINA, A. (1998): „Non-Tariff Trade Barriers and Consumers' Information: The Case of EU-US Trade Dispute over Beef". In: *European Review of Agricultural Economics*, 25, 437 – 462.

CAMERER, C. (1995): „Individual Decision Making". In: KAGEL, J. H. und ROTH, A. (Hrsg.), *Handbook of Experimental Economics*, S. 587 – 683. Princeton University Press, Princeton.

CAMERER, C. und WEBER, M. (1992): „Recent Developments in Modeling Preferences: Uncertainty and Ambiguity". In: *Journal of Risk and Uncertainty*, 5, 325 – 370.

CAMERER, C. F. und KARJALAINEN, R. (1994): „Ambiguity-Aversion and Non-Additive Beliefs in Non-Cooperative Games: Experimental Evidence". In: MUNIER, B. und MACHINA, M. (Hrsg.), *Models and Experiments in Risk and Rationality*, S. 325 – 358. Kluwer, Dordrecht.

CAMERER, C. F. und KUNREUTHER, H. C. (1989): „Experimental Markets for Insurance". In: *Journal of Risk and Uncertainty*, 2, 265 – 300.

CARLTON, D. W. und PERLOFF, J. M. (1994): *Modern Industrial Organization*. HarperCollins College Publishers, New York.

CARTER, R. (1988): „Some Implications of Belief for the Public and Private Sectors". In: *Canadian Journal of Economics*, 11, 775 – 784.

CASWELL, J. A. und MOJDUSZKA, E. M. (1996): „Using Informational Labeling to Influence the Market for Quality in Food Products". In: *American Journal of Agricultural Economics*, 78, 1248 – 1253.

CHOQUET, G. (1953): „Theory of Capacities". In: *Annales de l'Institut Fourier*, 5, 131 – 295.

COHEN, M., JAFFRAY, J.-Y. und SAID, T. (1985): „Individual Behavior under Risk and under Uncertainty: An Experimental Study". In: *Theory and Decision*, 18, 203 – 228.

COMANOR, W. S. und WILSON, T. A. (1979): „The Effect of Advertising in Competition: A Survey". In: *Journal of Economic Literature*, 17, 453 – 476.

COOPER, R. und ROSS, T. W. (1985): „Product Warranties and Double Moral-Hazard". In: *Rand Journal of Economics*, 1, 103 – 113.

CRAWFORD, V. und SOBEL, J. (1982): „Strategic Information Transmission". In: *Econometrica*, 50, 1431 – 1451.

CURLEY, S. P. und YATES, J. F. (1985): „The Center and Range of the Probability Interval as Factors Affecting Ambiguity Preferences". In: *Organizational Behavior and Human Decision Processes*, 36, 272 – 287.

CURLEY, S. P. und YATES, J. F. (1989): „An Empirical Evaluation of Descriptive Models of Ambiguity Reactions in Choice Situations". In: *Journal of Mathematical Psychology*, 33, 397 – 427.

CURLEY, S. P., YATES, J. F. und ABRAMS, R. A. (1986): „Psychological Sources of Ambiguity". In: *Organizational Behavior and Human Decision Processes*, 38, 230 – 256.

DARBY, M. R. und KARNI, E. (1973): „Free Competition and the Optimal Amount of Fraud". In: *Journal of Law and Economics*, 16, 67 – 88.

DASGUPTA, P., HAMMOND, P. und MASKIN, E. (1979): „The Implementation of Social Choice Rules: Some General Results on Incentive Compatibility". In: *Review of Economic Studies*, 46, 185 – 216.

DAVIS, D. D. und HOLT, C. A. (1993): *Experimental Economics*. Princeton University Press, Princeton.

DEMPSTER, A. P. (1967): „Upper and Lower Probabilities Induced by a Multivalued Mapping". In: *Annals of Mathematical Statistics*, 38, 325 – 339.

DIEDRICH, R. (1999): *Entscheidungen bei Ungewißheit*. Physica Verlag, Heidelberg.

DILLER, H. (1977): „Der Preis als Qualitätsindikator". In: *Die Betriebswirtschaft*, 37, 219 – 233.

DILLER, H. (1988): „Die Preis-Qualitäts-Relation von Kosumgütern im 10-Jahresvergleich". In: *Die Betriebswirtschaft*, 48, 195 – 200.

DORFMAN, R. und STEINER, P. (1954): „Optimal Advertising and Optimal Quality". In: *American Economic Review*, 44, 826 – 836.

DOW, J. und WERLANG, S. R. D. C. (1992): „Uncertainty Aversion, Risk Aversion and the Optimal Choice of Portfolio". In: *Econometrica*, 60, 197 – 204.

DOW, J. und WERLANG, S. R. D. C. (1994): „Nash Equilibrium under Uncertainty : Breaking Down Backward Induction". In: *Journal of Economic Theory*, 64, 305 – 324.

EASLEY, D. und O'HARA, M. (1983): „The Economic Role of the Nonprofit Firm". In: *Bell Journal of Economics*, 14, 531 – 538.

EASLEY, D. und O'HARA, M. (1988): „Contracts and Asymmetric Information in the Theory of the Firm". In: *Journal of Economic Behavior and Organization*, 9, 229 – 246.

EICHBERGER, J. (1993): *Game Theory for Economists*. Academic Press, New York.

EICHBERGER, J. und KELSEY, D. (1994a): „Non-Additive Beliefs and Game Theory". Arbeitspapier, Universität des Saarlands, Saarbrücken.

EICHBERGER, J. und KELSEY, D. (1994b): „Signalling Games with Uncertainty". Arbeitspapier, Universität des Saarlands, Saarbrücken.

EICHBERGER, J. und KELSEY, D. (1996): „E-Capacities and the Ellsberg Paradox". Arbeitspapier, Universität des Saarlands, Saarbrücken.

EINHORN, H. J. und HOGARTH, R. M. (1985): „Ambiguity and Uncertainty in Probabilistic Inference". In: *Psychological Review*, 92, 433 – 461.

EINHORN, H. J. und HOGARTH, R. M. (1986): „Decision Making under Ambiguity". In: *Journal of Business*, 59, 225 – 250.

EISENBERGER, R. (1996): *Ein Kapitalmarktmodell unter Ambiguität*. Physica Verlag, Heidelberg.

EISENBERGER, R. und WEBER, M. (1995): „Willingness-to-Pay and Willigness-to-Accept for Risky and Ambiguous Lotteries". In: *Journal of Risk and Uncertainty*, 10, 223 – 233.

ELLSBERG, D. (1961): „Risk, Ambiguity and the Savage Axioms". In: *Quarterly Journal of Economics*, 75, 643 – 666.

EMONS, W. (1989): „The Theory of Warranty Contracts". In: *Journal of Economic Surveys*, 3, 43 – 57.

EMONS, W. (1994): „The Provision of Environmental Protection Measures under Incomplete Information: An Introduction to the Theory of Mechanism Design". In: *International Journal of Law and Economics*, 14, 479 – 491.

EMONS, W. (1996): „Credence Goods Monopolists". Arbeitspapier, Universität Bern.

EMONS, W. (1997): „Credence Goods and Fraudulent Experts". In: *Rand Journal of Economics*, 28, 107 – 119.

EMONS, W. (1999): „Credence Goods Monopolists". Arbeitspapier, Universität Bern.

ETGAR, M. und MALHOTRA, N. K. (1981): „Determinants of Price Dependency: Personal and Perceptual Factors". In: *Journal of Consumer Research*, 8, 217 – 222.

EUROPÄISCHE UNION (1992): „Verordnung (EWG) Nr. 2067/92 des Rates vom 30. Juni 1992 über Maßnahmen zur Förderung des Absatzes und des Verbrauchs von hochwertigem Rindfleisch". Amtsblatt der Europäischen Gemeinschaften Nr. L 215 vom 30. Juli 1992, S. 57.

EUROPÄISCHE UNION (1996): „Entscheidung 96/239/EG der Kommission mit den zum Schutz gegen die bovine spongiforme Enzephalopathie (BSE) zu treffenden Dringlichkeitsmaßnahmen". Amtsblatt der Europäischen Gemeinschaften Nr. L 78 vom 28. März 1996, S. 47 - 48.

EUROPÄISCHE UNION (1997): „Verordnung (EG) Nr. 820/97 des Rates vom 21. April 1997 zur Einführung eines Systems zur Kennzeichnung und Registrierung von Rindern und über die Etikettierung von Rindfleisch und Rindfleischerzeugnissen". Amtsblatt der Europäischen Gemeinschaften Nr. L 117 vom 7. Mai 1997, S. 1 - 8.

EUROPÄISCHE UNION (1998): „Verordnung (EG) Nr. 2071/98 des Rates vom 28. September 1998 über Informationskampagnen über die Kennzeichnung von Rindfleisch". Amtsblatt der Europäischen Gemeinschaften Nr. L 265 vom 30. September 1998, S. 2 - 3.

FARRELL, J. und RABIN, M. (1996): „Cheap Talk". In: *Journal of Economic Perspectives*, 10, 103 – 118.

FEDDERSEN, T. J. und GILLIGAN, T. W. (1996): „Saints and Markets: Activists and the Supply of Credence Goods". Arbeitspapier, University of Southern California, Los Angeles.

FEDDERSEN, T. J. und GILLIGAN, T. W. (1998): „Saints and Markets". Arbeitspapier, University of Southern California, Los Angeles.

FISCHER, M., HÜSER, A., MÜHLENKAMP, C., SCHADE, C. und SCHOTT, E. (1993): „Marketing und neuere ökonomische Theorie: Ansätze zu einer Systematisierung". In: *Betriebswirtschaftliche Forschung und Praxis*, 4, 444 – 470.

FISHBEIN, M. und AJZEN, I. (1975): *Belief, Attitude, Intention and Behavior: An Introduction to Theory and Research.* Addison Wesley, Reading (Massachusetts).

FISHBURN, P. (1970): *Utility Theory for Decision Making.* John Wiley & Sons, New York.

FISHBURN, P. und WAKKER, P. (1995): „The Invention of the Independence Condition for Preferences". In: *Management Science*, 41, 1130 – 1144.

FRENCH, S. (1986): *Decision Theory.* Ellis Horwood Ltd., Chichester.

FRIEDMAN, D. und SUNDER, S. (1994): *Experimental Methods.* Cambridge University Press, Cambridge (Massachusetts).

FRISCH, D. und BARON, J. (1988): „Ambiguity and Rationality". In: *Journal of Behavioral Decision Making*, 1, 149 – 157.

FRITSCH, M., WEIN, T. und EWERS, H.-J. (1999): *Marktversagen und Wirtschaftspolitik.* 3. Auflage, Verlag Vahlen, München.

FUDENBERG, D. und TIROLE, J. (1992): *Game Theory.* MIT Press, Cambridge (Massachusetts).

GAL-OR, E. (1989): „Warranties as a Signal of Quality". In: *Canadian Journal of Economics*, 22, 50 – 61.

GÄRDENFORS, P. und SAHLIN, N.-E. (1982): „Unreliable Probabilities, Risk Taking and Decision Making". In: *Synthese*, 53, 361 – 386.

GÄRDENFORS, P. und SAHLIN, N.-E. (1983): „Decision Making with Unreliable Probabilities". In: *British Journal of Mathematical and Statistical Psychology*, 36, 240 – 251.

GARDNER, D. M. (1971): „Is There a Generalized Price-Quality Relationship?". In: *Journal of Marketing Research*, 8, 241 – 243.

GARVIN, D. A. (1984): „What Does 'Product Quality' Really Mean?". In: *Sloan Management Review*, 26, 25 – 43.

GEANAKOPLOS, J. (1992): „Common Knowledge". In: *Journal of Economic Perspectives*, 6, 53 – 82.

GEANAKOPLOS, J. (1994): „Common Knowledge". In: AUMANN, R. J. und HART, S. (Hrsg.), *Handbook of Game Theory with Economic Applications*, S. 1437 – 1496. Elsevier Science B.V., Amsterdam.

GERNER, J. L. und BRYANT, W. K. (1981): „Appliance Warranties as a Market Signal?". In: *Journal of Consumer Affairs*, 15, 75 – 86.

GIBBARD, A. (1973): „Manipulation of Voting Schemes: A General Result". In: *Econometrica*, 41, 587 – 602.

GIBBONS, R. (1992): *Game Theory for Applied Economists*. Princeton University Press, Princeton.

GILBOA, I. (1987): „Expected Utility with Purely Subjective Non-Additive Probabilities". In: *Journal of Mathematical Economics*, 16, 65 – 88.

GILBOA, I. und SCHMEIDLER, D. (1989): „Maxmin Expected Utility with a Non-Unique Prior". In: *Journal of Mathematical Economics*, 18, 141 – 153.

GILBOA, I. und SCHMEIDLER, D. (1993): „Updating Ambiguous Beliefs". In: *Journal of Economic Theory*, 59, 33 – 49.

GLASER, M. (1995): „Wahrgenommene Produktqualität - Kritische Bestandsaufnahme zur marketingorientierten Qualitätsforschung". In: *Der Markt*, 34, 13 – 21.

GLITSCH, K. (2000): „Consumer Requirements for Fresh Meat: Results of the Survey". In: BECKER, T. (Hrsg.), *Quality Policy and Consumer Behaviour in the European Union*, S. 113 – 155. Wissenschaftsverlag Vauk, Kiel.

GOLDBERG, M. E. und HARTWICK, J. (1990): „The Effects of Advertiser Reputation and Extremity of Advertising Claim on Advertising Effectiveness". In: *Journal of Consumer Research*, 17, 172 – 179.

GRAF VON SCHULENBURG, J.-M. (1993): „Marktprozeß und Markstruktur bei unvollständiger Information". In: *Zeitschrift für Wirtschafts- und Sozialwissenschaften*, 113, 509 – 555.

GROES, E., JACOBSEN, H. J., SLOTH, B. und TRANÆS, T. (1998): „Axiomatic Characterization of the Choquet Integral". In: *Economic Theory*, 12, 441 – 448.

GROSSMAN, S. J. (1981): „The Informational Role of Warranties and Private Disclosure about Product Quality". In: *Journal of Law and Economics*, 24, 461 – 483.

HANF, C.-H. und VON WERSEBE, B. (1994): „Price, Quality, and Consumers' Behaviour". In: *Journal of Consumer Policy*, 17, 335 – 348.

HANSMANN, H. B. (1980): „The Role of Nonprofit Enterprise". In: *The Yale Law Journal*, 89, 835 – 898.

HARRIS, M. und TOWNSEND, R. M. (1981): „Resource Allocation under Asymmetric Information". In: *Econometrica*, 49, 33 – 64.

HARSANYI, J. C. (1967): „Games with Incomplete Information Played by 'Bayesian' Players, Part I. The Basic Model". In: *Management Science*, 14, 159 – 182.

HARSANYI, J. C. (1968a): „Games with Incomplete Information Played by 'Bayesian' Players, Part II. Bayesian Equilibrium Points". In: *Management Science*, 14, 320 – 334.

HARSANYI, J. C. (1968b): „Games with Incomplete Information Played by 'Bayesian' Players, Part III. The Basic Probability Distribution of the Game". In: *Management Science*, 14, 486 – 502.

HAUSER, H. (1979): „Qualitätsinformationen und Marktstrukturen". In: *KYKLOS*, 32, 739 – 763.

HAYEK, F. A. (1945): „The Use of Knowledge in Society". In: *American Economic Review*, 35, 519 – 530.

HEAL, G. (1977): „Guarantees and Risk-Sharing". In: *Review of Economic Studies*, 44, 549 – 560.

HEAP, S. H., HOLLIS, M., LYONS, B., SUGDEN, R. und WEALE, A. (1992): *The Theory of Choice - A Critical Guide*. Blackwell, Oxford.

HEATH, C. und TVERSKY, A. (1991): „Preference and Belief: Ambiguity and Competence in Choice under Uncertainty". In: *Journal of Risk and Uncertainty*, 4, 5 – 28.

HENDON, E., JACOBSEN, H. J., SLOTH, B. und TRANÆS, T. (1994): „Expected Utility with Lower Probabilities". In: *Journal of Risk and Uncertainty*, 8, 197 – 216.

HERTZDORF, M. N. (1993): „I'm Not a High-Quality Firm – But I Play One on TV". In: *Rand Journal of Economics*, 24, 236 – 247.

HIRSHLEIFER, J. (1973): „Where Are We in the Theory of Information". In: *American Economic Review*, 63, 31 – 39.

HIRSHLEIFER, J. und RILEY, J. G. (1979): „The Analytics of Uncertainty and Information - An Expository Survey". In: *Journal of Economic Literature*, 17, 1375 – 1421.

HIRSHLEIFER, J. und RILEY, J. G. (1992): *The Analytics of Uncertainty and Information*. Cambridge University Press, London.

HOGARTH, R. M. und KUNREUTHER, H. C. (1989): „Risk, Ambiguity, and Insurance". In: *Journal of Risk and Uncertainty*, 2, 5 – 35.

HOPF, M. (1983a): „Ausgewählte Probleme zur Informationsökonomie". In: *Das Wirtschaftsstudium*, 12, 313 – 318.

HOPF, M. (1983b): *Informationen für Märkte und Märkte für Informationen*. Barudio & Hess, Frankfurt.

HORSTMANN, I. J. und MACDONALD, G. M. (1994): „When Is Advertising a Signal of Product Quality?". In: *Journal of Economics and Management Strategy*, 3, 561 – 584.

HULL, B. B. und BOLD, F. (1989): „Towards an Economic Theory of the Church". In: *International Journal of Social Economics*, 16, 5 – 15.

HÜSER, A. (1993): „Institutionelle Regelungen und Marketinginstrumente zur Überwindung von Kaufbarieren auf ökologischen Märkten". In: *Zeitschrift für Betriebswirtschaft*, 63, 267 – 287.

HÜSER, A. und MÜHLENKAMP, C. (1992): „Werbung für ökologische Güter: Geltungsaspekte aus informationsökonomischer Sicht". In: *Marketing - Zeitschrift für Forschung und Praxis*, 14, 149 – 156.

IANNACCONE, L. R. (1992): „Religious Markets and the Economics of Religion". In: *Social Compass*, 39, 123 – 131.

IPPOLITO, P. M. (1990): „Bonding and Nonbonding Signals of Product Quality". In: *Journal of Business*, 63, 41 – 60.

JAFFRAY, J.-Y. (1989): „Linear Utility Theory for Belief Functions". In: *Operations Research Letters*, 8, 107 – 112.

KAAS, K. P. (1990): „Marktinformationen: Screening und Signaling unter Partnern und Rivalen". In: *Zeitschrift für Betriebswirtschaft*, 61, 357 – 370.

KAAS, K. P. (1992): „Marketing für umweltfreundliche Produkte - Ein Ausweg aus den Dilemmata der Umweltpolitik?". In: *Die Betriebswirtschaft*, 52, 473 – 487.

KAAS, K. P. (1994): „Ansätze einer institutionenökonomischen Theorie des Konsumentenverhaltens". In: FORSCHUNGSGRUPPE KONSUM UND VERHALTEN (Hrsg.), *Konsumentenforschung*, S. 245 – 260. Verlag Vahlen, München.

KAAS, K. P. (1995): „Marketing zwischen Markt und Hierarchie". In: *Kontrakte, Geschäftsbeziehungen, Netzwerke - Marketing und Neue Institutionenökonomie, Zeitschrift für betriebswirtschaftliche Forschung*, Sonderheft 35, 19 – 42.

KAAS, K. P. und BUSCH, A. (1996): „Inspektions-, Erfahrungs-, und Vertrauenseigenschaften von Produkten - Theoretische Konzeption und empirische Validierung". In: *Marketing - Zeitschrift für Forschung und Praxis*, 18, 243 – 252.

KAGEL, J. H. und ROTH, A. E. (1995): *The Handbook of Experimental Economics*. Princeton University Press, Princeton.

KAHN, B. E. und SARIN, R. K. (1988): „Modeling Ambiguity in Decisions under Uncertainty". In: *Journal of Consumer Research*, 15, 265 – 272.

KAHNEMAN, D. und TVERSKY, A. (1979): „Prospect Theory". In: *Econometrica*, 47, 263 – 292.

KELSEY, D. und QUIGGIN, J. (1992): „Theories of Choice under Ignorance and Uncertainty". In: *Journal of Economic Surveys*, 6, 124 – 153.

KEPPE, H.-J. und WEBER, M. (1993): „Ambiguität und Kompetenz in experimentellen Märkten". In: *Empirische Kapitalmarktforschung, Zeitschrift für betriebswirtschaftliche Forschung*, Sonderheft 31, 195 – 225.

KEPPE, H.-J. und WEBER, M. (1995): „Judged Knowledge and Ambiguity Aversion". In: *Theory and Decision*, 39, 51 – 77.

KEYNES, J. M. (1921): *A Treatise on Probability*. Macmillan, London.

KIHLSTROM, R. E. und RIORDAN, M. H. (1984): „Advertising as a Signal". In: *Journal of Political Economy*, 92, 427 – 450.

KIRMANI, A. (1990): „The Effect of Perceived Advertising Costs on Brand Perception". In: *Journal of Consumer Research*, 17, 160 – 171.

KIRMANI, A. und WRIGHT, P. (1989): „Money Talks: Perceived Advertising Expense and Expected Product Quality". In: *Journal of Consumer Research*, 16, 344 – 353.

KLEIN, B. und LEFFLER, K. B. (1981): „The Role of Market Forces in Assuring Contractual Performance". In: *Journal of Political Economy*, 89, 615 – 641.

KLIR, G. J. und FOLGER, T. A. (1988): *Fuzzy Sets, Uncertainty and Information*. Prentice Hall, Englewood Cliffs.

KNIGHT, F. H. (1921): *Risk, Uncertainty and Profit*. The Riverside Press, Cambridge.

KREPS, D. M. (1988): *Notes on the Theory of Choice*. Westview Press, London.

KREPS, D. M. (1990): *A Course in Microeconomic Theory*. Princeton University Press, Princeton.

KREPS, D. M. und SOBEL, J. (1994): „Signalling". In: AUMANN, R. J. und HART, S. (Hrsg.), *Handbook of Game Theory with Economic Applications. Vol II*, S. 849 – 867. Elsevier Science B.V., Amsterdam.

KROUSE, C. G. (1990): *Theory of Industrial Organization*. Blackwell, London.

KRUSE, J. und BERGER, U. E. (1996): *Skript Ordungspolitik.* 3. Auflage, Institut für Volkswirtschaftslehre, Universität Hohenheim, Stuttgart.

KUHLMANN, E. (1990): *Verbraucherpolitik: Grundzüge ihrer Theorie und Praxis.* Verlag Vahlen, München.

KUNZ, H. (1985): *Marktsystem und Information.* Mohr, Tübingen.

LABAND, D. N. (1991): „An Objective Measure of Search versus Experience Goods". In: *Economic Inquiry*, 29, 497 – 509.

LAFFONT, J.-J. (1989): *The Economics of Uncertainty and Information.* MIT Press, Cambridge (Massachusetts).

LANCASTER, K. (1966a): „A New Approach to Consumer Theory". In: *Journal of Political Economy*, 74, 132 – 157.

LANCASTER, K. (1966b): „Change and Innovation in the Technology of Consumption". In: *American Economic Review, Papers and Proceedings*, 56, 14 – 23.

LANCASTER, K. (1971): *Consumer Demand: A New Approach.* Columbia University Press, New York.

LELAND, H. E. (1979): „Quacks, Lemons and Licensing: A Theory of Minimum Quality Standards". In: *Journal of Political Economy*, 87, 1328 – 1346.

LEVINE, D. K. und LIPPMAN, S. A. (1995a): „Introduction". In: LEVINE, D. K. und LIPPMAN, S. A. (Hrsg.), *The Economics of Information*, S. xi – xliv. Edward Elgar Publishing, Aldershot.

LEVINE, D. K. und LIPPMAN, S. A. (Hrsg.) (1995b): *The Economics of Information.* Edward Elgar Publishing, Aldershot.

LICHTENSTEIN, D. R. und BURTON, S. (1989): „The Relationship between Perceived and Objective Price-Quality". In: *Journal of Marketing Research*, 36, 429 – 443.

LUCE, E. D. und RAIFFA, H. (1957): *Games and Decisions.* John Wiley & Sons, New York.

LYNCH, J. und SCHULER, D. (1991): „Operationalizing Economics of Information Theory: Consumer Quality Judgements and Advertising Credibility". In: GILLY, M. C. U. A. (Hrsg.), *AMA Educator's Proceedings - Enhancing Knowledge Development in Marketing*, S. 412 – 421. American Marketing Association: Chicago, Illinois.

MACCRIMMON, K. R. und LARSON, S. (1979): „Utility Theory: Axioms versus 'Paradoxes'". In: ALLAIS, M. und HAGEN, O. (Hrsg.), *Expected Utility Hypotheses and the Allais Paradox*, S. 333 – 409. Reidel, Dordrecht.

MACHINA, M. (1989): „Dynamic Consistency and Non-Expected Utility Models of Choice under Uncertainty". In: *Journal of Economic Literature*, 27, 1622 – 1668.

MAHER, P. und KASHIMA, Y. (1997): „Preference Reversal in Ellsberg Problems". In: *Philosophical Studies*, 88, 187 – 207.

MAS-COLELL, A., WHINSTON, M. D. und GREEN, J. R. (1995): *Microeconomic Theory*. Oxford University Press, Oxford.

MATSUDA, N., IHARA, J. und KUSUMI, T. (1994): „Belief, Preference and Willingness under Ambiguity". In: *Japanese Psychological Research*, 36, 29 – 40.

MCCLURE, P. J. und RYANS JR., J. K. (1968): „Difference between Retailers and Consumers' Perceptions". In: *Journal of Marketing Research*, 5, 55 – 60.

MEYER-HULLMANN, K. (1999): *Lebensmittelskandale und Konsumentenreaktionen - Analyse der Auswirkungen von Lebensmittelskandalen unter besonderer Berücksichtigung des Informationsverhaltens*. Peter Lang, Frankfurt.

MILGROM, P. R. und ROBERTS, J. (1986): „Price and Advertising Signals of Product Quality". In: *Journal of Political Economy*, 81, 796 – 821.

MILGROM, P. R. und ROBERTS, J. (1992): *Economics, Organization & Management*. Prentice Hall, Englewood Cliffs.

MILGROM, P. R. und WEBER, R. (1985): „Distributional Strategies for Games with Incomplete Information". In: *Mathematics of Operations Research*, 10, 619 – 632.

MILLER, R. M. und PLOTT, C. R. (1985): „Product Quality Signaling in Experimental Markets". In: *Econometrica*, 53, 837 – 872.

MONROE, K. B. und KRISHNAN, R. (1985): „The Effect of Price on Subjective Product Evaluations". In: JACOBY, J. und OLSON, J. C. (Hrsg.), *Perceived Quality*, S. 209 – 232. Lexington Books, Lexington.

MYERSON, R. B. (1979): „Incentive Compatibility and the Bargaining Problem". In: *Econometrica*, 47, 61 – 73.

MYERSON, R. B. (1989): „Mechanism Design". In: EATWELL, J. (Hrsg.), *The New Palgrave: Allocation, Information and Markets*, S. 191 – 206. MacMillan, London.

MYERSON, R. B. (1991): *Game Theory*. Havard University Press, Cambridge (Massachusetts).

NAKAMURA, Y. (1990): „Subjective Expected Utility with Non-Additive Probabilities on Finite Spaces". In: *Journal of Economic Theory*, 51, 346 –366.

NELL, M. (1997): „Garantien als Signal für Produktqualität?". Arbeitspapier, Goethe-Universität Frankfurt.

NELL, M. (1999): „Garantien als Signal für Produktqualität?". In: *Zeitschrift für betriebswirtschaftliche Forschung*, 51, 937 – 962.

NELSON, P. (1970): „Information and Consumer Behavior". In: *The Journal of Political Economy*, 78, 311 – 329.

NELSON, P. (1974): „Advertising as Information". In: *Journal of Political Economy*, 82, 729 – 754.

ODENING, M. (1990): „Suchmodelle". In: *Das Wirtschaftsstudium*, 19, 357 – 360.

OLSEN, J. C. und JACOBY, J. (1972): „Cue Utilisation in the Quality Perception Process". In: VENKATESAN, M. (Hrsg.), *Proceedings of the Third Annual Conference of the Association of Consumer Research*, S. 167 – 179. Urbana, Illinois.

OLSON, J. C. (1977): „Price as an Informational Cue: Effects on Product Evaluation". In: WOODSIDE, A. G., SHETH, J. N. und BENNETT, P. D. (Hrsg.), *Consumer and Industrial Buying Behavior*, S. 267 – 286. North-Holland, New York.

PAPAYANNAKIS, M. (1997): „Bericht über den Vorschlag für eine Verordnung des Rates über die Etikettierung von Rindfleisch und Rindfleischerzeugnissen (KOM(96)0460-C4-0546/96-96/0226(CNS))". EU-Parlament-Ausschuß für Umweltfragen, Volksgesundheit und Verbraucherschutz, Luxemburg. (PE-Nr.: 220.500, URL: http://www.europarl.eu.int/dg1/a4/de/a4-97/a4-0037.htm, 9. Februar 2000).

PAYNE, J., BETTMAN, J. und JOHNSON, E. (1992): „Behavioral Decision Research: A Constructive Processing Perspective". In: *Annual Review of Psychology*, 43, 87 – 131.

PERRY, M. und PERRY, A. (1976): „Service Contract Compared to Warranty as a Means to Reduce Consumer's Risk". In: *Journal of Retailing*, 52, 33 – 40 & 90.

PETERSON, R. A. (1977): „Consumer Perceptions as a Function of Product Color, Price, and Nutrition Labeling". In: PERREAULT JR., W. D. (Hrsg.), *Advances in Consumer Research*, S. 61 – 63. Association for Consumer Research, Atlanta.

PETERSON, R. A. und WILSON, W. R. (1985): „Perceived Risk and Price-Reliance Schema as Price-Perceived-Quality Mediators". In: JACOBY, J. und OLSON, J. C. (Hrsg.), *Perceived Quality*, S. 247 – 267. Lexington Books, Lexington.

QUIGGIN, J. (1993): *Generalized Expected Utility Theory*. Kluwer, Dordrecht.

RICHTER, R. (1990): „Sichtweise und Fragestellung der Neuen Institutionenökonomik". In: *Zeitschrift für Wirtschafts- und Sozialwissenschaften*, 110, 571 – 591.

RIECK, C. (1993): *Spieltheorie - Einführung für Wirtschafts- und Sozialwissenschaftler*. Gabler, Wiesbaden.

RIORDAN, M. H. (1986): „Monopolistic Competition with Experience Goods". In: *Quarterly Journal of Economics*, 101, 255 – 280.

RITOV, I. und BARON, J. (1990): „Reluctance to Vaccinate: Omission Bias and Ambiguity". In: *Journal of Behavioral Decision Making*, 3, 263 – 277.

RODE, C. (1996): *Das Wählen von Wahrscheinlichkeiten: Der Einfluß kognitiver und motivationaler Faktoren auf den Ambiguitätsvermeidungseffekt*. LIT Verlag, Münster.

ROGERSON, W. P. (1983): „Reputation and Product Quality". In: *The Bell Journal of Economics*, 14, 508 – 516.

ROTH, A. E. (1995): „Introduction to Experimental Economics". In: KAGEL, J. H. und ROTH, A. E. (Hrsg.), *Handbook of Experimental Economics*, S. 3 – 109. Princeton University Press, Princeton.

RUNDE, J. (1998): „Clarifying Frank Knight's Discussion of the Meaning of Risk and Uncertainty". In: *Cambridge Journal of Economics*, 22, 539 – 546.

SALANI , B. (1997): *The Economics of Contracts*. MIT Press, Cambridge (Massachusetts).

SARIN, R. K. und WEBER, M. (1993): „The Effect of Ambiguity in Market Experiments". In: *Management Science*, 5, 603 – 615.

SARIN, R. K. und WINKLER, R. L. (1992): „Ambiguity and Decision Modeling: A Preference-Based Approach". In: *Journal of Risk and Uncertainty*, 4, 389 – 407.

SATTERTHWAITE, M. A. (1979): „Consumer Information, Equilibrium Industry Price, and the Number of Sellers". In: *The Bell Journal of Economics*, 10, 483 – 502.

SAVAGE, L. J. (1954): *The Foundations of Statistics*. Jon Wiley & Sons, New York.

SAVAGE, L. J. (1968): *Statistics: Uncertainty and Behavior*. Houghton Mifflin Company, Boston.

SAVAGE, L. J. (1972): *The Foundations of Statistics*. 2., überarbeitete Auflage, Dover Publications, New York.

SCHADE, C. und SCHOTT, E. (1993): „Kontraktgüter im Marketing". In: *Marketing - Zeitschrift für Forschung und Praxis*, 15, 15 – 25.

SCHLINDWEIN, B., SEUSER, K., AMLING, C., LIEBE-BEYER, U., SÖNTGERATH, I., HAHNER, I., KRETSCHMANN, G. und BERGER, A. (1995): *ZMP-Bilanz Vieh und Fleisch: Deutschland - EU - Weltmarkt: 1995*. Zentrale Markt- und Preisberichtstelle für Erzeugnisse der Land-, Forst- und Ernährungswirtschaft, Bonn.

SCHLINDWEIN, B., SEUSER, K., AMLING, C., LIEBE-BEYER, U., SÖNTGERATH, I., HAHNER, I., KRETSCHMANN, G. und BERGER, A. (1996): *ZMP-Bilanz Vieh und Fleisch: Deutschland - EU - Weltmarkt: 1996*. Zentrale Markt- und Preisberichtstelle für Erzeugnisse der Land-, Forst- und Ernährungswirtschaft, Bonn.

SCHMALENSEE, R. (1978): „A Model of Advertising and Product Quality“. In: *Journal of Political Economy*, 86, 485 – 503.

SCHMEIDLER, D. (1986): „Integral Representation without Additivity“. In: *Proceedings of the American Mathematical Society*, 97, 255 – 261.

SCHMEIDLER, D. (1989): „Subjective Probability and Expected Utility without Additivity“. In: *Econometrica*, 57, 571 – 587.

SCHMIDT, T. (1995): *Rationale Entscheidungstheorie und reale Personen - Eine kritische Einführung in die formale Theorie individueller Entscheidungen*. Metropolis-Verlag, Marbug.

SCHMUTZLER, A. (1992): „On Incentives for "Green" Production - A Signalling Approach to the Problem of Credence Goods“. Arbeitspapier, Alfred Weber-Institut der Universität Heidelberg.

SCHUMACHER, A. (1994): *Unvollkommene Information in der neoklassischen Informationsökonomik und im evolutionsökonomischen Ansatz*. Peter Lang, Frankfurt.

SCITOVSKY, T. (1945): „Some Consequences of the Habit of Judging Quality by Price“. In: *Review of Economic Studies*, 12, 100 – 105.

SHAFER, G. (1976): *A Mathematical Theory of Evidence*. Princeton University Press, Princeton.

SHAPIRO, B. P. (1973): „Price Reliance: Existence and Sources“. In: *Journal of Marketing Research*, 10, 286 – 294.

SHAPIRO, C. (1982): „Consumer Information, Product Quality and Seller Reputation“. In: *The Bell Journal of Economics*, 13, 20 – 35.

SHIMP, T. A. und BEARDEN, W. O. (1982): „Warranty and other Extrinsic Cue Effects on Cosumers' Risk Perception“. In: *Journal of Consumer Research*, 9, 38 – 46.

SHY, O. (1995): *Industrial Organization*. MIT Press , Cambridge (Massachusetts).

SIMON, H. A. (1967): *Models of Man, Social and Rational : Mathematical Essays on Rational Human Behavior in a Social Setting*. 5. Auflage, John Wiley & Sons, New York.

SLOVIC, P. und TVERSKY, A. (1974): „Who Accepts Savages's Axioms?“. In: *Behavioral Science*, 19, 368 – 373.

SMITH, V. L. (1990): *Experimental Economics*. Edward Elgar Publishing, Aldershot.

SMITH, V. L. (1991): *Papers in Experimental Economics*. Cambridge University Press, Cambridge (Massachusetts).

SPENCE, M. (1973): „Job Market Signaling“. In: *Quarterly Journal of Economics*, 87, 355 – 374.

SPENCE, M. (1974): *Market Signaling*. Havard University Press, Cambridge (Massachusetts).

SPENCE, M. (1976): „Informational Aspects of Market Structure: An Introduction". In: *Quarterly Journal of Economics*, 90, 561 – 572.

SPENCE, M. (1977): „Consumer Misperception, Product Failure and Product Liability". In: *Review of Economic Studies*, 44, 561 – 572.

SPREMANN, K. (1988): „Reputation, Garantie, Information". In: *Zeitschrift für Betriebswirtschaft*, 58, 613 – 627.

SPREMANN, K. (1990): „Asymmetrische Information". In: *Zeitschrift für Betriebswirtschaft*, 60, 561 – 586.

STEENKAMP, J.-B. E. M. (1989): *Product Quality*. Van Gorcum, Assen.

STEENKAMP, J.-B. E. M. (1990): „Conceptual Model of the Quality Perception Process". In: *Journal of Business Research*, 21, 309 – 33.

STERNTHAL, B., PHILLIPS, L. W. und DHOLAKIA, R. (1978): „The Persuasive Effect of Source Credibility: A Situational Analysis". In: *Public Opinion Quarterly*, 42, 285 – 314.

STIGLER, G. J. (1961): „The Economics of Information". In: *The Journal of Political Economy*, 69, 213 – 225.

STIGLITZ, J. E. (1974): „Information and Economic Analysis". In: PARKIN, M. und NOBAY, A. R. (Hrsg.), *Current Economic Problems*, S. 27 – 52. Cambridge University Press, Cambridge.

STIGLITZ, J. E. (1989): „Imperfect Information in the Product Market". In: SCHMALENSEE, R. und WILLIG, R. D. (Hrsg.), *Handbook of Industrial Organization*, S. 771 – 847. North-Holland, New York.

TIETZEL, M. und WEBER, M. (1991): „Von Betrügern, Blendern und Opportunisten - Eine ökonomische Analyse". In: *Zeitschrift für Wirtschaftspolitik*, 40, 109 – 137.

TIROLE, J. (1995): *Industrieökonomik*. Oldenbourg, München.

TOLLE, E. (1994): „Informationsökonomische Erkenntnisse für das Marketing bei Qualitätsunsicherheit der Konsumenten". In: *Zeitschrift für betriebswirtschaftliche Forschung*, 46, 926 – 938.

UHL, J. N. (1971): „Consumer Education and Protection: A Synergistic Relationship". In: MATHER, L. (Hrsg.), *Economics and Consumer Protection*, S. 101 – 114. Interstate, Danville (Illinois).

VAHRENKAMP, K. (1991): *Verbraucherschutz bei asymmetrischer Information*. Verlag Vahlen, München.

VAN WINDEN, F. (1997): „Experimental Studies of Signaling Games". Arbeitspapier, Tinbergen Institut, Universität Amsterdam.

VON NEUMAN, J. und MORGENSTERN, O. (1947): *Theory of Games and Economic Behavior*. Princeton University Press, Princeton.

VON UNGERN-STERNBERG, T. (1984): *Zur Analyse von Märkten mit unvollständiger Nachfragerinformation*. Lectures Notes in Economics and Mathematics. Springer, Berlin.

VON UNGERN-STERNBERG, T. und VON WEIZSÄCKER, C. C. (1981): „Marktstruktur und Marktverhalten bei Qualitätsunsicherheit". In: *Zeitschrift für Wirtschafts- und Sozialwissenschaften*, 101, 609 – 626.

WAKKER, P. (1989): *Additive Representation of Preferences*. Kluwer, Dordrecht.

WAKKER, P. (1990a): „A Behavioral Foundation for Fuzzy Measures". In: *Fuzzy Sets and Systems*, 37, 327 – 350.

WAKKER, P. (1990b): „Characterizing Optimism and Pessimism directly through Comonoticity". In: *Journal of Economic Theory*, 52, 453 – 463.

WAKKER, P. (1996): „The Sure-Thing Principle and the Comonotonic Sure-Thing Principle: An Axiomatic Analysis". In: *Journal of Mathematical Economics*, 25, 213 – 227.

WEIBER, R. und ADLER, J. (1995a): „Informationsökonomisch begründete Typologisierung von Kaufprozessen". In: *Zeitschrift für betriebswirtschaftliche Forschung*, 47, 43 – 65.

WEIBER, R. und ADLER, J. (1995b): „Positionierung von Kaufprozessen im informationsökonomischen Dreieck: Operationalisierung und verhaltenswissenschaftliche Prüfung". In: *Zeitschrift für betriebswirtschaftliche Forschung*, 47, 99 – 123.

WEISENFELD-SCHENK, U. (1997): „Die Nutzung von Zertifikaten als Signal für Produktqualität". In: *Zeitschrift für Betriebswirtschaft*, 67, 21 – 39.

WERTH, K. (1993): „Gewährleistungsregeln als Instrument der Informationsübertragung". In: *Zeitschrift für Wirtschafts- und Sozialwissenschaften*, 113, 77 – 113.

WIENER, J. L. (1985): „Are Warranties Accurate Signals of Product Reliability?". In: *Journal of Marketing Research*, 12, 245 – 250.

WILLIAMSON, O. E. (1983): „Credible Commitments: Using Hostages to Support Exchange". In: *American Economic Review*, 73, 519 – 540.

WILLIAMSON, O. E. (1990): *Die ökonomischen Institutionen des Kapitalismus*. Mohr, Tübingen.

WINKLER, R. L. (1991): „Ambiguity, Probability, Preference, and Decision Analysis". In: *Journal of Risk and Uncertainty*, 4, 285 – 297.

WOLINSKY, A. (1995): „Competition in Markets for Credence Goods". In: *Journal of Institutional and Theoretical Economics*, 151, 117 – 131.

WORATSCHEK, H. (1996): „Die Typologie von Dienstleistungen aus informationsökonomischer Sicht". In: *Der Markt*, 35, 59 – 71.

YATES, F. J. und ZUKOWSKI, L. G. (1976): „Characterization of Ambiguity in Decision Making". In: *Behavioral Science*, 21, 19 –25.

ZEITHAML, V. A. (1988): „Consumer Perception of Price, Quality and Value: A Means-End Model and Synthesis of Evidence". In: *Journal of Marketing*, 52, 2 – 22.

ZIEBELL, K. (1998): *Herkunftsnachweis für Rindfleisch - Verbraucherbefragung*. Materialien zur Marktberichterstattung, Band 23. Zentrale Markt- und Preisberichtstelle für Erzeugnisse der Land-, Forst- und Ernährungswirtschaft, Bonn.

HOHENHEIMER VOLKSWIRTSCHAFTLICHE SCHRIFTEN

Band 1 Walter Deffaa: Anonymisierte Befragungen mit zufallsverschlüsselten Antworten. Die Randomized-Response-Technik (RRT). Methodische Grundlagen, Modelle und Anwendungen. 1982.

Band 2 Thomas Michael Baum: Staatsverschuldung und Stabilisierungspolitik in der Demokratie. Zur neoinstitutionalistischen Kritik der keynesianischen Fiskalpolitik. 1982.

Band 3 Klaus Schröter: Die wettbewerbspolitische Behandlung der leitungsgebundenen Energiewirtschaft. Dargestellt am Beispiel der Fernwärmewirtschaft der Bundesrepublik Deutschland. 1986.

Band 4 Hugo Mann: Theorie und Politik der Steuerreform in der Demokratie. 1987.

Band 5 Max Christoph Wewel: Intervallarithmetische Dependenzanalyse in der Ökonometrie. Ein konjekturaler Ansatz. 1987.

Band 6 Heinrich Pascher: Die U.S.-amerikanische Deregulation Policy im Luftverkehrs- und Bankenbereich. 1987.

Band 7 Harald Lob: Die Entwicklung der französischen Wettbewerbspolitik bis zur Verordnung Nr. 86-1243 vom 01. Dezember 1986. Eine exemplarische Untersuchung der Erfassung der Behinderungsstrategie auf der Grundlage des Konzepts eines wirksamen Wettbewerbs. 1988.

Band 8 Ulrich Kirschner: Die Erfassung der Nachfragemacht von Handelsunternehmen. Eine Analyse der ökonomischen Beurteilungskriterien und der wettbewerbsrechtlichen Instrumente im Bereich der Verhaltenskontrolle.1988.

Band 9 Friedhelm Herb: Marktwirtschaftliche Innovationspolitik. 1988.

Band 10 Claus Schnabel: Zur ökonomischen Analyse der Gewerkschaften in der Bundesrepublik Deutschland. Theoretische und empirische Untersuchungen von Mitgliederentwicklung, Verhalten und Einfluß auf wirtschaftliche Größen. 1989.

Band 11 Jan B. Rittaler: Industrial Concentration and the Chicago School of Antitrust Analysis. A Critical Evaluation on the Basis of Effective Competition. 1989.

Band 12 Thomas Märtz: Interessengruppen und Gruppeninteressen in der Demokratie. Zur Theorie des Rent-Seeking. 1990.

Band 13 Andreas Maurer: Statistische Verfahren zur Ermittlung von oligopolistischen Strukturen. 1990.

Band 14 Peter Mendler: Zur ökonomischen und politisch-institutionellen Analyse öffentlicher Kredithilfen. 1992.

Band 15 Heinrich J. Engelke: Die Interpretation der Rundfunkfreiheit des Grundgesetzes: Eine Analyse aus ökonomischer Sicht. 1992.

Band 16 Thomas Fischer: Staat, Recht und Verfassung im Denken von Walter Eucken. Zu den staats- und rechtstheoretischen Grundlagen einer wirtschaftsordnungspolitischen Konzeption. 1993.

Band 17 Stefan Elßer: Innovationswettbewerb. Determinanten und Unternehmensverhalten. 1993.

Band 18 Reinhard Scharff: Regionalpolitik und regionale Entwicklungspotentiale. Eine kritische Analyse. 1993.

Band 19 Karin Beckmann: Probleme der Regionalpolitik im Zuge der Vollendung des Europäischen Binnenmarktes. Eine ökonomische Analyse. 1995.

Band 20 Bernd Nolte: Engpaßfaktoren der Innovation und Innovationsinfrastruktur. Eine theoretische und empirische Analyse für ländliche Wirtschaftsräume in Baden-Württemberg. 1996.

Band 21 Klaus-Rainer Brintzinger: Die Nationalökonomie an den Universitäten Freiburg, Heidelberg und Tübingen 1918 - 1945. Eine institutionenhistorische, vergleichende Studie der wirtschaftswissenschaftlichen Fakultäten und Abteilungen südwestdeutscher Universitäten. 1996.

Band 22 Steffen Binder: Die Idee der Konsumentensouveränität in der Wettbewerbstheorie. Teleokratische vs. nomokratische Auffassung. 1996.

Band 23 Alexander Burger: Deregulierungspotentiale in der Gesetzlichen Rentenversicherung. Reformnotwendigkeiten versus Reformmöglichkeiten. 1996.

Band 24 Burkhard Scherer: Regionale Entwicklungspolitik. Konzeption einer dezentralisierten und integrierten Regionalpolitik. 1997.

Band 25 Frauke Wolf: Lorenzkurvendisparität. Neuere Entwicklungen, Erweiterungen und Anwendungen. 1997.

Band 26 Hans Pitlik: Politische Ökonomie des Föderalismus. Föderative Kompetenzverteilung im Lichte der konstitutionellen Ökonomik. 1997.

Band 27 Stephan Seiter: Der Beitrag Nicholas Kaldors zur Neuen Wachstumstheorie. Eine vergleichende Studie vor dem Hintergrund der Debatte über den Verdoorn-Zusammenhang. 1997.

Band 28 André Schmidt: Ordnungspolitische Perspektiven der europäischen Integration im Spannungsfeld von Wettbewerbs- und Industriepolitik. 1998.

Band 29 Bernd Blessin: Innovations- und Umweltmanagement in kleinen und mittleren Unternehmen. Eine theoretische und empirische Analyse. 1998.

Band 30 Oliver Letzgus: Die Ökonomie internationalen Umweltschutzes. 1999.

Band 31 Claudia Hafner: Systemwettbewerb versus Harmonisierung in Europa. Am Beispiel des Arbeitsmarktes. 1999.

Band 32 Jürgen Kulle: Ökonomie der Musikindustrie. Eine Analyse der körperlichen und unkörperlichen Musikverwertung mit Hilfe von Tonträgern und Netzen. 1998.

Band 33 Michael Ganske: Intertemporale Aspekte von Staatsverschuldung und Außenhandel. 1999.

Band 34 Margit Ströbele: Die Deregulierungswirkungen der europäischen Integration. Das Beispiel der Sondermärkte. 1999.

Band 35 Marion Benesch: Devisenmarktinterventionen in Theorie und Praxis. Eine umfassende Analyse ihrer Zielsetzungen, Wirkungsweisen und wirtschaftspolitischen Bedeutung. 1999.

Band 36 Torsten Gruber: Unterschiedliche geldpolitische Transmissionsmechanismen und Stabilitätskulturen als mögliche Ursachen geldpolitischer Spannungen in der Europäischen Währungsunion. 2000.

Band 37 Bertram Melzig-Thiel: Arbeit in der Informationsgesellschaft. Chancen und Risiken neuer Informations- und Kommunikationstechnologien für die Beschäftigung. 2000.

Band 38 Annette Fritz: Die Entsorgungswirtschaft im Spannungsfeld zwischen Abfallpolitik und Kartellrecht. Eine industrieökonomische Branchenstudie. 2001.

Band 39 Harald Strotmann: Arbeitsplatzdynamik in der baden-württembergischen Industrie. Eine Analyse mit amtlichen Betriebspaneldaten. 2002

Band 40 Dietrich Benner: Qualitätsungewißheit bei Gütern mit Vertrauenseigenschaften. Entwicklung und Anwendung eines entscheidungstheoretisch fundierten Analyserahmens. 2002.

FSC
www.fsc.org
MIX
Papier | Fördert gute Waldnutzung
FSC® C083411

Kolibri 360 GmbH
Ferdinand-Jühlke-Straße 7
99095 Erfurt, Deutschland
produktsicherheit@kolibri360.de

Druck:
CPI Druckdienstleistungen GmbH
im Auftrag der
Kolibri 360 GmbH
Ferdinand-Jühlke-Str. 7
99095 Erfurt